KB160490

조세법의 쟁점 II

조세법의 쟁점 II

법무법인(유한) 태평양 조세팀

景仁文化社

발 간 사

　저희 법무법인(유한) 태평양 조세그룹은 2015년 겨울 『조세법의 쟁점 I』을 발간한 것에 이어 올해 봄 다시 『조세법의 쟁점 II』를 발간하게 되었습니다. 이번에 발간하는 『조세법의 쟁점 II』는 지난 발간 이후 저희 조세그룹의 전문가들이 외부 학회 등에서 발표하거나 기고한 논문 그리고 내부 세미나에서 발표한 자료로서, 조세법 분야에서 체계적이고 이론적인 연구를 통하여 고객이 만족하는 수준 높은 서비스를 제공하고자 노력한 저희의 자그마한 결실이라고 자평합니다.

　조세법은 다른 어떤 법 분야보다 우리 생활과 밀접한 관계를 가지고 있지만, 복잡한 규정체계와 잦은 법 개정으로 인해 납세자가 조세법 전반을 체계적으로 쉽게 이해하기란 쉽지 않은 것이 현실입니다. 더욱이 2016년 한 해만 보더라도 조세심판원에 신규 청구된 심판사건은 6천여 건, 이 중 세무전문가가 대리한 심판사건은 4천여 건으로, 나날이 복잡해지는 거래구조나 경제상황에 비추어 추상적인 세법 규정을 어떻게 적용하여야 하는지를 둘러싸고 세무전문가 사이에서도 꾸준한 논의와 토론이 필요한 영역이기도 합니다.

　조세법 영역을 다루는 변호사, 회계사, 세무사 등 전문가들이 고객에게 신속하고 수준 높은 서비스를 제공하기 위해서 새로이 등장하는 과세문제와 판례 및 예규 동향에 늘 관심을 가지고, 이에 대한 체계적이고 이론적인 연구를 게을리하지 않아야 하는 것도 그 때문입니다.

　저희가 이번에 발간하는 『조세법의 쟁점 II』에는 '과세예고 통지를 하지 아니한 과세처분의 절차적 하자’, ‘국내 미등록특허와 사용료 소득’, ‘외국투자자의 국내기업인수와 관련한 주요 국제조세 쟁점’, ‘실질적 관리장소에 따른 내국법인 판정에 관한 소고’, ‘주식의 포괄적 교환에 있어 완전모회사에 대한 부당행위계산부인규정의 적용 및 소득처분’, ‘정관의 위임에 따라 제정된 임원퇴직금 지급규정에 따라 퇴직금을 지급하였더라도 당해 퇴직금이 손금불산입될 수 있는지 여부’, ‘명의위장사업자의 매입세액 공제 여부에 대한 검토’, ‘월합계세금계산서의 허위 세금계산서 해당 여부’, ‘타익신탁에 있어서 부가가치세 문제’, ‘상속세 및 증여세법상 개별예시규정의 해석’, ‘증여자의 연대납세의무에 관한 몇 가지 문제’, ‘특정법인과의 거래를 통한 이익 증여 규정의 위헌성 검토’, ‘종전 증여에 대한 부과제척기간이 도과한 경우 재차증여시 과세가액에 합산할 수 있는지 여부’와 같이 최근 실무상 문제되는 주제와 대법원 판례에 대한 평석을 주로 수록하였습니다. 이 책이 조세법을 다루는 실무가들에게 참고가 되고, 앞으로의 논의와 토론에 작은 밑거름이 되기를 희망합니다.

끝으로 바쁜 업무 속에서도 시간을 쪼개어 소중한 논문을 집필해주신 여러 필자들 및 편집위원들, 이 책이 출간되기까지 성원을 아끼지 않고 물심양면으로 지원해주신 법무법인(유한) 태평양의 가족들께 진심으로 감사드립니다.

2017. 3.

법무법인(유한) 태평양 조세그룹장   송 우 철

차 례

외국투자자의 국내기업인수와 관련한 주요 국제조세 쟁점

_ 유철형 변호사·김태균 회계사

실질적 관리장소에 따른 내국법인 판정에 관한 소고 _ 김용수 세무사

주식의 포괄적 교환에 대하여 완전모회사에게 부당행위계산부인 규정의 적용 및 소득처분 _ 윤주상 회계사

법인이 정관의 위임에 따라 적법하게 제정된 임원퇴직금 지급규정에 따라 임원에게 퇴직금을 지급하였더라도 당해 퇴직금이 손금에 불산입될 수 있는지 여부 _ 서승원 변호사

명의위장 사업자의 매입세액 공제여부에 대한 검토 _ 정순찬 변호사

공급가액을 부풀린 월합계세금계산서가 가공세금계산서에 해당하는지 여부 _ 박재영·방진영 변호사

증여자의 연대납부의무에 관한 몇 가지 문제 _ 이진우 변호사

특정법인과의 거래를 통한 이익 증여 규정의 위헌성 검토 _ 남미영 변호사」

종전 증여에 대한 부과제척기간이 도과한 경우 이 증여분을 재차증여시 증여세 과세가액에 합산할 수 있는지 여부 _ 방진영 변호사

과세예고 통지를 하지 아니한 채 이루어진 과세처분의 절차적 하자

- 대법원 2016. 4. 15. 선고 2015두52326 판결에 관하여 -

서 승 원 변호사

I. 사안의 개요

1. 사실관계

원고는 치과용 임플란트의 제조·판매 등을 주된 영업으로 하는 주식회사인데, 임플란트와 해외학회 또는 임플란트와 해외여행 등 상품을 결합한 패키지 상품을 판매하면서 해외학회 또는 해외여행 경비(이하 '이 사건 비용'이라고 한다)를 판매부대비용으로 보아 손금에 산입하였다.

원고에 대한 세무조사 결과 이 사건 비용은 판매부대비용으로 인정되었는데, 감사원은 감사결과 이 사건 비용이 판매부대비용이 아니라 접대비에 해당한다고 보고, 피고에게 손금불산입하여 법인세를 부과하도록 시정요구를 하였다.

이에 따라 피고는 원고에게 국세기본법 제81조의15 제1항 제2호1), 구 국세기본법 시행령(2013. 6. 11. 대통령령 제24441호로 개정

---

1) 국세기본법

되기 전의 것, 이하 같다) 제63조의14 제2항 제3호[2])에 따른 과세예고 통지를 하지 않은 채, 이 사건 비용을 접대비로 보아 접대비 한도 초과액을 손금불산입하여 법인세를 부과하였다(이하 **'이 사건 처분'**이라고 한다).

2. 쟁점

이 사건에서는 (i)과세예고 통지를 하지 아니하거나 납세자에게 과세전적부심사의 기회를 부여하지 아니한 채 이루어진 과세처분의 효력 및 (ii)이 사건 비용이 판매부대비용인지 또는 접대비인지 여부

제81조의15(과세전적부심사)

① 다음 각 호의 어느 하나에 해당하는 통지를 받은 자는 통지를 받은 날부터 30일 이내에 통지를 한 세무서장이나 지방국세청장에게 통지 내용의 적법성에 관한 심사[이하 이 조에서 "과세전적부심사"(課稅前適否審査)라 한다]를 청구할 수 있다. 다만, 법령과 관련하여 국세청장의 유권해석을 변경하여야 하거나 새로운 해석이 필요한 경우 등 대통령령으로 정하는 사항에 대해서는 국세청장에게 청구할 수 있다.
  1. 제81조의12에 따른 세무조사 결과에 대한 서면통지
  2. 그 밖에 대통령령으로 정하는 과세예고 통지

2) **구 국세기본법 시행령(2013. 6. 11. 대통령령 제24441호로 개정되기 전의 것) 제63조의14(과세전적부심사의 범위 및 청구 절차 등)**

② 법 제81조의15 제1항 제2호에서 "대통령령으로 정하는 과세예고 통지"란 다음 각 호의 어느 하나에 해당하는 것을 말한다.
  1. 세무서 또는 지방국세청에 대한 지방국세청장 또는 국세청장의 업무감사 결과(현지에서 시정조치하는 경우를 포함한다)에 따라 세무서장 또는 지방국세청장이 하는 과세예고 통지
  2. 제63조의3에 따른 실지조사에서 확인된 해당 납세자 외의 자에 대한 과세자료 및 현지 확인조사에 따라 세무서장 또는 지방국세청장이 하는 과세예고 통지
  3. 납세고지하려는 세액이 3백만 원 이상인 과세예고 통지

가 쟁점이 되었으나, 이하에서는 대법원에서 파기환송 된 (i) 쟁점에 대해서만 살펴보기로 한다.

II. 판결의 요지

1. 원심의 판단

과세전적부심사제도는 과세처분 이후의 사후적 구제제도와는 별도로 과세처분 이전의 단계에서 납세자의 주장을 반영함으로써 권리구제의 실효성을 높이기 위하여 마련된 사전적 구제제도이기는 하지만, 조세 부과의 제척기간이 임박한 경우에는 이를 생략할 수 있는 등 과세처분의 필수적 전제가 되는 것은 아닐 뿐만 아니라, 납세자에게 과세전적부심사청구의 기회를 주지 않았다고 하여 납세자의 권리의무에 직접 어떠한 영향을 끼치는 것은 아니며, 사후적 구제절차로서 법령에서 규정한 이의신청·심사청구·심판청구·행정소송 등 절차를 통하여 과세의 적부에 대하여 불복할 수 있는 절차가 남아 있는 점 등을 감안하면, 피고가 이 사건 처분을 함에 있어 원고에게 과세전적부심사청구의 기회를 주지 않았다고 하더라도 중대한 절차 위반이 있었다고 보기 어려우므로 이 사건 처분이 위법하다고 할 수 없다.

2. 대법원의 판단

헌법 제12조 제1항에서 규정하고 있는 적법절차의 원칙은 형사

소송절차에 국한되지 아니하고 모든 국가작용 전반에 대하여 적용
되며, 세무공무원이 과세권을 행사하는 경우에도 이러한 적법절차
의 원칙은 마찬가지로 준수하여야 한다.

한편 과세예고 통지는 과세관청이 조사한 사실 등의 정보를 미리
납세자에게 알려줌으로써 납세자가 충분한 시간을 가지고 준비하여
과세전적부심사와 같은 의견청취절차에서 의견을 진술할 기회를 가
짐으로써 자신의 권익을 보호할 수 있도록 하기 위한 처분의 사전통
지로서의 성질을 가지고 있고, 과세처분 이후에 행하여지는 심사·심
판청구나 행정소송은 시간과 비용이 많이 소요되어 효율적인 구제
수단으로 미흡한 측면이 있다는 점과 대비하여 볼 때, 과세전적부심
사 제도는 과세관청이 위법·부당한 처분을 행할 가능성을 줄이고
납세자도 과세처분 이전에 자신의 주장을 반영할 수 있도록 하는 예
방적 구제제도의 성질을 가지며, 과세예고 통지를 받은 자가 청구할
수 있는 과세전적부심사는 위법한 처분은 물론 부당한 처분도 심사
대상으로 삼고 있어 행정소송과 같은 사후적 구제절차에 비하여 그
권리구제의 폭이 넓다.

이와 같이 사전구제절차로서 과세예고 통지와 과세전적부심사
제도가 가지는 기능과 이를 통해 권리구제가 가능한 범위, 이러한
제도가 도입된 경위와 취지, 납세자의 절차적 권리 침해를 효율적으
로 방지하기 위한 통제방법 등을 종합적으로 고려하여 보면, 과세관
청이 과세처분에 앞서 필수적으로 행하여야 할 과세예고 통지를 하
지 아니함으로써 납세자에게 과세전적부심사의 기회를 부여하지 아
니한 채 과세처분을 하였다면, 이는 납세자의 절차적 권리를 침해한
것으로서 과세처분의 효력을 부정하는 방법으로 통제할 수밖에 없
는 중대한 절차적 하자가 존재하는 경우에 해당하므로, 그 과세처분
은 위법하다.

또한, 과세관청이 감사원의 시정요구에 따라 과세처분을 하는 경

우라도 국가기관 간의 사정만으로는 납세자가 가지는 절차적 권리의 침해를 용인할 수 있는 사유로 볼 수 없으므로 위와 같은 사유는 과세관청이 과세예고 통지를 생략하거나 납세자에게 과세전적부심사의 기회를 부여하지 아니한 채 과세처분을 할 수 있는 예외사유에 해당한다고 할 수 없다.

III. 사안의 검토

1. 침해적 행정처분 시 사전통지 및 의견제출의 기회 부여 의무

가. 행정절차법상 의무

행정절차법 제21조,3) 제22조4)에 의하면, 행정청이 당사자에게 의

---

3) **제21조(처분의 사전 통지)**
   ① 행정청은 당사자에게 의무를 부과하거나 권익을 제한하는 처분을 하는 경우에는 미리 다음 각 호의 사항을 당사자 등에게 통지하여야 한다.
   　3. 처분하려는 원인이 되는 사실과 처분의 내용 및 법적 근거
   　4. 제3호에 대하여 의견을 제출할 수 있다는 뜻과 의견을 제출하지 아니하는 경우의 처리방법
   ④ 다음 각 호의 어느 하나에 해당하는 경우에는 제1항에 따른 통지를 하지 아니할 수 있다.
   　1. 공공의 안전 또는 복리를 위하여 긴급히 처분을 할 필요가 있는 경우
   　2. 법령 등에서 요구된 자격이 없거나 없어지게 되면 반드시 일정한 처분을 하여야 하는 경우에 그 자격이 없거나 없어지게 된 사실이 법원의 재판 등에 의하여 객관적으로 증명된 경우
   　3. 해당 처분의 성질상 의견청취가 현저히 곤란하거나 명백히 불필요하다고 인정될 만한 상당한 이유가 있는 경우
4) **제22조(의견청취)**

무를 부과하거나 권익을 제한하는 처분을 하는 경우에는 미리 처분하려는 원인이 되는 사실과 처분의 내용 및 법적 근거와 이에 대하여 의견을 제출할 수 있다는 뜻과 의견을 제출하지 아니하는 경우의 처리방법 등의 사항을 당사자 등(당사자 및 이해관계인)에게 통지하여야 하고, 다른 법령 등에서 필요적으로 청문을 실시하거나 공청회를 개최하도록 규정하고 있지 아니한 경우에도 당사자 등에게 의견제출의 기회를 주어야 하되, 당해 처분의 성질상 의견청취가 현저히 곤란하거나 명백히 불필요하다고 인정될 만한 상당한 이유가 있는 경우 등에는 처분의 사전통지나 의견청취를 하지 아니할 수 있도록 규정하고 있다. 이와 같이 행정절차법은 행정청에게 처분의 사전 통지의무(제21조)와 의견청취의무(제22조)를 부과하고 있고, 당사자 등에게는 사전통지를 받을 권리와 처분 전에 의견 및 자료를 제출할 수 있는 권리를 법률상의 권리로 부여하고 있다.

---

① 행정청이 처분을 할 때 다음 각 호의 어느 하나에 해당하는 경우에는 청문을 한다.

  1. 다른 법령 등에서 청문을 하도록 규정하고 있는 경우

  2. 행정청이 필요하다고 인정하는 경우

  3. 다음 각 목의 처분 시 제21조 제1항 제6호에 따른 의견제출기한 내에 당사자 등의 신청이 있는 경우

    가. 인허가 등의 취소

    나. 신분·자격의 박탈

    다. 법인이나 조합 등의 설립허가의 취소

② 행정청이 처분을 할 때 다음 각 호의 어느 하나에 해당하는 경우에는 공청회를 개최한다.

  1. 다른 법령 등에서 공청회를 개최하도록 규정하고 있는 경우

  2. 해당 처분의 영향이 광범위하여 널리 의견을 수렴할 필요가 있다고 행정청이 인정하는 경우

③ 행정청이 당사자에게 의무를 부과하거나 권익을 제한하는 처분을 할 때 제1항 또는 제2항의 경우 외에는 당사자 등에게 의견제출의 기회를 주어야 한다.

이러한 행정절차법상의 의무 위반과 관련하여 대법원은 "행정청이 침해적 행정처분을 함에 있어서 당사자에게 위와 같은 사전통지를 하거나 의견제출의 기회를 주지 아니하였다면 사전통지를 하지 않거나 의견제출의 기회를 주지 아니하여도 되는 예외적인 경우에 해당하지 아니하는 한 그 처분은 위법하여 취소를 면할 수 없다"라는 확립된 입장을 취하고 있다(대법원 2000. 11. 14. 선고 99두5870 판결, 대법원 2004. 5. 28. 선고 2004두1254 판결, 대법원 2007. 9. 21. 선고 2006두20631 판결, 대법원 2013. 1. 16. 선고 2011두30687 판결, 대법원 2013. 5. 23. 선고 2011두25555 판결 등).

나. 국세기본법상 과세예고 통지 및 과세전적부심사의 경우

과세관청의 조세부과처분은 상대방의 재산권을 제한하는 처분으로서 당사자에게 의무를 부과하거나 권익을 제한하는 대표적인 침해적 행정처분 중 하나이므로 행정절차법상의 사전통지 및 의견제출의 기회 부여 의무에 따르면 조세부과처분의 고지 전에 과세할 내용을 미리 납세자에게 통지하여 납세자로 하여금 납세고지가 있기 전에 미리 의견을 진술하고 자료를 제출할 수 있는 기회를 부여하여야 할 것이다.

그런데 행정절차법 제3조 제2항 제9호 및 그 위임에 따른 같은 법 시행령 제2조 제5호는 조세관계법령에 의한 조세의 부과·징수에 관한 사항의 경우 행정절차법의 적용 범위에서 배제하고 있으므로 행정절차법이 직접적으로 적용되지는 않는다.

대신 국세기본법은 제81조의15 제1항에서 세무조사결과에 대한 서면통지를 받은 자 또는 과세예고 통지를 받은 자가 그 통지 내용의 적법성에 관한 심사(과세전적부심사)를 청구할 수 있도록 하는 과세전적부심사 규정을 두고 있는바, 이는 조세의 부과와 관련한 행정절차법상의 사전통지 및 의견진술제도의 일환으로 이해된다.

따라서 국세기본법은 제81조의15 제1항은 기본적으로 국민의 행정 참여를 도모함으로써 행정의 공정성·투명성 및 신뢰성을 확보하고 국민의 권익을 보호함을 목적으로 하는 행정절차법의 취지 및 정신에 맞게 해석되어야 한다.

2. 국세기본법령상 과세관청의 납세고지 시 과세예고 통지 의무

국세기본법 제81조의15 제1항은 (i)제81조의12에 따른 세무조사 결과에 대한 서면통지를 받거나 (ii)그 밖에 대통령령으로 정하는 과세예고 통지를 받은 자는 통지를 한 세무서장이나 지방국세청장에게 과세전적부심사를 청구할 수 있다고 규정하고 있다.

이때, 국세기본법 제81조의12는 "세무공무원은 세무조사를 마쳤을 때에는 그 조사 결과를 서면으로 납세자에게 통지하여야 한다. 다만, 폐업 등 대통령령으로 정하는 경우에는 그러하지 아니하다." 라고 규정하여 세무조사 후 그 결과 통지의무를 명시하고 있는 반면, 과세예고 통지와 관련해서는 통지의무를 규정하고 있지 않으므로 과세예고 통지를 하는 것이 과세관청의 재량이라고 볼 수 있는 것은 아닌지 여부가 문제될 수 있다.

그러나 국세기본법 제81조의15 제1항 제2호에 따르면 대통령령으로 정하는 과세예고 통지를 받은 자는 과세전적부심사를 청구할 수 있는 권리가 있고, 위 조항의 위임에 따른 구 국세기본법 시행령 제63조의14 제2항5)은 과세예고 통지의 사유를 각 호에서 열거하고

---

5) **제63조의14(과세전적부심사의 범위 및 청구 절차 등)**
  ② 법 제81조의15 제1항 제2호에서 "대통령령으로 정하는 과세예고 통지"

있는바, 열거된 사유에 해당하는 경우에는 해석상 과세관청의 과세예고 통지 의무가 당연히 도출된다고 할 것이다. 만약 과세관청에서 과세예고 통지를 하지 않는 경우에는 납세자가 과세전적부심사청구를 할 도리가 없어 과세전적부심사청구권을 보장한 국세기본법 제81조의15 제1항의 규정이 무의미해지 때문이다.

또한, 과세예고 통지는 행정절차법상의 사전통지에 해당하는 제도를 국세기본법에서 구체적으로 규정한 것이므로 국세기본법 제81조의15 제1항 제2호 및 그 위임에 따른 구 국세기본법 시행령 제63조의14 제2항은 행정절차법의 취지 및 정신에 맞도록 국민의 권익을 보호하는 방향으로 해석되어야 하는바, 과세예고 통지는 단지 과세관청의 재량으로 보기 어렵고, 행정절차법상의 사전통지의무에 준하여 과세처분 전에 반드시 행하여야 하는 과세관청의 의무라고 보아야 한다.

이와 같은 점에 비추어 보면, 국세기본법상 과세예고 통지의무를 명시적으로 규정하고 있지 않더라도, 구 국세기본법 시행령 제63조의14 제2항 각 호의 사유가 있는 이상 납세고지 이전에 반드시 과세예고 통지를 하여 납세자에게 과세전적부심사청구의 기회를 주어야 한다.

란 다음 각 호의 어느 하나에 해당하는 것을 말한다.
1. 세무서 또는 지방국세청에 대한 지방국세청장 또는 국세청장의 업무감사 결과(현지에서 시정조치하는 경우를 포함한다)에 따라 세무서장 또는 지방국세청장이 하는 과세예고 통지
2. 세무조사에서 확인된 해당 납세자 외의 자에 대한 과세자료 및 현지확인조사에 따라 세무서장 또는 지방국세청장이 하는 과세예고 통지
3. 납세고지하려는 세액이 1백만 원 이상인 과세예고 통지. 다만, 「감사원법」 제33조에 따른 시정요구에 따라 세무서장 또는 지방국세청장이 과세처분하는 경우로서 시정요구 전에 과세처분 대상자가 감사원의 지적사항에 대한 소명안내를 받은 경우는 제외한다.

3. 사전적 구제절차로서 과세전적부심사청구 기회 부여의 필요성

대한민국헌법 제12조 제1항은 "누구든지 법률과 적법한 절차에 의하지 아니하고는 처벌·보안처분 또는 강제노역을 받지 아니한다."고 규정하여 적법절차원칙을 규정하고 있는데, 헌법재판소는 이 원칙이 형사법의 영역에만 국한되지 않고 국민에게 부담을 주는 행정작용에 있어서도 준수되어야 하며, 적법절차원칙에서 도출할 수 있는 가장 중요한 절차적 요청 중의 하나로 당사자에게 적절한 고지를 하고 의견 및 자료 제출의 기회를 부여할 것을 들고 있다(헌법재판소 2003. 7. 24자 2001헌가25 결정).

특히, 대한민국헌법 제59조에서 규정하고 있는 조세법률주의 원칙은 국가권력에 대한 국민의 기본권보장이라는 면에서 형사법에 있어서의 죄형법정주의와 유사한 기본원칙이라 할 수 있고, 다만 그 보호의 객체가 전자는 개인의 재산권이고 후자는 개인의 신체의 자유라는 점에서 차이가 있을 뿐이므로 조세법률주의에 있어서도 대체로 죄형법정주의에서와 유사한 입법원칙과 법해석원칙이 적용된다고 보아야 한다.[6]

위와 같은 점들에 비추어 보면, 사전통지 및 의견제출 기회의 부여는 헌법상 보장되는 적법절차원칙의 중요한 요청인바, 사전적 구제절차로서 과세전적부심사청구권이 보장되지 않을 경우 사후적 구제절차가 남아 있다고 하더라도 과세처분의 효력을 부정하는 방법으로 통제할 수밖에 없는 중대한 절차적 하자에 해당한다.

실제적으로 보더라도, 과세관청의 납세고지(부과처분)가 있게 되면 사후적으로 심판청구나 행정소송 등이 제기되더라도 원칙적으로

---

[6] 이회창, "조세법률주의 : 그 권리보장적 기능과 관련하여", 재판자료 제60집(1993), 7~12면 참조.

그 처분의 집행정지의 효력이 없으므로(국세기본법 제57조[7]), 납세
자가 지정된 납부기일까지 세금을 납부하지 않으면 가산금이 부과
되고 그 재산에 대한 압류 등의 체납처분 절차가 진행된다(국세징수
법 제21조, 제24조 등). 이러한 경우 체납처분으로 인한 대출금의 기
한이익 상실이나 중요재산 압류로 인한 회사의 정상적 운영이 사실
상 불가능하게 되는 등의 회복하기 어려운 손해가 발생할 가능성이
매우 높게 되는바, 사후적 구제절차에 따라 부과처분이 취소가 된다
고 하더라도 이미 권리구제의 실효성은 상실하게 될 것이고, 이러한
불이익을 면하기 위해서는 납세자로서는 일단은 세금을 납부하고
다투어야 하는 경제적 부담을 가지게 되고, 오랜 시간이 소요되는
행정적 구제절차(이의신청, 심사청구, 심판청구 등)와 사법적 행정소
송절차가 종결될 때까지 위와 같은 재산권의 침해 상태를 수인하여
야 하는 지위에 있게 된다.

이와 같이 과세전적부심사는 사후적 구제절차만으로는 충분히
보호되지 못하는 납세자의 권리구제의 실효성을 높이기 위하여 과
세처분 이전 단계에서 마련된 제도인데, 아무런 법적 근거 없이 과
세전적부심사청구의 기회 자체를 주지 않는 것은 납세자의 권리의
무에 중대한 영향을 미치는 것이라고 할 것이다.

원심은 '납세자에게 과세전적부심사청구의 기회를 주지 않았다
고 하여 납세자의 권리의무에 직접 어떠한 영향을 끼치는 것은 아니
며, 사후적 구제절차로서 법령에서 규정한 이의신청·심사청구·심판
청구·행정소송 등 절차를 통하여 과세의 적부에 대하여 불복할 수
있는 절차가 남아 있으므로 과세전적부심사청구의 기회를 주어지지

---

7) **국세기본법 제57조(심사청구 등이 집행에 미치는 효력)** 이의신청, 심사청
구 또는 심판청구는 세법에 특별한 규정이 있는 것을 제외하고는 해당 처
분의 집행에 효력을 미치지 아니한다. 다만, 해당 재결청(裁決廳)이 필요
하다고 인정할 때에는 그 처분의 집행을 중지하게 하거나 중지할 수 있다.

않았다고 하더라도 중대한 절차 위반이 아니어서 위법하다고 할 수 없다'는 취지로 판시였으나, 이러한 원심의 논리는 구속된 피의자의 경우 사후적 구제절차로서 구속적부심사제도, 보석제도, 종국판결 등의 절차를 통해서 구속 및 유무죄의 적부에 대하여 불복할 수 있는 절차가 남아 있으므로 수사기관이 구속영장을 청구함에 있어 피의자에게 영장실질심사의 기회를 주지 않았다 하더라도 중대한 절차 위반의 위법이 없다는 것과 진배없는 것이다.

4. 감사원 감사결과 시정권고에 의한 납세고지의 경우

가. 문제의 소재

과세전적부심사사무처리규정(2013. 7. 1. 국세청훈령 제2003호로 폐지제정되기 전의 것, 이하 '**사무처리규정**'이라고 한다) 제5조는 과세전적부심사청구 대상이 아닌 경우를 규정하고, 제6호에서 "감사원 감사결과 처분지시 또는 시정요구에 따라 고지하는 경우"를 들고 있다. 위 규정에 따르면 감사원 감사결과 시정권고에 의한 납세고지의 경우 과세전적부심사청구의 대상이 아니어서 과세예고 통지를 할 필요도 없는 것이라고 볼 여지가 있는데, 과연 위 규정이 유효한지 여부가 문제된다.

나. 사무처리규정 제5조 제6호의 유효 여부

행정규제기본법 제4조 제2항은 "규제는 법률에 직접 규정하되, 규제의 세부적인 내용은 법률 또는 상위법령(上位法令)에서 구체적으로 범위를 정하여 위임한 바에 따라 대통령령·총리령·부령 또는 조례·규칙으로 정할 수 있다. 다만, 법령에서 전문적·기술적 사항이나 경미한 사항으로서 업무의 성질상 위임이 불가피한 사항에 관하여 구체적으로 범위를 정하여 위임한 경우에는 고시 등으로 정할 수 있다.”라고 규정하여, 법규성을 가지는 규제는 원칙적으로 법률, 대통령령, 총리령, 부령으로 정하여야 하고, 예외적인 경우에 한하여 고시 또는 훈령 등으로 정할 수 있음을 밝히고 있다.

대법원은 ‘고시’의 형태로 제정된 행정입법이 대외적 구속력을 가지는지 여부가 문제된 사안에서, “일반적으로 행정 각부의 장이 정하는 고시라 하더라도 그것이 특히 법령의 규정에서 특정 행정기관에게 법령 내용의 구체적 사항을 정할 수 있는 권한을 부여함으로써 그 법령 내용을 보충하는 기능을 가질 경우에는 그 형식과 상관없이 근거 법령 규정과 결합하여 대외적으로 구속력이 있는 법규명령으로서의 효력을 가지는 것이나 이는 어디까지나 법령의 위임에 따라 그 법령 규정을 보충하는 기능을 가지는 점에 근거하여 예외적으로 인정되는 효력이므로 특정 고시가 비록 법령에 근거를 둔 것이라고 하더라도 그 규정 내용이 법령의 위임 범위를 벗어난 것일 경우에는 위와 같은 법규명령으로서의 대외적 구속력을 인정할 여지는 없다.”라고 판시한 바 있다(대법원 1999. 11. 26. 선고 97누13474 판결).

그런데 국세기본법 제81조의15 제2항 및 같은 법 시행령 제63조의14 제3항에서 과세전적부심사청구의 대상이 아닌 경우를 ‘직접적’으로 규정하고 있을 뿐, 국세기본법령 어디에도 과세전적부심사청구 제외사유에 관하여 명시적인 위임규정을 두고 있지 않다.

이러한 위임이 없음에도 불구하고 사무처리규정 제5조 제6호는 아무런 법률의 근거 없이 과세전적부심사청구 대상 제외사유를 추가하여 국세기본법이 납세자의 사전 권리구제절차로서 보장하고 있는 과세전적부심사청구의 대상을 보다 제한하고 있는바, 위 규정은 국세기본법 및 시행령 규정에 명백히 반하여 무효라고 보아야 한다.

다. 소결

이와 같이 법률상 명문의 규정 없이 과세예고 통지 및 과세전적부심사청구 대상에 관한 예외를 인정할 수 없고, 사무처리규정 제5조 제6호가 국세기본법 제81조의15 제2항 및 같은 법 시행령 제63조의14 제3항에 반하여 무효인 이상, 감사원법 규정에 따른 감사원의 시정요구로 인한 납세고지의 경우라도 과세관청은 과세예고 통지 및 과세전적부심사 절차를 생략할 수 없다.

5. 이 판결의 의의

이 판결은 사전구제절차로서 과세예고 통지와 과세전적부심사 제도가 가지는 의미의 중요성을 명확히 한 판결로서, 과세예고 통지 및 과세전적부심사청구의 기회를 부여하지 아니한 채 한 과세처분이 위법하여 취소되어야 한다는 점을 명확히 하였다는 점에서 의의가 있다.

또한, 최근 국세청은 이 판결의 취지를 반영하여 감사원 처분지시 또는 시정요구에 따르기 위한 과세처분이라도 과세전적부심사청구 대상에 포함된다는 내용의 '과세전적부심사 사무처리규정 개정안'을 행정예고 하였는바, 그 동안 과세관청이 감사원의 감사결과 시정요구에 따르기 위하여 하는 과세처분의 경우 과세예고 통지를 하지 아니하던 과세실무에도 제재가 가해졌다.

궁극적으로는 국세기본법에 과세관청의 과세예고통지 의무를 명확히 규정하여 논란의 소지를 없애는 것이 바람직할 것이다.

국내 미등록 특허와 국내원천소득인 사용료

- 관련 대법원 판결을 중심으로 -

유 철 형 변호사

I. 문제의 제기

사용료에 대해 원천지국 과세를 채택하고 원천지 판단기준으로 사용지주의를 취한 조세조약을 체결한 경우 국내 미등록 특허와 관련하여 국내원천소득인 사용료가 인정될 수 있는지, 한국에는 등록되지 아니하고 미국에 등록된 특허권과 관련한 제품을 한국에서 생산하여 한국에서는 판매하지 않고 전량 미국에 수출하는 내국법인이 미국 특허권을 소유한 미국법인과의 특허분쟁 과정에서 체결한 화해계약에 따라 미국법인에게 지급한 화해금을 『대한민국과 미합중국 간의 소득에 관한 조세의 이중과세회피와 탈세방지 및 국제무역과 투자의 증진을 위한 협약』(이하 "한미조세협약"이라 함) 제6조 제3항, 제14조 제4항 및 법인세법 제93조 제8호의 사용료로 볼 수 있는지, 즉, 국내 미등록 특허에 대한 사용료를 국내원천소득으로 볼 수 있는지에 대해 1990년대 이후 현재까지 많은 논란이 있어 왔다.

우리나라가 체결한 조세조약1)과 법인세법에 규정된 특허와 관련

---

1) 사용료에 대한 과세관할권과 관련하여, 우리나라가 체결한 조세조약 중 몰타, 아랍에미리트, 아일랜드, 헝가리 등 4개국과 체결한 조세조약만

한 사용료는 반드시 국내에 등록된 특허권만을 대상으로 성립되는 개념인지, 아니면 국외에는 등록되어 있지만 국내에는 등록되지 않은 특허권의 경우에도 국내원천소득인 사용료를 인정할 수 있는지 하는 쟁점에 대해 대법원은 세 차례 판결을 선고하였는데, 모두 전자의 입장을 취하였다. 과거 두 차례의 대법원 판결 선고 이후 2008. 12. 26. 법률 제9267호로 개정된 구 법인세법 제93조 제9호 단서 후문은 "이 경우 특허권, 실용신안권, 상표권, 디자인권 등 권리의 행사에 등록이 필요한 권리(이하 이 호에서 "특허권 등"이라 한다)는 해당 특허권등이 국외에서 등록되었고 국내에서 제조·판매 등에 사용된 경우에는 국내 등록 여부에 관계없이 국내에서 사용된 것으로 본다."는 규정(이하 "이 사건 조항"이라 함)을 신설하였다. 이 사건 조항이 신설된 이후에도 대법원은 최근 선고한 대법원 2014. 11. 28. 선고 2012두18356 판결(이하 "대상 판결"이라 함)을 통하여 종전 판결의 입장을 그대로 유지하였다. 대상 판결로 인하여 위 쟁점에 대한 논란이 완전히 정리된 것이 아니냐는 의견이 있을 수 있으나,[2] 대상 판결이 선고된 이후 국내 미등록 특허에 대한 대가를 사용료로 볼 것인지에 대해서는 아래에서 보는 바와 같이 아주 활발한 논의가

OECD 모델조세조약과 같이 거주지국 과세를 택하였고, 나머지 조세조약은 모두 원천지국 과세를 채택하였는데, 그 중 원천지 판단기준으로 사용지주의를 취한 조세조약은 한미조세협약이 유일하고, 나머지 조세조약은 모두 지급자의 거주지국 과세를 채택하였다.

2) 김석환, "사용료 소득의 원천지 판단기준", 『저스티스』, 통권 제140호(한국법학원, 2014. 2.), 414면에서 이 사건 조항의 신설 이전에 나온 2개의 판결에서 대법원이 동일한 태도를 취한 상황이므로 대법원의 태도가 타당한지를 따지는 것은 논의 실익이 크지 않다고 하고 있다. 그러나 이 사건 조항의 신설 이전에 있어서도 조세조약에서 사용하는 용어의 정의가 명확하지 않은 경우 그 해석은 체약국의 법에 따라 해석한다는 조세조약 해석원칙에 의하면, 특허법상 '실시' 개념을 한미조세협약의 '사용' 개념과 동일시한 대법원의 태도는 문제가 있다.

전개되고 있는 상황이다.

　이 글은 세 차례에 걸친 대법원 판결에도 불구하고 여전히 이에 관한 논란이 일고 있는 상황에서 대상 판결의 문제점이 무엇인지를 외국 사례, 관련 판결, 조세조약 해석에 관한 원칙과 한미조세협약의 관련규정 등을 통하여 검토하고, 이 사건 조항의 신설 이후로는 국내 미등록 특허에 대해 지급한 대가를 국내원천소득으로 볼 수 있는지, 그리고 조세조약을 포함한 세법해석의 기본원칙에 비추어 볼 때 한미조세협약에서의 '사용'을 어떤 의미로 해석하는 것이 타당한지 등을 검토함으로써 이 사건 조항의 의미와 이 사건 조항의 신설에 따른 한미조세협약상 '사용'의 의미를 해석해 보고자 한다. 이를 위해 아래의 주요 선행연구를 포함하여 1990년대 이후 현재까지 국내 미등록 특허의 대가와 관련하여 나온 논문과 평석 등을 검토하였다.

　주요 선행연구로는, 대상 판결 이전의 종전 판결은 사용지주의에서의 '사용'의 의미를 국제조세의 맥락에서 제대로 해석한 것으로 평가할 수 있지만, 이 사건 조항은 조세조약과 상충되지 않는 조항이고, 그 해석을 통하여 '사용'의 의미를 재정립한 필요가 있다는 김석환, "사용료 소득의 원천지 판단기준", 『저스티스』, 통권 제140호(한국법학원, 2014), 특허사용료의 국내원천 판단기준에 관한 EU와 독일의 사례에 비추어 볼 때 적어도 이 사건 조항의 신설 이후로는 판례의 변경 없이도 국내 미등록 특허에 대한 대가를 국내원천소득으로 볼 수 있다는 박종수, "국내 미등록 특허에 대한 사용료의 과세상 취급에 관한 소고-독일 및 유럽연합의 입법례를 중심으로-", 『조세학술논집』, 제30집 제2호(한국국제조세협회, 2014), 대상 판결은 특허권의 속지주의에 치우친 판결로서 조세조약 해석의 특수성과 국제적으로 통용되고 있는 과세기준을 간과한 것이라는 강성태, "국외등록 특허권 사용료 소득의 과세기준", 『조세학술논집』, 제31집 제1호(한국국제조세협회, 2015), OECD와 주요 OECD 국가들에 의하여 국제적으로 인정된 조세조약의 해석방법에 의하면 조약에 정의가 없는 용어의 경우 문맥상 의미, 체약국법의 순서에 따라 해석하여야 하는데, 대상 판결은 이러한 조세조약의 해석방법을 간과한 판결이라는 오윤, "조세조약 해석상 국내세법의 지위-조세조약 '특허권의 사용' 개념의 해석을 중심으로-", 『조세학술논집』, 제32집 제2호(한국국제조세협회, 2016) 등 4편의 논문이 있다.

이하에서는 II.에서 각국의 해석과 입법례, III.에서 한미조세협약과 법인세법의 관련 규정 및 관련 판결, IV.에서 한미조세협약과 이 사건 조항에 따른 국내원천소득인 사용료의 범위, V.에서 결론으로 이 글의 내용을 요약·정리하고자 한다.

II. 외국 사례

1. 미국

미국 내국세법은 사용료 소득에 대하여 원천지국 과세원칙을 채택하고 원천지 판단기준에 대해 사용지주의를 취하고 있다.[3] '사용'의 의미에 관해서는 법령에 명문의 규정을 두지 않았고, 판례나 행정해석으로 해결하고 있는데, 아래와 같이 판례나 행정해석 모두 특허권 등은 등록되어 있는 국가에서만 권리가 인정되므로 사용도 등록된 국가에서만 인정된다는 입장이다.

---

3) 미국세법 제861조 (a)항: (4) Rentals or royalties from property located in the United States or from any interest in such property, including rentals or royalties for the use or for the privilege of using in the United States patents, copyrights, secret processes and formulas, good will, trade-marks, trade bbrands, franchises, and other like property.

관련 판례로는 이른바 AMP 사건을 들 수 있는데, 미국법인이 다수의 국내외 특허를 보유하고 있으면서 외국에 있는 자회사들에게 그 법인설립지 국가에 등록한 특허권에 관한 전용실시권을 부여하고 그에 대한 대가를 지급받은 사안에서, 특허란 그것이 출원되는 국가에서만 효력을 가지는 것이므로 자회사들로부터 지급받은 대가가 사용료 소득이든 양도소득이든 그 소득의 원천은 모두 미국 외의 외국이므로 미국의 국내원천소득으로 볼 수 없다고 판시하였다.[4]

한편, 미국 국세청은, A국에 상표권을 등록한 외국회사가 미국회사에게 A국에 등록된 상표권의 실시권을 부여하고 그 대가를 지급받는데, 미국회사는 미국 내에서 위 상표를 부착한 제품을 제조한 후 미국에서 A국 거주자에게 판매하였고, 그 상품은 모두 A국으로 수출되어 위 제품의 최종 소비지는 A국이 되는 사안에서, 최초 판매지가 미국이라는 사실은 원천지의 결정적인 요소가 아니고, 외국등록 상표는 미국 내에서 법적 보호를 받지 못하고 궁극적으로는 외국에서 소비되므로 그 실시권의 대가는 미국의 국내원천소득으로 볼 수 없다고 해석하였다.[5]

2. 일본

일본 법인세법 제138조 제7호는 '국내에서 업무를 행하는 자로부터 받은 공업소유권 기타의 기술에 관한 권리, 특별한 기술에 의한 생산방식 또는 그것에 준하는 것의 사용료 또는 그 양도에 의한 대

---

4) AMP Inc. v. U.S., 492 F.Supp. 27(1979). 정광진, "국내 미등록 특허의 사용 대가와 한미 조세조약상 국내원천 사용료 소득", 『대법원 판례해설』, 제 102호(법원도서관, 2014), 80면에서 재인용.

5) Rev. Rul. 68-443, 1968-2 C.B. 304.

가로서 당해 업무에 관련되는 것'을 국내원천소득인 사용료로 규정하고 있다. 일본도 사용료에 대해서는 원천지국 과세와 원천지 판단 기준으로 사용지주의를 규정한 것으로 볼 수 있는데, '국내 업무 관련성'의 의미에 대해서는 법원의 해석에 따르는 것으로 이해되고 있다.6)

일본에서 프린터, 전자타자기 등을 제조하는 일본법인이 1982년부터 미국에 자회사를 설립하여 일본에서 제조한 프린터기를 미국 자회사에 판매하였는데, 위 프린터기가 자신의 특허를 침해하였다는 이유로 그 특허 등록권자인 미국회사가 미국 국제무역위원회(ITC)에 수입금지신청을 하였고, 1983. 11.경 일본법인과 미국회사가 ①미국회사는 일본법인과 자회사들이 화해계약 체결 이후 미국회사에게 사용료를 지급하는 조건으로 미국회사가 보유한 특허권에 대한 전 세계적인 비독점적 실시권을 부여하며, ②일본법인은 미국회사에게 기존 침해 부분과 향후 사용료로 미화 76만 달러를 지급한다는 내용의 화해계약을 체결한 사안에서 일본법인이 미국회사에게 지급하는 대가가 사용지주의를 채택한 구 미일조세협약상 일본의 국내원천소득인지 여부가 문제된 사건이 있었다. 일본 최고재판소는, 위 사용료는 미국 내에서 프린터기를 판매하는 비독점적 실시권에 대한 대가이고 일본 내에서의 업무와 관련이 없으므로 국내원천소득이 되지 않는다는 3인의 의견과 위 사용료는 일본에서 프린터기를 제조하고 미국에 판매하는 것에 대해서 미국특허의 내용을 이루는 기술 등의 실시허여에 대한 사용료이므로 국내원천소득에 해당된다는 2인의 의견이 있었다.7)

이러한 일본 최고재판소의 태도는 미국에 등록된 미국법인의 특허권의 내용을 이루는 특허기술 등을 일본법인이 일본에서 업무와

---

6) 김석환, 앞의 논문, 408~411면 ; 오윤, 앞의 논문, 22~28면.
7) 이른바 실버정공사건. 최고재판소 평성16년(2004년) 9월 25일 행재례집 제48권 제9호.

관련하여 사용하고 그 대가를 지급하였다면, 그 대가는 일본의 국내
원천소득으로 볼 수 있다는 것을 전제한 것으로 보인다.[8]

3. 독일

독일 소득세법 제49조 제1항 제6호는 사용료의 과세대상 자산을
부동산, 동산인 사업용 자산 또는 권리로 규정하고 있고, 국내원천
소득이 되기 위한 국내 관련성 판단기준으로 ①당해 자산이 독일 국
내에 존재할 것, ②독일 국내의 공부에 등록되어 있을 것, ③독일 국
내의 사업장이나 다른 기관에서 사용될 것의 3가지 중 하나만 해당
되면 국내 관련성이 충족되는 것으로 규정하고 있다.[9] 위 세 번째
기준에 따라 독일 내에 등록되어 있지 않은 자산이나 권리를 독일
내에서 사용하고 지급받는 대가도 독일의 국내원천소득이 된다.[10]
권리에 이르지 못하는 노하우 등의 사용, 이전에 대해서는 같은 항
제9호에서 규정하고 있다.

독일 연방조세법원은, 독일회사가 덴마크와 노르웨이에 등록된
특허권의 독점 실시권을 부여받아 독일에서 생산한 제품을 덴마크
와 노르웨이에 판매한 사안에서, 국내사업장에서 판매하였다면 그
사용료는 국내 관련성이 인정되고 국내원천소득에 해당되나, 외국
사업장에서 판매행위가 이루어진 경우에는 국내원천소득이 아니라
고 하였다.[11]

---

8) 오윤, 앞의 논문, 22~28면.
9) 박종수, 앞의 논문, 154면. 미등록 특허는 세 번째 기준인 사용·실시 기준
   으로 판단하기에 적합하다고 한다.
10) 박종수, 앞의 논문, 152~163면.
11) BFH v. 23. 5. 1973-I R 163/71, BStBl Ⅱ 1974, 287. 정광진, 앞의 논문 84면
   에서 재인용(독일회사는 특허 등록지국인 덴마크 등에 현지법인이나 고

4. 결어

위와 같이 특허의 사용대가와 관련하여 미국과 일본은 세법에 특별한 규정을 두지 않아 법원의 해석에 따르고 있는데, 미국의 경우에는 특허 등록지국에서만 사용료가 국내원천소득이 될 수 있다는 입장이고, 일본은 일본에 특허등록이 되어 있지 않다고 하더라도 일본에서의 제조업무와 관련이 있다고 인정되면 일본의 국내원천소득으로 해석하는 입장으로 보이며, 독일은 소득세법에 국내원천소득 판단기준에 관한 명문의 규정을 두어 독일 국내에 등록하지 않은 자산이나 권리라고 하더라도 독일 내에서 사용하고 지급하는 대가인 경우에는 독일의 국내원천소득이 된다는 입장이다.

Ⅲ. 관련 규정과 대법원 판결

1. 관련 규정

가. 사용료 관련 규정

한미조세협약 제6조는 소득의 원천과 관련하여, "(3)제14조(사용료) (4)항에 규정된 재산(선박 또는 항공기에 관해서 본조 (5)항에 규정된 것 이외의 재산)의 사용 또는 사용할 권리에 대하여 동 조항에 규정된 사용료는 어느 체약국내의 동 재산의 사용 또는 사용할 권리에 대하여 지급되는 경우에만 동 체약국 내에 원천을 둔 소득으로 취급된다."고 규정하고 있고, 제14조에서 사용료를 규정하면서 "(4)

정사업장을 설치하지 않았던 것으로 보인다고 함).

본 조에서 사용되는 "사용료"라 함은 다음의 것을 의미한다.

(a) 문학·예술·과학작품의 저작권 또는 영화필름·라디오 또는 텔레비전 방송용 필름 또는 테이프의 저작권, 특허, 의장, 신안, 도면, 비밀공정 또는 비밀공식, 상표 또는 기타 이와 유사한 재산 또는 권리, 지식, 경험, 기능(기술), 선박 또는 항공기(임대인이 선박 또는 항공기의 국제운수상의 운행에 종사하지 아니하는 자인 경우에 한함)의 사용 또는 사용권에 대한 대가로서 받는 모든 종류의 지급금

(b) 그러한 재산 또는 권리(선박 또는 항공기는 제외됨)의 매각, 교환 또는 기타의 처분에서 발생한 소득 중에서 동 매각, 교환 또는 기타의 유상처분으로 취득된 금액이 그러한 재산 또는 권리의 생산성, 사용 또는 처분에 상응하는 부분. 사용료에는 광산, 채석장 또는 기타 자연자원의 운용에 관련하여 지급되는 사용료, 임차료 또는 기타의 금액은 포함되지 아니한다."고 규정하고 있다.

한편, 구 법인세법(2008. 12. 26. 법률 제9267호로 개정된 것) 제93조는 외국법인의 국내원천소득 중 사용료 소득에 관하여, "9. 다음 각 목의 어느 하나에 해당하는 권리·자산 또는 정보(이하 이 호에서 "권리 등"이라 한다)를 국내에서 사용하거나 그 대가를 국내에서 지급하는 경우의 당해 대가 및 그 권리등의 양도로 인하여 발생하는 소득. 다만, 소득에 관한 이중과세방지협약에서 사용지를 기준으로 하여 당해 소득의 국내원천소득 해당여부를 규정하고 있는 경우에는 국외에서 사용된 권리등에 대한 대가는 국내지급 여부에 불구하고 이를 국내원천소득으로 보지 아니한다. 이 경우 특허권, 실용신안권, 상표권, 디자인권 등 권리의 행사에 등록이 필요한 권리(이하

이 호에서 "특허권 등"이라 한다)는 해당 특허권 등이 국외에서 등록되었고 국내에서 제조·판매 등에 사용된 경우에는 국내 등록 여부에 관계없이 국내에서 사용된 것으로 본다.

> 가. 학술 또는 예술상의 저작물(영화필름을 포함한다)의 저작권·특허권·상표권·디자인·모형·도면이나 비밀의 공식 또는 공정·라디오·텔레비젼방송용 필름 및 테이프 기타 이와 유사한 자산이나 권리
> 나. 산업상·상업상 또는 과학상의 지식·경험에 관한 정보 또는 노하우"라고 규정12)하고 있다.

나. 조세조약에 정의되지 않은 용어의 해석방법에 관한 규정

조세조약에서 사용하는 용어 중 당해 조세조약에서 정의하지 아니한 용어를 어떻게 해석할 것인가에 관하여 한미조세협약 제2조(일반적 정의)는 "(2) 이 협약에서 사용되나 이 협약에서 정의되지 아니한 기타의 용어는, 달리 문맥에 따르지 아니하는 한, 그 조세가 결정되는 체약국의 법에 따라 내포하는 의미를 가진다. 상기 규정에 불구하고 일방 체약국의 법에 따른 그러한 용어의 의미가 타방 체약국의 법에 따른 용어의 의미와 상이하거나, 또는 그러한 용어의 의미가 어느 한 체약국의 법에 따라 용이하게 결정될 수 없는 경우에 양 체약국의 권한 있는 당국은 이중과세를 방지하거나 또는 이 협약의 기타의 목적을 촉진하기 위하여 이 협약의 목적상 동 용어의 공통적 의미를 확정할 수 있다."라고 규정하고 있다.

또한 OECD 모델조세조약 제3조 제2항은 "일방 체약국의 조제조

---

12) 2015. 12. 15. 법률 제13555호로 개정된 현행 법인세법 제93조 제8호.

약 적용상 해당 조세조약에서 정의되어 있지 않은 용어는 문맥상 다른 의미를 갖는 경우를 제외하고는 조약을 적용할 당시 조약의 적용 대상이 되는 조세의 과세목적상 그 나라에서 갖는 의미에 따른다. 이때 그 나라의 국내세법에서 부여하는 의미를 먼저 적용하며, 그것이 없을 때에는 국내 비세법에서 부여하는 의미를 적용한다"[13]고 규정하고 있다.

2. 관련 대법원 판결

국내 미등록 특허의 사용료와 관련한 대표적인 대법원 판결은 아래의 3개이다.

가. 대법원 1992. 5. 12. 선고 91누6887 판결
(이하 "①판결"이라 함)

(1) 사실관계

원고는 자동차를 생산하는 국내법인이고 소외 회사는 원고가 생산한 자동차를 미국에 수출하기 위해 자회사로 미국에 설립한 현지법인(이하 "현지법인"이라 함)이며, 폴리프로필렌이라는 물질에 대한 특허권을 가진 미국법인(이하 "미국회사"라 함)은 대한민국에 사

---

13) As regards the application of the Convention at any time by a Contracting State, any term not defined therein shall, unless the context otherwise requires, have the meaning that it has at that time under the law of that State for the purposes of the taxes to which the Convention applies, any meaning under the applicable tax laws of that State prevailing over a meaning given to the term under other laws of that State. 오윤, 앞의 논문, 4면에서 재인용.

업장이 없다. 원고와 현지법인 사이에, 1986. 1. 1. 현지법인은 원고
가 생산하여 수출하는 자동차를 미국 내에서 전량 판매하되 그 판매
한 자동차가 미국내 타인의 특허권을 침해 또는 사용함으로써 현지
법인이 부담하게 되는 일체의 비용은 원고가 보상하기로 약정하였
다. 한편, 현지법인은 미국회사와의 사이에 1989. 2. 15. 미국회사의
특허물질인 폴리프로필렌이 부품에 포함된 위 자동차의 수입 및 판
매를 허용하되 현지법인은 미국회사에게 그 특허권의 사용료로서
자동차 1대당 미화 57센트를 지급하기로 약정하였다. 이에 따라 원
고는 현지법인이 미국회사에게 지급한 특허권 사용료 상당액으로서
1989. 5. 16. 금 66,390,0 00원, 같은 해 6. 9. 금 191,473,158원 합계 금
257,863,158원을 현지법인에게 지급하였는데, 피고는 원고가 현지법
인에게 지급한 금원은 원고가 국내에서 사용한 특허권의 대가로 외
국법인인 미국회사에게 지급한 금원으로서 외국법인의 국내원천소
득이므로 이를 지급하는 원고로서는 그 법인세를 원천징수하여 납
부할 의무가 있다는 이유로 법인세법 제59조 제1항, 제41조 제2항,
한미조세협약 제14조 제1항의 규정 등을 적용하여 1990. 3. 16. 원고
에게 법인세 등을 부과하였다.

(2) 원심 판결의 요지
(서울고등법원 1991. 6. 21. 선고 90구21508 판결)

특허권의 침해 내지 사용은 현지법인의 미국내로의 자동차의 수
입 및 판매과정에서 문제가 되는 것이지만 그 실질에 있어서는 원고
가 국내에서 자동차를 생산하는 과정에서 이를 사용하였다 할 것이
고, 한편 위 특허권이 미국에 등록된 것이어서 미국에서만 유효한
권리라 할지라도 위와 같이 대한민국에서 생산되는 자동차에 사용
되어 그 자동차가 미국에 수입, 판매되는 경우에는 미국 내에서의

사용과 마찬가지로 그 효력이 미친다 할 것이며, 나아가 원고가 특허권자인 미국회사와 직접 특허권사용계약을 체결하거나 사용료를 지급하지 않고 원고는 현지법인과만 특허권 사용료 보상계약을 체결하여 그 사용료 상당액을 지급하고 현지법인이 미국회사와 계약을 체결하여 그 사용료를 지급하는 방식으로 거래가 이루어졌다 하더라도 위 거래 관계는 그 실질에 있어서 생산업체인 원고가 판매업체인 현지법인을 통하여 또는 그를 대리인으로 하여 국내에서 미국회사의 특허권을 사용하고 그 대가를 지급한 것이라 할 것이고, 따라서 미국회사는 그 사용료의 수령을 통해 국내원천소득이 발생한 것으로 보아야 할 것이므로 과세처분이 적법하다고 판단하였다.

(3) 대법원 판결의 요지

특허권은 국가에 의한 특허처분에 의하여 특허출원인에게 부여되는 권리로서 각국의 특허법과 그 법에 따라 특허를 부여할 권리는 각국에 있어서 독립적으로 존재하여 지역적 제한을 지니게 되므로 특허권자가 특허물건을 독점적으로 생산, 사용, 양도, 대여, 수입 또는 전시하는 등의 특허실시에 관한 권리는 특허권이 설정등록된 국가의 영역 내에서만 그 효력이 미치는 것이라고 할 것이고, 따라서 외국법인의 특허권이 등록되어 있지 않은 대한민국에서 당해 특허제품이 생산되어 특허권이 등록된 외국으로 수출, 판매되는 경우에 있어서, 당해 특허권의 사용 혹은 침해문제는 특허권을 가진 외국법인이 그 특허권의 효력이 미치는 외국 내에서 위 특허제품의 수입, 판매에 대하여 가지는 특허실시권의 사용, 침해에 관한 문제일 뿐 대한민국 내에서의 특허제품 사용자체에 관한 문제와는 관계가 없는 것이다.

결국 법인세법 제55조 제1항 제9호 가목에서 외국법인의 국내원천소득의 하나로 규정하고 있는 [특허권 등을 국내에서 사용하는 경우에 당해 대가로 인한 소득]이나 한미조세협약 제6조, 제14조 제4항에서의 [특허권 등에 대한 사용료는 어느 체약국내의 동 재산의 사용 또는 사용할 권리에 대하여 지급되는 경우에만 동 체약국내에 원천을 둔 소득으로 취급된다]는 규정의 의미는 어느 것이나 외국법인 혹은 미국법인이 대한민국에 특허권을 등록하여 대한민국 내에서 특허실시권을 가지는 경우에 그 특허실시권의 사용대가로 지급받는 소득을 의미한다고 해석하여야 할 것이다.

따라서 원심이 인정에 사실대로라면 현지법인이 미국회사에 지급한 이 사건 특허사용료는 원고가 생산한 자동차가 미국에 수입, 판매되어 미국회사가 미국 내에서 가지는 특허실시권을 침해 또는 사용한데 따른 대가로 지급된 것이지 미국회사의 특허물질을 대한민국에서 사용한데 따른 대가로 지급된 것이 아님이 분명하므로 이는 미국회사의 미국 내의 소득이 될지언정 대한민국에 원천을 둔 소득이라고는 볼 수 없다 할 것이다.

나. 대법원 2007. 9. 7. 선고 2005두8641 판결
(이하 "②판결"이라 함)

(1) 사실관계

원고의 자회사인 미국 현지법인은 원고로부터 원고가 생산한 TV, VTR 및 컴퓨터 모니터를 수입하여 미국에서 판매하던 중, 원고가 위 제품의 제조과정에서 사용한 일부 기술이 미국법인인 I.P. Global이 미국 내에서 보유하고 있는 특허실시권을 침해하였다는 이유로 I.P. Global과 사이에 특허분쟁이 발생하자, 그 해결을 위하여 I.P. Global과 사이에 위 특허실시권의 침해 및 사용에 따른 대가로

I.P. Global에게 특허실시료 및 화해금을 지급하기로 하는 약정을 체결하는 한편, 원고는 현지법인과 사이에 현지법인이 I.P. Global에게 지급하는 위 실시료 및 화해금 상당액을 모두 부담하기로 약정한 후, 현지법인을 통하여 I.P. Global에게 위 각 약정에 따른 실시료 등으로 미화 총 524만 달러(원화 67억 8,512,000원 상당)를 지급하였다. 과세관청은 이를 국내원천소득으로 보아 원고에게 법인세를 부과하였다.

(2) 대법원 판결의 요지

구 법인세법(2003. 12. 30. 법률 제7005호로 개정되기 전의 것) 제93조 제9호 및 구 법인세법(1998. 12. 28. 법률 제5581호로 전문 개정되기 전의 것) 제55조 제1항 제9호(이하 양 규정을 통칭하여 "구 법인세법 제93조 제9호"라 한다)는 "다음 각 목의 1에 해당하는 자산·정보 또는 권리를 국내에서 사용하거나 그 대가를 국내에서 지급하는 경우의 당해 대가"를 외국법인이 법인세 납세의무를 지는 국내원천소득의 하나로 규정하면서, 그 (가)목에서 "학술 또는 예술상의 저작물(…)의 저작권·특허권·상표권·의장·모형·도면이나 비밀의 공식 또는 공정·라디오·텔레비전방송용 필름 및 테이프 기타 이와 유사한 자산이나 권리"를, (나)목에서 "산업상·상업상 또는 과학상의 지식·경험에 관한 정보 또는 노하우"를 각 규정하고 있으며, '대한민국과 미합중국간의 소득에 관한 조세의 이중과세 회피와 탈세방지 및 국제무역과 투자의 증진을 위한 협약'(이하 "한미조세협약"이라 한다) 제6조 제3항은 "제14조 제4항에 규정된 재산(…)의 사용 또는 사용할 권리에 대하여 동 조항에 규정된 사용료는 어느 체약국 내의 동 재산의 사용 또는 사용할 권리에 대하여 지급되는 경우에만 동 체약국 내에 원천을 둔 소득으로 취급한다"고 규정하고 있고, 제

14조 제4항에서 "본 조에서 사용되는 '사용료'라 함은 다음의 것을 의미한다."고 하면서 (a)항에서 "문학·예술·과학작품의 저작권 또는 영화필름·라디오 또는 텔레비전방송용 필름 또는 테이프의 저작권·특허·의장·신안·도면·비밀공정 또는 비밀공식·상표 또는 기타 이와 유사한 재산 또는 권리·지식·경험·기능·선박 또는 항공기(…)의 사용 또는 사용권에 대한 대가로서 받는 모든 종류의 지급금"이라고 규정하고 있다.

한편, 특허권의 속지주의 원칙상 특허권자가 특허물건을 독점적으로 생산, 사용, 양도, 대여, 수입 또는 전시하는 등의 특허실시에 관한 권리는 특허권이 등록된 국가의 영역 내에서만 그 효력이 미치는 것이므로, 구 법인세법 제93조 제9호 (가)목에서 외국법인의 국내원천소득의 하나로 규정하고 있는 '특허권을 국내에서 사용하는 경우에 당해 대가로 인한 소득'이나 한미조세협약 제6조 제3항, 제14조 제4항에서의 '특허권에 대한 사용료는 어느 체약국 내의 동 재산의 사용 또는 사용할 권리에 대하여 지급되는 경우에만 동 체약국 내에 원천을 둔 소득으로 취급된다'는 규정의 의미는 외국법인 혹은 미국법인이 대한민국에 특허권을 등록하여 대한민국 내에서 특허실시권을 가지는 경우에 그 특허실시권의 사용대가로 지급받는 소득을 의미한다고 할 것이고(대법원 1992. 5. 12. 선고 91누6887 판결 참조), 구 법인세법 제93조 제9호 (나)목에서의 '산업상·상업상 또는 과학상의 지식·경험에 관한 정보 및 노하우'를 사용하는 대가란 지적재산권의 대상이 될 수 있는지 여부에 관계없이 발명, 기술, 제조방법, 경영방법 등에 관한 비공개 정보를 사용하는 대가를 말한다고 할 것이다(대법원 2000. 1. 21. 선고 97누11065 판결 참조).

다. 대상 판결

(1) 사실관계

원고(특허권자인 미국법인임) 및 그 미국 내 모회사(이하 "원고 등"이라 함)는 S전자 주식회사(이하 "S전자"라 함) 및 그 미국 내 4개 현지법인(이하 "S전자 등"이라 함)이 원고 등의 특허권을 침해하였다는 이유로 미국 법원에 특허침해소송을 제기하고, S전자 등은 원고 등이 S전자 등의 특허권을 침해하였다는 이유로 미국 법원에 특허침해소송을 제기하자, 원고 등과 S전자 등은 상대방에 대해 제기한 모든 특허침해소송의 종료 및 서로에 대한 특허실시권의 허여를 주된 내용으로 하는 화해계약을 체결하였다. S전자는 화해계약에 따라 2009. 3. 6. 원고에게 원고가 전세계에 등록한 894개의 특허권에 관하여 미화 1,400만 달러(21,634,200,000원)를 화해대가로 지급하면서 그 중 15%인 미화 210만 달러(3,245,130,000원)를 원고의 법인세 등으로 원천징수하여 2009. 4. 10. 피고에게 그 원천징수세액을 신고·납부하였다. 그런데 원고는 2009. 11. 16. 피고에게 화해대가 중 국내에 등록된 특허권의 사용대가인 259,610,400원을 제외하고 국내에는 등록되지 아니하고 국외에서만 등록된 특허권의 사용대가인 21,374,589,600원(이하 "이 사건 소득"이라 함)이 국내원천소득에 해당하지 아니한다는 이유로 그에 대한 원천징수 법인세 등의 환급을 구하는 경정청구를 하였으나, 피고는 2010. 1. 28. 이를 거부하는 처분을 하였다.

(2) 원심 판결의 요지(서울고등법원 2012. 7. 11. 선고 2012누8382 판결)

한미조세협약 제6조 제3항이 정한 '재산이나 권리의 사용'이 갖는 의미는 한미조세협약 제2조 제2항 본문에 의하여 그 조세가 결정되는 체약국의 법에 따라 해석하여야 하고, 2008. 12. 26. 법률 제9267호로 신설된 구 법인세법 제93조 제9호 단서 후문은 '국외에서 등록되었으나 국내에는 등록되지 아니한 특허권 등이 국내에서 제조·판매 등에 사용된 때에는 그 사용의 대가로 지급받는 소득'을 국내원천소득으로 보도록 정하였으므로, 미국법인이 특허권을 국외에서 등록하였을 뿐 국내에는 등록하지 아니하였더라도 그 특허권이 국내에서 제조·판매 등에 사실상 사용된 경우에는 미국법인이 그 사용의 대가로 지급받는 소득을 국내원천소득으로 볼 수 있지만, 앞서 본 화해계약에서 화해대가를 특허권이 등록된 개개 국가에서의 제품 제조 및 판매에 대하여 국가별로 등록된 특허권의 개수비율에 따라 배분하기로 하였던 점 등에 비추어, 이 사건 소득은 S전자가 원고 등의 특허를 국내에서 제조·판매 등에 사용한 대가로 지급한 것이 아니므로, 원고의 경정청구를 거부한 이 사건 처분은 위법하다.

(3) 대법원 판결의 요지

구 법인세법 제93조 제9호 단서 후문은 외국법인이 특허권 등을 국외에서 등록하였을 뿐 국내에서 등록하지 아니한 경우라도 그 특허권 등이 국내에서 제조·판매 등에 사용된 때에는 그 사용의 대가로 지급받는 소득을 국내원천소득으로 보도록 정하였으나, 국제조세조정에 관한 법률 제28조는 "비거주자 또는 외국법인의 국내원천소득의 구분에 관하여는 소득세법 제119조 및 법인세법 제93조에도 불구하고 조세조약이 우선하여 적용된다."고 규정하고 있으므로, 국외에서 등록되었을 뿐 국내에는 등록되지 아니한 미국법인의 특허권등이 국내에서 제조·판매 등에 사용된 경우 미국법인이 그 사용의 대가로 지급받는 소득을 국내원천소득으로 볼 것인지는 한미조세협약에 따라 판단하지 아니할 수 없다. 그런데 한미조세협약 제6조 제3항, 제14조 제4항은 특허권의 속지주의 원칙상 특허권자가 특허물건을 독점적으로 생산, 사용, 양도, 대여, 수입 또는 전시하는 등의 특허실시에 관한 권리는 특허권이 등록된 국가의 영역 내에서만 그 효력이 미친다고 보아 미국법인이 국내에 특허권을 등록하여 국내에서 특허실시권을 가지는 경우에 그 특허실시권의 사용대가로 지급받는 소득만을 국내원천소득으로 정하였을 뿐이고(대법원 2007. 9. 7. 선고 2005두8641판결 등 참조), 한미조세협약의 해석상 특허권이 등록된 국가 외에서는 특허권의 침해가 발생할 수 없어 이를 사용하거나 그 사용의 대가를 지급한다는 것을 관념할 수도 없다. 따라서 미국법인이 특허권을 국외에서 등록하였을 뿐 국내에는 등록하지 아니한 경우에는 미국법인이 그와 관련하여 지급받는 소득은 그 사용의 대가가 될 수 없으므로 이를 국내원천소득으로 볼 수 없다.

원심이 인정한 사실관계를 이러한 법리에 비추어 살펴보면, 이 사건 소득이 미국에서 등록되었으나 국내에는 등록되지 아니한 특허권의 사용대가라 하더라도 그 특허권이 국내에서 제조·판매 등에 사실상 사용되었는지를 따질 필요 없이 국내원천소득에 해당하지 아니한다.

라. 관련 판결에 대한 검토

관련 판결 중 대상 판결은 ②판결을, ②판결은 ①판결을 그 해석의 근거로 제시하고 있으므로 결국 대상 판결은 ①판결을 근거로 하고 있다. 3개 판결의 사안 모두 화해금을 지급한 내국법인이 미국 특허권자의 특허권을 침해한 사실은 없고, 대상 판결에서는 내국법인이 미국 특허권자와 직접 분쟁당사자가 되어 화해계약을 체결하고 대가를 지급하였는데, ①판결과 ②판결에서는 내국법인이 화해계약의 당사자가 된 것이 아니라, 내국법인의 자회사인 미국 현지법인이 미국 특허권자와 사이에 발생한 특허권 분쟁과정에서 화해계약을 체결한 후 그 화해금을 국내법인이 자회사인 현지법인에게 보전해 주었다는 점에서 차이가 있다.

①판결과 ②판결의 경우 내국법인은 미국 특허권자와의 특허분쟁 당사자나 화해계약의 당사자가 아니라, 현지법인과의 약정에 따라 자회사인 미국 현지법인이 미국 특허권자에게 부담하는 화해금을 현지법인에게 보전해 주거나(①판결) 현지법인 대신 미국 특허권자에게 직접 화해금을 지급한(②판결) 사안이다. 즉, ①판결과 ②판결의 경우 내국법인이 지급한 금원은 내국법인이 국내나 미국에서 특허권자의 특허권을 사용한 대가로 지급한 것 아니라 자회사인 미국 현지법인이 미국 특허권자의 특허권을 침해한 행위에 대해 부담하는 화해금을 내국법인이 미국 현지법인에게 보전해 주는 금원이다. 따라서 이 금원은 본질적으로 특허권에 대한 사용료가 아니고, 내국법인이 자회사인 현지법인과의 약정에 따라 지급하는 손해배상금이다.

따라서 ①판결과 ②판결에서 대법원이 국내 미등록 특허 사용에 대한 대가를 한미조세협약의 사용료로 볼 것인지 여부를 쟁점으로 다룰 이유가 없었다. 국내 미등록 특허 사용 대가와 한미조세협약의 사용료에 대한 쟁점은 내국법인이 직접 미국 특허권자와 특허분쟁의 당사자가 되어 화해계약을 체결한 대상 판결에서 비로소 문제가 되는 것이었다.

한편, ①판결과 ②판결은 법인세법에 이 사건 조항이 신설되기 이전의 사안들이다. 대상 판결은 이 사건 조항이 신설된 이후 최초로 나온 판결이어서 한미조세협약상 국내원천소득인 사용료의 범위를 달리 해석할 수 있었음에도 불구하고 이 사건 조항의 신설 전과 후에 있어서 아무런 차이를 두지 않고 동일한 의미로 해석하였고, 결국 이 사건 조항은 적어도 한미조세협약에 있어서는 아무런 의미가 없는 규정이 되었다. 그러나 대상 판결은 아래에서 보는 바와 같이 조세조약이나 조세법규의 해석원칙에 비추어 볼 때 문제가 있다.[14]

Ⅳ. 한미조세협약의 적용에 있어서 국내원천소득인 사용료

1. 국내 미등록 특허에 대한 대가와 관련한 주요 논의점

2008. 12. 26. 구 법인세법의 개정시 신설된 이 사건 조항과 관련하여서는 ①이 사건 조항이 한미조세협약을 배제하는 국내 입법인지, ②한미조세협약상 사용료 과세대상인 재산이나 권리의 범위, ③ 한미조세협약상 사용료 관련 규정에서 '사용'의 의미 등이 실무상 주요 논의 대상이 되고 있다. 이하에서 차례로 검토한다.

2. 이 사건 조항과 한미조세협약의 관계

가. 이 사건 조항이 한미조세협약을 배제하는 조항이라는 견해

한미조세협약에서 정한 사용지 기준에 의하면 미국에만 등록되고 한국에는 등록되지 아니한 특허 사용에 대한 대가는 미국의 국내원천소득임에도 불구하고 이 사건 조항의 신설로 인하여 위와 같은 소득을 한국의 국내원천소득으로 규정하는 것은 국내법에 의한 조

---

14) 오윤, 앞의 논문, 29~31면.

세조약의 배제(treaty override)에 해당하므로 이 사건 조항의 효력을
인정할 수 없다는 견해가 있고,[15] 이 사건 조항으로 인하여 한미조
세협약의 개정이 없는 상태에서 종전에 판례에 의하여 국내원천소
득에 해당되지 않았던 미등록 특허권의 사용대가가 국내원천소득이
되는 결과가 되어 국내법으로 조세조약을 배제하는 것이어서 국내
법에 대한 조세조약 우선의 원칙에 반한다는 견해가 있다.[16]

나. 이 사건 조항은 조세조약을 배제하는 조항으로 볼 수 없다는 견해

조약배제에 해당하기 위해서는 그 입법의도가 명확하게 드러나
야 하는데, 이 사건 조항의 경우 그와 같은 입법의도를 인정하기 어
렵다는 점, 이 사건 조항은 한미조세협약에서 정한 사용지 기준을
폐지하는 것이 아니라 '사용'에 해당하는 경우를 추가하는 것이므로
조약과 충돌한다고 보기 어렵다는 점, 일반적인 과세권 배분원칙으
로서의 조약상 원천지 규정에 따른 구체적인 판단기준은 국내법에
정하도록 하는 것이 국제조세의 일반원칙인 점 등에 비추어 볼 때,
이 사건 조항은 한미조세협약을 배제하는 것으로 볼 수 없다는 견해
이다.[17]

---

15) Philip R. West & Brian R. Symington, "The Korean Position on Royalty
Sourcing", Tax Notes, April 23, 2012. 김석환, 앞의 논문 418면에서 재인용.
16) 백제흠, "미국법인이 지급받은 국내 미등록 특허권의 사용대가가 국내원
천소득에 해당하는지 여부", 세정신문(2015. 6. 1자).
17) 김석환, 앞의 논문, 418~419면 ; 오윤, 앞의 논문, 21면에서는 조세조약상
특정 용어의 국내세법상 정의에 따른 해석은 국내세법에 의한 조세조약
의 적용배제에 해당하지 않는다고 하였는데, 이에 의하면 이 사건 조항은
한미조세협약을 배제하는 규정으로 볼 수 없다.

다. 결어

아래 4.항에서 보는 바와 같이 한미조세협약은 사용지 기준에 있어서 '사용'의 의미를 정의하고 있지 않고, 이러한 경우 한미조세협약의 '사용'은 한미조세협약 제2조 제2항에 따라 체약국법인 한국 세법에 따라 내포하는 의미를 갖는 것이다. 그렇다면 이 사건 조항은 한미조세협약에서 정의하지 아니한 '사용'의 의미를 체약국인 한국 법인세법에 구체화한 규정이지, 조약을 배제하는 규정으로 보기 어렵다.

3. 한미조세협약과 법인세법상 사용료의 과세대상인 재산과 권리

가. 이 사건 조항의 의미

이 사건 조항이 한미조세협약과 달리 사용료의 범위(과세대상인 무형자산의 범위)를 정한 규정인지, 아니면 사용지 판단에 있어서 한미조세협약에서 정의하지 아니한 '사용'의 개념을 정한 규정인지 여부가 논란이 되고 있다.[18]

먼저 이 사건 조항이 신설된 배경을 보면, ②판결이 선고된 이후 과세관청은 이에 대한 입법적 대응으로 이 사건 조항을 신설하였다. 즉, ②판결에서 대법원이 국내 미등록 특허에 대한 사용대가를 국내원천소득인 사용료로 볼 수 있는지에 관하여 ①판결을 근거로 부정적인 결론을 내린 이후 이 사건 조항이 신설된 것이다. 그 입법취지

---

18) 정광진, 앞의 논문, 77면, 84~88면.

에 대해서는 "국내에 등록되지 않은 특허권 등의 사용대가에 대하
여 국내에서 과세할 수 없는 현행 입법의 미비점을 개선하여 국내
등록유무에 불구하고 국내에서 사실상 사용하는 경우에는 사용지를
국내로 보아 국내원천소득으로 과세"[19]할 수 있도록 하기 위한 것
또는 "대법원 판례에 따라 국내에 등록되지 않은 특허권의 사용대
가에 대하여 과세할 수 없는 문제점을 입법적으로 보완"[20]한 것이
라고 설명되고 있다.

이 사건 조항의 의미에 대해서는 다음과 같은 논의가 있다. 즉,
종래 사용료 과세대상이 되는 무형자산인 한미조세협약 제6조 제3
항, 제14조 제4항의 '특허권과 유사한 재산 또는 권리'를 한미조세협
약이나 국내세법에서 정의하지 않아 ①판결과 ②판결에서 보는 바와
같이 대법원이 특허법상 특허권의 '실시' 개념에서 차용하여 왔는
데, 이 사건 조항의 신설에 따라 무형자산의 범위도 국내세법에 따
라 해석할 수 있게 되었고, 이 사건 조항은 사실상의 특허, 즉, 국외
등록 특허권의 내용인 제조방법, 기술, 정보 등의 무형자산을 사용
료 과세대상 재산으로 창설한 규정이라는 견해가 있다.[21] 또한 사용
료 과세대상이 되는 무형자산의 범위는 구 법인세법 제93조 제9호
본문 (가)목과 (나)목에서 규정하고 있으므로 이 사건 조항이 사용료
과세대상인 무형자산의 범위를 확대하거나 국내 미등록 특허를 과
세대상 자산으로 추가하는 규정이라고 볼 수 없고, 특허권 속지주의
에 따라 특허권이 등록되지 않는 국가에서는 특허권의 침해가 발생
할 수 없어 이를 사용하거나 그 대가를 지급한다는 것을 관념할 수
없다는 점, 사용료 과세대상 자산의 범위에 대하여 한미조세협약과

---

19) 국회 기획재정위원회, 법인세법 일부개정법률안(의안번호 1800068) 검토
    보고서(2008. 11), 33~34면.
20) 국세청, 『개정세법해설』(2009), 국제조세편 7의 개정취지.
21) 정광진, 앞의 논문 84~85면에서 소개됨.

법인세법이 달리 정하는 경우 한미조세협약이 우선 적용되는데, 대법원 선례는 국내 미등록 특허에 대한 대가를 사용료로 보지 않는다고 하고 있어서 이 사건 조항에 따라 이를 사용료로 보는 경우 판례저촉의 문제가 생긴다는 등의 이유로 이 사건 조항은 사용료 과세대상인 무형자산의 범위를 정한 것으로 볼 수 없다는 견해가 있고,[22] 이 사건 조항은 종전 판결인 ①판결과 ②판결을 뒤집기 위하여 신설된 규정이고, 이에 따라 같은 사용지주의를 취한 우리나라 법과 미국법 사이에 원천 판정 규칙에 차이가 생긴 것이라는 견해[23]가 있다.

그런데, 이 사건 조항의 입법취지, 한미조세협약에는 사용료 과세대상이 되는 무형자산을 정의한 규정이 없다는 점, 이 경우 무형자산의 의미는 한미조세협약 제2조 (2)항에 따라 체약국법인 국내세법에 따라 해석하게 된다는 점[24]에 비추어 볼 때, 이 사건 조항은 국내 미등록 특허, 즉, 사실상의 특허를 사용료 과세대상인 무형자산으로 명시적으로 추가한 규정으로 볼 수 있다. 한편, 이 사건 조항은 아래 4.항에서 보는 바와 같이 한미조세협약에서 정의하지 아니한 '사용'의 개념을 체약국법인 국내세법에 규정하였다는 의미도 있다. 즉, 이 사건 조항은 한미조세협약에서 정의하지 아니한 사용료 과세대상인 무형자산과 '사용'의 개념을 정의한 규정이라고 할 것이다.

나. 사용료 과세대상인 재산이나 권리의 범위

사용료의 과세대상에 대하여 한미조세협약 제14조 (4)항은 "(a) 문학·예술·과학작품의 저작권 또는 영화필름·라디오 또는 텔레비전

---

22) 정광진, 위의 논문 86~88면.
23) 이창희, "비거주자·외국법인의 사용료소득에 대한 과세", 『서울대학교 법학』 제54권 제4호(서울대학교 법학연구소, 2013), 201~202면.
24) 정광진, 앞의 논문, 79면.

방송용 필름 또는 테이프의 저작권, 특허, 의장, 신안, 도면, 비밀공정 또는 비밀공식, 상표 또는 기타 이와 유사한 재산 또는 권리, 지식, 경험, 기능(기술), 선박 또는 항공기(임대인이 선박 또는 항공기의 국제운수상의 운행에 종사하지 아니하는 자인 경우에 한함)의 사용 또는 사용권에 대한 대가로서 받는 모든 종류의 지급금. (b) 그러한 재산 또는 권리(선박 또는 항공기는 제외됨)의 매각, 교환 또는 기타의 처분에서 발생한 소득 중에서 동 매각, 교환 또는 기타의 유상처분으로 취득된 금액이 그러한 재산 또는 권리의 생산성, 사용 또는 처분에 상응하는 부분"이라고 규정하고 있고, 구 법인세법 제93조 제9호[25]는 "가. 학술 또는 예술상의 저작물(영화필름을 포함한다)의 저작권·특허권·상표권·디자인·모형·도면이나 비밀의 공식 또는 공정·라디오·텔레비전방송용 필름 및 테이프 기타 이와 유사한 자산이나 권리, 나. 산업상·상업상 또는 과학상의 지식·경험에 관한 정보 또는 노하우"라고 규정하고 있다.

저작권, 특허권, 상표권, 디자인, 비밀 공식이나 공정은 각각 저작권법, 특허법, 상표법, 디자인보호법, 부정경쟁방지 및 영업비밀보호에 관한 법률 등에 의하여 법적인 보호를 받는 재산이지만, 사용료 과세대상인 자산이나 권리가 모두 법률에 의한 등록을 해야 법적 보호를 받는 것은 아니다. 저작권, 영업비밀, 비밀 공식 또는 공정 등은 등록을 하지 않더라도 법적 보호를 받을 수 있다.[26] 또한 사용료 과세대상으로 규정되어 있는 한미조세협약 제14조 (4)항의 "지식, 경험, 기능(기술)"이나 구 법인세법 제93조 제9호 (나)목의 "산업상·상업상 또는 과학상의 지식·경험 또는 숙련에 관한 정보"는 법률에 등록을 요하는 재산이 아니다. 즉, 한미조세협약과 구 법인세법상

---

25) 2015. 12. 15. 법률 제13555호로 개정된 현행 법인세법 제93조 제8호.
26) 저작권법 제10조 제2항, 부정경쟁방지 및 영업비밀보호에 관한 법률 제2조 제2호, 제3호 등.

사용료는 법률에 의하여 등록된 재산이나 권리에 대해서만 인정되는 것이 아니다.

대법원은 구 법인세법 제93조 제9호 (나)목에서의 "산업상·상업상 또는 과학상의 지식·경험 또는 숙련에 관한 정보"는 '발명, 기술, 제조방법, 경영방법 등에 관한 비공개 기술정보'를 의미하는 것으로 해석하고 있는데,[27] 이와 같이 해석하는 근거에 대해서는 아무런 설명이 없다. 한편, 특허기술 자체는 어느 국가에 등록되었든 일단 특허등록이 되고 나면 이미 공개된 것이므로 이를 노하우(know-how)에 해당한다고 볼 수는 없다고 하는 견해가 있다.[28]

이에 반해 사용료를 한미조세협약 제14조 (4)항이 "사용 또는 사용권에 대한 대가"라고 규정하고 있고, 구 법인세법 제93조 제9호가 "권리·자산 또는 정보"에 대한 대가라고 규정하여 권리와 권리 외의 자산이나 정보를 구분하고 있는 점을 근거로 국내 미등록 특허에 대한 대가도 "사용권"이 아닌 "사용"의 대가로 보아 국내원천소득으로 볼 수 있다는 견해가 있다.[29]

한미조세협약 제14조 (4)항과 구 법인세법 제93조 제9호는 사용료를 "사용 또는 사용권에 대한 대가" 또는 '권리·자산 또는 정보에 대한 대가'라고 규정하고 있다. 한미조세협약과 구 법인세법의 문언에 따르면 사용료 과세대상인 재산이나 권리는 법률에 의해 보호되

---

27) 대법원 2000. 1. 21. 선고 97누11065 판결.

28) 조일영, "국내에서 제조되어 미국으로 수출한 제품의 제조과정에서 사용된 일부 기술이 미국 내에서 등록된 미국법인의 특허실시권을 침해함에 따라 발생한 분쟁을 해결하기 위하여 미국법인에게 지급하는 특허권 실시료 상당액이, 미국법인의 국내원천 사용료소득으로 과세대상이 되는지 여부", 『대법원 판례해설』, 제73호(법원도서관, 2008), 466면.

29) 서정호, "국내 미등록된 특허권에 대한 사용대가의 소득원천지 결정", 『국세월보』 제447호(국세청 세우회, 2004), 26~27면. 국내 미등록 특허의 사용대가를 특허실시권이라는 "사용권"에 대한 대가가 아니라 사실상 특허기술의 "사용"에 대한 대가로 해석하는 것으로 보인다.

는 권리(사용권)인지 여부나 공개 여부와 관계없이 당사자의 필요에 의하여 재산이나 권리의 사용대가로 지급되는 것이면 사용료에 해당된다고 할 것이다.

한편, 한미조세협약 제14조 (4)항과 구 법인세법 제93조 제9호의 "기타 이와 유사한 재산 또는 권리"를 배타적·독점적 사용이 가능한 무형자산으로 해석하는 견해가 있는데, 그에 대한 구체적인 근거를 제시하지는 못하고 있다.[30] 그러나 법률에 의한 등기나 등록 등이 없이 재산이나 권리를 배타적·독점적으로 사용한다는 것은 상정하기 어렵다. 이러한 점에서 한미조세협약 제14조 (4)항과 구 법인세법 제93조 제9호의 "기타 이와 유사한 재산 또는 권리"를 배타적·독점적인 재산이나 권리로 해석하기는 어렵다. 위 규정들은 법률에 의하여 보호받는 재산이나 권리만을 전제하고 있는 것이 아니라, 법률에 의하여 보호받지 못하는 재산이나 권리라고 하더라도 "저작권, 특허, 의장, 신안, 도면, 비밀공정 또는 비밀공식, 상표"와 유사한 재산이나 권리로서 거래당사자간에 그러한 재산이나 권리에 대한 대가를 지급한다면 그 대가는 사용료에 해당된다고 할 것이다.

한미조세협약은 사용료 과세대상이 되는 재산이나 권리가 구체적으로 무엇을 의미하는지에 대해 아무런 정의규정을 두고 있지 않고, 따라서 사용료 과세대상 재산이나 권리의 정의와 그 범위는 한미조세협약 제2조 (2)항에 따라 내국세법인 구 법인세법 제93조 제9호의 해석으로 정할 수밖에 없다.[31] 또한 위에서 본 바와 같이 관련 규정의 해석상 사용료 과세대상이 되는 재산이나 권리가 법률에 의

---

30) 조일영, 앞의 논문, 464면.
31) 정광진, 앞의 논문, 79면에서도 사용료 소득 과세대상을 권리, 자산, 정보의 사용대가로 규정하고 있지만, 그러한 저작권이나 특허권 등 과세대상 자산에 관한 별도의 정의규정은 없다고 하고 있는데, 이 점에 대해서는 대법원도 같은 입장임을 보여준다.

하여 보호받는 재산이나 권리만을 의미하는 것으로 보기 어렵고, "정보"도 비공개된 정보만을 의미하는 것이 아니라 거래당사자 사이에 있어서 필요에 의하여 정보를 사용하고 그에 대한 대가를 지급하면 사용료 과세대상이 된다고 할 것이다. 그리고 한미조세협약이나 구 법인세법에서 "기타 이와 유사한 재산 또는 권리"를 배타적·독점적인 재산이나 권리로 해석할 근거도 없다. 위와 같은 점들을 종합하여 보면, 한미조세협약 제14조 (4)항과 구 법인세법 제93조 제9호의 사용료 과세대상인 재산이나 권리는 법률에 의한 등록이나 미공개를 요건으로 하는 것으로 보기 어렵고, 이런 점에서 국내 미등록 특허는 "기타 이와 유사한 재산 또는 권리"에 해당하며, 거래당사자가 그 미등록 특허의 제조방법이나 특허기술, 정보 등을 사용하고 그에 대한 대가를 지급하는 것이라면 사용료에 해당된다고 할 것이다.[32)]

다. 한미조세협약과 법인세법상 사용료를 특허법상 속지주의에 따라 해석하여야 하는지

(1) 특허법상 속지주의

속지주의란 일반적으로 "한 국가의 영토 내에서 발생한 일정한 행위에 대하여 한 국가만이 개입할 수 있는 것"을 의미하는데, 특허법에 속지주의에 관한 명문의 규정은 없다. 특허법에서의 속지주의

---

32) 서울고등법원 2012. 7. 11. 선고 2012누8382 판결 ; 유철형, "2007년도 법인세법 판례 회고", 『조세법연구』, 제14-1집(한국세법학회, 2008), 422~423면 ; 정광진, 앞의 논문, 76면에서는 국내 미등록 특허를 사용한다는 것은 실제로 그 내용이 되는 특허기술을 사용한다는 의미이고, 이러한 국내 미등록 특허의 사용이라는 의미를 세법에서 독자적으로 정의할 수 있다고 하고 있다.

는 넓은 의미로 "①각국의 지적재산권의 효력은 그 국가의 법에 의하여 정해지고 ②지적재산권의 효력은 권리를 부여한 국가의 영역내의 행위에만 미치며, ③그 권리는 부여된 국가의 국민만이 주장할 수 있고, ④그 권리는 권리가 부여된 국가의 법원에서만 제소할 수 있다"라고 정의하기도 하지만, 일반적으로 특허법상 속지주의는 "특허권의 효력은 이를 부여한 국가의 통치권, 즉 영토주권이 미치는 영역내로 한정되고, 그 특허권의 발생·변동·소멸 및 그 내용은 그 지적재산을 권리로서 인정하고 이를 부여한 당해 국가에서의 법률에 의해서만 결정된다는 원칙", 또는 "특허권의 발생·소멸과 그 내용은 그 지적재산권을 부여한 국가의 법률에 의하여만 결정되고 그 효력은 부여국의 영토주권이 미치는 범위 내에만 인정된다"는 원칙이라고 정의하고 있다. 특허법상 속지주의의 가장 중요한 의미가 특허권의 발생과 소멸, 내용은 그 권리를 부여한 국가의 법률에 의하여 결정된다는 데에 있다는 점에 대해서는 견해가 일치하고 있다고 한다.[33]

우리나라의 특허법에서 속지주의와 관련한 특허권의 발생, 소멸 및 내용을 보면, 특허권은 설정등록에 의해 발생하고(특허법 제87조 제1항), 특허권의 존속기간은 원칙적으로 특허권을 설정등록한 날부터 특허출원일 후 20년이 되는 날까지이다(특허법 제88조 제1항). 특허권자는 업으로서 특허발명을 실시할 권리를 독점하고(특허법 제94조), 등록에 의하여 전용실시권을 설정할 수 있으며, 통상실시권을 허락할 수 있고(특허법 제100조, 제102조), 특허권자 또는 전용실시권자는 자기의 권리를 침해한 자 또는 침해할 우려가 있는 자에 대하여 그 침해의 금지 또는 예방 등을 청구할 수 있으며(특허법 제126조), 고의 또는 과실로 자기의 특허권 또는 전용실시권을 침해한

---

33) 이우석, "외국특허권침해제품의 제조·수출행위의 위법성", 『법학논고』, 제34집(경북대, 2010), 310~312면.

자에 대하여 침해로 인하여 입은 손해의 배상을 청구할 수 있다(특허법 제128조).

(2) 사용료에 있어서 특허법상 속지주의의 적용 여부

위 Ⅲ.의 2.항에서 본 3개의 대법원 판결들은 모두 특허권은 등록된 국가의 영역 내에서만 효력이 미친다는 특허권의 속지주의를 전제로 하여 특허권이 등록된 국가 외에서는 특허권의 내용을 이루는 기술을 사용하여 제품을 제조하더라도 특허권의 침해가 발생하지 아니하여 이를 사용하거나 그 사용의 대가를 지급한다는 것을 관념할 수 없다고 본 것이다.[34]

위와 같은 대법원 판결들과 달리, 조세측면에서의 속지주의는 과세관할권과 관련된 것이고, 사용료 소득의 과세관할권에 대하여 우리나라는 대체로 UN 모델조세조약에 따라 원천지국과 거주지국의 동시과세권을 인정하고 있으며, 국제적으로 통용되는 과세기준인 OECD 모델조세조약 제3조 제2항과 한미조세협약 제2조 제2항에 따르면 조세조약에 사용된 용어 중 조세조약에 정의되지 아니한 용어는 체약국의 세법을 적용하도록 되어 있다. 그런데, 한미조세협약에서 '사용'의 개념을 정의하고 있지 않으므로 특허권의 속지주의가 아니라 국내 미등록 특허권의 사용대가도 국내에서 사용된 것으로 본다는 이 사건 조항에 따라 과세관할권을 판단하는 것이 국제적인 해석기준에 부합하는 것이라고 하는 견해가 있다.[35]

특허법상 속지주의는 특허권의 보호를 위해 인정된 개념이지, 원래 사용료 과세와는 관련이 없는 개념이다. 다만, 세법은 고유개념과 차용개념을 사용하고 있고, 세법에 별도의 정의규정을 두지 않은

---

34) 정광진, 앞의 논문, 86~88면.
35) 강성태, 앞의 논문, 36~46면.

차용개념은 관련 법률에서 사용하는 의미를 가져와서 세법을 해석하는 것이다. 그러나 한미조세협약 제14조 (4)항 (a)는 "저작권, 특허, 의장, 신안, 도면, 비밀공정 또는 비밀공식, 상표 또는 기타 이와 유사한 재산 또는 권리, 지식, 경험, 기능(기술), 선박 또는 항공기(임대인이 선박 또는 항공기의 국제운수상의 운행에 종사하지 아니하는 자인 경우에 한함)의 사용"이라고 규정하여 '사용'이 "특허"에만 연결된 용어가 아니라 "비밀공정 또는 비밀공식, 상표 또는 기타 이와 유사한 재산 또는 권리, 지식, 경험, 기능(기술)"에도 동일하게 연결되는 용어이다. 이와 같이 여러 재산에 공통적으로 연결되는 용어를 그 중의 하나인 "특허"를 해석함에 있어서만 '특허법상 실시'로 해석하는 것은 세법해석의 일반적인 원칙에도 어긋나고, '사용'과 '실시'가 다르다는 점에서도 위 '사용'이 특허법상의 실시를 차용한 것으로 보기도 어렵다.

또한 국내 미등록 특허의 경우 국내에서는 특허침해가 없으므로 손해배상이나 사용료가 문제될 여지가 전혀 없다는 견해[36]는 실질을 도외시한 견해이다. 대상 판결의 사안은 국내에서만 제조를 하는 S전자가 미국에 등록된 특허를 침해하였다는 이유로 발생한 소송에서 미국 특허권자와 화해계약을 체결하고 국내에서 계속 문제된 제품을 생산하여 미국에 수출하는 대가로 화해금을 지급한 사안이다. S전자가 국내에서 제조한 제품을 국내에서만 판매한다면 대상 판결의 결론이 타당하다고 할 수 있다. 그러나 S전자는 그 제품을 국내에서 판매할 목적이 아니라 전량 미국에 수출하기 위하여 생산하였고, 실제로 미국에 전량 수출하고 있었다. 여기에서 미국에 등록된 특허권을 침해한 당사자는 S전자가 아니라 미국에서 S전자가 수출한 제품을 수입하는 S전자의 미국 현지법인들이다. 즉, S전자가 미

---

36) 정광진, 앞의 논문, 84~88면.

국에 등록된 특허권을 미국에서 침해한 사실은 없으나, 그 특허 관련 제품을 국내에서 제조하여 미국에 수출하기 위해서는 화해금을 지급할 이유가 있었던 것이고,[37] 이에 따라 S전자와 미국 현지법인들이 당사자가 된 소송에서 S전자가 화해금 전액을 지급한 것이다. 이와 같이 국내 미등록 특허라고 하더라도 사업상 필요에 따라서는 국내에서 그 특허의 내용이 되는 기술이나 방법 등을 사용하고 그에 대한 대가를 지급할 수 있는 것이고, 이런 경우 그 대가의 실질은 사용료에 해당된다고 할 것이다.

한편, 한미조세협약은 '사용'의 개념을 정의하는 규정을 두지 않았고, 따라서 국내 미등록 특허의 사용에 대한 대가를 사용료로 볼 것인지와 관련하여 이 사건 조항이 신설되기 이전의 시기에 있어서는 '사용'을 차용개념으로 보아 특허법상 속지주의에 따라 국내에 등록한 특허권의 사용대가에 한하여 국내원천소득인 사용료로 해석할 여지가 있었다. 그러나 "특허권등이 국외에서 등록되었고 국내에서 제조·판매 등에 사용된 경우에는 국내 등록 여부에 관계없이 국내에서 사용된 것으로 본다"는 내용의 이 사건 조항이 신설된 이후에 있어서는 한미조세협약에서 정의하지 아니한 '사용'의 의미를 체약국인 우리나라의 법인세법에서 규정하고 있는 것이다.[38] 따라서 국내원천소득인 사용료 해당 여부를 판단함에 있어서는 더 이상 특허법상 속지주의를 적용할 여지가 없고, 이 사건 조항을 적용하여 사용료 해당 여부를 판단하는 것이 국제적으로 통용되는 과세기준에 부합하는 해석이 된다.[39]

---

37) 대상 판결의 사실심 진행 중 법원에 증거로 제출된 S전자 작성의 문서에 의하면, S전자는 미국에 특허등록된 미국특허권자의 특허와 관련된 지식·기술을 이용하여 한국에서 제품을 개발·제조하는 데에 사용하였다는 사실을 확인해 주었다.
38) 정광진, 앞의 논문, 76면에서 국내 미등록 특허의 사용이라는 의미를 입법에 의하여 창설하거나 세법에서 독자적으로 정의할 수 있다고 하고 있다.

4. 한미조세협약상 사용료 관련 규정에서 '사용'의 의미

가. 관련 논의

(1) '사용'의 의미가 명확하다는 견해

이 사건 조항의 신설 이전에 있어서도 무형자산의 종류에 따른 '사용'의 개념은 명확했다는 견해이다. 즉, 사용의 대상이 특허권과 같은 권리였다면, 국내에 존재하지 않거나 법적으로 보호되지 않는 특허권의 사용이라는 것은 상정할 수 없는 것이고, 국내 미등록 특허의 경우 그 사용 대상이 외국 등록 특허의 내용이 되는 특허기술이나 특허물질이라면 이를 국내에서 제조 등에 사용한다는 것이므로 '사용'에 대한 별도의 정의규정이 필요하지 않다는 견해이다. 이 견해에 따르면 이 사건 조항은 무의미하거나 입법의 오류가 된다.40)

(2) '사용'의 의미가 불명확하다는 견해

한미조세협약은 사용료를 '사용' 또는 '사용권'에 대한 대가라고 규정하여 원천지 판단기준으로 사용지주의를 채택하였으나, 사용지 결정시 '사용'의 개념이나 사용지가 경합하는 경우의 판단기준에 대해서는 명확한 규정을 두지 않았다는 견해이다.41) 한편, '사용'의 의미에 대하여 한미조세협약은 물론 이 사건 조항의 신설 이전까지는 국내세법에서도 이에 관한 아무런 정의규정을 두지 않아 그 해석이

---

39) 정광진, 위의 논문, 84~88면에서 이러한 견해도 충분히 수긍할 여지가 있다고 하고 있다.

40) 정광진, 앞의 논문, 87면에 소개된 견해.

41) 강성태, 앞의 논문, 30, 38면 ; 박종수, 앞의 논문, 177~178면 ; 오윤, 앞의 논문, 15~16면 ; 정광진, 위의 논문, 79면.

법원에 맡겨져 있었다는 견해가 있다. 이 견해는, 사용료에 대하여 OECD 모델조세조약은 거주지국 과세원칙을 취하고 있고 유럽의 다수 국가가 이와 보조를 맞추고 있는 등 사용료 원천 판단에 관한 국제적 흐름에 비추어 보면 이 사건 조항은 납득하기 어려운 개정이며, 그럼에도 불구하고 일반적인 과세권 배분원칙으로서의 조세조약상 원천지 규정에 따른 구체적인 판단기준은 국내법에 정하도록 하는 것이 국제조세의 일반원칙인 점에 비추어 이 사건 조항이 한미조세협약을 배제하거나 이와 상충되는 것으로 보기는 어렵고, 이 사건 조항의 신설 이후에 있어서는 종전 판례[42]와 달리 이 사건 조항을 국내 미등록 특허의 사실상 사용이 있는 경우 그 사용과 실시료의 지급간에 대가관계가 인정되는 경우에 한하여 적용되는 것으로 해석하는 것이 현실적으로 취할 수 있는 하나의 해석방법이라고 하고 있다.[43]

나. 대법원의 입장

위 Ⅲ.의 2.항에서 본 바와 같이 대법원은 이 사건 조항의 신설 이전과 이후에 있어서 일관되게 한미조세협약상 사용료 규정에서의 '사용'을 특허법상 실시와 동일하게 해석하고 있다. 즉, 특허법상 속지주의에 따라 특허권은 등록된 국가 내에서만 법적으로 보호를 받으며, 그 권리를 행사할 수 있는 것이고, 국내 미등록 특허에 대하여는 특허권의 침해가 발생할 수 없으므로 국내에서 '사용'이라는 것을 상정할 수도 없다는 것이다.

이러한 대법원의 입장에 찬성하는 견해로는, ①판결은 문언에 따라 엄격하게 해석한 판결로서 타당하다는 견해,[44] 조세법은 특별한

---

42) ①판결과 ②판결을 의미.
43) 김석환, 앞의 논문, 399면, 411~412면, 415~420면.

사정이 없는 한 사법상 형성된 법률관계에 터잡아 적용되는 것인데, ①판결은 조세법 고유의 개념에 집착하지 않고 특허법 원리에 따라 결론을 이끌어 낸 판결로서 정당하다는 견해,45) ①판결은 특허권의 속지주의 원칙에 따른 판결로서 국내 미등록 특허에 대해서는 미국 특허권자가 사용료를 요구할 권리가 없기 때문에 내국법인이 지급한 특허사용료를 국내원천소득으로 볼 수 없다는 것이고, 특허권의 사용료와 구별되는 특허물질(또는 특허기술)의 사용에 대한 대가가 국내원천 사용료에 포함되지 않는다고 판단한 것이 아닌데, 기존의 비판적인 견해들은 특허권 사용대가와 특허물질(또는 특허기술)의 사용대가를 구분하지 않고 혼동한 상태에서 ①판결을 비판하는 것이라는 견해,46) 이 사건 조항 신설 이전의 대법원 판결은 특허의 효력에 관한 사법상의 원칙과 사용료의 원천지 판단기준에 관한 국제적 기준과 조화되는 판결로서 수긍할 수 있다는 견해47)가 있다.

한편, 대법원의 입장에 반대하는 견해로는, 한미조세협약에서 사용료는 '사용' 또는 '사용할 권리'에 대한 대가로 나누어 규정하고 있으므로 사실상의 사용에 대해서도 사용료로 보아 국내원천소득으로 취급하여야 할 것인데, ①판결은 특허법상 속지주의에 따라 도식적으로 판단한 것이라는 견해,48) 특허권이 등록되지 아니한 우리나라에서 특허제품을 생산하여 특허권이 등록된 미국으로 수출·판매함에 있어서 향후 수출·판매를 가능하게 하기 위하여 미국법인에게

---

44) 임승순, "국내에 특허등록이 되어 있지 않은 외국법인의 특허물질을 사용한 제품을 특허등록이 되어 있는 외국에 수출하는 경우 외국법인에 지급하는 특허사용료가 외국법인의 국내원천소득인지 여부", 『대법원 판례해설』, 제17호(법원도서관, 1992), 826면.
45) 최선집, "국내 미등록 기술사용료의 원천소득", 『논점조세법』(1992), 337면.
46) 조일영, 앞의 논문, 461~462면.
47) 김석환, 앞의 논문, 411~415면.
48) 서정호, 앞의 논문, 26~27면.

지급하는 대가는 우리나라에서의 특허권 사용을 전제로 하는 것이라는 점에서 ①판결에는 문제가 있다는 견해,[49] 한미조세협약은 특허권의 등록에 대해 아무런 규정을 두지 않았고, 독일의 사례에서 보는 바와 같이 특허법상 속지주의가 사용료의 국내원천소득 여부를 판단하는 유일한 기준이 되지 못한다는 점에서 이 사건 조항의 신설 이후에 있어서는 대법원이 국내등록 특허에 대한 대가만을 국내원천소득으로 해석할 필요가 없게 되었다는 견해,[50] 대상 판결은 특허법상 속지주의를 조세조약과 조세법의 법리보다 우위에 두어 한미조세협약에서 정의되지 아니한 '사용지' 개념에 특허권의 등록이라는 형식적 법리를 적용함으로써 과세관할권에 관한 기준을 배제한 판결로서 문제가 있다는 견해[51]가 있다.

다. 이 사건 조항의 신설 이후에 있어서 '사용'의 의미

(1) 조세조약에 정의하지 않은 용어의 해석에 관한 법리

사용료와 관련하여 한미조세협약에 '사용'의 개념을 정의하는 규정이 없다는 사실은 문언상 명확하다. 그리고 '사용'의 의미가 해석상 명확한 개념인지 여부에 대하여 대부분의 견해들은 한미조세협약상 '사용'은 그 의미가 불명확하므로 한미조세협약 제2조 (2)항에 따라 체약국인 우리나라의 (세)법에 따라 그 의미를 해석하여야 한다는 데에 의견이 일치하고 있다. 이하에서는 한미조세협약에서 사용하는 용어가 명확하지 아니한 경우 그 의미를 어떻게 해석하는지에 관하여 검토한다.

---

49) 임희택, "외국법인에 지급한 특허권 사용대가의 원천지국에 관한 검토", 『법조』, 제41권 제11호(법조협회, 1992), 135~136면.
50) 박종수, 앞의 논문, 172~178면.
51) 강성태, 앞의 논문, 30면.

한미조세협약 제2조는 "(2) 이 협약에서 사용되나 이 협약에서 정의되지 아니한 기타의 용어는, 달리 문맥에 따르지 아니하는 한, 그 조세가 결정되는 체약국의 법에 따라 내포하는 의미를 가진다. 상기 규정에 불구하고 일방 체약국의 법에 따른 그러한 용어의 의미가 타방 체약국의 법에 따른 용어의 의미와 상이하거나, 또는 그러한 용어의 의미가 어느 한 체약국의 법에 따라 용이하게 결정될 수 없는 경우에 양 체약국의 권한 있는 당국은 이중과세를 방지하거나 또는 이 협약의 기타의 목적을 촉진하기 위하여 이 협약의 목적상 동 용어의 공통적 의미를 확정할 수 있다."라고 규정하고 있다.

위 규정에 따르면, 한미조세협약에 정의되어 있는 용어는 그 의미로 해석하지만, 정의되어 있지 않은 용어는 문맥으로 보아 해석하고, 이러한 문맥으로도 의미를 명확하게 알 수 없는 경우에는 체약국인 우리나라의 법에서 정의한 의미로 해석하도록 되어 있다. 그리고 그 용어의 의미가 어느 한 체약국의 법에 따라 용이하게 결정될 수 없는 경우에는 양 체약국의 상호합의에 의하여 그 의미를 정한다는 것이다.

(2) 한미조세협약에서 정의하지 아니한 용어의 해석에 관한 선례

대법원 2016. 6. 10. 선고 2014두39784 판결은, 한미조세협약은 '이자'의 개념을 정의하지 아니하였고, 따라서 한미조세협약상 '이자'의 의미는 체약국인 내국세법에 따라 해석하여야 한다고 판단한 사례로서 한미조세협약에 정의되지 아니한 사용료의 '사용'의 해석에 있어서 참고가 될 좋은 선례이므로 이하에서 검토한다.

1) 사실관계와 대법원 판결의 요지

미국법인인 원고는 주식매도인들로부터 주식매매대금채권을 양도받았는데, 그 후 주식매수인이 매매대금을 약정기일에 지급하지 못하다가 주식매매대금과 함께 연 15%의 이자율로 계산된 지연이 자금액을 원고에게 지급하면서, 지연이자금액을 기타소득(지연손해 금)으로 보아 20%의 세율을 적용하여 원천징수·납부하였다.

이에 원고는 위 지연이자금액이 기타소득이 아니라 이자소득에 해당하므로 12%의 세율로 원천징수되어야 한다는 이유로 2012. 2. 6. 피고에게 위 세율 차액에 대한 경정청구를 하였으나, 피고는 위 지 연이자금액이 기타소득(지연손해금)에 해당한다는 이유로 원고의 경정청구를 거부하였다.

위 사건에서 대법원은, "한미조세협약 제13조는 제2항에서 이자 에 대하여 원천지국이 부과하는 세율은 그 이자 총액의 12%를 초과 해서는 아니된다고 규정하고, 제6항(이하 "이 사건 쟁점조항"이라 함)은 "이 협약에서 사용되는 '이자'라 함은 공채, 사채, 국채, 어음 또는, 그 담보의 유무와 이익 참가권의 수반 여부에 관계없는, 기타 의 채무증서와 모든 종류의 채권으로부터 발생하는 소득 및 그 소득 의 원천이 있는 체약국의 세법에 따라 금전의 대부에서 발생한 소득 으로 취급되는 기타의 소득을 의미한다."라고 규정하고 있다. 그리 고 제2조 제2항 제1문은 "이 협약에서 사용되나 이 협약에서 정의되 지 아니한 기타의 용어는, 달리 문맥에 따르지 아니하는 한, 그 조세 가 결정되는 체약국의 법에 따라 내포하는 의미를 가진다."라고 규 정하고 있다.

한편 구 법인세법(2010. 12. 30. 법률 제10423호로 개정되기 전의 것, 이하 같다) 제93조는 외국법인의 국내원천소득을 구분하여 제1 호에서 '소득세법 제16조 제1항에 규정하는 이자소득' 등을 규정하 면서, 이와 별도로 제11호 (나)목에서 '국내에서 지급하는 위약금 또 는 배상금으로서 대통령령이 정하는 소득'을 규정하고 있고, 그 위 임에 따라 구 법인세법 시행령(2010. 12. 30. 대통령령 제22577호로 개정되기 전의 것) 제132조 제10항은 이를 '재산권에 관한 계약의 위약 또는 해약으로 인하여 지급받는 손해배상으로서 그 명목 여하에 불구하고 본래의 계약내용이 되는 지급 자체에 대한 손해를 넘어 배상받는 금전 또는 기타 물품의 가액'이라고 규정하고 있다.

한미조세협약은 소득을 이자, 배당, 사용료 등 종류별로 구분한 다음 각 소득별로 원천지국과 거주지국 사이에 과세권을 조정하는 조항을 두고 있으므로, 이 사건 쟁점조항 전단의 '모든 종류의 채권으로부터 발생하는 소득'의 의미를 채권으로부터 유래된 소득이기만 하면 모두 이자에 해당한다는 것으로 볼 수 없음은 분명하다. 한편 한미조세협약에서 '모든 종류의 채권으로부터 발생하는 소득'에 관하여 특별한 정의규정을 두고 있지 아니하고 달리 문맥상 위 문언의 의미가 명확하게 드러난다고 할 수도 없는데, 이와 같은 경우에 한미조세협약 제2조 제2항 제1문에 의하면 해당 용어는 그 조세가 결정되는 체약국의 법에 따라 내포하는 의미를 가진다. 우리나라 국내법에 이 사건 쟁점조항이 말하는 '모든 종류의 채권으로부터 발생하는 소득'에 해당되는 정의규정은 없으나, 구 법인세법 제93조가 인용하는 구 소득세법(2009. 12. 31. 법률 제9897호로 개정되기 전의 것) 제16조 제1항은 이자소득으로 제12호에서 '제1호부터 제11호까지의 소득과 유사한 소득으로서 금전사용에 따른 대가로서의 성격이 있는 것'을 규정하고 있는 반면, 구 법인세법의 해석에 있어서 채무의 이행지체로 인한 지연손해금은 본래의 계약의 내용이 되는 지급 자체에 대한 손해가 아니고 그 채무가 금전채무라고 하여 달리 볼 것도 아니므로 구 법인세법 제93조 제1호의 '이자소득'이 아니라 제11호 (나)목의 '위약금 또는 배상금'에 해당할 수 있을 뿐이다(대법원 1997. 3. 28. 선고 95누7406판결 등 참조). 이러한 이 사건 쟁점조항과 관련 규정들의 문언과 체계 등에 비추어 보면, 금전채무의 이행지체로 인하여 발생하는 지연손해금은 이 사건 쟁점조항에서 정한 이자에 해당하지 아니한다고 봄이 타당하다."고 판시하였다.

  2) 시사점

  한미조세협약은 '이자'의 정의규정을 두고 있는데, '이자'의 하나
로 '모든 종류의 채권으로부터 발생하는 소득'을 규정하고 있다. 그
런데, 위와 같이 대법원은 한미조세협약이 '이자'에 해당하는 '모든
종류의 채권으로부터 발생하는 소득'의 정의규정을 두고 있지 아니
하고, 문맥상으로도 위 문언의 의미가 불명확하다고 판단한 다음,
이러한 경우에는 한미조세협약 제2조 (2)항 제1문에 근거하여 체약
국인 우리나라의 세법에 따라 그 의미를 해석하여야 한다고 하여 조
세조약의 용어가 불명확한 경우 그 용어의 해석에 관한 관련 법리를
명확하게 밝혔다. 이에 따라 대법원은 구 법인세법과 구 소득세법에
서 이자소득과 위약금을 구분하여 규정하고 있는 점을 근거로 지연
손해금은 한미조세협약의 '이자'인 '모든 종류의 채권으로부터 발생
하는 소득'에 해당되지 않는다고 판단한 것이다.

  위 대법원 판결에서 밝힌 법리는 이 사건 조항의 신설 이후에 있
어서 문제되는 사용료에 대해서도 동일하게 적용되는 것이다. 즉,
한미조세협약에서 '사용'에 대해 정의규정을 두고 있지 않으므로 그
의미는 체약국인 우리나라의 세법에 따라 판단하여야 한다는 데에
대부분의 견해가 일치하고 있다.[52] 그렇다면, 이 사건 조항의 신설
이후에 있어서 한미조세협약의 '사용'의 의미는 체약국인 우리나라
의 법인세법에 규정된 이 사건 조항에 따라 해석하는 것이 관련 법
리에 부합하는 것이다.[53]

---

[52] 강성태, 앞의 논문, 30, 38면 ; 김석환, 앞의 논문, 399면, 411~412면, 415~
   420면 ; 박종수, 앞의 논문, 177~178면 ; 정광진, 앞의 논문, 79면.
[53] 율촌 조세판례연구회, 『조세판례연구 Ⅱ』(2009), 215면에서 이 사건 조항은
   종전 판결을 사실상 폐기한 것이고, 따라서 이후 문제되는 사안에 대해서

(3) 한미조세협약에서 '사용'의 의미

아래에서 보는 바와 같은 근거에서 볼 때 한미조세협약상 사용료에서의 '사용'은 이 사건 조항에 따라 국외에만 등록되어 있고 국내에는 등록되어 있지 않은 특허권의 경우에도 국내에서 제조·판매 등에 사용된 경우에는 국내에서 사용된 것으로 해석하는 것이 관련 법리와 규정에 부합하는 해석이다.

1) 한미조세협약상 '사용'의 의미는 이 사건 조항에 따라 해석하는 것이 한미조세협약 제2조 (2)항에 부합한다.

위 (2)의 2)항에서 본 바와 같이 한미조세협약은 '사용'의 의미를 정의하는 규정을 두고 있지 아니하고, 문맥상 그 의미가 명확하다고 할 수도 없어 한미조세협약 제2조 (2)항 제1문에 따라 체약국인 우리 나라의 법에 따라 해석하는 것이 조세조약의 해석원칙에 부합한다.

이 사건 조항의 신설 이전에 있어서는 세법에 '사용'의 의미에 관한 규정이 없다는 이유로 특허법상 속지주의에 따라 차용개념으로 해석할 여지가 있었으나, 이 사건 조항의 신설 이후에 있어서는 세법에 '사용'에 관한 명문의 규정을 두었으므로 관련 법리상 이 사건 조항에 따라 '사용'의 의미를 해석하여야 할 것이다.[54] 그런데, 이 사건 조항은 "이 경우 특허권, 실용신안권, 상표권, 디자인권 등 권리의 행사에 등록이 필요한 권리(이하 이 호에서 "특허권등"이라 한다)는 해당 특허권등이 국외에서 등록되었고 국내에서 제조·판매 등에 사용된 경우에는 국내 등록 여부에 관계없이 국내에서 사용된 것으로 본다."고 규정하고 있고, 따라서 국내 미등록 특허의 경우에도 국내에서 제조·판매 등에 사용된 경우에는 국내에서 사용된 것으로

는 이 사건 조항을 적용하여 처리하여야 한다고 하였다.

[54] 오윤, 앞의 논문, 16~20면.

보는 것이다.[55]

2) 조세조약이나 법령에서 사용하는 용어는 법적 안정성과 예측
가능성의 측면에서 동일한 의미로 해석되어야 한다.

동일한 법령에서의 용어는 법령에 다른 규정이 있는 등 특별한
사정이 없는 한 동일하게 해석·적용되어야 하는 것이 원칙이다.[56]
한미조세협약 제6조 제3항과 제14조 제4항에서의 '사용'은 특허에
한정된 개념이 아니라, 특허를 비롯하여 '의장, 신안, 비밀공정 또는
비밀공식, 기타 이와 유사한 재산 또는 권리, 지식, 경험, 기능 등'에
공통적으로 연결되는 용어이므로, 위 조항에서의 '사용'의 의미는
특허 뿐만 아니라, 지식이나 경험에 대해서도 동일한 의미로 해석되
어야 한다.

그런데 저작권, 비밀공식이나 공정, 지식이나 경험 등은 해당 법
률에 의하여 반드시 등록을 요하는 권리나 재산이 아니고, 등록을
하지 않더라도 법적 보호를 받을 수 있다.[57] 이러한 점에서 위 조항
에서의 '사용'은 등록 여부에 불구하고, 그 재산이나 권리, 지식이나
경험 등을 사용하고 대가를 지급하는 경우를 포함하는 것으로 해석
된다. 따라서 한미조세협약 제6조 제3항과 제14조 제4항에서의 '사
용'을 특허의 경우에는 '특허법에 따라 등록된 특허권의 실시'라는
의미로 해석하고, 동일한 용어인 '사용'을 '지식, 경험, 기능 등'에

---

55) ①판결의 원심인 서울고등법원 1991. 6. 21. 선고 90구21508 판결은 이 사
    건 조항이 신설되기 이전의 사안에서 국내 미등록 특허의 사용에 대한 대
    가를 국내원천소득으로 판단하였고, 대상 판결의 원심인 서울고등법원
    2012. 7. 11. 선고 2012누8382 판결은 이 사건 조항의 신설 이후에 문제된
    사안에서 동일하게 국내 미등록 특허의 사용대가를 국내원천소득으로 판
    단하였다.
56) 대법원 1997. 3. 25. 선고 96누18694 판결.
57) 정광진, 앞의 논문, 74~75면.

있어서는 등록 여부와 관계 없는 사용으로 해석하는 것은 동일한 규정에서의 용어를 객체에 따라 서로 다른 의미로 해석하는 것으로서 타당하지 않다.

그렇다면 한미조세협약 제6조 제3항과 제14조 제4항에서의 '사용'은 이 사건 조항의 신설 이전이나 이후를 구분할 이유 없이 관련 법률에 따른 등록 여부에 불구하고 국내에서 사실상 사용한다는 의미이고, 그에 대한 대가를 지급하는 것이라면 그 대가를 사용료라고 해석하는 것이 타당하다.

3) 한미조세협약상 '사용'과 특허법상 '실시'를 동일한 의미로 해석할 법적 근거가 없고,[58] 대법원 판결에 의하면 법적으로 보호받지 못하는 거래의 경우에도 실질과세원칙 등을 적용하여 과세대상으로 삼을 수 있다.

위 Ⅲ.의 2.항에서 본 국내 미등록 특허 관련 대법원 판결들과 이를 긍정하는 견해들은 모두 특허법상 속지주의에 근거하여 외국에서 등록되고 국내에는 등록되지 않은 특허는 국내에서 특허권의 효력을 인정할 수 없고, 법적으로 보호받지 못하는 것이어서 그에 대한 대가를 국내원천소득인 사용료로 볼 수 없다고 한다.

그러나 세법상 과세대상은 반드시 법적으로 유효한 거래에 한정되는 것이 아니고, 법적으로 무효라고 하더라도 실질에 따라서는 과세대상이 될 수 있다는 것이 대법원의 확립된 입장이다.

즉, 대법원은, '구 소득세법 제88조 제1항 본문은 "제4조 제1항 제3호 및 이 장에서 '양도'라 함은 자산에 대한 등기 또는 등록에 관계 없이 매도, 교환, 법인에 대한 현물출자 등으로 인하여 그 자산이 유상으로 사실상 이전되는 것을 말한다."라고 규정하고 있을 뿐 자산

---

58) 유철형, 앞의 논문, 421~422면.

이 유상으로 이전된 원인인 매매 등 계약이 법률상 유효할 것까지를 요구하고 있지는 않다. 한편 매매 등 계약이 처음부터 구 국토계획 법이 정한 토지거래허가를 배제하거나 잠탈할 목적으로 이루어진 경우와 같이, 위법 내지 탈법적인 것이어서 무효임에도 불구하고 당사자 사이에서는 그 매매 등 계약이 유효한 것으로 취급되어 매도인 등이 그 매매 등 계약의 이행으로서 매매대금 등을 수수하여 그대로 보유하고 있는 경우에는 종국적으로 경제적 이익이 매도인 등에게 귀속된다고 할 것이고 그럼에도 그 매매 등 계약이 법률상 무효라는 이유로 그 매도인 등이 그로 인하여 얻은 양도차익에 대하여 양도소 득세를 과세할 수 없다고 보는 것은 그 매도인 등으로 하여금 과세 없는 양도차익을 향유하게 하는 결과로 되어 조세정의와 형평에 심히 어긋난다. 이러한 점 등을 종합적으로 고려하면, 구 국토계획법 이 정한 토지거래허가구역 내의 토지를 매도하고 그 대금을 수수하 였으면서도 토지거래허가를 배제하거나 잠탈할 목적으로 매매가 아 닌 증여가 이루어진 것처럼 가장하여 매수인 앞으로 증여를 원인으 로 한 이전등기까지 마친 경우 또는 토지거래허가구역 내의 토지를 매수하였으나 그에 따른 토지거래허가를 받지 아니하고 이전등기를 마치지도 아니한 채 그 토지를 제3자에게 전매하여 그 매매대금을 수수하고서도 최초의 매도인이 제3자에게 직접 매도한 것처럼 매매 계약서를 작성하고 그에 따른 토지거래허가를 받아 이전등기까지 마친 경우에, 그 이전등기가 말소되지 아니한 채 남아 있고 매도인 또는 중간의 매도인이 수수한 매매대금도 매수인 또는 제3자에게 반환하지 아니한 채 그대로 보유하고 있는 때에는 예외적으로, 매도 인 등에게 자산의 양도로 인한 소득이 있다고 보아 양도소득세 과세 대상이 된다고 봄이 상당하다.'고 판시하였다.[59]

---

59) 대법원 2011. 7. 21. 선고 2010두23644 전원합의체 판결.

대법원은 실질과세의 원칙 중 경제적 실질을 중시하여 해당 거래가 무효라고 하더라도 실질적으로 이익을 향유하고 있다면 이를 과세대상으로 삼을 수 있다고 판단한 것이다.

위와 같이 대법원은 법적으로 보호받지 못하는 무효의 거래에 대해서도 실질과세원칙 등을 적용하여 과세대상으로 인정하고 있다. 국내 미등록 특허의 경우에도 외국에 등록한 특허권자가 국내에서 특허법상 보호되는 특허권을 행사할 수는 없지만, 미등록 특허와 관련한 특허물질이나 특허기술 등을 국내에서 사용하도록 하고 그에 대한 대가를 지급받는 경우에는 실질적으로 특허권 사용에 대가라고 할 수 있으므로, 실질과세원칙에 따라 그 대가는 한미조세협약상 사용료에 해당된다고 할 것이다.[60] 이러한 점에서도 한미조세협약에서의 '사용'을 특허법상 '실시'와 동일하게 해석할 법적 근거나 이유가 없다.

4) 이 사건 조항에 따라 한미조세협약의 '사용'을 해석하는 것은 종전 판례에 저촉되지 않는다.

이 사건 조항에 따라 한미조세협약의 '사용'을 해석하는 것은 판례에 저촉되어 판례를 변경해야 하는 문제가 있는데, 판례를 변경할 만한 뚜렷한 이유가 없다는 견해가 있다. 즉, 종전에 대법원은 국내 미등록 특허는 사용료 과세대상 무형자산으로 보지 않았고, 한미조세협약상 '사용'을 특허법상의 '실시'와 동일하게 보아 국내에서 특허법에 따라 등록된 특허권을 실시하고 그에 대한 대가를 지급하는 경우에만 사용료로 보았는데, 이 사건 조항에 따라 국내 미등록 특허에 대한 대가도 사용료로 보는 것은 종전 판례(①판결과 ②판결을 지칭)와 충돌하지만, 종전 판례가 불합리하다거나 구체적 타당성이

---

60) 서정호, 앞의 논문, 26~27면 ; 유철형, 앞의 논문, 422면.

없어서 이를 변경할 만한 이유가 없다는 것이다.[61]

그러나 ①판결과 ②판결은 이 사건 조항이 신설되기 이전의 사안에 대한 판결이고, 이 사건 조항은 위 판결들이 선고된 이후에 사용료의 '사용'의 의미를 새롭게 정의한 규정이므로, ①판결 및 ②판결과는 적용법률을 달리하는 것이다. 따라서 이 사건 조항 신설 이후이 사건 조항에 따라 '사용'의 의미를 해석한다고 하더라도 종전 판례와 충돌한다거나 이에 저촉되는 것으로 볼 수 없으므로 판례변경을 할 사안이 아니다.[62] 또한 앞에서 본 바와 같이 대상 판결을 비롯한 종전 판결은 '사용'의 의미를 해석함에 있어서 조세조약 해석에 관한 일반원칙과 관련 규정에도 부합하지 아니하는 것이므로 새로운 해석이 필요한 시점이다.

V. 결 론

한미조세협약은 사용료에 대하여 원천지국 과세원칙을 채택하였고, 원천지 판단기준으로 사용지주의를 취하고 있다. 그런데 한미조세협약에서 '사용'의 개념에 대한 정의규정을 두지 아니함으로써

---

61) 정광진, 앞의 논문, 88면.
62) 박종수, 앞의 논문, 172~173면. 법규정이 변경되었으므로 판례 변경을 할 것이 아니라고 한다. ; 김석환, 앞의 논문, 419~420면에서는 이 사건 조항의 해석방법으로 3가지를 제시(①대법원 판례 변경, ②대법원 판례유지, ③국내 미등록 특허의 사실상 사용을 인정)하면서 첫 번째 방법은 이중과세 문제가 있고, 둘째 방법은 이 사건 조항을 신설을 고려할 때 취하기 어려운 방법이며, 세 번째 방법이 현실적으로 취할 수 있는 하나의 방법이라고 하고 있다. 이러한 주장은 이 사건 조항에 따라 '사용'의 의미를 해석하는 것이 종전 판례에 저촉되지 않는다는 것을 전제로 한다.

‘사용’의 의미를 어떻게 해석할 것인가와 관련하여 현재까지 논쟁이 끊이지 않고 계속되고 있다. 대법원은 이 사건 조항의 신설에도 불구하고 종전 입장과 동일하게 외국에만 등록되어 있고 국내에는 특허등록이 되어 있지 않은 경우에는 한미조세협약상 사용료의 과세대상이 되는 ‘사용’을 인정할 수 없으므로 국내에서 그 대가를 지급하는 경우라도 국내원천소득인 사용료로 볼 수 없다고 일관되게 판시해 오고 있다.

이와 관련하여 논의되고 있는 쟁점들에 대한 검토결과를 요약하면 아래와 같다.

1. 사용료와 관련한 외국의 입법례를 보면, 미국과 일본은 법률에 ‘사용’의 개념규정을 두지 않고 법원의 판단에 맡기고 있는데, 미국은 국내에 특허등록이 된 경우에 한하여 사용료로 인정하고 있고, 일본은 일본에 등록되지 않은 특허라고 하더라도 일본에서의 제조업무와 관련성이 인정되면 일본의 국내원천소득으로 보는 입장이며, 독일은 세법에서 등록여부와 관계없이 독일 국내에서의 사용을 국내원천소득으로 규정하고 있고, 독일법원도 이러한 입장이다.

2. 국내 미등록 특허와 관련한 3개의 대법원 판결들은 모두 특허법상 속지주의에 근거하여 한미조세협약의 ‘사용’의 의미를 해석하고 있다. 즉, 대법원은 특허권의 속지주의 원칙상 특허권에 관한 권리는 특허권이 등록된 국가의 영역 내에서만 그 효력이 미치는 것이므로, 국내 미등록 특허의 경우에는 특허침해의 문제가 발생할 여지가 없어 사용료도 문제되지 않는다는 것이다. 그러나 이러한 대법원 판결들은 조약 용어해석에 관한 한미조세협약의 관련규정 및 조세조약의 일반원칙에 위반되는 것으로 보인다.

3. 이 사건 조항은 한미조세협약에 정의규정을 두지 아니한 ‘사용’의 개념을 체약국 법인 법인세법에 명문화한 규정으로서 한미조세협약과 상충된다거나 한미조세협약을 배제하는 규정으로 보기 어렵다.

4. 한미조세협약은 사용료 과세대상인 재산이나 권리의 정의규정을 두고 있지 아니하므로 이를 국내법에 따라 해석하게 되는데, 이에 의하면 한미조세협약 제14조 (4)항과 구 법인세법 제93조 제9호의 사용료 과세대상인 재산이나 권리는 법률에 의한 등록이나 미공개를 요건으로 하지 않는 것이고, 따라서 국내 미등록 특허의 경우에도 그 특허물질이나 특허기술을 사용하고 대가를 지급하는 것이면 사용료에 해당된다고 본다.

5. 이 사건 조항은 한미조세협약에서 정의하지 아니한 '사용'의 의미를 체약국의 세법에 규정한 것이므로, 국내원천소득인 사용료 해당 여부를 판단함에 있어서는 더 이상 특허법상 속지주의를 적용할 이유가 없고, 이 사건 조항을 적용하여 사용료 해당 여부를 판단하여야 할 것이며, 이렇게 해석하는 것이 국제적으로 통용되는 과세기준에도 부합한다.

6. 한미조세협약에 '사용'의 개념이 정의되어 있지 않고, 문맥상 의미도 명확하지 아니하므로 체약국의 법인 우리나라의 세법에 따라 해석하는 것이 한미조세협약과 OECD 모델조세조약에서 정한 조세조약의 해석원칙에 부합한다. 대법원은 최근 한미조세협약의 '이자'와 관련하여 이러한 원칙에 따른 해석을 하였는데, 이와 같은 대법원의 태도는 이 사건 조항의 해석에 있어서도 동일하게 유지되어야 할 것이다. 또한 동일한 조세조약에서 사용하는 용어는 동일한 의미로 해석하여야 할 것이고, 이 사건 조항의 신설 이후에 있어서는 더 이상 특허법상의 '실시'와 한미조세협약에서의 '사용'을 동일한 의미로 해석할 근거가 없으며, 실질과세원칙에 비추어 보더라도 국내 미등록 특허의 사용에 대한 대가는 국내원천소득인 사용료에 해당된다고 할 것이다.

위와 같은 점들을 종합하여 보면, 한미조세협약에 '사용'의 개념에 대한 정의가 없고, 문맥상 의미도 명확하지 아니하므로, 체약국법인 우리나라의 세법에 따라 그 의미를 해석하는 것이 관련 법리에 부합하는 해석이다. 그런데 이 사건 조항은 사용료에서의 '사용'의 의미를 국외에 등록된 특허권의 경우에도 국내에서 제조·판매 등에 사용된 경우에는 국내에서 사용된 것으로 본다고 규정하고 있고, 이에 따르면 국내 미등록 특허도 사용료 과세대상이 되는 재산이나 권리에 해당되며, 국내 미등록 특허와 관련한 특허물질이나 특허기술 등을 국내에서 사용하고 그에 대한 대가를 지급하였다면, 한미조세협약에서의 '사용'에 해당된다고 할 것이다. 즉, 이 사건 조항은 한미조세협약에서 정의하지 아니한 사용료 과세대상인 무형자산과 '사용'의 개념을 정의한 규정이라고 할 것이다. 대상 판결을 비롯한 관련 판결들은 이 사건 조항의 신설에 따른 한미조세협약의 '사용'의 의미를 오해한 것이므로 재검토할 필요가 있다. 부족한 점이 있지만, 이 글이 앞으로 한미조세협약에서의 '사용'의 의미를 연구하는 데에 조그만 도움이라도 되기를 기대한다.

참고문헌

강성태, "국외등록 특허권 사용료 소득의 과세기준", 『조세학술논집』, 제31집 제1호(한국국제조세협회, 2015).

국세청, 『개정세법해설』(2009).

국회 기획재정위원회, 법인세법 일부개정법률안(의안번호 1800068) 검토보고서(2008. 11).

김석환, "사용료 소득의 원천지 판단기준", 『저스티스』, 통권 제140호(한국법학원, 2014. 2).

박종수, "국내 미등록 특허에 대한 사용료의 과세상 취급에 관한 소고-독일 및 유럽연학의 입법례를 중심으로-", 『조세학술논집』, 제30집 제2호(한국국제조세협회, 2014).

백제흠, "미국법인이 지급받은 국내 미등록 특허권의 사용대가가 국내원천소득에 해당하는지 여부", 세정신문(2015. 6. 1자).

서정호, "국내 미등록된 특허권에 대한 사용대가의 소득원천지 결정", 『국세월보』, 제447호(국세청 세우회, 2004).

오윤, "조세조약 해석상 국내세법의 지위-조세조약 '특허권의 사용' 개념의 해석을 중심으로-", 『조세학술논집』, 제32집 제2호(한국국제조세협회, 2016).

유철형, "2007년도 법인세법 판례 회고", 『조세법연구』, 제14-1집(한국세법학회, 2008).

율촌 조세판례연구회, 『조세판례연구 Ⅱ』(2009).

이우석, "외국특허권침해제품의 제조·수출행위의 위법성", 『법학논고』, 제34집(경북대, 2010).

이창희, "비거주자·외국법인의 사용료소득에 대한 과세", 『서울대학교 법학』, 제54권 제4호(서울대학교 법학연구소, 2013).

임승순, "국내에 특허등록이 되어 있지 않은 외국법인의 특허물질을 사용한 제품을 특허등록이 되어 있는 외국에 수출하는 경우 외국법인에 지급하는 특허사용료가 외국법인의 국내원천소득인지 여부", 『대법원 판례해설』, 제17호(법원도서관, 1992).

임희택, "외국법인에 지급한 특허권 사용대가의 원천지국에 관한 검토", 『법조』, 제41권 제11호(법조협회, 1992).

정광진, "국내 미등록 특허의 사용대가와 한미 조세조약상 국내원천 사용료소득", 『대법원 판례해설』, 제102호(법원도서관, 2014).

조일영, "국내에서 제조되어 미국으로 수출한 제품의 제조과정에서 사용된 일부 기술이 미국 내에서 등록된 미국법인의 특허실시권을 침해함에 따라 발생한 분쟁을 해결하기 위하여 미국법인에게 지급하는 특허권 실시료 상당액이, 미국법인의 국내원천 사용료소득으로 과세대상이 되는지 여부", 『대법원 판례해설』, 제73호(법원도서관, 2008).

최선집, "국내 미등록 기술사용료의 원천소득", 『논점조세법』(1992).

외국투자자의 국내기업인수와 관련한
주요 국제조세 쟁점

유 철 형 변호사·김 태 균 회계사

Ⅰ. 서 론

외국투자자의 국내기업인수는 투자 주체를 개인, 법인, 단체 중 누구로 할 것인가, 인수방식을 지분인수나 자산인수 등 다양한 방식 중 어느 방식으로 할 것인가에 따라 다양하게 이루어지고 있다. 이러한 투자과정에서 외국투자자의 의사결정에 영항을 주는 중요한 요소 중의 하나가 조세이다. 따라서 외국투자자는 사전에 투자와 관련된 예상 가능한 조세문제를 검토하여 투자를 실행하게 되지만, 투자 이후 조세관련 법령의 개정 등으로 인하여 사후적으로 투자 주체가 누구인지, 그리고 인수방식이 무엇인지 등에 따라 다양한 조세문제가 발생한다. 이 글에서는 실무상 자주 사용되는 투자방식, 즉, 외국투자자가 유한 파트너십(Limited Partnership, 이하 'LP'), 유한책임회사(Limited Liability Company, 이하 'LLC') 등과 같은 국외투자기구를 통하여 국내기업을 인수하는 경우에 발생하게 되는 조세문제를 검토대상으로 하였다.

이와 관련하여 최근 주요한 쟁점으로 떠오르고 있는 사항으로, 국외투자기구가 국내기업을 인수하여 이자, 배당, 사용료 소득이나

주식양도소득 등을 얻은 경우 이 소득의 귀속자를 누구로 볼 것인지
〔수익적 소유자(beneficial owner) 또는 실질귀속자〕의 판단문제, 소득
이 실질적으로 귀속되는 국외투자기구를 법인세법상 납세의무자인
외국 법인으로 볼 수 있는지 및 실질귀속자가 투과과세단체인 경우
조세조약의 적용범위, 내국법인으로 보는 실질적 관리장소의 판단
기준, 차입매수방식(Leveraged Buyout, 이하 'LBO')과 관련한 조세문
제, 고정사업장(PE), 그리고 과소자본세제(Thin Cap)와 관련한 쟁점
이 있다. 이하에서는 이와 관련한 세법 규정과 최근 판례를 함께 검
토하여 외국투자자가 국내기업을 인수함에 있어서 유의할 점을 살
펴보기로 한다.

II. 납세의무자 관련

　외국투자자가 국외투자기구를 통하여 국내기업을 인수한 후 배
당소득이나 주식양도소득 등을 얻은 경우 납세의무와 관련하여서는
그 소득의 귀속자(납세의무자)를 누구로 볼 것인지, 그 소득의 실질
귀속자를 법인세법이 적용되는 법인으로 볼 것인지 아니면 소득세
법이 적용되는 개인으로 볼 것인지, 국외투자기구를 법인세법상 납
세의무자로 보는 경우 조세조약의 적용에 있어서 제한세율의 적용
범위, 외국법인을 내국법인으로 보는 실질적 관리장소의 판단 기준
등이 문제된다.

1. 조세조약상 소득귀속자의 판단

가. 관련규정

국세기본법 제14조 제1항은 "과세의 대상이 되는 소득, 수익, 재산, 행위 또는 거래의 귀속이 명의(명의)일 뿐이고 사실상 귀속되는 자가 따로 있을 때에는 사실상 귀속되는 자를 납세의무자로 하여 세법을 적용한다."고 규정하고 있고, 법인세법 제4조 제1항도 "자산이나 사업에서 생기는 수입의 전부 또는 일부가 법률상 귀속되는 법인과 사실상 귀속되는 법인이 서로 다른 경우에는 그 수입이 사실상 귀속되는 법인에 대하여 이 법을 적용한다."고 하여 실질귀속자 과세원칙을 규정하고 있다.

한편, 우리나라가 체결한 조세조약에서는 이자, 배당, 사용료 소득의 수취인이 "수익적 소유자"인 경우 국내 세법에서 정한 세율보다 낮은 세율(이하 '제한세율')을 적용하도록 하고 있다.[1]

나. 대법원의 입장

국세기본법 제14조의 실질귀속자와 관련하여 대법원은, "구 국세기본법(2007. 12. 31. 법률 제8830호로 개정되기 전의 것) 제14조 제1항에서 규정하는 실질과세의 원칙은 소득이나 수익, 재산, 거래 등의 과세대상에 관하여 귀속 명의와 달리 실질적으로 귀속되는 자가 따로 있는 경우에는 형식이나 외관을 이유로 귀속 명의자를 납세의무자로 삼을 것이 아니라 실질적으로 귀속되는 자를 납세의무자로 삼겠다는 것이므로, 재산의 귀속 명의자는 이를 지배·관리할 능력이

---

1) 한·일 조세조약 제10조 내지 제12조, 한·중 조세조약 제10조 내지 제12조 등.

없고, 명의자에 대한 지배권 등을 통하여 실질적으로 이를 지배·관리하는 자가 따로 있으며, 그와 같은 명의와 실질의 괴리가 조세를 회피할 목적에서 비롯된 경우에는 그 재산에 관한 소득은 재산을 실질적으로 지배·관리하는 자에게 귀속된 것으로 보아 그를 납세의무자로 삼아야 할 것"2)이라고 하여 그 판단기준을 제시하고 있다.

다. 조세조약에 실질과세 원칙이 적용되는지 여부

일반적으로 조세조약에서는 이자, 배당, 사용료 소득의 경우 그 소득이 귀속되는 수익적 소유자에 대해 낮은 제한세율을 적용하도록 규정하고 있는데,3) "수익적 소유자"의 의미와 판단 기준에 대해서는 조세조약에 아무런 규정이 없다. 이와 관련하여 조세조약상 수익적 소유자의 해석·적용에 있어서 앞 나.항에서 본 국내세법에서의 실질과세원칙이 적용되는지에 관해 논란이 있었는데, 대법원은 조세조약에도 실질과세원칙이 적용된다는 입장을 취하고 있다.

즉, 대법원은 앞 나.항에서 본 법리를 설명한 다음, 바로 이어서 '실질과세원칙은 법률과 같은 효력을 가지는 조세조약의 해석과 적용에 있어서도 이를 배제하는 특별한 규정이 없는 한 그대로 적용된다고 할 것'4)이라고 하여 조세조약의 해석·적용에 있어서도 국내세법에서의 실질귀속자 과세원칙이 그대로 적용되는 것으로 보고 있다. 결국 대법원은 조세조약에서의 "수익적 소유자"와 실질귀속자를 동일한 의미로 해석하고 있는데, 이는 대법원의 확립된 견해라고 볼 수 있다.5)6)

---

2) 대법원 2012. 4. 26. 선고 2010두11948 판결 등 다수.
3) 한·일 조세조약 제10조 내지 제12조, 한·중 조세조약 제10조 내지 제12조 등.
4) 대법원 2012. 4. 26. 선고 2010두11948 판결 등 다수.
5) 대법원 2015. 7. 23. 선고 2013두21373 판결 ; 대법원 2013. 9. 26. 선고 2011

한편, 실질과세원칙이 조세조약에 적용된다는 대법원의 입장은 수익적 소유자가 문제되는 이자, 배당, 사용료 소득에 한정되는 것이 아니라, 다음 라.항에서 보는 바와 같이 양도소득의 귀속 주체나 주식 소유자 판단 등 조세조약의 다른 규정을 적용함에 있어서도 동일하다.

라. 조세조약의 적용에 있어서 실질과세원칙을 적용한 최근 사례들[7]

(1) 대법원 2012. 10. 25. 선고 2010두25466 판결: 배당소득

영국령 케이만군도의 유한 파트너십인 갑이 케이만군도 법인 을을, 을은 룩셈부르크 법인 병을, 병은 벨지움국 법인 정을 각 100% 출자하여 설립하고, 정은 다른 투자자들과 합작으로 내국법인 무를 설립하여 다른 내국법인 기의 사업부분을 인수한 후, 무가 정에게 배당금을 지급하면서 정이 벨지움국 법인이라는 이유로 '대한민국과 벨지움국 간의 소득에 관한 조세의 이중과세회피 및 탈세방지를 위한협약'(이하 '한·벨 조세조약')이 정한 제한세율을 적용하여 법인세를 원천징수하여 납부하였다. 이에 대해 대법원은, 피고(과세관청, 이하 이 논문에서 동일한 의미임)가 갑을 배당소득의 실질적 귀속자로 보아 국내세법의 배당소득 원천징수세율을 적용하여 원천징수의무자 무에게 법인세징수처분을 한 사안에서, 제반 사정에 비추어 병, 정 등은 명목상의 회사일 뿐 배당소득의 실질적 귀속자는 갑이어서 위 소득에 대하여는 한·벨 조세조약이 적용될 수 없다고 판시하였다.

두12917 판결 등.

6) 김석환, "조세조약상 수익적 소유자와 국내세법상 실질귀속자와의 관계", 『조세학술논집』, 제29집 제1호(사단법인 한국국제조세협회, 2013), 202~204면.

7) 사안의 내용별로 배당소득, 주식양도소득, 주주 판단의 순으로 분류함.

(2) 대법원 2013. 4. 11. 선고 2011두3159 판결: 배당소득

1) 사안의 개요

영국령 케이만군도의 유한 파트너십인 A는 영국, 미국, 아시아 등지에서 모집한 투자자금을 가지고, 미국 소재 B L.L.C.(이하 'B') 및 영국 소재 C 그룹과 공동 투자형식으로 룩셈부르크에 D 유한회사(이하 'D')를 설립한 다음, D를 통하여 2002. 7. 3. 네덜란드 법인인 E 홀딩스 합자회사(이하 'BV')(이하 '이 사건 외국 법인')를 설립하였다. 그 후 이 사건 외국 법인은 2002. 9. 호주법인인 F 홀딩스 BV 로부터 내국법인인 원고의 주식(이하 '이 사건 주식')을 매입하였다가 2004. 12. 15. 이를 국내 기관투자자에게 매각하였다. 그런데 원고에 대한 투자의사의 결정 및 투자의 진행은 A의 관계사들이 담당하였고, 그 자금의 출처도 A 등이며, 이 사건 외국 법인은 이들에 의한 투자준비가 완료된 직후 설립되었다가 원고의 주식을 매각하고 그 대금을 수취한 후 곧바로 청산되었다.

이 사건 외국 법인의 사업장 소재지, 전화번호는 모두 A의 관계사로 되어 있고, 이 사건 외국 법인의 이사 3명은 모두 A 혹은 C 그룹 소속의 직원이었으며, 이 사건 외국 법인에는 상시 근무하는 직원도 없었다. 그리고 이 사건 외국 법인의 자산은 이 사건 주식과 관련된 것이 전부였고, 원고로부터 받는 배당금 이외에는 손익이 전혀 없었으며, 그 배당금 역시 이 사건 외국 법인 명의의 계좌를 거치기는 하였으나 결국 A 등에 최종적으로 귀속되었다. 피고는 이 사건 외국 법인은 조세회피를 위하여 설립된 명목상의 회사에 불과하여 이 사건 배당소득의 실질적인 귀속자가 될 수 없고, 케이만군도에 설립된 유한파트너십인 A 등이 그 실질적인 귀속자이므로, 이 사건 배당소득과 관련하여서는 한·네 조세조약이 적용될 수 없다는 이유로 법인세법을 적용하여 원고에게 이 사건 배당소득에 대한 원천징수분 법인세 징수처분을 하였다.

2) 대법원의 판단

원심은 위와 같은 사실관계를 토대로 하여, 실질과세의 원칙은 조세조약의 규정을 해석·적용하는 기준으로 삼을 수 있다고 전제한 다음, 이 사건 외국 법인은 이 사건 주식의 매입 및 매각에 관하여 형식상 거래당사자의 역할을 수행하였을 뿐 그 실질적 주체는 A 등 이며, 이러한 형식과 실질의 괴리는 조세회피의 목적에서 비롯되었으므로, 이 사건 배당소득의 실질적인 귀속자를 A 등으로 보아야 하며, A 등이 케이만군도 등에 설립된 이상 이 사건 배당소득에 대해서는 한·네 조세조약이 적용될 수 없다고 판단하였고, 대법원은 원심의 이러한 판단은 정당하다고 판시하였다.

(3) 대법원 2013. 10. 24. 선고 2011두22747 판결: 배당소득

미국의 사모펀드사인 P가 모집한 사모펀드인 PPEP와 PPVI가 각각 50%를 투자하여 1998. 7. 29. 말레이시아 라부안에 소외 회사를 설립한 목적, PPEP와 PPVI가 소외 회사를 통하여 1998. 8. 3. 원고가 발행한 이 사건 전환사채(나중에 주식으로 전환되었다)를 취득한 경위, 소외 회사의 이사 및 직원 현황과 사업활동 내역 등을 종합하여 보면, 소외 회사는 이 사건 전환사채의 취득에 관하여 형식상 거래당사자의 역할만을 수행하였을 뿐 그 실질적 주체는 미국의 유한 파트너십으로서 구 법인세법상 외국 법인인 PPEP와 PPVI이고, 이러한 형식과 실질의 괴리는 오로지 조세회피의 목적에서 비롯되었으므로, 이 사건 배당소득에 대한 원천징수분 법인세의 원천납세의무자는 PPEP와 PPVI로 봄이 타당하다고 판시하였다.

(4) 대법원 2015. 3. 26. 선고 2013두7711 판결: 배당소득

독일의 유한합자회사인 갑이 독일의 유한회사인 을을 설립하여 발행주식 전부를 보유하고, 을회사는 우리나라의 유한회사인 병을 설립하여 발행주식 전부를 보유하는데, 병회사가 우리나라의 부동산을 매수한 후 임대수익과 양도차익 등으로 발생한 소득금액을 배당금으로 지급하면서 대한민국과 독일연방공화국 간의 소득과 자본에 대한 조세의 이중과세회피와 탈세방지를 위한 협정(이하 '한·독 조세조약') 제10조 제2항 (가)목에 따른 5%의 제한세율을 적용하여 원천징수한 법인세를 납부하였으나, 과세관청은 위 배당소득의 실질귀속자를 갑회사로 보아 구 법인세법(2008. 12. 26. 법률 제9267호로 개정되기 전의 것) 제98조 제1항 제3호에 따른 25%의 세율을 적용하여 병회사에 법인세 징수처분을 한 사안에서, 을회사의 설립경위와 목적, 을회사의 인적·물적 조직과 사업활동 내역, 갑회사와 을회사의 소득에 대한 지배·관리 정도 등에 비추어, 을회사는 병회사의 발행주식이나 배당소득을 지배·관리할 능력이 없고, 갑회사가 을회사에 대한 지배권 등을 통하여 실질적으로 이를 지배·관리하였으며, 우리나라의 법인세법상 '외국 법인'에 해당하는 갑회사가 직접 배당소득을 얻는 경우에는 한·독 조세조약에 따른 5%의 제한세율이 적용되지 아니하여 그와 같은 명의와 실질의 괴리가 오로지 조세를 회피할 목적에서 비롯된 것으로 볼 수 있으므로, 위 배당소득의 실질귀속자는 을회사가 아니라 갑회사라고 보아야 한다고 판시하였다.[8]

---

8) 한·독 조세조약 제10조 제2항에 의하면, 배당소득에 대해서는 수익적 소유자가 배당을 지급하는 법인의 자본의 최소한 25퍼센트를 직접 보유하고 있는 법인(조합은 제외한다)인 경우에는 배당총액의 5퍼센트, 기타의 모든 경우에는 배당총액의 15퍼센트를 초과하여 과세할 수 없다고 규정하고 있다.

이 사건에 있어서 을회사는 배당을 지급하는 병회사의 지분을 100% 직접 보유하고 있으므로, 을회사가 실질귀속자라면 위 조항에 따라 5%의 제한

(5) 대법원 2012. 4. 26. 선고 2010두11948 판결: 주식양도소득

1) 사안의 개요

영국의 유한 파트너십인 원고들은 한국 내 부동산에 대한 투자를 위하여 설립되었고, 설립 당시부터 부동산 투자수익에 관한 세부담을 회피할 수 있는 투자구조를 설계하기 위하여 조세회피가 가능한 국가인 벨지움국(이하 '벨기에') 등 각국의 조세제도를 연구하였다. 그 과정에서 원고들은 벨기에 법인에 귀속되는 한국 내 주식의 양도소득에 대하여는 한국 정부가 과세할 수 없다는 「대한민국과 벨지움간의 소득에 대한 조세의 이중과세회피와 탈세방지를 위한 협약」(이하 '한·벨 조세조약') 제13조 제3항을 적용받을 목적으로 그들이 룩셈부르크에 설립한 법인들을 통하여 벨기에 법인들을 설립하였다.

이에 따라 이 사건 벨기에 법인들은 2002. 2. 1. 자산유동화에 관한 법률에 의하여 설립된 유동화전문유한회사의 주식 전부(이하 '이 사건 주식')를 인수한 다음 위 유한회사를 주체로 내세워 서울 종로구 소재 이 사건 부동산을 매수하여 보유하던 중 2004. 9. 9. 이 사건 주식을 영국법인에게 매각함으로써 양도소득을 얻었다. 이 사건 주식의 인수대금과 이 사건 부동산의 매수대금은 모두 원고들이 이 사건 벨기에 법인들의 이름으로 지급하였고, 이 사건 주식의 인수와 양도, 이 사건 부동산의 매수 등 전 과정을 원고들과 그들의 투자자문사가 주도적으로 담당하였다. 이 사건 벨기에 법인들은 벨기에 내에서 실질적으로 경제활동을 영위하고 있다고 보기 어렵고, 한·벨

세율을 적용받게 된다. 그러나 실질귀속자가 갑회사라고 하면 갑회사는 배당을 지급하는 병회사의 지분을 직접 보유하고 있는 것이 전혀 없으므로 5% 제한세율을 적용받지 못하게 되는 것이다.

조세조약 제13조 제3항을 이용한 조세회피목적 외에 실질적으로 사업을 영위할 목적으로 설립되었다거나 이 사건 부동산의 투자에 관하여 독립적인 경제적 이익이 있음을 인정할 자료가 없다.

이 사건 주식의 양수인은 한·벨 조세조약 제13조 제3항에 의하여 주식양도로 인한 소득은 양도인의 거주지국에서만 과세되도록 규정되어 있다는 이유로 이 사건 벨기에 법인들에 대한 이 사건 주식 양도대금의 지급시 이 사건 양도소득에 관한 법인세를 원천징수하지 아니하였다. 그러자 피고는 2006. 12. 18. 이 사건 벨기에 법인들은 조세회피목적을 위해 설립된 명목상의 회사에 불과하여 이 사건 양도소득의 실질적인 귀속자가 될 수 없고 영국법인인 원고들이 그 실질적인 귀속자이며, 그들에게는 한·벨 조세조약 제13조 제3항이 적용될 수 없다는 이유로 이 사건 양도소득에 대한 법인세 부과처분을 하였다.

2) 대법원의 판단

대법원은, 이 사건 벨기에 법인들은 이 사건 주식의 인수와 양도에 관하여 형식상 거래당사자의 역할만을 수행하였을 뿐 그 실질적 주체는 원고들이며, 이러한 형식과 실질의 괴리는 오로지 조세회피의 목적에서 비롯되었으므로, 실질과세의 원칙에 의하여 이 사건 양도소득의 실질적 귀속자를 원고들로 보아야 하며, 이들은 영국법인이어서 한·벨 조세조약 제13조 제3항이 적용될 수 없다고 판단하였다.[9]

---

9) 이 사건의 경우 한·벨 조세조약을 적용하느냐 아니면 한·영 조세조약을 적용하느냐에 따라 아래와 같은 차이가 발생한다.
    즉, 한·벨 조세조약 제13조 제3항에 의하면, 양도소득에 대해서는 부동산 양도소득에 대해서만 타방체약국에서 과세할 수 있고, 그 이외의 재산의 양도소득에 대해서는 거주지국에서만 과세하는 것으로 규정되어 있다. 그런데, 이 사건 주식은 부동산에 해당되지 아니하므로 실질귀속자가 벨기에 법인이어서 한·벨 조세조약을 적용하게 되면, 한국에서 과세할 수

(6) 대법원 2014. 7. 10. 선고 2012두16466 판결:
주식양도소득

프랑스에 본점을 둔 법인인 C 주식회사(이하 'CSA')가 네덜란드에 본점을 둔 법인인 C 네덜란드 BV(이하 'CNBV')를 설립한 사실, CNBV는 1994. 3. 8. 대전 서구 탄방동에 본점을 둔 한국 C 주식회사(이하, '한국 C')를 설립하여 그 주식을 보유하다가, 2006. 9. 26. 이 사건 주식양수법인에 한국 C 전체 주식 중 79.44%(이하 '이 사건 주식')를 양도함으로써 이득을 얻은 사실 등이 인정되는 사안에서, CNBV의 설립 목적과 설립 경위, 사업활동 내역, 그 임직원 및 사무소의 존재, 이 사건 주식의 매각과 관련한 의사결정과정, 매각자금의 이동 등과 같은 제반 사정에 비추어, CNBV는 CSA로부터 구조적으로 독립된 지주회사로서 이 사건 주식 양도소득의 실질귀속자로 볼 수 있어 이 사건 주식 양도소득에 대하여는 한·네 조세조약 제14조 제4항에 따라 우리나라가 과세할 수 없다는 이유로, 피고들이 CNBV는 단지 귀속명의자에 불과하고 CSA가 이 사건 주식 양도소득의 실질귀속자에 해당한다고 보아 대한민국 정부와 불란서공화국 정부간 소득에 대한 조세의 이중과세회피와 탈세방지를 위한 협약에 따른 제한세율을 적용하여 이 사건 주식양수법인을 합병한 원고에게 한 원천징수분 법인세 고지처분 등은 위법하다고 판시하였다.

없게 된다.

그러나 한·영 조세조약 제13조 제2항에서는 "가. 승인된 증권거래소에 상장된 주식이외의 주식으로서 그 주식의 가치 또는 동 가치의 대부분이 타방체약국에 소재하는 부동산으로부터 직접 또는 간접으로 발생하는 것, 나. 그 자산이 주로 타방체약국에 소재하는 부동산 또는 "가"호에 언급된 주식으로 구성된 조합 또는 신탁의 지분"의 양도소득에 대해서는 타방체약국에서도 과세할 수 있는 것으로 규정되어 있다. 그런데, 이 사건 주식은 부동산보유법인의 주식으로 보이고, 따라서 실질귀속자가 영국법인이라면 한·영 조세조약에 따라 한국에서 과세가 가능하게 된다.

(7) 대법원 2015. 7. 23. 선고 2013두21373 판결: 주식양도소득

아랍에미리트연합국 A법인이 핀란드 법인의 지분 100%를 보유하고 있고, 이 핀란드 법인은 네덜란드 BV 법인의 지분을 100% 보유하고 있었으며, 또한 A법인이 100% 지분을 보유한 오스트리아 법인이 네덜란드 법인인 원고의 지분 100%를 보유하고 있는 상황에서, 네덜란드 BV 법인이 내국법인의 주식을 취득하고 있다가 2006. 2. 9. 그 중 일부를 원고에게 양도하여 주식양도소득이 발생한 사안에서, 네덜란드 BV 법인의 설립목적과 사업활동 내역, 인적·물적 기반, 이 사건 주식의 취득과 양도 및 그 배당금과 양도대금의 지배·관리 내역 등에 비추어 볼 때, 네덜란드 BV 법인은 이 사건 주식의 취득과 양도에 관하여 형식상 거래당사자의 역할을 수행하였을 뿐이고, 양도소득의 실질귀속자는 A법인이며, 이러한 형식과 실질의 괴리는 오직 한·네 조세조약을 적용받아 조세를 회피할 목적에서 비롯된 것으로 볼 수 있으므로 이 사건 주식양도로 인한 소득에 대하여는 한·네 조세조약을 적용할 수 없다고 판시하였다.

(8) 대법원 2012. 1. 19. 선고 2008두8499 전원합의체 판결: 주주의 판단

네덜란드 법인인 원고는 네덜란드 법인인 A BV와 B BV의 각 지분을 100% 소유하고 있고(이하 2개의 자회사를 '이 사건 자회사들'), 이 사건 자회사들은 2003. 5. 15. 내국법인 C의 지분을 각 50%씩 나누어 취득하였고, 또한 B BV는 2005. 7. 15. A BV가 내국법인 D의 주식 75%를 소유하고 있는 상태에서 그 나머지 주식 25%를 취득한 사안에서, '이 사건 자회사들이 이 사건 주식 등을 취득할 때 이 사건 자회사들의 지분은 원고가 100%를 소유하고 있었고, 그 전에 A

BV가 D 주식 75%를 취득할 때도 그 지분 소유관계는 마찬가지였던 것으로 보인다. 또한 이 사건 자회사들은 위와 같이 D와 C의 주식 등을 보유하다가 그 중 일부를 처분하는 방식으로 재산을 보유·관리하고 있을 뿐 그 외 별다른 사업실적이 없고, 회사로서의 인적 조직이나 물적 시설을 갖추고 있는 것도 없어서 독자적으로 의사를 결정하거나 사업목적을 수행할 능력이 없는 것으로 보인다. 그 결과 이 사건 주식 등의 취득자금은 모두 원고가 제공한 것이고 그 취득과 보유 및 처분도 전부 원고가 관장하였으며 A BV가 취득한 D 주식 75%의 경우도 이와 사정이 다르지 않을 것으로 보이고, 그 모든 거래행위와 이 사건 자회사들의 사원총회 등도 실질적으로는 모두 원고의 의사결정에 따라 원고가 선임한 대리인에 의하여 이루어진 것으로 보인다. 이러한 점 등으로 미루어 보면, 이 사건 주식 등을 원고가 직접 취득하지 않고 이 사건 자회사들 명의로 분산하여 취득하면서 이 사건 주식 등의 취득 자체로는 과점주주의 요건에 미달하도록 구성한 것은 오로지 구 지방세법 제105조 제6항에 의한 취득세 납세의무를 회피하기 위한 것이라고 보기에 충분하다.'고 판시하여 직접 C와 D의 주식을 취득하지 아니하고 자회사를 통하여 C와 D를 지배하고 있는 원고를 구 지방세법상 간주취득세 납세의무자인 과점주주로 판단하였다.

이 판결은 소득의 귀속자 문제가 아니라 주주의 판단에 있어서도 실질과세원칙을 적용한 것이다.

마. 관련 법인세법의 개정

2011. 12. 31 법률 제11128호로 개정된 법인세법 제98조의6[10]은

---

10) 제98조의6(외국 법인에 대한 조세조약상 제한세율 적용을 위한 원천징수

조세조약상 제한세율 적용을 위한 원천징수절차특례를 신설하였고,
2014. 1. 1. 법률 제12166호로 개정된 법인세법 제98조의4[11]는 비과

절차 특례)
① 제93조에 따른 국내원천소득을 실질적으로 귀속받는 외국 법인(이하
   이 조에서 "실질귀속자"라 한다)이 조세조약에 따른 제한세율(이하 이
   조에서 "제한세율"이라 한다)을 적용받으려는 경우에는 대통령령으로
   정하는 바에 따라 제한세율 적용신청서를 제98조 제1항에 따른 원천
   징수의무자(이하 이 조에서 "원천징수의무자"라 한다)에게 제출하여
   야 한다.
② 제1항을 적용할 때 해당 국내원천소득이 대통령령으로 정하는 국외투
   자기구(이하 이 조에서 "국외투자기구"라 한다)를 통하여 지급되는 경
   우에는 그 국외투자기구가 대통령령으로 정하는 바에 따라 실질귀속
   자로부터 제한세율 적용신청서를 제출받아 그 명세가 포함된 국외투
   자기구 신고서를 원천징수의무자에게 제출하여야 한다.
③ 원천징수의무자는 실질귀속자 또는 국외투자기구로부터 제한세율 적
   용신청서 또는 국외투자기구 신고서를 제출받지 못하거나 제출된 서
   류를 통해서는 실질귀속자를 파악할 수 없는 등 대통령령으로 정하는
   사유에 해당하는 경우에는 제한세율을 적용하지 아니하고 제98조 제1
   항 각 호의 금액을 원천징수하여야 한다.
④ 제3항에 따라 제한세율을 적용받지 못한 실질귀속자가 제한세율을 적
   용받으려는 경우에는 실질귀속자 또는 원천징수의무자가 제3항에 따
   라 세액이 원천징수된 날이 속하는 달의 말일부터 3년 이내에 대통령
   령으로 정하는 바에 따라 원천징수의무자의 납세지 관할 세무서장에
   게 경정을 청구할 수 있다. [개정 2014.1.1]
⑤ 제4항에 따라 경정을 청구받은 세무서장은 청구를 받은 날부터 6개월
   이내에 과세표준과 세액을 경정하거나 경정하여야 할 이유가 없다는
   뜻을 청구인에게 알려야 한다.
⑥ 제1항부터 제5항까지에서 규정된 사항 외에 제한세율 적용신청서 및
   국외투자기구 신고서 등 관련 서류의 제출 방법·절차, 제출된 서류의
   보관의무, 경정청구 방법·절차 등 제한세율 적용에 필요한 사항은 대
   통령령으로 정한다.
   [본조신설 2011.12.31] [[시행일 2012.7.1]]
11) 제98조의4 (외국 법인에 대한 조세조약상 비과세 또는 면제 적용 신청)
   ① 제93조에 따른 국내원천소득(같은 조 제5호 및 제6호의 소득은 제외한

세 또는 면제에 대해서도 제한세율 적용과 동일한 내용으로 조세조
약 적용절차를 개정하였다.

　위 각 규정에 따르면, 국내원천소득이 대통령령으로 정하는 요건
을 갖춘 국외투자기구를 통하여 지급되는 경우에는 그 국외투자기

다)을 실질적으로 귀속받는 외국 법인(이하 이 조에서 "실질귀속자"라
한다)이 조세조약에 따라 비과세 또는 면제를 적용받으려는 경우에는
대통령령으로 정하는 바에 따라 비과세·면제신청서를 국내원천소득을
지급하는 자(이하 이 조에서 "소득지급자"라 한다)에게 제출하고 해당
소득지급자는 그 신청서를 납세지 관할 세무서장에게 제출하여야 한다.
② 제1항을 적용할 때 해당 국내원천소득이 대통령령으로 정하는 국외투
자기구(이하 이 조에서 "국외투자기구"라 한다)를 통하여 지급되는 경
우에는 그 국외투자기구가 대통령령으로 정하는 바에 따라 실질귀속
자로부터 비과세·면제신청서를 제출받아 그 명세가 포함된 국외투자
기구 신고서와 제출받은 비과세·면제신청서를 소득지급자에게 제출하
고 해당 소득지급자는 그 신고서와 신청서를 납세지 관할 세무서장에
게 제출하여야 한다.
③ 소득지급자는 실질귀속자 또는 국외투자기구로부터 비과세·면제신청
서 또는 국외투자기구 신고서를 제출받지 못하거나 제출된 서류를 통
해서는 실질귀속자를 파악할 수 없는 등 대통령령으로 정하는 사유에
해당하는 경우에는 비과세 또는 면제를 적용하지 아니하고 제98조 제
1항 각 호의 금액을 원천징수하여야 한다.
④ 제3항에 따라 비과세 또는 면제를 적용받지 못한 실질귀속자가 비과
세 또는 면제를 적용받으려는 경우에는 실질귀속자 또는 소득지급자
가 제3항에 따라 세액이 원천징수된 날이 속하는 달의 말일부터 3년
이내에 대통령령으로 정하는 바에 따라 소득지급자의 납세지 관할 세
무서장에게 경정을 청구할 수 있다.
⑤ 제4항에 따라 경정을 청구받은 세무서장은 청구를 받은 날부터 6개월
이내에 과세표준과 세액을 경정하거나 경정하여야 할 이유가 없다는
뜻을 청구인에게 알려야 한다.
⑥ 제1항부터 제5항까지에서 규정된 사항 외에 비과세·면제신청서 및 국
외투자기구 신고서 등 관련 서류의 제출 방법·절차, 제출된 서류의 보
관의무, 경정청구의 방법·절차 등 비과세 또는 면제의 적용에 필요한
사항은 대통령령으로 정한다.
[전문개정 2014.1.1]

구가 대통령령으로 정하는 바에 따라 실질귀속자로부터 제한세율 적용신청서를 제출받아 원천징수의무자에게 제출하도록 하고 있고, 원천징수의무자가 이를 제출받지 못하거나 실질귀속자를 파악할 수 없는 경우에는 조세조약상의 제한세율이나 비과세, 감면규정을 적용하지 않고 법인세법에 따른 원천징수를 하도록 되어 있다. 이 경우 제한세율이나 비과세, 감면규정을 적용받지 못한 실질귀속자나 소득지급자는 일정 기간 내에 경정청구를 할 수 있다. 여기에서 '대통령령으로 정하는 요건을 갖춘 국외투자기구'란 투자권유를 하여 모은 금전 등을 재산적 가치가 있는 투자대상자산을 취득, 처분 또는 그 밖의 방법으로 운용하고 그 결과를 투자자에게 배분하여 귀속시키는 투자행위를 하는 기구로서 국외에서 설립된 것을 말한다.[12]

위 개정규정과 관련하여, 법인세법 제98조의6이나 같은 법 제98조의4는 모든 국외투자기구를 실질귀속자가 될 수 없다는 전제에서 마련한 규정이고, 이는 OECD의 입장과 일치하는 것으로 평가하는 견해도 있다.[13]

앞 라.항에서 본 판례들은 모두 위와 같은 법인세법의 개정 이전에 이루어진 국외투자기구의 투자행위와 관련된 사안에 대한 것이다. 따라서 외국투자자로서는 위 개정 법인세법이 적용되는 2012. 1. 1. 이후에 이루어진 국외투자기구의 투자행위에 대해서도 대법원이 앞 나.항에서 본 기준을 가지고 소득의 실질귀속자를 판단할 것인지를 주목할 필요가 있다. 법인세법 제98조의6이나 같은 법 제98조의4는 모두 원천징수나 비과세, 감면신청과 관련한 절차적 규정이라는 점에서 위 규정에서의 국외투자기구에 대해서도 종전의 실질귀속자 판단에 관한 판례의 기준을 그대로 적용할 여지는 있다. 대법원이

---

12) 법인세법 시행령 제138조의7 제2항.
13) 오윤/임동원, "Limited Partnership에 대한 소득의 실질귀속", 『조세법연구』, 제21-1집(사단법인 한국세법학회, 2015), 176~179면.

위와 같은 법인세법의 개정에도 불구하고 종전과 동일한 기준을 가지고 국외투자기구의 실질귀속 여부를 판단한다면 원천징수와 관련하여 상당한 혼란이 예상된다. 과세관청이 개정된 법인세법에 따라 실질귀속자라고 주장하는 투자자가 제출한 제한세율 적용신청서 또는 비과세·면제신청서를 그대로 인정해 주는 경우에는 특별한 문제가 발생하지 아니할 것이다. 그러나 과세관청이 위 신청을 받아들이지 않는 경우에는 아래와 같은 문제가 발생한다. 즉, 원천징수의무자는 위 개정된 법인세법 규정에 따라 그 요건을 갖춘 국외투자기구와 관련한 원천징수를 하였는데, 그 이후에 대법원이 오히려 국외투자기구를 실질귀속자로 판단하는 경우 원천징수의무자는 국외투자기구를 기준으로 하여 새로이 원천징수의무를 이행하여야 하는 문제가 발생하게 될 것이고, 이와 관련하여 국외투자기구는 유리한 조세조약의 적용을 받기 위해 자신이 실질귀속자가 아니라는 이유로 불복하는 등 분쟁이 발생하게 될 것이다.

바. 유의할 점

조세조약상 실질귀속자의 판단은 원천징수와 직접 관련되고, 조세조약의 제한세율이나 비과세, 감면 등의 적용여부를 결정하는 중요한 사항이다. 이와 관련하여 대법원은 조세조약의 해석·적용에 있어서도 실질과세원칙이 적용된다는 입장이고, 그 결과 이자, 배당, 사용료 소득에 규정된 수익적 소유자 뿐만 아니라, 양도소득이나 다른 권리·의무의 귀속 주체를 판단함에 있어서도 동일한 기준으로 판단하고 있다. 또한 대법원은 사안에 따라 국외투자기구인 LP나 LLC 등을 실질 귀속자로 판단하기도 하고, 그 구성원을 소득의 실질귀속자로 판단하기도 하였다.

그런데, 앞 라.항에서 본 판례들은 모두 국외투자기구의 조세조약상 제한세율 적용이나 비과세, 감면 규정의 적용과 관련한 법인세법 제98조의6이나 제98조의4가 신설되기 이전의 사안에 대한 것이어서, 실질과세원칙에 관한 판례의 법리가 개정된 법인세법하에서도 그대로 적용될 것인지가 새로운 쟁점이 되고 있다.[14] 즉, 위 개정된 법인세법이 적용되는 사안에 대해서는 아직까지 대법원의 판례가 없는 상황이고, 따라서 앞 마.항의 마지막 부분에서 언급했듯이 대법원이 법인세법의 개정에도 불구하고 국외투자기구의 실질귀속 여부를 종전의 판단기준에 따라 판단할 것인지가 큰 관심사가 되고 있는 것이다.

2. 실질귀속자가 국외투자기구로 인정된 경우 법인세법이 적용되는 외국 법인인지 여부의 판단

가. 의의

소득의 실질귀속자로 인정된 국외투자기구가 법인세법상 "외국법인"에 해당되면 법인세법이 적용되고, 법인이 아니라면 소득세법이 적용된다.

나. 판례상 판단 기준

대법원은, '외국의 법인격 없는 사단, 재단 기타 단체가 구 소득세법 제119조 제8호 내지 제10호 소정의 국내원천소득을 얻어 이를 구성원인 개인들에게 분배하는 영리단체에 해당하는 경우, 법인세

---

14) 오윤/임동원, 앞의 논문, 176~179면.

법상 외국 법인으로 볼 수 있다면 그 단체를 납세의무자로 하여 국
내원천소득에 대하여 법인세를 과세하여야 하고, 법인세법상 외국
법인으로 볼 수 없다면 거주자의 경우와 동일하게 단체의 구성원들
을 납세의무자로 하여 그들 각자에게 분배되는 소득금액에 대하여
소득세를 과세하여야 한다. 그리고 여기서 그 단체를 외국 법인으로
볼 수 있는지 여부에 관하여는 법인세법상 외국 법인의 구체적 요건
에 관하여 본점 또는 주사무소의 소재지 외에 별다른 규정이 없는
이상 단체가 설립된 국가의 법령 내용과 단체의 실질에 비추어 우리
나라의 사법(私法)상 단체의 구성원으로부터 독립된 별개의 권리,
의무의 귀속주체로 볼 수 있는지 여부에 따라 판단하여야 할 것이
다.'라고 판시[15]하여 그 판단 기준을 사법적 성질에 두고 있다.

다. 관련 사례[16]

(1) 대법원 2012. 10. 25. 선고 2010두25466 판결[17]: LP를 법인세법상 외국 법인으로 판단

대법원은, '제반 사정에 비추어 병, 정 등은 명목상의 회사일 뿐
위 배당소득의 실질적 귀속자는 갑이어서 위 소득에 대하여는 위 조
세조약이 적용될 수 없고, 갑은 펀드 운영의 전문성을 보유하고 펀
드의 일상업무를 집행하며 무한책임을 지는 무한책임사원(general
partner, 이하 'GP')과 펀드 운영에 적극적으로 관여하지 않는 소극적
투자자로서 투자한도 내에서만 책임을 지는 유한책임사원(limited

---

15) 대법원 2012. 1. 27. 선고 2010두19393 판결 ; 대법원 2012. 1. 27. 선고 2010
두5950 판결.
16) 여기에서 본 사례들은 모두 LP 등 국외투자기구를 법인세법상 외국 법인
으로 판단한 사례들이다.
17) 사실관계는 앞 1.라.의 가.항을 참조.

partner, 이하 'LP')으로 구성되어 있고, 고유한 투자목적을 가지고 자금을 운용하면서 구성원인 사원들과는 별개의 재산을 보유하며 고유의 사업활동을 하는 영리 목적의 단체로서, 구성원의 개인성이 강하게 드러나는 인적 결합체라기보다는 구성원의 개인성과는 별개로 권리·의무의 주체가 될 수 있는 독자적 존재로서의 성격을 가지고 있다는 이유로, 갑은 구 법인세법(2005. 12. 31. 법률 제7838호로 개정되기 전의 것)상 외국 법인에 해당하여 법인세 과세대상이 된다'고 판시하였다.

(2) 대법원 2013. 7. 11. 선고 2010두20966 판결

1) 사안의 개요

영국령인 케이만군도에 유한 파트너십인 A 인베스트먼트 엘피(이하 'A LP')가 설립되었는데, 조성된 투자자금은 합계 5억 6백만 달러에 달하였다. A LP는 케이만군도에 설립된 B 케이만 홀딩스(B Cayman Holdings Co., 이하 'B 케이만 홀딩스') 주식을 100% 인수한 다음, B 케이만 홀딩스로 하여금 말레이시아 라부안에 설립된 C 홀딩스 리미티드[C Holdings (private) Limited, 이하 '소외 회사']의 주식을 100% 인수하게 하였고, 최종적으로 소외 회사를 통하여 이 사건 주식을 취득하였다.

소외 회사는 2005. 4. 15. 원고에게 이 사건 주식을 양도하여 이 사건 양도소득을 얻었는데, 원고는 「대한민국과 말레이시아 정부 간의 소득에 대한 조세의 이중과세희피와 탈세방지를 위한 협약」(이하 '한·말 조세조약') 제13조 제4항에 의하여 주식의 양도로 인한 소득은 양도인의 거주지국에서만 과세된다는 이유로 소외 회사에 이 사건 주식 양도대금을 지급하면서 그에 대한 법인세를 원천징수하지

아니하였다. 피고는 2006. 12. 18. 소외 회사는 조세회피목적으로 설
립된 명목상의 회사에 불과하여 이 사건 양도소득의 실질적인 귀속
자가 될 수 없고, 그 실질적인 귀속자는 A LP에 대한 투자자 281명
이라는 이유로 원고에게 소득세 원천징수처분을 하였다.

2) 대법원의 판단

대법원은, 'A LP는 공동사업을 통한 이익의 분배를 목적으로 설
립된 단체로서 일상업무를 집행하며 무한책임을 지는 파트너
(General Partner)와 투자한도 내에서만 책임을 지는 파트너(Limited
Partner)로 구성되어 있는 사실, 소외 회사가 이 사건 주식을 취득한
후 A LP가 ○○은행의 실질적인 지배주주로서 자신에게 우호적인
인물들을 사외이사로 선임하여 ○○은행의 경영에 참여한 점 등을
종합하여 보면, A LP는 이 사건 주식의 인수를 통하여 ○○은행의
경영에 참가하여 그 기업가치를 증대시킨 다음 이 사건 주식을 양도
하는 방법으로 높은 수익을 얻으려는 뚜렷한 사업목적을 가지고 설
립된 영리단체로서, 오로지 조세를 회피할 목적으로 설립된 것으로
볼 수는 없으므로, A LP가 이 사건 주식을 실질적으로 지배·관리할
능력이 없는 명목상의 영리단체에 불과하다고 할 수 없다. 따라서
원심으로서는 그 설립지인 케이만군도의 법령 내용과 단체의 실질
에 비추어 A LP를 우리나라의 사법(私法)상 단체의 구성원으로부터
독립된 별개의 권리·의무의 귀속주체로 볼 수 있는지, 즉 A LP를 구
법인세법상 외국 법인으로 볼 수 있는지를 심리하여 이 사건 양도소
득에 대하여 A LP를 납세의무자로 하여 법인세를 과세하여야 하는
지 아니면 A LP의 구성원들인 투자자 281명을 납세의무자로 하여
소득세를 과세하여야 하는지를 판단하였어야 한다'고 판시하였다.

3) 대법원 2013. 7. 11. 선고 2011두4411 판결

영국령인 버뮤다의 유한 파트너십인 A, B 및 영국령인 케이만군도의 유한 파트너십인 C(이하 3개의 LP를 합하여 '모펀드')는 1998. 7. 31. 말레이시아 라부안에 각각 3개의 Ltd(이하 합하여 '라부안 법인')를 설립한 다음, 라부안 법인을 통하여 1998. 8. 18. 내국법인의 주식(이하 '이 사건 주식')을 취득하였다. 그 후 라부안 법인은 2000. 7. 25. 원고에게 이 사건 주식을 양도하는 계약을 체결하였는데, 원고는 「대한민국 정부와 말레이시아 정부 간의 소득에 대한 조세의 이중과세회피와 탈세방지를 위한 협약」(이하 '한·말 조세조약') 제13조 제4항에 의하여 주식의 양도로 인한 소득은 양도인의 거주지국에서만 과세된다는 이유로 2000. 7. 26. 라부안 법인에 이 사건 주식의 양도대금(이하 '이 사건 주식 양도소득')을 지급하면서 그에 대한 법인세를 원천징수하지 아니하였다. 이에 피고는 2005. 8. 4. 이 사건 주식 양도소득의 실질적인 귀속자는 라부안 법인이 아니라 모펀드의 출자자들이라는 이유로 원천징수분 법인세를 고지하는 처분을 하였다.

대법원은, '모펀드의 라부안 법인을 통한 이 사건 주식의 취득 경위 및 적법하게 채택된 증거에 의하여 인정되는 다음과 같은 사정, 즉, 모펀드는 미국 등지의 투자자들로부터 모집된 자금으로 라부안 법인을 통하여 이 사건 주식을 취득하여 보유하다가 양도하는 등의 고유한 사업활동을 하면서 이 사건 주식 매입자금의 실질적인 공급처의 역할을 하였던 사실, 모펀드는 이 사건 주식에 대한 투자거래 외에도 아시아지역에서 다수의 투자거래를 수행해 온 사실 등을 종합하여 보면, 모펀드는 이 사건 주식의 인수를 통하여 투자대상법인의 기업가치를 증대시킨 다음 이 사건 주식을 양도하는 방법으로 높은 수익을 얻으려는 뚜렷한 사업목적을 가지고 설립된 영리단체로서, 오로지 조세를 회피할 목적으로 설립된 것으로 볼 수는 없으므

로, 모펀드가 이 사건 주식을 실질적으로 지배·관리할 능력이 없는 명목상의 영리단체에 불과하다고 할 수 없다. 따라서 원심으로서는 그 설립지인 버뮤다 및 케이만군도의 법령 내용과 단체의 실질에 비추어 모펀드를 우리나라의 사법(私法)상 단체의 구성원으로부터 독립된 별개의 권리·의무의 귀속주체로 볼 수 있는지, 즉, 모펀드를 구 법인세법상 외국 법인으로 볼 수 있는지를 심리하여 이 사건 주식 양도소득에 대하여 모펀드를 납세의무자로 하여 법인세를 징수하여야 하는지 아니면 모펀드의 출자자들을 납세의무자로 하여 그 출자자들의 지위에 따라 소득세나 법인세를 징수하여야 하는지를 판단하였어야 한다'고 판시하였다.

라. 외국 법인의 정의규정 신설

앞 다.항에서 본 판례들은 법인세법령에 "외국 법인"의 정의규정이 신설되기 이전의 사안에 대한 것인데, 현행 법인세법 제1조 제3호는, "'외국 법인'이란 외국에 본점 또는 주사무소를 둔 단체(국내에 사업의 실질적 관리장소가 소재하지 아니하는 경우만 해당한다)로서 대통령령으로 정하는 기준에 해당하는 법인을 말한다."고 규정하고 있고, 2013. 2. 15. 대통령령 제24357호로 개정된 구 법인세법 시행령은 제1조 제2항을 신설하여 아래와 같이 외국 법인의 구체적인 기준을 제시하고 있다.

「법인세법」 제1조 제3호에서 "대통령령으로 정하는 기준에 해당하는 법인"이란 다음 각 호의 어느 하나에 해당하는 단체를 말한다.
1. 설립된 국가의 법에 따라 법인격이 부여된 단체
2. 구성원이 유한책임사원으로만 구성된 단체
3. 구성원과 독립하여 자산을 소유하거나 소송의 당사자가 되는 등 직접

권리·의무의 주체가 되는 단체
4. 그 밖에 해당 외국단체와 동종 또는 유사한 국내의 단체가 「상법」 등
국내의 법률에 따른 법인인 경우의 그 외국단체

마. 유의할 점

대법원은 "외국 법인"에 해당하는지 여부의 판단기준에 대해,
"단체를 외국 법인으로 볼 수 있는지 여부에 관하여는 법인세법상
외국 법인의 구체적 요건에 관하여 본점 또는 주사무소의 소재지 외
에 별다른 규정이 없는 이상 단체가 설립된 국가의 법령 내용과 단
체의 실질에 비추어 우리나라의 사법(私法)상 단체의 구성원으로부
터 독립된 별개의 권리, 의무의 귀속주체로 볼 수 있는지 여부에 따
라 판단하여야 할 것"이라고 하여 단체의 사법적 성질을 판단기준
으로 삼고 있고, 이에 따라 LP는 상법상 합자회사와 유사하다는 이
유로 외국 법인으로 판단하였다.[18]

그런데, 위와 같이 법인세법 시행령에 외국 법인의 정의규정이
신설된 2013. 2. 15. 이후에 있어서는 국외투자기구를 과거와 동일하
게 판단하기에 무리가 있다.[19] 즉, 2011. 4. 14. 법률 제10600호로 개
정된 상법 제86조의2는 합자조합과 상법 제278조의2 이하에서 유한
책임회사를 도입하였다. 여기에서 법인격이 없는 합자조합은 미국

---

18) 대법원 2012. 1. 27. 선고 2010두5950 판결과 원심인 서울고등법원 2010. 2.
12. 선고 2009누8016 판결.
19) 이에 관한 논의로는, 윤지현, "단체분류(Entity Classification)에 관한 대법원
판례와 경제협력개발기구(OECD)의 파트너십 보고서(Partnership Report)의
조화가능성에 관한 검토 - 해석론과 문제점을 중심으로 -", 조세학술논집
제30집 제1호(2014. 2), 사단법인 한국국제조세협회, 243면 이하 ; 이경근,
"외국단체에 대한 분류 불일치로 야기되는 조세조약 적용상 문제점 해결
을 위한 연구", 한국국제조세협회 추계학술대회 자료집(2014. 9), 19면 이하 ;
이재호, "외국단체 법인분류기준의 정비방안", 같은 자료집, 57면 이하.

의 LP와 유사하므로, 국외투자기구 중 LP는 법인세법 시행령 제1조 제2항 제3호에 해당되지 않는 한 법인으로 보기 어렵다.[20] 그리고 개정 상법상 유한책임회사는 법인이므로, 이와 유사한 미국의 LLC 는 외국 법인으로 판단될 수 있다.[21]

3. 실질귀속자가 투과과세단체인 경우 조세조약의 적용범위

소득의 실질귀속자가 조세조약상 법인이 아닌 단체인 경우 조세 조약을 어느 범위까지 적용할 수 있는지에 관하여 대법원은 아래와 같이 두 차례에 걸쳐 그 기준을 제시하였다.

가. 대법원 2014. 6. 26. 선고 2012두11836 판결

(1) 사안의 개요

영국령 케이만군도의 유한 파트너십인 CVC 아시아와 미국의 유 한책임회사인 AI가 각 66.7%와 33.3%의 비율로 공동 출자하여 룩셈 부르크에 KDL을 설립하고, 다시 KDL과 내국법인인 D의 경영진이 각 88.75%와 11.25%의 비율로 공동 출자하여 1999. 12. 10. 벨기에 법인인 KDH를 설립하였다. KDH는 1999. 12. 21. 덴마크 축산개발 주식회사 등으로부터 D의 발행 주식 전부(이하 '이 사건 주식')를 매 입한 다음, 2005. 7. 20. 이를 원고에게 170억 원에 매각함으로써 양

---

20) 김석환, "해외 혼성사업체 과세방식에 관한 소고", 『조세학술논집』, 제29 집 제1호 (사단법인 한국국제조세협회, 2013), 98면.
21) 오윤/임동원, 앞의 논문, 174~175면.

도차익이 발생하였다. 원고는 「대한민국과 벨기에 간의 소득에 대한 조세의 이중과세회피 및 탈세방지를 위한 협약」(이하 '한·벨 조세조약') 제13조 제3항에 따라 주식의 양도로 인한 소득은 양도인의 거주지국에서만 과세된다는 이유로, KDH의 이 사건 주식양도소득에 관한 법인세를 원천징수하지 아니하였다. 이에 피고는, KDH와 KDL이 한·벨 조세조약 등을 이용하여 대한민국 내에서의 조세를 회피할 목적으로 설립된 명목상의 회사에 불과하여 이 사건 주식의 양도소득에 관한 실질귀속자가 될 수 없고, 이 사건 주식양도소득 가운데 D 경영진에 귀속되는 11.25%를 제외한 KDL 지분비율에 해당하는 부분인 88.75%는 CVC 아시아가 그중 66.7%의, AI의 주주들인 미국의 TPC(지분 20%)와 MI(지분 20%) 및 홍콩의 CSAP(지분 60%)가 그 중 33.3%의 실질귀속자에 해당한다고 보아, 2007. 5. 1. 원고에게 우리나라와 조세조약이 체결되지 아니한 영국령 케이만군도의 CVC 아시아 및 홍콩의 CSAP에 귀속된 양도소득 부분에 관하여 2005사업연도 원천징수 법인세를 고지하는 이 사건 처분을 하였다.

(2) 원심22)의 판단

원심은, KDH가 이 사건 주식의 취득과 양도만을 목적으로 설립되었다가 그 양도 이후 곧바로 청산절차를 개시한 점, KDH는 이 사건 주식 매각에 따른 분배금을 수령한 직후 CVC 아시아와 AI에 송금하였을 뿐 그 스스로 수취한 분배금이 없는 점, KDH와 KDL은 독립적인 사업장을 보유하지 않았고 고유한 인적·물적 설비를 보유한 것으로 보이지도 않는 점, CVC 아시아는 대한민국 내 투자로 인한 조세를 비과세 받거나 감면받음으로써 그 이익을 극대화하고자 각국의 조세제도와 조세조약 등을 연구·분석하여 벨기에에 KDH를,

---

22) 서울고등법원 2012. 4. 27. 선고 2011누11336 판결.

룩셈부르크에 KDL을 각 설립한 점 등에 비추어 볼 때, KDH는 조세회피의 목적으로 이 사건 주식의 취득과 양도에 관하여 형식상 거래당사자의 역할만을 수행한 명목상의 회사에 해당하고 CVC 아시아가 이 사건 주식양도소득의 88.75% 중 66.7%의 실질귀속자에 해당한다는 이유로, 이 사건 처분 중 CVC 아시아에 귀속되는 양도소득에 관하여 원고에게 원천징수 법인세를 고지한 부분은 적법하다고 판단하였다.

한편, 원심은,「대한민국과 미합중국 간의 소득에 관한 조세의 이중과세회피와 탈세방지 및 국제무역과 투자의 증진을 위한 협약」(이하 '한·미 조세조약')에 따라 주식의 양도소득에 대하여는 원천지국에서 과세할 수 없음을 전제로 하여, AI가 투자목적으로 자금을 유치·운용하면서 다수의 투자거래를 수행하여 온 점, 미국의 사법(私法)상 유한책임회사는 법인으로 취급되는 점, 비록 AI가 미국 세법상 유한책임회사가 법인과세와 구성원과세 중에 하나를 선택할 수 있다는 규정에 따라 구성원과세를 선택하였더라도 유한책임회사에 대한 미국 세법상 취급에 따라 법인세법상 외국법인에 해당하는지 여부가 좌우되지는 않는 점 등에 비추어, AI는 법인세법상 외국법인에 해당하고 이 사건 주식양도소득의 88.75% 중 33.3%의 실질귀속자를 AI로 보아야 한다는 이유로, 이와 달리 이 사건 처분 중 AI의 구성원들을 이 사건 주식양도소득의 88.75% 중 33.3%의 실질귀속자로 보아 그 중 홍콩의 CSAP 지분 60%에 해당하는 부분에 관하여 원고에게 원천징수 법인세를 고지한 부분은 위법하다고 판단하고, 나아가 설령 AI를 실질귀속자로 보더라도 AI가 미국 세법상 구성원과세를 선택한 이상 AI의 구성원으로서 우리나라와 조세조약을 체결하지 아니한 홍콩의 CSAP 지분 60%에 해당하는 부분을 과세대상으로 보아야 한다는 피고의 주장에 대하여는, AI가 한·미 조세조약상 미국의 거주자에 해당하여 AI에 귀속된 양도소득 전부에 대하여 한·

미 조세조약이 적용됨을 전제로 하여 이를 배척하였다.

(3) 대법원의 판단

대법원은, '앞서 본 법리와 기록에 비추어 살펴보면, 원심의 판단 중 AI가 법인세법상 외국법인에 해당함을 전제로 이 사건 주식양도소득 88.75% 중 33%의 실질귀속자를 AI로 본 부분은 정당한 것으로 수긍할 수 있다. 그러나 원심판단 중 AI가 한·미 조세조약상 미국의 거주자에 해당하여 AI에 귀속된 양도소득 전부에 대하여 한·미 조세조약이 적용됨을 전제로 하여 AI에 귀속된 양도소득 중 그 구성원인 CSAP 지분 60%에 해당하는 부분을 과세대상으로 볼 수 없다고 한 부분은 다음과 같은 이유에서 수긍하기 어렵다.

즉, 한·미 조세조약 제16조 제1항은 "일방 체약국의 거주자는 아래의 경우에 해당하지 아니하는 한, 자본적 자산의 매각, 교환 또는 기타의 처분으로부터 발생하는 소득에 대하여 타방 체약국에 의한 과세로부터 면제된다."고 규정하고 있는데, 그 각 호에는 '주식의 양도로 인한 소득'이 열거되어 있지 않으므로, 결국 한·미 조세조약상 일방 체약국의 '거주자'가 얻은 주식의 양도소득은 원천지국에 의한 과세로부터 면제된다. 한편 한·미 조세조약 제3조 제1항 (b)호는 "'미국의 거주자'라 함은 다음의 것을 의미한다."라고 규정하면서, (i)목에서 '미국법인'을, (ii)목에서 '미국의 조세 목적상 미국에 거주하는 기타의 인(법인 또는 미국의 법에 따라 법인으로 취급되는 단체를 제외함), 다만 조합원 또는 수탁자로서 행동하는 인의 경우에, 그러한 인에 의하여 발생되는 소득은 거주자의 소득으로서 미국의 조세에 따라야 하는 범위에 한한다'를 들고 있는데, 한·미 조세조약 제2조 제1항 (e)호 (ii)목은 "'미국법인' 또는 '미국의 법인'이라 함은 미국 또는 미국의 제 주 또는 콜럼비아 특별구의 법에 따라 설립되거나 또는 조직되는 법인, 또는 미국의 조세 목적상 미국법인으로 취급되는 법인격 없는 단체를 의미한다."라고 규정하고 있다.

한·미 조세조약 제3조 제1항 (b)호 (ii)목 단서는 문언과 체계상 미국의 거주자 중 조합과 같이 미국법인에 이르지 아니하는 단체 등과 관련된 규정으로 보이는 점, 위 단서는 조약의 문맥에 비추어 볼 때 미국 세법에 따라 어떠한 단체의 활동으로 얻은 소득에 관하여 단체가 아니라 구성원이 납세의무를 부담하는 이른바 투과과세단체(fiscally transparent entity)의 경우 원칙적으로 한·미 조세조약의 적용을 받을 수 있는 미국의 거주자가 될 수 없으나 구성원이 미국에서 납세의무를 지는 경우 예외적으로 단체에게 조세조약의 혜택을 부여하려는 특별규정으로 이해할 수 있는 점, 조합과 유한책임회사 등 조합의 형식을 취하지 아니한 단체가 미국 세법상 투과과세단체로서 취급이 같은 이상 조합의 형식을 취하지 아니한 단체를 위 단서 규정의 적용대상에서 배제할 만한 뚜렷한 이유를 찾기 어려운 점, 그 밖에 한·미 조세조약의 체결목적이 소득에 대한 이중과세의 방지라는 점 등을 종합하여 보면, 위 단서가 규정한 '미국의 조세 목적상 미국에 거주하는 기타의 인' 중 '조합원으로서 행동하는 인'이란 미국 세법상 조합원 등의 구성원으로 이루어진 단체의 활동으로 얻은 소득에 대하여 구성원이 미국에서 납세의무를 부담하는 단체를 뜻한다고 보아야 하고, '그러한 인에 의하여 발생되는 소득은 거주자의 소득으로서 미국의 조세에 따라야 하는 범위에 한한다'는 의미는 그러한 단체의 소득에 대하여 구성원이 미국에서 납세의무를 부담하는 범위에서 단체를 한·미 조세조약상 미국의 거주자로 취급한다는 뜻으로 해석함이 옳다. 따라서 우리나라의 사법(私法)상 외국법인에 해당하는 미국의 어떠한 단체가 우리나라에서 소득을 얻었음에도 미국에서 납세의무를 부담하지 않는 경우 구성원이 미국에서 납세의무를 부담하는 범위에서만 한·미 조세조약상 미국의 거주자에 해당하여 조세조약을 적용받을 수 있고, 단체가 원천지국인 우리나라에서 얻은 소득 중 구성원이 미국의 거주자로 취급되지 아니하는 범위에 대하여는 한·미 조세조약을 적용할 수 없다.'고 판시하였다.

(4) 환송후 항소심23)의 판단

환송후 항소심은, '우리나라의 사법(私法)상 외국법인에 해당하는 미국의 어떠한 단체가 우리나라에서 소득을 얻었음에도 미국에서 납세의무를 부담하지 않는 경우 그 구성원이 미국에서 납세의무를 부담하는 범위에서만 한·미 조세조약상 미국의 거주자에 해당하여 조세조약을 적용받을 수 있고, 그 단체가 원천지국인 우리나라에서 얻은 소득 중 그 구성원이 미국의 거주자로 취급되지 아니하는 범위에 대하여는 한·미 조세조약을 적용할 수 없다.

앞서 본 바와 같이 미국의 유한책임회사인 AI는 미국 세법에 따라 법인과세와 구성원과세 중 구성원과세를 선택한 단체로서 미국 세법상 투과과세단체에 해당하므로, 원칙적으로 한·미 조세조약의 적용을 받을 수 있는 미국의 거주자가 될 수 없다. 나아가 앞서 든 증거들에 의하면, AI의 구성원 중 CSAP를 제외한 나머지 구성원들은 이 사건 주식양도소득에 관하여 미국에서 납세의무를 부담하는 것으로 볼 수 있으나, CSAP는 홍콩 거주자로서 미국에서 납세의무를 부담하지 않으므로, AI에 귀속된 양도소득 중 CSAP 지분 60%에 해당하는 부분에 관하여는 AI를 미국의 거주자로 볼 수 없어 한·미 조세조약을 적용할 수 없음이 분명하다. 따라서 이 부분은 우리 법인세법상 과세대상에 해당한다.'고 하여 대법원 판결의 취지에 따라 AI에 귀속된 양도소득 중 CSAP 지분 60%에 해당하는 소득은 한·미 조세조약의 제한세율을 적용할 수 없다고 판시하였다.

---

23) 서울고등법원 2015. 4. 15. 선고 2014누5752 판결.

나. 대법원 2015. 3. 26. 선고 2013두7711 판결

(1) 사안의 개요

독일의 유한합자회사인 TM사가 2003. 1. 5. 독일의 유한회사인 TM H사를 설립하여 그 발행주식 전부를 보유하였고, TM H사는 2003. 2. 21. 원고를 설립하여 그 발행주식 전부를 보유하였다. 원고 는 2003. 4. 18. 부동산신탁 주식회사로부터 ○○빌딩을 매수한 후 2006년부터 2008년까지 TM H사에게 7차례에 걸쳐 ○○빌딩의 임대 수익과 양도차익 등으로 발생한 소득금액을 배당금(이하 '이 사건 배당소득')으로 지급하면서 한·독 조세조약 제10조 제2항 (가)목에 따른 5%의 제한세율을 적용하여 원천징수한 법인세를 피고에게 납 부하였다. 이에 피고는 이 사건 배당소득의 실질귀속자를 TM사로 보아 TM사가 한·독 조세조약에 따른 제한세율을 적용받을 목적으 로 TM H사를 설립한 이상 조세조약 편승의 배제를 정한 한·독 조세 조약 제27조 제2항에 따라 조세조약의 적용이 배제된다는 등의 이 유로, 2011. 3. 2. 원고에게 구 법인세법 제98조 제1항 제3호에 따른 25%의 세율을 적용하여 산출한 2006사업연도부터 2008사업연도까 지의 각 원천징수 법인세를 고지하였다.

(2) 환송전 원심[24]의 판단

환송전 원심은, 'TM H사가 독일 유한회사법에 의하여 적법하게 설립된 유한회사로서 원고에 대한 출자나 자금 대여는 물론 투자관 리계약의 체결 및 그 수수료의 지급과 같은 법률행위를 자신의 명의 로 하는 등 TM사와는 독립된 권리의무의 주체에 해당하는 점, TM H사는 이 사건 배당소득 중 일부를 일본에 있는 부동산에 직접 재

---

24) 서울고등법원 2013. 3. 27. 선고 2012누28362 판결.

투자하기도 하였던 점, TM H사가 TM사나 그 투자자들에게 이 사건 배당소득을 자동적으로 지급하여야 할 계약상 또는 법률상 의무가 없었던 점, TM사가 아시아 각국에서 여러 건의 투자를 진행하면서 투자건별로 유한회사를 설립하고 그 유한회사로 하여금 현지 부동산을 취득하도록 하는 방식을 취한 것은 금융 및 투자자산 처분의 유연성을 확보하고, 투자자 정보 노출을 방지하며 투자자에 대한 법률적 규제를 완충하는 등의 적정한 경제적 이유 때문으로 볼 수 있는 점 등에 비추어, 이 사건 배당소득의 실질귀속자는 그 명의자인 TM H사로 보아야 하고, 독일 법인인 TM H사가 독일 세법에 따른 법인세 및 영업세 납세의무가 있어 한·독 조세조약상 '거주자'에 해당할 뿐만 아니라, 원고의 발행주식 전부를 직접 보유한 이상 이 사건 배당소득에 대하여는 한·독 조세조약에 따른 5%의 제한세율이 적용된다는 등의 이유로, 이 사건 처분이 위법하다'고 판시하였다.

(3) 대법원의 판단

대법원은, '구 국세기본법(2007. 12. 31. 법률 제8840호로 개정되기 전의 것 및 2010. 1. 1. 법률 제9911호로 개정되기 전의 것, 이하 같다) 제14조 제1항이 규정하는 실질과세의 원칙은 소득이나 수익, 재산, 거래 등의 과세대상에 관하여 그 귀속 명의와 달리 실질적으로 귀속되는 자가 따로 있는 경우에는 형식이나 외관을 이유로 그 귀속 명의자를 납세의무자로 삼을 것이 아니라 실질적으로 귀속되는 자를 납세의무자로 삼겠다는 것이므로, 재산의 귀속 명의자는 이를 지배·관리할 능력이 없고 그 명의자에 대한 지배권 등을 통하여 실질적으로 이를 지배·관리하는 자가 따로 있으며 그와 같은 명의와 실질의 괴리가 조세를 회피할 목적에서 비롯된 경우에는, 그 재산에 관한 소득은 그 재산을 실질적으로 지배·관리하는 자에게 귀속된 것으로 보아 그를 납세의무자로 삼아야 하고(대법원 2012. 1. 19. 선고 2008두8499 전원합의체 판결 참조), 이러한 원칙은 법률과 같은 효력을 가지는 조세조약의 해석과적용에 있어서도 이를 배제하는 특별한 규정이 없는 한 그대로 적용된다(대법원 2012. 4. 26. 선고 2010두11948판결 등 참조).

TM H사의 설립경위와 목적, TM H사의 인적·물적 조직과 사업활동내역, TM사와 TM H사의 소득에 대한 지배·관리 정도 등에 비추어 보면, TM H사는 원고의 발행주식이나 이 사건 배당소득을 지배·관리할 능력이 없고 TM사가 TM H사에 대한 지배권 등을 통하여 실질적으로 이를 지배·관리하였으며, 우리나라의 법인세법상 '외국법인'에 해당하는 TM사가 직접 이 사건 배당소득을 얻는 경우에는 한·독조세조약에 따른 5%의 제한세율이 적용되지 아니하여 그와 같은 명의와 실질의 괴리가 오로지 조세를 회피할 목적에서 비롯된 것으로 볼 수 있으므로, 이 사건 배당소득의 실질귀속자는 TM H사가 아니라 TM사라고 보아야 할 것이다. 그리고 TM H사가 귀속명의자에 불과한 이상 그 명의로 법률행위 또는 일시적인 재투자행위를 하였다거나 투자목적회사로 설립되었다고 하여 달리 볼 수 없고, TM사가 TM H사를 지배하여 그 의사결정을 좌우할 수 있으므로 TM H사에게 이 사건 배당소득을 자동적으로 지급하여야 할 계약상 또는 법률상 의무가 없었다고 하여 달리 볼 것도 아니다.

한편, 조세조약은 거주지국에서 주소, 거소, 본점이나 주사무소의 소재지 또는 이와 유사한 성질의 다른 기준에 의한 포괄적인 납세의무를 지는 자를 전제하고 있으므로, 거주지국에서 그러한 포괄적인 납세의무를 지는 자가 아니라면 원천지국에서 얻은 소득에 대하여 조세조약의 적용을 받을 수 없음이 원칙이고, 대한민국과 독일연방공화국간의 소득과 자본에 대한 조세의 이중과세회피와 탈세방지를 위한 협정(이하 '한·독 조세조약') 제1조와 제4조 제1항 역시 거주지

국에서 포괄적인 납세의무를 지는 거주자에 대하여만 조세조약이
적용됨을 밝히고 있다. 한·독 조세조약은 어떠한 단체의 활동으로
얻은 소득에 관하여 단체가 아니라 구성원이 포괄적인 납세의무를
부담하는 이른바 투과과세단체가 '거주자'로서 조세조약의 적용대
상인지에 관하여 아무런 규정을 두고 있지 않으나, 우리나라의 법인
세법상 '외국 법인'에 해당하는 독일의 투과과세단체가 거주지국인
독일에서 포괄적인 납세의무를 부담하지 않는다고 하더라도 구성원
이 위 단체가 얻은 소득에 관하여 독일에서 포괄적인 납세의무를 부
담하는 범위에서는 조세조약상 독일의 거주자에 해당하여 한·독 조
세조약의 적용을 받을 수 있고, 단체가 원천지국인 우리나라에서 얻
은 소득 중 구성원이 독일에서 포괄적인 납세의무를 부담하지 아니
하는 범위에서는 한·독 조세조약의 적용을 받을 수 없다고 보아야
한다. 그리고 독일의 투과과세단체가 우리나라의 법인세법상 '외국
법인'에 해당하더라도 독일 세법에 따라 법인세와 같은 포괄적인 납
세의무를 부담하지 않는다면 이를 한·독 조세조약상 '법인'으로 볼
수는 없으므로, 원천지국인 우리나라에서 얻은 배당소득에 대하여
는 구성원이 독일에서 포괄적인 납세의무를 부담하는 범위 안에서
한·독 조세조약 제10조 제2항 (나)목에 따른 15%의 제한세율이 적용
될 수 있을 뿐이다.'라고 판시하였다.

(4) 환송후 항소심[25] 판단

환송후 항소심은 위 대법원 판결 취지에 따라, 'TM사는 독일 상
법에 의하여 설립된 인적회사로서 단체의 구성원으로부터 도립된
별개의 권리·의무의 귀속주체인 사실, 그런데 TM사는 독일의 법인
세법에 따른 법인세 납세의무가 없고, 주소와 같은 장소적 관련성을

---

25) 서울고등법원 2016. 6. 9. 선고 2015누976 판결.

이유로 하는 포괄적인 납세의무라고 할 수 없는 영업세법에 따른 영업세 납세의무만 있을 뿐이며, TM사에 귀속되는 소득에 관하여는 그 구성원이 직접 포괄적인 납세의무를 부담하는 사실, 한편 TM사의 구성원은 독일인, 룩셈부르크인 및 오스트리아인으로 이루어져 있는 사실 등을 알 수 있다. 그렇다면, 우리나라의 법인세법상 '외국법인'에 해당하는 TM사는 독일의 투과과세단체로서 독일에서 포괄적인 납세의무를 부담하지 않는 이상 한·독 조세조약상 '법인'으로 볼 수 없어 이 사건 배당소득에 대하여는 한·독 조세조약에 따른 5%의 제한세율을 적용할 수 없고, 그 구성원이 독일에서 포괄적인 납세의무를 부담하는 범위에서만 한·독 조세조약상 거주자로서 15%의 제한세율을 적용할 수 있을 뿐이다. 그 외의 룩셈부르크 및 오스트리아 구성원의 비율에 해당하는 금액에 대해서는 25%의 법인세법상 세율이 각각 적용된다 할 것이다.'라고 판시하였다.

다. 실질귀속자가 투과과세단체인 경우 조세조약의 적용범위에 관한 대법원의 입장

앞에서 본 바와 같이 대법원은 한·미 조세조약 제3조 제1항 (b)호 (ii)목 단서와 같은 규정을 두지 아니한 한·독 조세조약의 경우에도 동일한 취지로 판시하였다. 즉, 투과과세단체가 배당소득 등의 실질귀속자로 판단된 사안에서, 조세조약에 투과과세단체가 거주자로서 조세조약의 적용대상인지에 관하여 아무런 규정을 두고 있지 않은 경우에 그 단체가 설립지국에서 포괄적인 납세의무를 지는 자가 아닌 경우에는 우리나라와 그 국외투자기구 설립지국 간에 체결된 조세조약을 적용할 수 없다. 그러나 그 단체의 구성원이 단체가 얻은 소득에 관하여 그 단체 설립지국에서 포괄적인 납세의무를 부담하는 범위에서는 국외투자기구 설립지국과의 조세조약을 적용할 수 있다는 것이다.

한·미 조세조약의 경우에는 제3조 제1항 (b)호 (ii)목 단서와 같은 명시적인 규정이 있어서 그와 같은 해석이 가능하다고 할 수도 있으나, 조세법률주의에 따를 때 한·미 조세조약에서와 같은 규정이 없는 조세조약의 적용에 있어서도 동일한 해석을 하는 것은 문제가 있다.[26] 위와 같은 대법원 판결에 따르면 대법원은 한·미 조세조약 제3조 제1항 (b)호 (ii)목 단서와 같은 규정이 없는 다른 조세조약의 경우에도 동일한 결론을 내릴 것으로 예상된다.

4. 법인세법상 내국법인으로 보는 "실질적 관리장소"의 판단 기준

가. 도입배경

2005. 12. 31. 법률 제7838호로 개정된 구 법인세법 제1조 제1호는 "'내국법인'이라 함은 국내에 본점이나 주사무소 또는 사업의 실질적 관리장소를 둔 법인을 말한다."라고 하여 법인세법상 납세의무자인 내국법인의 판단 기준으로 기존의 본점이나 주사무소 외에 "사업의 실질적 관리장소"를 추가하였다. 이와 같이 개정한 취지는 ① 조세피난처에 명목회사를 두고 실질적으로 국내에서 주된 업무를 수행하는 외국법인에 의한 조세회피 우려가 있다는 점, ②종전 법인세법이 법인의 거주지를 결정하는 기준으로서 관리장소를 적용하는

---

26) 오윤/임동원, 앞의 논문, 165~167면. 대법원 2014. 6. 26. 선고 2012두11836 판결이 한·미 조세조약의 적용에 있어서 조약문언에 반하는 확대해석이고, 무리한 판결이라고 평가하고 있다.

외국의 입법례와 조세조약 체결 시 위 기준을 채택하는 국제관행과 상충되는 문제점이 있다는 점을 감안하여 도입된 것으로 설명되고 있다.[27]

나. 관련 사례

(1) 대법원 2016. 1. 14. 선고 2014두8896 판결

1) 사안의 개요

싱가포르 회사법에 따라 설립되어 싱가포르에 본점을 둔 원고는 ▽▽은행 홍콩지점으로부터 국내회사 발행의 사채(이하 'CS채권')를 매수하고 국내에서 이를 상환받아 2009사업연도에 소득을 얻었다. 이에 대해 피고는 원고의 사업의 실질적 관리장소가 국내에 있다고 보아 2010. 7. 2. 원고에게 2009사업연도 법인세를 부과하였다.

2) 원심[28]의 판단

원심은, 원고가 2000. 3. 2. 설립된 이후 2008년경까지 주로 싱가포르 내의 특급호텔에 인터넷 서비스를 제공하는 사업을 영위하면서 상당한 매출액을 얻어온 점, 원고는 홍콩에서 CS채권의 거래조건에 관한 협상을 진행하고 그 대금결제도 해외결제기관을 통해 이루어진 점, 원고의 2009사업연도 이사회 구성원은 싱가포르 영주권자, 국내 거주자, 미국 거주자 등 3인인데, CS채권 투자에 관한 이사회는 그들이 국내외에서 이메일을 주고받는 방식으로 이루어졌을

---

27) 국회 재정경제위원회의 법인세법 일부 개정 법률안 검토보고서(2005. 10), 2006년 개정세법 해설.
28) 서울고등법원 2014. 5. 22. 선고 2013누18584 판결.

뿐만 아니라 원고의 대표이사 소외 1이 CS채권 투자에 관한 의사결정을 한 장소도 국내외에 걸쳐 있던 점, CS채권 관련 회계자료만을 국내에서 보관하고 그 외의 회계자료의 보관이나 세금의 납부를 싱가포르에서 한 점, 원고는 2009. 1. 5.부터 2009. 9.경까지 CS채권의 매입과 회수 사업을 행한 외에도 2009년에 케냐에서 에너지 사업, 미국 및 싱가포르에서 부동산투자 사업 등을 추진한 점 등에 비추어, CS채권 매입과 회수업무의 일부가 단기간 국내에서 수행되었다는 사정만으로는 원고의 사업수행에 필요한 중요한 관리 및 상업적 결정이 국내에서 지속적으로 이루어진 것으로 볼 수 없을 뿐만 아니라 실질적 관리장소를 싱가포르에 두고 있던 원고가 싱가포르와의 관련성을 단절한 채 이를 국내로 이전한 것으로 보기도 어렵다는 이유로, 원고를 내국법인으로 보아야 한다는 피고의 주장을 배척하였다.

3) 대법원의 판단

대법원은, '구 법인세법(2010. 12. 30. 법률 제10423호로 개정되기 전의 것, 이하 같다) 제2조 제1항 등은 내국법인과 달리 외국법인은 원칙적으로 국내원천소득에 대하여만 법인세 납세의무를 지는 것으로 정하고 있는데, 제1조 제1호는 "'내국법인'이라 함은 국내에 본점이나 주사무소 또는 사업의 실질적 관리장소를 둔 법인을 말한다."고 규정하고, 제3호는 "'외국법인'이라 함은 외국에 본점 또는 주사무소를 둔 법인(국내에 사업의 실질적 관리장소가 소재하지 아니하는 경우에 한한다)을 말한다."고 규정하고 있다.

내국법인과 외국법인을 구분하는 기준의 하나인 '실질적 관리장소'란 법인의 사업 수행에 필요한 중요한 관리 및 상업적 결정이 실제로 이루어지는 장소를 뜻하고, 법인의 사업수행에 필요한 중요한 관리 및 상업적 결정이란 법인의 장기적인 경영전략, 기본 정책, 기업재무와 투자, 주요 재산의 관리·처분, 핵심적인 소득창출 활동 등을 결정하고 관리하는 것을 말한다. 이러한 법인의 실질적 관리장소가 어디인지는 이사회 또는 그에 상당하는 의사결정기관의 회의가 통상 개최되는 장소, 최고경영자 및 다른 중요 임원들이 통상 업무를 수행하는 장소, 고위 관리자의 일상적 관리가 수행되는 장소, 회계서류가 일상적으로 기록·보관되는 장소 등의 제반 사정을 종합적으로 고려하여 구체적 사안에 따라 개별적으로 판단하여야 한다.

다만 법인의 실질적 관리장소는 그 결정·관리행위의 특성에 비추어 어느 정도의 시간적·장소적 지속성을 갖출 것이 요구되므로, 실질적 관리장소를 외국에 두고 있던 법인이 이미 국외에서 전체적인 사업활동의 기본적인 계획을 수립·결정하고 국내에서 단기간 그 사업활동의 세부적인 집행행위만을 수행하였다면 종전 실질적 관리장소와 법인 사이의 관련성이 단절된 것으로 보이는 등의 특별한 사정이 없는 한 그 법인이 실질적 관리장소를 국내로 이전하였다고 쉽사리 단정할 것은 아니다.'라고 전제한 다음, '이러한 원심의 판단은 정당하고, 거기에 상고이유로 주장하는 바와 같이 법인의 실질적 관리장소의 판단 방법 등에 관한 법리를 오해하거나 자유심증주의의 한계를 벗어나 논리와 경험칙에 반하여 사실을 인정하는 등의 잘못이 없다'고 판시하였다.

4) 위 2014두8896 판결의 의의

2005. 12. 31. 법률 제7838호로 법인세법이 개정되면서 제1조 제1호에서 '국내에 사업의 실질적 관리장소'가 있는 경우에도 내국법인으로 규정하였으나, "실질적 관리장소"의 의미와 판단기준에 대해 대상 판결이 선고되기 이전까지 선례가 전혀 없어 해석상 논란이 많았다.29)

---

29) "실질적 관리장소"와 관련한 논문으로는 박훈, "한국 세법상 내국법인과

위 2014두8896 판결은 법인세법상 내국법인과 외국법인을 구분하는 기준이 되는 "실질적 관리장소"의 의미를 제시하고, 그 판단방법에 대해서도 구체적인 기준을 제시하여 주었다는 점에서 큰 의의가 있다.

(2) 대법원 2016. 2. 18. 선고 2014도3411 판결

이 대법원 판결은 실질적 관리장소에 관한 법리를 제시하지는 않고, 외국 법인인 홍콩법인을 실질적 관리장소가 국내에 있다고 보아 내국법인으로 판단한 원심 판단이 정당하다고 판단한 판결이고, 원심 판결에 실질적 관리장소에 관한 판단근거가 제시되어 있다.

즉, 위 2014도3411 판결의 원심[30]은, '가. 구 법인세법 제1조의 규정에 의하면 외국에 본점 또는 주사무소를 둔 법인이라 할지라도 국내에 실질적 관리장소가 소재하는 경우에는 내국법인으로 간주되는바, 국내에서 사업의 실질적 관리가 이루어지는 경우에도 외국에 본점 또는 주사무소를 두어 외국법인으로 취급됨에 따라 조세를 회피하는 행위가 가능하므로 이를 개선하고, 법인의 거주지 결정기준으로 '관리장소'를 적용하는 외국 대부분 국가들의 입법례와 조세조약을 체결할 때 동 관리기준을 채택하는 국제관행과 상충하는 문제점을 해결하기 위하여 '실질적 관리장소'란 개념을 도입하였는데,[31]

외국법인의 구분기준", 『조세법연구』, 제14집 제1호(2008), 이창, "법인세법상 내국법인 인정요건인 '실질적 관리장소' 판단기준-OECD 모델조약 제4조 제3항 주석서의 합리적 활용-", 『서울대학교 법학』, 제54권 제4호(2013), 박민·안경봉, "법인세법상 '실질적 관리장소'의 판단기준", 『조세학술논집』, 제29집 제1호(2013), 이재호, "법인세법상 실질적 관리장소의 기본개념 및 판단요소", 『조세학술논집』, 제31집 제1호(2015), 양승경·박훈, "법인세법상 '실질적 관리장소' 개념의 개정방안에 대한 소고", 『조세학술논집』, 제31집 제2호(2015) 등이 있다.

30) 서울고등법원 2014. 2. 21. 선고 2013노874 판결.

'실질적 관리장소'란 법인의 업무수행에 필요한 중요한 관리와 상업적 의사결정이 이루어지는 장소를 말하는 것으로서, ①이사회나 이와 동일한 조직의 모임이 통상적으로 개최되는 장소, ②최고경영자 및 기타 임원이 통상적으로 활동을 수행하는 장소, ③법인의 고위수준의 일상적 관리가 수행되는 장소, ④당해 법인이 외국에 설립된 경위와 조세 회피 의도 등 설립 목적, ⑤사업 활동이 실제로 수행되는 장소, ⑥ 회계기록이 보관되는 장소 등을 고려하여 그 실질에 따라 종합적으로 판단하여야 할 것이다.

나. 원심 및 이 법원이 적법하게 채택하여 조사한 증거들에 의하여 인정되는 다음과 같은 사정들, 즉 ①피고인 법인의 이사회가 홍콩에서 개최되지 아니하였고, 의사결정권자인 대표이사는 국내 거주자인 점, ②대표이사는 ○○해운을 통하여 피고인 법인의 자동차 해상운송사업에 관하여 업무보고를 받거나 업무지시를 하는 등 통상적인 활동을 한 점, ③자금 관리, 대리점 관리, 선복 관리 및 인사업무 등 고위수준의 일상적 관리도 ○○해운에서 이루어진 점, ④피고인 법인은 홍콩에 조세회피 목적으로 설립된 점, ⑤대표이사가 한국을 중심으로 일본, 중국 및 유럽 등 세계 각지에서 사업을 수행한 점 등을 고려할 때, 피고인 법인의 실무는 사실상 ○○해운이 대부분 수행하되, 피고인 법인의 운영에 관한 중요한 관리와 사업상 핵심적인 의사결정은 대표이사에 의하여 이루어진 것으로 보이고, 그 장소는 대표이사의 위 행위를 보좌할 인력과 기반이 존재하는 곳, 즉 피고인 법인으로부터 포괄적으로 업무를 위탁받아 수행하는 ○○해운이 설립된 곳이자 사실상 대표이사의 1인 지배 하에 있는 ○○그룹 전체의 운영을 통제하는 기획관리팀이 있는 국내라고 인정되는바, 피고인 법인은 국내에서 자동차해상운송사업에 관한 중요한 관리와

---

31) 법인세법 일부 개정법률안 제안이유(의안번호: 2840), 법인세법 일부 개정법률안 검토보고.

상업적인 의사결정이 이루어지고 있는 법인으로서 실질적 관리장소
를 국내에 둔 내국법인이라고 보인다.'라고 판시하였다.

다. 실질적 관리장소와 관련한 최근 동향

　내국법인 판단기준인 실질적 관리장소는 2005. 12. 31. 법률 제
7838호로 구 법인세법이 개정되면서 제1조 제1호에 신설되어 2006.
1. 1.부터 시행되었으나, 시행된 지 거의 10여 년이 지나도록 과세당
국이 이 규정을 적용하여 외국에서 설립된 법인을 내국법인으로 판
단한 사례가 없었다. 그런데, 최근 위 2014두8896 판결에서 법인세법
상 내국법인 판단기준인 실질적 관리장소의 의미를 최초로 명시적
으로 제시하였고, 조세포탈 형사사건인 위 2014도3411 판결의 원심
이 실질적 관리장소에 대해 판단하였다. 위 2개의 판결이 제시한 실
질적 관리장소의 의미와 구체적인 판단 기준은 앞으로 외국에 본점
이나 주사무소를 둔 외국법인의 실질적 관리장소가 국내에 있는지
여부를 판단하는 사안에 있어서 중요한 기준으로 작용할 것이다.
　한편, 과세당국은 최근 실시되는 세무조사에서 해외 SPC의 실질
적 관리장소가 국내에 있다는 이유로 해외 SPC를 내국법인으로 보
아 과세하는 사례가 증가하고 있고, 이에 대한 불복도 증가하는 추
세이다.
　즉, 카타르 또는 오만에 설립된 자원개발회사(이하 '합작개발사')
의 기존 주주들은 국내 여러 주주사들이 합작개발사의 지분을 인수
할 경우 합작개발사 주주의 수가 과다하게 되어 복잡한 의사결정 과
정으로 인해 프로젝트 추진이 지연되고 관리비용이 상승하게 된다
는 이유로, 국내 주주사들에게 단일 법인으로 투자할 것을 조건으로
제시하였다. 국내 주주사들이 이에 동의하여 버뮤다에 합작개발사
지분의 관리 및 이에 부수되는 업무를 사업목적으로 하는 해외 현지

법인(이하 '버뮤다 법인')을 공동으로 설립한 이후 버뮤다 법인의 명의로 합작개발사의 기존 주주들로부터 일정 비율의 지분을 인수하였다. 이후 합작개발사의 지분 인수, 합작개발사에 국내 주주사들의 의견 전달, 합작개발사가 지급하는 배당금의 수취 및 배분, 관련업계 동향 및 천연가스 사업현황에 대한 정보 수집 및 보고 등의 업무는 버뮤다 법인으로 하여금 수행하도록 하였고, 국내 주주사들은 버뮤다 법인의 이사회를 구성하여 서면결의 등의 방식으로 버뮤다 법인을 관리하면서 합작개발사로부터 수취하는 배당소득을 국내 주주사들에게 배분하도록 하였으며, 해당 자원보유국(카타르 또는 오만)은 합작개발사가 버뮤다 법인에게 지급하는 배당소득에 대하여 법인세(원천징수)를 면제하였다. 국내 주주사들은 당초 배당금에 대하여 구 조세특례제한법 (2013. 1. 1. 법률 제11614호로 개정되기 전의 것, 이하 '구 조특법') 제22조를 적용하여 법인세를 면제받았다. 그런데, 과세당국은 국내 주주사들에 대한 세무조사과정에서 (i)버뮤다 법인은 실질적 관리장소가 국내에 존재하는 내국법인에 해당하고, (ii)국내 주주사들의 투자 대상은 합작개발사가 아닌 버뮤다 법인이므로, (iii)합작개발사가 아닌 버뮤다 법인으로부터 지급받은 배당금에 대해서는 구 조특법 제22조를 적용할 수 없다는 이유로 국내 주주사들에게 법인세를 부과하였고, 국내 주주사들이 모두 이에 불복하여 다투고 있다.

　과세당국이 위와 같이 실질적 관리장소를 근거로 외국법인을 내국법인으로 보아 과세하는 사례가 증가하고, 이로 인한 납세의무자와 과세당국의 분쟁이 증가하는 큰 이유 중의 하나는 현행 법인세법 제1조 제1호가 "국내에 본점이나 주사무소 또는 사업의 실질적 관리장소를 둔 법인"을 내국법인으로 정의하는 규정만을 두고 있을 뿐, 실질적 관리장소 여부를 판단할 수 있는 어떠한 기준도 마련해 두고 있지 않다는 데에 있다. 이러한 규정으로 인하여 과세당국의 자의적인 과세권 행사가 이루어질 위험이 있고, 이는 법적 안정성과 예측가능성을 해치는 것이라는 점에서 실질적 관리장소의 판단 기준을 법인세법령에 명시적으로 마련하는 조치가 조속이 이루어져야 할 것이다.

III. LBO 거래와 관련한 조세 쟁점

1. LBO 거래의 개요

국내기업의 인수에 있어서 차입매수라고 불리는 LBO 방식이 자주 사용되는데, 보통 LBO 거래는 (i)국내에 명목회사(Special Purpose Company, 이하 "SPC") 설립, (ii)인수금융에 의한 매수자금 조달, (iii) 대상기업(이하 "타깃") 인수, (iv)SPC와 타깃의 합병, (v)합병법인 주식 매각에 의한 투자자금 회수의 과정을 거쳐 이루어진다. 이러한 LBO 방법에 의한 주식 인수 및 매각과정에서 여러 가지 조세문제가 발생할 수 있는데 그 중에서 타깃 인수시의 과점주주 간주취득세와 SPC와 타깃 합병시의 합병관련 조세문제, 그리고 SPC로부터 승계한 차입금의 지급이자가 손금으로 인정될 수 있는지 여부에 대하여 검토한다.

2. 타깃 인수시의 과점주주 간주취득세

법인의 주식 또는 지분을 취득함으로써 과점주주가 되었을 때 그 과점주주는 해당법인의 부동산 등 취득세 과세대상 자산을 취득한 것으로 보아 취득세 납세의무가 발생한다.[32] 과점주주는 주주 또는 유한책임사원 1명과 그의 특수관계인 소유주식의 합계 또는 출자액의 합계가 해당 법인의 발행주식 총수 또는 출자총액의 100분의 50을 초과하면서 그에 관한 권리를 실질적으로 행사하는 자들을 의미한다.[33] 따라서 타깃이 부동산 등 취득세 과세대상 자산을 보유하는 경우 인수자는 두 개의 SPC를 설립하여(또는 중간에 한 단계 더 SPC를 개입시킬 수도 있음) 각 SPC가 타깃의 지분의 50%를 초과하지 않으면서 타깃의 지분을 나누어 인수하는 방안을 생각해 볼 수 있다.

그러나 이러한 인수방식은 아래와 같은 대법원의 입장을 고려하면, 실질과세원칙에 의한 과세를 피하기 어려울 것으로 보인다.

즉, 대법원은, 외국 법인 A가 100% 지분을 보유하고 있는 외국 법인 자회사 B와 C를 통하여 내국법인 D의 지분을 각 50%씩 취득하고, B법인이 75% 지분을 소유하고 있는 내국법인 E의 나머지 지분 25%를 외국 법인 C가 취득한 사안에서 실질과세원칙을 적용하여 외국 법인 A가 내국법인 D와 E의 과점주주라고 판시하였다.[34][35] 대법원은 조세부담을 회피할 목적으로 과세요건 사실에 관하여 실

---

32) 지방세법 제7조 제5항.

33) 지방세기본법 제47조 제2호.

34) 대법원 2012. 1. 19. 선고 2008두8499 전원합의체 판결.

35) 사건당시 구 지방세법 시행령 제6조에 의하면, 법인이 발행주식총수 또는 출자총액의 100분의 50 이상을 출자한 법인과는 특수관계자에 해당하나, 모회사는 같지만 지분관계가 없는 자회사간은 특수관계에 해당하지 않았다. 현행 지방세기본법 시행령 제2조의2에 의하면, 어느 법인이 다른 두 법인의 경영에 대하여 지배력을 행사하고 있는 경우(발행주식총수 또는 출자총액의 100분의 50 이상을 출자하거나, 임원의 임면권의 행사, 사업방침의 결정 등 법인의 경영에 대하여 사실상 영향력을 행사하고 있다고 인정되는 경우) 그 다른 두 법인은 특수관계에 해당되는 것으로 규정하고 있다.

질과 괴리되는 비합리적 형식이나 외관을 취하는 경우 그 형식이나 외관에 불구하고 실질에 따라 과세할 수 있다고 전제한 다음, 외국 법인 B와 C는 오로지 과점주주 취득세 납세의무를 회피하기 위하여 설립하였고, 외국 법인 A가 내국법인 D와 E를 실질적으로 지배하고 있는 것으로 판단하였고, 그렇다면 지방세법상 과점주주 취득세의 형식적 적용요건에도 불구하고 과세할 수 있다는 것이다.

또한 대법원은, 싱가폴 투자자가 국내에 두 개의 자회사를 설립하여 타깃 주식을 각각 50.01%와 49.99%를 취득한 사건36)에서도, 두 개의 자회사가 인적, 물적 시설이 없고, 독자적으로 의사결정을 하거나 사업목적을 수행할 능력이 없는 것으로 보이고, 단지 과점주주 취득세 납세의무를 회피하기 위하여 자회사들 명의로 분산하여 취득하게 한 것으로 보아 싱가폴 투자법인이 타깃을 실질적으로 지배관리하고 있는 것으로 보고 싱가폴 투자자에게 과점주주 취득세 납세의무가 있는 것으로 판시하였다.37)

이와 같이 대법원의 입장을 보면, 다단계 거래구조를 통하여 타깃을 인수하고자 할 경우 중간 단계의 회사가 다른 사업목적이나 인적·물적 시설 없이 조세회피를 목적으로 설립된 것으로 판단될 경우 그 외관에 불구하고 실질과세원칙을 적용할 수 있는 것으로 보고 있으므로, 이 점을 유의할 필요가 있다.

---

36) 사건 당시 과점주주취득세 납세의무에 대하여 규정하고 있는 구 지방세법 제105조 제6항에서는 과점주주를 특수관계자 지분을 포함하여 발행주식총수 또는 출자총액의 100분의 51 이상인 자들을 과점주주로 규정하고 있었다.
37) 대법원 2012. 2. 9. 선고 2008두13293 판결.

3. SPC와 타깃 합병 시 조세문제

가. 합병관련 조세문제

법인간 합병시에 여러 가지 조세문제가 발생할 수 있다. 현행 법인세법상 합병 규정의 기본 방향은 2009. 12. 31. 개정시 설정된 것으로 볼 수 있는데, 합병으로 인한 자산·부채의 이전이나 주식의 교부 등에 따른 양도 또는 평가차익이 합병당시에 실현되고 이에 상당하는 이익이 주주에게 분배되는 것으로 볼 것인지의 문제와 관련하여, 법인세법은 일정 요건을 충족하는 적격합병의 경우 합병시점에서 과세를 최대한 이연하고, 그렇지 아니한 비적격합병의 경우에는 사실상 사업 및 지분의 매각으로 보아 시가로 평가한 평가차익 및 양도차익이 합병시점에 과세되는 것으로 규정하고 있다.[38) 즉, 피합병법인 입장에서 합병에 따라 자산과 부채를 포괄적으로 합병법인에게 이전함으로써 발생하는 양도차익에 대한 법인세,[39) 합병법인 입장에서 합병매수차손익의 익금 또는 손금산입 문제[40) 및 취득세, 그리고 피합병법인의 주주 입장에서 의제배당에 대한 과세문제[41)가 발생할 수 있는데, 일정 요건,[42) 즉, (i)합병등기일 현재 1년 이상 사

---

38) 이연호/박헌세/박종현, 『법인세』, 광교이택스, 2010, 1072~1073면.
39) 법인세법 제44조 제1항. 피합병법인이 합병법인으로부터 받은 양도가액에서 피합병법인의 합병등기일 현재 순자산 장부가액을 차감하여 양도차익을 산정한다.
40) 법인세법 제44조의2 제2항과 제3항. 합병법인은 피합병법인에 지급한 양도가액이 피합병법인의 순자산시가에 미달하거나 초과하는 경우 그 차액을 합병등기일로부터 5년간 균등하게 익금 또는 손금에 산입한다.
41) 소득세법 제17조 제2항 제4호, 법인세법 제16조 제1항 제5호. 피합병법인의 주주가 합병법인으로부터 받는 합병대가가 그 피합병법인의 주식을 취득하기 위하여 사용한 금액을 초과하는 금액은 피합병법인 주주의 배당으로 의제한다.

업을 계속하던 내국법인간의 합병일 것, (ii)피합병법인의 주주 등이 합병으로 인하여 받은 합병대가의 총합계액 중 합병법인의 주식가액이 100분의 80[43] 이상인 경우로서 그 주식이 종전 지분율대로 배정되고, 피합병법인의 최대주주가 합병등기일이 속하는 사업연도 종료일까지 그 주식을 보유할 것, (iii)합병법인이 합병등기일이 속하는 사업연도 종료일까지 피합병법인으로부터 승계받은 사업을 계속할 것의 세 가지 요건을 갖춘 합병을 적격합병으로 규정하여 일반적으로 합병에 따라 발생하는 위와 같은 과세문제가 발생하지 않도록 하고 있다. 한편, 내국법인이 발행주식 총수 또는 출자총액을 소유하고 있는 다른 법인을 합병하거나 그 다른 법인에 합병되는 경우 적격합병과 같은 과세특례를 부여하고 있다.[44]

따라서 적격합병 요건의 충족 여부가 중요한데, SPC가 지분을 보유하고 있는 타깃을 합병할 때 포합주식 문제로 인하여 적격합병 요건 중 합병신주교부비율 요건을 충족하려면 합병등기일로부터 2년 이후에 합병을 할 수밖에 없는 상황이 발생할 수 있다. 2년 이상 보유한 후 합병을 하는 경우에는 합병신주교부비율 80% 충족 여부의 검토시에 포합주식 취득가액이 합병교부금이나 합병대가의 총합계액이 포함되지 않고 산정되기 때문이다. 한편, 포합주식의 문제는 SPC가 타깃의 지분 전부를 취득한 후 합병할 경우 조건을 따지지 않고 적격합병으로 보기 때문에 해결이 가능하게 된다. 따라서 타깃 인수시에 이러한 점들이 고려되어야 한다.

---

42) 법인세법 제44조 제2항.
43) 법인세법 시행령 제80조의2 제3항. 합병법인이 합병등기일 전 2년 이내에 취득한 피합병법인의 주식인 이른바 포합주식이 있을 경우로서 합병법인이 지배주주에 해당하면 당해 포합주식 취득가액을 합병교부금으로 보아 합병대가의 총 합계액에 가산하여 합병신주교부비율을 판단한다.
44) 법인세법 제44조 제3항.

나. 합병법인의 지급이자 손금인정 문제

LBO 거래를 이용하는 목적 중 하나는 차입금의 이자를 손금으로 하여 법인세를 절감하고 세후 투자수익률을 높이는데 있다. SPC 단계에서 투자자금 목적으로 차입한 차입금이 타깃과의 합병을 통하여 합병법인의 차입금이 되고 이러한 차입금의 이자비용이 손금으로 인정된다면 합병법인의 영업을 통해서 벌어들인 소득에 대한 법인세를 절감할 수 있게 된다. 그러나 이러한 차입금 이자비용을 무한정 손금으로 인정해 준다면 몇 차례의 M&A, 특히 LBO를 이용하는 M&A가 발생할 경우 우량했던 타깃이 주주의 차입금 때문에 파산할 가능성이 증가될 수 있으므로 적절한 규모의 차입금에 대해서만 손금인정이 이루어져야 할 필요성도 있다.

현행 법인세법의 지급이자 손금불산입 규정에는 위와 같은 LBO 방식의 기업인수 후 승계받은 차입금에 대하여 규제하고 있지 않기 때문에 해석상 차입금의 지급이자가 손금으로 인정될 수 있을 것이다. 과세당국의 유권해석을 보더라도 합병을 통하여 승계된 차입금의 이자는 손금으로 인정되는 것으로 해석하고 있다.[45] 참고로, 미국의 경우 1980년대 과도한 차입거래를 통하여 인수된 회사들이 도산하면서 사회적으로 문제가 되자 합병 후 존속법인의 부채비율 등에 대하여 엄격한 기준을 적용하여 자본의 성격이 강한 부채를 자본으로 의제하여 이자비용을 손금불산입하는 우회적 방법을 이용하여 규제하고 있다고 한다.[46] LBO 거래에서 승계한 차입금의 지급이자를 손금으로 인정할 것인지는 LBO의 긍정적인 효과 등을 검토하여 정책적으로 결정할 문제이다.

---

45) 재법인-971, 2009. 11. 26.
46) 서종희, "LBO와 세법상 문제", 『조세연구』, 제9-3집(사단법인 한국조세연구포럼, 2009), 158면.

Ⅳ. 고정사업장(PE)

PE는 외국기업이 우리나라에서 고정된 장소를 두고 사업을 할 경우는 물론이고, 우리나라 기업의 지분을 인수하거나, 기업을 인수한 후 인력을 파견하여 관리하는 경우에도 유의할 필요가 있다.

법인세법은 외국 법인이 국내에 사업의 전부 또는 일부를 수행하는 고정된 장소가 있는 경우 국내사업장이 있는 것으로 본다고 규정[47]하고 있는데, PE라는 용어 대신에 국내사업장이라는 용어를 사용하고 있지만 의미는 같다. OECD 모델조세조약에서도 유사하게 정의[48]하고 있다. 즉, PE가 되기 위해서는 (i)사업장소의 존재, (ii)사업장소의 고정성, (iii)사업성의 존재가 필요한데,[49] 법인세법은 지점, 사무소, 상점, 작업장 등 PE가 되는 장소에 대하여 예시적으로 열거하고 있으면서 이러한 장소에서 자산의 구입이나 광고, 정보의 수집, 시장 조사 등과 같은 예비적이고 보조적인 성격을 가진 활동을 하기 위한 장소는 PE에 포함되지 않는 것으로 규정하고 있다. 법인세법은 외국 법인이 고정된 장소를 가지고 있지 않은 경우에도 국내에 그 외국 법인을 위하여 계약을 체결할 권한을 가지고 그 권한을 반복적으로 행사하는 자를 외국 법인의 PE로 간주하는 이른바 간주고정사업장(deemed PE)에 대해서도 규정하고 있다.[50]

국외투자기구의 국내기업 인수와 관련하여 여러 가지 조세 쟁점이 있지만 그 중 수익적 소유자 문제와 더불어 PE의 보유 여부도 중요한 쟁점 중 하나로 다루어지고 있다. 국외투자기구의 투자는 일반적으로 투자자금의 집합체로서 유한 파트너쉽을 설립하여 이를 운

---

47) 법인세법 제94조 제1항.
48) OECD모델협약 제5조 제1항.
49) 이용섭/이동신, 『국제조세』, 세경사, 2011, 203면.
50) 법인세법 제94조 제2항, 제3항, 제4항.

영하는 GP와 출자를 담당하는 LP로 구성된다. 여러 단계의 투자 수단을 거쳐 대상회사의 지분을 보유하게 되는데, 펀드 자체는 자금의 집합체이므로 투자대상의 물색, 인수, 자산관리 등 제반 업무를 수행할 자문사가 설립되고 자문사는 GP와 계약을 체결하여 이러한 업무를 수행하고 소정의 수수료를 지급받는다. 자문사 역시 여러 투자단계를 거쳐 설립될 수 있으며, 인력들 중에는 GP 또는 LP와 관련된 인물들이 활동할 수 있다. 이러한 자문사들의 국내 활동으로 인하여 펀드가 국내에 PE가 있는 것으로 볼 수 있는지 여부가 중요하다.

국외투자기구의 국내기업 인수와 관련한 자문사 활동이 펀드의 PE를 구성할 수 있는지를 보면, 자문사 자체가 국외투자기구와는 법률적 실체가 다른 별도의 인격을 갖고 있으며, 자문사 이사들의 활동은 자문사 임원으로서 GP와 용역계약을 수행하기 위한 업무의 일환으로 볼 수도 있다. 다만, 간주 PE 해당여부는 좀 더 검토가 필요하다. 일반적으로 자문사 자격으로 펀드의 투자의사결정을 위한 계약체결권한이 주어지지는 않을 것이다. 그러나 자문사들은 인수대상 물색 및 인수 조건 협의 그리고 대상기업의 매각 과정에서 중요 계약 조건에 대하여 실질적으로 협상을 하고, GP 또는 펀드의 투자위원회가 실질적인 의사결정을 할 수 있는 전단계 업무까지 수행하는 것으로 이해되는데, 이러한 범위의 행위가 단지 자문사의 임원 자격에서 이루어진 행위로 보아 간주고정사업장으로 볼 수 없는 것인지 의문이다. 왜냐하면 명목상으로만 계약체결권한이 없을 뿐이지 실질적으로 계약체결권한이 주어진 것과 거의 유사한 기능을 수행하는 것으로 볼 수도 있기 때문이다. 이 문제는 현재 국제적으로 논의가 진행되고 있는 세원 잠식과 소득이전(Base Erosion and Profit Shifting, BEPS)의 논의과정에서 PE 개념이 어떻게 정리될 것인지와도 관련이 있다.

정부가 발표한 자료[51])에 의하면 OECD와 G20에 의하여 논의되고

2015년 말에 G20에 의하여 승인된 BEPS 프로젝트의 세부 내용 중 국제기준 남용방지의 일환으로 BEPS 프로젝트 Action 7(고정사업장 지위의 인위적 회피방지)에서는 변화하는 국제조세 환경에서 기업들이 PE에 대한 국제기준(OECD모델협약 등)을 남용하여 세금을 회피하는 사례가 다수 발생하고 있으므로 PE의 기준을 이용한 세원잠식에 대응하기 위하여 PE에 대한 국제기준 개선의 필요성을 인식하고 관련 조세조약 개정 권고안을 제시하고 있다. 이 중 주목할 만한 것으로 현행 OECD모델 조세조약에서 간주 고정사업장이 되는 종속대리인이 되기 위한 요건으로 외국법인 명의로 계약을 체결할 수 있는 권한의 보유 여부가 주요 판단기준이 되고 있는데 이 규정의 남용을 방지하기 위하여 대리인이 직접적으로 계약을 체결하지 않는다고 하더라도 (i)외국기업의 이름으로 또는 (ii)외국기업이 소유하거나 사용할 권리를 보유하고 있는 재산을 양도하거나 사용 허용을 위하여 또는 (iii)외국기업에 의한 용역 제공을 위하여 계약을 체결함에 있어서 대리인이 주도적인 역할을 관행적으로 수행하는 경우 고정사업장으로 간주될 수 있다고 보았다. 아울러 하나 또는 하나 이상의 특수관계인을 위하여 거의 전적으로 활동하는 경우도 고정사업장으로 간주되는 종속대리인으로 볼 수 있도록 그 기준이 강화되었다. 정부는 우리나라 조세조약 반영 가능여부를 면밀히 검토하고, 다자간 협정 개발에 참여하면서 최종 서명여부는 최종 다자간 협정 결과를 보고 결정하도록 하였다. 최근 들어 과세당국이 국외투자기구의 과세를 위해 자문사를 PE로 보아 과세하려는 시도는 예전보다 줄어든 것으로 보이고, 그 대신 펀드의 수익적 소유자가 누구인지를 가려(예를 들면, 펀드의 LP 투자자 또는 투자 구조상 중간 단계의 지주회사 등) 과세하거나 자문사의 활동에 대해서 자문사가 GP로부

---

51) BEPS 프로젝트 조치별 대응방향 (III) - 국제기준의 남용방지, 기획재정부 2015. 11. 30. 보도자료.

터 지급받는 수수료의 이전가격의 적정성에 초점을 두고 세무조사를 진행하였으나 Action 7에서 논의되는 내용으로 PE 관련한 국내법 또는 조세조약이 개정이 이루어진다면 국외투자기구의 국내기업 인수와 관련한 자문사의 활동에 따라 PE 문제가 다시 쟁점화 될 수 있을 것으로 예상된다.

V. 과소자본세제(Thin Cap)

1. 의의

외국 법인이 국내에 자회사를 설립하는 경우 외국에서 국내로 자금의 이동이 일어나는데 통상적으로 투자자 입장에서 출자 또는 대여의 형식으로 투자하고 그에 대한 과실로 배당 또는 이자를 수취하게 된다. 피투자자인 국내 자회사 입장에서는 배당의 경우 법인세 과세소득 산정 목적상 손금으로 인정되지 않고 이자의 경우 일반적으로 손금으로 인정되기 때문에 투자자는 가급적 대여 투자를 선호하게 된다. 그러나 피투자국 입장에서는 자금회수가 빈번하게 이루어질 수 없는 자본투자의 안정적인 속성을 감안할 필요가 있고 투자의 인위적인 형식에 따라 조세부담의 차이가 발생할 수 있는 점을 고려하면 자본 대비 차입금의 비율을 제한할 필요가 발생한다. 이러한 필요에 따라, 국제조세조정에 관한 법률(이하 '국조법'이라 한다)은 내국법인의 차입금 중 국외지배주주[52]로부터 차입한 금액과 국외지배주주의 지급보증에 의하여 제3자로부터 차입한 금액이 그 국

---

52) 국외지배주주는 내국법인의 의결권 있는 주식의 100분의 50 이상을 직접 또는 간접으로 소유하고 있는 외국주주 등 법 소정의 관계에 있는 외국주주를 말한다(국조법 제2조 제1항 제11호, 동법 시행령 제3조 제1항).

외지배주주가 출자한 출자금액의 2배(금융기관의 경우 6배)를 초과하는 경우에는 그 초과분에 대한 지급이자는 그 내국법인의 손금에 산입하지 않으며 배당으로 처분된 것으로 본다.[53] 이 때 국외지배주주의 지급보증에는 담보의 제공 등 실질적으로 지급을 보증하는 경우를 포함하는 것으로 규정하고 있는데, 내국법인 차입금의 대부분이 사실상 국외지배주주의 지급보증에 의지하여 이루어지고 있는 현실을 볼 때 과소자본세제 목적상 국외지배주주의 지급보증의 범위를 어디까지로 볼 것인지를 검토할 필요가 있다.

2. 컴포트레터

컴포트레터(comfort letter)는 자회사가 차입하는 경우 모회사가 대주에 대하여 지급보증서 형태로 보증을 하지 않고 모회사의 신용 등에 근거하여 자회사의 채무의 이행을 보장하는 문서로서 (i)모회사가 자회사의 채무부담 사실을 인식하고 있으며 승인하였다는 취지의 인정, (ii)대출금이 전부 상환되지 않는 한 채무자의 일정비율의 소유지분을 유지한다는 내용의 약속, (iii)주채무자에 대한 지원 등의 내용을 포함한다.[54] 컴포트레터의 법적 구속력에 대하여 우리 법원은 컴포트레터의 문언 자체의 분석을 중요시하고 그 작성 동기와 경위 및 당사자의 의사, 거래관행 등을 종합적으로 고려하여야 한다고 보아 계약의 일반적인 해석에 입각하여 판단하도록 하였다.[55] 과세

---

53) 국조법 제14조 제1항.
54) 김양곤, "컴포트레터의 법적효력," 『BFL』, 제5호(2004.5.) 특집 금융거래법의 현안과 과제, (서울대학교 금융법센터, 2004), 8면.
55) 김양곤, 앞의 논문, 11면. ; 서울지방법원 2002. 4. 26. 선고 2001가합29150 판결. 원고의 항소가 각하됨.

당국은 (i)채무부담사실의 인식, (ii)지분변동통지 약속의 내용이 포함되어 있는 컴포트레터에 대하여 법적인 변제의무는 없더라도 모회사가 컴포트레터를 제공하여 사실상 자금의 차입절차에 개입한 경우 실질적 지급보증을 한 것으로 보아 과소자본세제 적용대상으로 보고 있다.[56] 즉, 과세당국은 컴포트레터가 모회사가 자회사의 채무불이행에 대하여 대위변제하여야 할 법적 구속력이 있는지 여부와는 상관없이 실질적인 지급보증으로 보아 과세자본세제 적용대상이 되는 것으로 보고 있다. 그러나 계약의 일반적인 해석에 따라 법적 구속력이 있는 컴포트레터의 경우 과소자본세제 적용목적상 실질적인 지급보증에 해당되는 것으로 볼 수 있으나, 법적 구속력이 없는 성격의 지급보증까지 과소자본세제 적용대상이 되어야 하는지는 의문이다. 컴포트레터가 과소자본세제 적용대상이 되는 국외지배주주의 지급보증에 해당하는지 여부에 대한 법원의 판단은 아직 없으나, 과세당국의 입장에는 유의할 필요가 있다.

3. 버벌서포트

조세심판원은 국외지배주주의 버벌서포트(verbal support)는 실질적 지급보증을 제공한 것으로 보기 어려워 과소자본세제 적용대상이 되지 않는 것으로 판단하였다[57]. 조세심판원의 결정문을 보면 버벌서포트는 국외에서 글로벌기업과 글로벌은행이 서면으로 된 지급보증서를 수수하는 대신에 정기적으로 기업의 책임있는 지위에 있는 자가 글로벌은행의 책임있는 자에게 자회사에 대한 본사의 지원을 구두로 확약하는 목적의 회동을 갖고, 글로벌은행은 일시, 장소,

---

56) 국제세원-42, 2010. 01. 25.
57) 조심2011서1519, 2013. 12. 31.

참석자, 확약내용 등을 문서로 정리해서 글로법기업의 자회사가 있는 관할지점에 전달하고, 여신심사서에 기록, 관리하여 기업에 대한 여신심사시 활용하는 형식으로 이루어진다. 일반적으로 개런티를 제공하는 것은 아니지만, 자회사에 대한 채무는 모두 변제할 것임을 반복적으로 확약하는 내용을 담고 있다. 조세심판원은 이러한 버벌 서포트가 실질적인 지급보증에 해당되지 않는다고 판단한 이유에 대하여 (i)국내 자회사의 해당 차입금을 실질적으로 지급보증한 것이라고 보기는 어렵고, (ii)모회사의 이사회 의결을 거친 채무부담행위가 확인되지 않으며, (iii)모회사가 지급보증을 부인할 경우 은행이 채무의 이행을 청구하여 변제받을 수 있다고 보기 어려운 점 등을 들어, 비록 버벌서포트가 자회사의 신용평가에 유리한 요소로 작용하여 대출에는 영향을 줄 수 있으나 실질적인 지급보증으로 볼 근거는 부족하다고 판단하였다. 결국 실질적인 지급보증인지 여부를 판단하는데 있어서 모회사가 자회사의 특정채무에 대하여 변제하여야 할 법적 의무가 있는 것인지가 주요 기준이 된다고 판단된다.

VI. 결 론

이상에서 외국투자자가 국내기업을 인수하는 경우 발생하게 되는 주요 조세문제를 검토해 보았다.

먼저 외국투자자가 국외투자기구를 통하여 국내기업을 인수한 후 이자, 배당, 사용료 소득이나 주식양도소득 등을 얻은 경우 그 소득의 납세의무자를 누구로 볼 것인지에 대해 대법원은, 실질과세원칙은 조세조약에도 적용된다고 하여 조세조약상의 수익적 소유자와 실질과세원칙에서의 실질귀속자를 동일한 의미로 해석하고 있다. 즉, 대법원은 재산의 귀속 명의자는 이를 지배·관리할 능력이 없고, 명의자에 대한 지배권 등을 통하여 실질적으로 이를 지배·관리하는 자가 따로 있으며, 그와 같은 명의와 실질의 괴리가 조세를 회피할 목적에서 비롯된 경우에는 그 재산에 관한 소득은 재산을 실질적으로 지배·관리하는 자에게 귀속된 것으로 보아 그를 납세의무자로 삼아야 할 것이라고 한다. 대법원은 위와 같이 기준에 따라 국외투자기구인 LP나 LLC 등을 실질귀속자로 판단하기도 하고, 그 구성원을 소득의 실질귀속자로 판단하기도 해 왔다.

　문제는 납세의무자와 관련한 현재까지의 판례들은 모두 국외투자기구의 조세조약상 제한세율 적용이나 비과세, 감면 규정의 적용과 관련한 법인세법 제98조의6이나 제98조의4가 신설된 2012. 1. 1. 이전에 발생한 사안에 대한 것이라는 점이다. 따라서 법인세법에 이와 같은 규정이 신설된 이후에 있어서도 실질귀속자에 관한 판례의 법리가 그대로 적용될 것인지가 최근 논란의 대상이 되고 있다.

　한편, 실질귀속자가 국외투자기구인 경우 이를 법인세법상 납세의무자인 외국 법인으로 볼 수 있는지 여부에 대해 대법원은, 단체를 외국 법인으로 볼 수 있는지 여부에 관하여는 법인세법상 외국 법인의 구체적 요건에 관하여 본점 또는 주사무소의 소재지 외에 별다른 규정이 없는 이상 단체가 설립된 국가의 법령 내용과 단체의 실질에 비추어 우리나라의 사법(私法)상 단체의 구성원으로부터 독립된 별개의 권리, 의무의 귀속주체로 볼 수 있는지 여부에 따라 판단하여야 한다는 입장으로서 사법적 성질에 따라 판단해 오고 있다. 이와 관련하여서도 2013. 2. 15. 대통령령 제24357호로 개정된 법인세법 시행령 제1조 제2항에 "외국 법인"의 정의규정이 신설되었고, 따라서 종전의 해석이 변경될 가능성도 있다.

　대법원은 국외투자기구가 실질귀속자로 판단된 경우 그 구성원의 거주자(거주지국에서 포괄적인 납세의무를 지는 자) 여부를 기준으로 조세조약을 적용할 수 있다는 입장이고, 이러한 법리를 한·미 조세조약은 물론 이에 관한 특별한 규정이 없는 한·독 조세조약에도 적용된다고 판시하였다는 점도 주목할 필요가 있다.

또한 현행 법인세법 제1조 제1호는 내국법인의 판단 기준을 '실질적 관리장소'라고만 규정하고 있을 뿐이어서 이로 인해 실무상 납세의무자와 과세당국 간에 불필요한 분쟁이 증가하고 있다. 따라서 법인세법령에 실질적 관리장소의 판단에 대한 좀더 구체적인 기준이 조속히 마련되어야 할 것이다.

LBO 방식과 관련하여서는 다단계 투자기구를 통한 국내기업 인수의 경우 실질과세원칙의 적용에 의한 과점주주 간주취득세 위험, 합병관련 조세문제, 합병법인의 지급이자 손금인정 문제가 있다. 또한 외국투자자가 국내기업을 인수한 후 자문사를 통한 업무를 수행하는 경우 고정사업장(PE) 문제가 발생할 가능성이 있다는 점(BEPS 프로젝트에 따른 PE 범위의 확대가능성), 그리고 과소자본세제와 관련하여 컴포트레터, 버벌서포트에 대해서도 유의할 필요가 있다.

실질적 관리장소에 따른 내국법인 판정에 관한 소고
- 조세회피 의도를 고려하여야 하는지 여부를 중심으로 -

김 용 수 세무사

Ⅰ. 서론

우리나라는 기존에 본점소재지주의에 따라 내국법인과 외국법인을 구별하여 오던 것을 2005. 12. 31. 법률 제7838호에 의하여 법인세법을 일부개정하면서 법인세법 제1조 제1호에 '실질적 관리장소'를 기준으로 한 내국법인 판정기준을 도입하였다. 이러한 실질적 관리장소에 따른 기준은 ①조세피난처에 명목회사를 두고 실질적으로 국내에서 주된 업무를 수행하는 외국법인에 의한 조세회피 우려가 있다는 점, ②법인의 거주지를 결정하는 기준으로서 관리장소를 적용하는 외국의 입법례와 조세조약 체결시 동 관리기준을 채택하는 국제관행과 상충되는 문제점이 있다는 점을 감안하여 도입되었다.

> 법인세법 제1조 【정의】
> 이 법에서 사용하는 용어의 정의는 다음과 같다. <개정 2005.12.31>
> 1. "내국법인"이라 함은 국내에 본점이나 주사무소 또는 사업의 실질적 관리장소를 둔 법인을 말한다.

그러나 내국법인의 용어를 정의하고 있는 법인세법 조문에 '사업의 실질적 관리장소를 둔 법인'이라는 문구만 추가되었을 뿐, 법인세법 시행령이나 시행규칙을 통하여 '실질적 관리장소'에 관한 의미나 판정기준 등에 대하여는 구체적으로 규정하고 있지 아니하여 세법을 적용함에 있어서 적지않은 혼란이 야기되고 있는 실정이다. 다만 2012. 7. 법인세법 집행기준에 OECD 주석서에 명시되어 있는 실질적 관리장소의 개념만을 간략히 추가하였을 뿐이다.

법인세법 집행기준 1-0-1 【내국법인과 외국법인의 구분】
내국법인과 외국법인의 구분은 본점 또는 주사무소의 소재지를 기준으로 구분한다. 다만 그 본점 또는 주사무소의 소재지 외의 장소에 사업의 실질적 관리장소를 따로 두고 있는 경우에는 그 관리장소를 기준으로 구분하며, 이 경우의 "사업의 실질적 관리장소"란 법인이 사업을 수행함에 있어서 중요한 관리 또는 상업적 의사결정이 실질적으로 이루어지는 장소를 의미한다.

이와 같이 실질적 관리장소에 따른 내국법인 판정기준에 관하여 구체적인 규정이 없는 모호한 상태에서는 과세관청이 조세회피의 의도는 고려함이 없이 국내에 실질적 관리장소가 있다는 사실만으로 아무런 제한없이 내국법인으로 판정할 수도 있게 된다. 만약 과세관청이 조세회피 의도는 고려하지 아니한 채 실질적 관리장소만을 우선시 하여 내국법인인지 여부를 아무런 제한없이 판단하게 될 경우 내국법인이 외국에 투자하여 자회사를 설립하거나, 국제적 상관행, 외국과의 합작투자, 외국의 투자제한 법률 등에 의하여 불가피하게 외국에 투자지주회사를 설립하는 등의 모든 경우 당해 외국에 설립된 법인을 모두 법인세법상 내국법인으로 볼 수도 있게 되고, 이로 인하여 우리나라 기업의 해외투자는 모두 직접투자 형태로

이루어져야 한다는 부당한 결론에까지 이를 수 있다.[1]

최근에 발생한 과세관청의 과세동향을 살펴보면, 다수의 내국법인 A는 공동으로 해외자원개발사업을 위하여 조세피난처에 특수목적회사 B를 설립하여 투자하였고 동 투자와 관련하여 벌어들인 소득에 대하여 조세특례제한법상 감면규정을 적용한 사안에 대하여, 과세관청은 조세피난처에 설립한 특수목적회사 B의 이사회는 국내에서 열리고 그 이사회에서 중심적인 지배·관리가 이루어지고 있으며 이사회 멤버는 모두 국내에 거주하고 있다는 점 등을 들어 실질적 관리장소가 국내에 있다고 보았으며 이에 더하여 실질적 관리장소에 의하여 내국법인 해당여부를 판단할 경우 조세회피 의도는 고려할 사항이 아니라고 주장하면서 조세피난처에 설립한 특수목적회사 B는 내국법인에 해당한다고 판정한 후, 내국법인 A에 대한 조세특례제한법상 감면규정의 적용을 배제하고 과세처분을 하였다. 또한 내국법인 A가 외국법인 B의 본점에 수출거래를 하고 국외거래로 보아 영세율 세금계산서를 발급하지 아니한 사안에 대하여, 과세관청은 외국법인 B가 국내에 지점 또는 연락사무소를 두고 실질적으로 관리하였다는 이유만으로 외국법인 B를 국내에 실질적 관리장소를 둔 내국법인이라고 판정한 후, 내국법인 A는 국내에 실질적 관리장소를 둔 내국법인 B와 거래한 것이므로 영세율 세금계산서를 발급하였어야 한다고 보아 세금계산서 미발급 가산세를 과세처분 하였다. 이와 같이 내국법인의 국제적 상관행 등에 따른 정상적인 외국투자활동 뿐만 아니라 내국법인의 일반적인 수출거래에 대하여도 과도한 과세처분이 행하여지고 있는 실정이고 이러한 과세관청의 과잉대응을 일으킨 주요 원인은 실질적 관리장소에 따른 내국법인 판정기준이 구체적으로 마련되어 있지 아니한데서 찾을 수 있을 것

---

1) 전영준 외, "'실질적 관리장소' 및 '국외제공용역'의 판단 기준", 『월간조세』(2016년 5월).

이다.

따라서 아래에서는 실질적 관리장소 개념을 도입하게 된 배경 및 취지, 과세관청의 유권해석 및 조세심판원과 법원의 주요 선례를 간략히 검토해 본 후, 실질적 관리장소 기준에 따라 내국법인 해당 여부를 판정함에 있어서 어떠한 판정요소들을 기준으로 하여야 하는지 그리고 과연 조세회피 의도까지 고려하여야 하는지를 중점적으로 살펴보고, 나아가 납세자의 법적안정성 및 예측가능성을 위해서는 어떠한 방향으로 개선이 이루어져야 하는지를 살펴보기로 한다.

II. 법인세법상 실질적 관리장소의 의의

1. 실질적 관리장소의 개념의 유래와 입법경위

세법상 법인의 거주지는 19세기 말 산업화를 일찌감치 이뤄 기업들이 해외진출을 다른 나라보다 먼저 경험한 영국에서 최초로 문제되었다. 영국은 '중요한 관리 및 통제(central management and control)'가 이루어지는 곳을 법인의 거주지로 보는 기준을 확립하였고, 이 기준은 '실질적 관리장소'라는 국제적 기준에 기초를 형성하게 되었다. '실질적 관리장소'는 1958년 유럽경제협력기구의 보고서에 최초로 등장했는데, 그 보고서에 의하면 해운, 내륙수운, 항공운송 사업에서 소득의 과세권 배분에 관한 조세조약 실무로부터 도출된 개념으로 해운이나 항공운송과 같이 영업활동이 수시로 이동하는 경우에도 법인의 거주지를 어느 정도 안정적이고 잘 이동하지 않는 요소에 결부시키고자 한데서 유래한 것이다.[2]

---

2) 서울행정법원 2013. 5. 24. 선고 2012구합10673 판결.

그리고 OECD 모델조약의 주석은 "실질적 관리장소는 개인 이외의 인을 위한 우월적 판단기준으로 채용되었다. 실질적 관리장소는 그 법인의 전반적 사업활동에 필요한 주요한 관리, 상업적 결정이 실질적으로 이루어지는 장소이다. 실질적 관리장소를 결정하기 위해서는 모든 관련된 사실관계, 제반 상황이 검토되어야 한다. 한 법인은 하나 이상의 관리장소를 가질 수 있다. 그러나 실질적 관리장소는 한번에 오직 하나 존재한다고 할 수 있다"는 주석서 24.1 문단에서, 실질적 관리장소 개념에 대한 OECD 모델조세조약 제4조 제3항 관련 주석서에서 법인세법상 판단기준으로 활용 시 그 취지를 고려하여 응용되어야 할 기준으로 볼 수 있는 기준, 즉 "조세조약상 당해 법인을 일방 체약국의 거주자이고 타방체약국의 거주자가 아닌 것으로 결정하는 것이 조세협약 규정의 부적절한 활용(an improper use)을 초래할 위험이 있는지의 여부"도 고려하도록 규정하고 있다.

위 기준은 어느 법인이 실질적 관리가 이루어지는 국가의 거주자로 판단되지 않기 위해서 부당하게 본점 또는 주사무소를 다른 체약국이나 제3국에 두고 그곳에서 최소한의 사업활동을 영위하면서 조세조약의 부적절한 활용을 통한 조세회피를 의도하고 있음이 드러난다면, 실질적 관리장소 개념을 동원하여 조세협약을 악용하는 것을 막고, 합당하게 조세부담을 할 수 있도록 거주지국 판단을 위한 종합적 고려시 이 점도 참작하라는 의미로 이해된다. "부당한 조세회피행위의 방지"라는 것은 법인세법상 실질적 관리장소의 입법취지와도 연결되는 것이므로 법인세법상 내국법인 판단과정에서는 위 기준을 "내국법인이 부담하여야 할 납세의무를 회피하고 세계 어느 곳에서도 세금을 안 내려"하는 것인지 그 의도를 실질적 관리장소 국내 존부 인정시 참작하라는 뜻으로 받아들일 수 있다.[3]

이러한 점을 감안하여 2005. 12. 31. 법률 제7838호로 개정된 법인세법은 제1조에 "1. 내국법인이란 국내에 본점이나 주사무소 또는 사업의 실질적 관리장소를 둔 법인을 말한다. 3. 외국법인이란 외국에 본점 또는 주사무소를 둔 법인(국내에 사업의 실질적 관리장소가 소재하지 아니하는 경우에 한한다)을 말한다."고 규정하게 되었고, 동 법인세법 개정 당시 '실질적 관리장소'라는 개념은 "국내에서 사업의 실질적 관리가 이루어지는 경우에도 외국에 본점 또는 주사무소를 두어 외국법인으로 취급됨에 따라 조세를 회피하는 행위가 가능하므로 이를 개선할 필요가 있다. 법인의 거주지 결정기준으로 '관리장소'를 적용하는 외국 대부분 국가들의 입법례와 조세조약을 체결할 때 동 관리기준을 채택하는 국제관행과 상충하는 문제점을 해결한다."는 취지에서 이를 내국법인의 판정기준으로 추가하였다.

2. 실질적 관리장소 개념을 도입한 입법취지

현행 법인세법 제1조 제1호는 "내국법인(內國法人)이란 국내에 본점이나 주사무소 또는 사업의 실질적 관리장소를 둔 법인을 말한다."라고 규정하고 있는데, 2005. 12. 31. 법률 제7838호로 개정되기 이전의 구 법인세법 제1조 제1호는 단지 "내국법인이라 함은 국내에 본점 또는 주사무소를 둔 법인을 말한다."라고만 규정하고 있었다. 즉, 위 법률 개정에 의하여 법인세법상 내국법인으로 볼 수 있는 경우로서 "사업의 실질적 관리장소를 국내에 둔 법인"이 추가된 것이다.

정부는 2005. 9. 28. 법인세법 제1조 제1호에 "사업의 실질적 관리장소"를 포함시키는 내용의 법인세법 일부개정법률안(의안번호

---

3) 이창, "법인세법상 내국법인 인정요건인 실질적 관리장소 판단기준", 『서울대학교 法學』, 제54권 제4호(2013년), 250~251면.

2840)에서 "국내에서 사업의 실질적 관리가 이루어지는 경우에도 외국에 본점 또는 주사무소를 두어 외국법인으로 취급됨에 따라 조세를 회피하는 행위가 가능하므로 이를 개선할 필요가 있음"을 지적하고, "내국법인의 판정기준에 국내에 사업의 실질적 관리장소를 둔 법인을 추가"하여 "국내에 사업의 실질적 관리장소를 둔 외국법인에 대하여도 국내법에 따라 과세권을 행사할 수 있게 됨에 따라 우리나라의 과세기반이 확대될 것으로 기대된다"고 밝히고 있다.4)

위 개정법률안에 대한 재정경제위원회 검토보고서를 보면 다음과 같은 검토의견을 개진하고 있다.

> 국내에 본점 또는 주사무소를 둔 법인을 내국법인으로 정의하는 한편, 외국에 본점 또는 주사무소를 둔 법인을 외국법인이라 규정함으로써 기업의 거주지 기준을 중심으로 구별하는 현행 법인세법은 다음과 같은 우려가 제기됨
>
> 첫째, 기업의 거주지(본점이나 주사무소)를 중심으로 내·외국법인을 구별하는 관계로 인하여 조세피난처 등에 명목회사(Paper Company)를 두고 실질적으로 국내에서 주된 업무를 수행하는 외국법인 등에 대하여 조세회피 우려가 있음
>
> 둘째, 법인의 거주지를 결정하는 기준으로 관리장소를 적용하는 외국 대부분 국가들의 입법례와 조세조약 체결시 동 관리기준을 채택하는 국제관행과 상충되는 문제점이 제기되고 있음
>
> 이와 같은 우려와 문제점을 감안하여 내국법인 판정기준에 사업의 실질적 관리장소를 국내에 두고 있는 경우를 포함한 개정안은 타당하다고 사료됨

---

4) 이한규(재정경제위원회 전문위원), "정부제출 법인세법 일부개정법률안에 대한 검토보고", 2005. 11, 23면.

위와 같은 법인세법 제1조 제1호의 도입취지에 비추어 보면, 법인세법에서 "실질적 관리장소"의 개념을 도입한 취지는 정당한 사업목적 없이 조세회피만을 목적으로 해외에 설립된 명목회사를 규제하겠다는 것이라 할 수 있다.

III. 판례 등에 나타난 실질적 관리장소의
판단기준에 대한 검토

1. 과세관청의 유권해석

가. 국세청 유권해석

서면인터넷방문상담2팀-2316, 2007. 12. 20

법인세법 제1조 제1호의 '사업의 실질적 관리장소'는 법인이 사업을 수행함에 있어 중요한 관리 또는 상업적 의사결정이 실질적으로 이루어지는 장소를 의미하는 것입니다. 귀 질의의 경우 국내에 사업의 실질적 관리장소를 두고 있는지 여부 및 조세회피행위에 해당하는지 여부는 이사회가 있는 장소, 법인의 최고의사결정이 이루어지는 장소, 투자구조의 목적 등 관련사실과 제반 여건을 종합적으로 고려하여 그 실질에 따라 사실판단할 사항입니다.

나. 기획재정부 유권해석

기획재정부 국제조세제도과-402(2016. 10. 28.)
내국법인이 해외자원개발사업법 제3조1호에 의한 방법으로 외국법인
과 합작하여 해외자원개발사업에 투자하기 위해 동법 제5조의 규정에
따른 해외자원개발사업을 주무부장관에게 신고·수리받고 해외에 특수
목적법인을 설립하여 당해 해외 특수목적법인을 통해 해외 합작법인
의 주주로서의 권리를 행사하고 관련 배당금을 그 특수목적법인을 통
해 수령하는 경우 당해 해외특수목적법인은 법인세법 제1조제1항의
실질적 관리장소에 따른 내국법인으로 볼 수 없음

다. 유권해석에 대한 검토

　국세청은 '사업의 실질적 관리장소'는 법인이 사업을 수행함에
있어 중요한 관리 또는 상업적 의사결정이 실질적으로 이루어지는
장소를 의미하는 것이라고 회신하면서 국내에 사업의 실질적 관리
장소를 두고 있는지 여부뿐만 아니라 조세회피행위에 해당하는지
여부도 이사회가 있는 장소, 법인의 최고의사결정이 이루어지는 장
소, 투자구조의 목적 등 관련사실과 제반 여건을 종합적으로 고려하
여 그 실질에 따라 판단하여야 한다고 회신하고 있다.
　기획재정부는 내국법인이 해외자원개발사업을 위하여 주무부장
관에게 신고·수리받고 해외에 특수목적법인을 설립하여 투자하였
고 당해 내국법인이 그 해외 특수목적법인을 국내에서 실질적으로
관리하였다 하더라도 이를 법인세법 제1조 제1호의 실질적 관리장
소에 따른 내국법인으로 볼 수 없다고 회신하였는 바, 이는 투자구
조의 목적 등 제반사실을 종합적으로 고려하여 보았을 때 조세회
피 행위가 존재한다고 보기 어려운 경우에는 실질적 관리장소에

따른 내국법인 판정기준을 적용할 수 없음을 명확히 한 것으로 보인다.

2. 조세심판원 심판례

가. 조심2013중1114, 2013. 12. 31. (외국에 본점을 둔 회사가 조세회피 행위를 하였다고 인정되지 않는다는 이유로 외국법인으로 판단한 사례)

(1) 사실관계

청구법인 등은 종합유선방송사업 등을 영위하는 내국법인들이고, 외국법인 A는 청구법인 등이 신용도를 통합하여 사채를 발행하기 위하여 해외에 설립한 특수목적법인이다. 청구법인 등은 외국법인 A에 쟁점외화표시채권을 발행하였고, 외국법인 A는 쟁점외화표시채권을 기초자산으로 하여 발행금액, 만기, 이자지급시기가 동일한 외화표시채권을 발행하였으며, 외국법인 A가 발행한 외화표시채권은 최종적으로 299명의 투자자(외국국적 293명 및 국내 금융기관 6개사)가 인수하였다.

청구법인 등은 (i)외국법인 A의 경영에 관한 청구법인 등의 의사결정은 단순히 자금차입을 위한 의사결정에 불과하고, (ii)외국법인 A가 지급받은 이자는 모두 해외투자자들에게 지급하였는바 조세회피행위의 대상이 될 과세소득 자체가 존재하지 않으며, (iii)조세회피목적의 특수목적기구와 정당한 사업 목적에 따라 설립된 특수목적기구는 구별되어야 하는바, 처분청이 법인세법 제1조 제1호를 적용하여 법인세를 부과한 처분은 위법하다고 주장하였다.

반면, 처분청은 (i)외국법인 A는 인적·물적 시설이 없는 명목회사에 불과하고, (ⅱ)청구법인 등은 사업설명회, 최종투자자 관리, 수수료 및 이자 지급, 외화표시채권 관련 서류의 관리 등 필요한 모든 관리업무를 수행하였으며, (ⅲ)외국법인 A의 중요한 의사결정 또한 청구법인 등에 의하여 이루어졌는바, 외국법인 A는 법인세법 제1조 제1호에 따라 실질적 관리장소를 국내에 둔 내국법인에 해당하고 따라서 내국법인인 외국법인 A가 지급받은 외화표시채권에 대한 이자소득에 대해서는 조특법 제21조를 적용할 수 없다고 주장하였다.

(2) 조세심판원의 판단

국회 재정경제위원회의 법인세법 일부개정법률안 검토보고서 (2005년 11월)에 의하면,「법인세법」제1조 제1호의 개정 당시 해당 위원회의 검토의견은 <u>기존의 본점소재지 기준만으로는 ①조세피난처에 명목회사를 두고 실질적으로 국내에서 주된 업무를 수행하는 외국법인에 의한 조세회피 우려가 있다는 점</u>, ②법인의 거주지를 결정하는 기준으로 관리장소를 적용하는 외국의 입법례와 조세조약 체결 시 동 관리기준을 채택하는 국제관행과 상충되는 문제점이 있다는 점을 감안할 때 위 법률안이 타당하다는 내용이고, '개정세법 해설'(2006년)상으로「법인세법」제1조 제1호의 개정이유는 '우리나라가 체결한 대부분의 조세조약에서 거주자의 최종판정기준으로 사업의 실질적 관리장소가 포함되어 있으므로, 현행 국내세법의 내국법인 판정기준에 실질적 관리장소 기준을 포함하여 조세조약과의 균형을 유지한다'는 내용으로 나타난다.

살피건대, 처분청은 외국법인 A가「법인세법」제1조 제1호에 따라 실질적 관리장소를 국내에 둔 내국법인에 해당하여 조특법 제21조에 따라 외화표시채권의 이자소득에 대하여 법인세가 면제되지 아니하므로, 청구법인 등은 외국법인 A에게 쟁점외화표시채권의 이자 지급시 법인세 원천징수의무를 이행하여야 한다는 의견이나,「법인세법」제1조 제1호의 입법취지는 조세피난처 등에 명목회사(Paper Company)를 두고 실질적으로 국내에서 주된 업무를 수행하는 외국법인의 조세회피를 막기 위한 것이라고 할 것인바, 외국법인 A에는 종업원이 없고, 그 업무는 청구법인 등으로부터 쟁점외화표시채권을 인수하고 이를 기초자산으로 하여 외화표시채권(Notes)을 해외투자자에게 발행하는 것에 한정되었으며, 청구법인 등으로부터 이자를 지급받아 이를 해외투자자에게 지급하여 외국법인 A의 통장상 잔액은 0이었던 것으로 나타나고 있어, 외국법인 A는 설립시부터 해외자금조달을 위한 특수목적기구로서 청구법인등의 자금차입을 위한 명목회사(Paper Company)인 것으로 보이는 점, 외국법인 A와 같은 금융 또는 자금조달을 위한 특수목적기구가 명목회사(Paper Company)의 형태를 가지는 것은 이례적이라 할 수 없고, 본 건의 경우 신용등급이 낮고 소규모의 다수 자회사로 구성된 청구법인 등이 목표로 한 금액의 사채를 발행하기 위해서는 외국법인 A를 통하여 사채를 집합적으로 발행할 필요가 있었던 것으로 보이는 점, 청구법인 등이 쟁점외화표시채권을 외국법인 A에게 발행하고, 외국법인 A가 이를 기초로 투자자들에게 외화표시채권(Notes)을 발행한 구조로 보았을 때, 이자소득의 최종 귀속자는 외화표시채권(Notes)의 인수인이고, 청구법인이나 외국법인 A는 이자의 지급자일 뿐 이자소득의 귀속자라 할 수 없으며, 이에 따라 청구법인 등이 외국법인 A를 실질적으로 관리함으로써 청구법인 등이나 외국법인 A가 회피할 이자소득에 대한 법인세를 상정하기 어렵고, 그러한 사정에서 청구법인의 원천징수의무 회피를 들어 청구법인 등이나 외국법인 A의 조세회피를 인정하기는 어려운 점, 조특법 제21조는 외화표시채권의 이자소득자가 비거주자 또는 해외법인일 경우 그에 대한 소득세 또는 법인세를 면제하는바, 외국법인 A가 쟁점외화표시채권을 기초자산으로 하여 발행한 외화표시채권(Notes)의 인수인 299명 중 293명이 외국인이고, 발행금액으로도 ○○○ 달러 중 ○○○ 달러를 외국인이 인수한 것으로 나타나고 있어, 내국인이 인수한 외화표시채권(Notes)은 소규모인 한편, 내국인이 청구법인 등으로부터 외화표시채권을 직접 인수할 경우에 부담해야 할 소득세 또는 법인세를 회피하기 위하여 외국법인 A를 외국에서 설립하였다는 정황은 나타나지 아니하는 점 등을 종합하면, 청구법인 등이 실질적으로는 외화표시채권을 조특법 제21조에 따라 소득세와 법인세가 면제되는 비거주자 또는 해외법인에게 발행하였고, 청구법인 등이나 외국법인 A의 조세회피가 있었다고 인정하기는 어렵다고 보이므로, 처분청이 「법인세법」 제1조 제1호에 따라 외국법인 A를 내국법인으로 보아 청구법인에게 이 건 법인세를 부과한 처분은 잘못이 있다고 판단된다.

(3) 조세심판원 결정에 대한 검토

위 조세심판원 심판례에서 처분청은 정당한 경영상의 목적에 따라 외국에 설립된 특수목적회사의 경우에도 인적·물적 시설 없이 조세회피지역에 세워진 명목회사에 불과하고 일상적 업무도 신탁회사에 의뢰하여 직접 수행하는 업무는 없으며 국내 및 국외 로펌으로부터 자문을 받아 사업에 필요한 중요한 관리나 상업적 의사결정을 하였다는 이유만으로 실질적 관리장소를 국내에 둔 내국법인이라고 주장하였고 이에 더하여 법인세법 제1조 제1호의 조항은 실질적 관리장소가 국내로 확인되면 소득유무와 무관하게 내국법인으로 보고 있다고 주장하였다.

이에 대하여 조세심판원은 법인세법 제1조 제1호의 입법 취지 등에 비추어 조세회피 행위가 있었다고 인정되지 않는다면 외국법인인 명목회사를 내국법인으로 보아 법인세를 부과할 수 없다고 판단함으로써 실질적 관리장소를 기준으로 내국법인 해당여부를 판정하는 과정에서는 조세회피 의도가 있었는지 여부도 반드시 고려하여야 함을 분명히 하였다.

3. 판례

가. 서울행정법원 2014. 2. 7. 선고 2012구합9420 판결(실질적 관리장소가 국내에 있다고 보아 내국법인으로 판정한 사례)

(1) 사실관계

외국법인인 원고는 중국에서의 자동차해상운송사업을 위하여 홍콩에 설립되었고 한국, 일본, 유럽 등의 지역에서 자동차해상운송사업과 용대선사업을 수행하였고 회사의 존립에 필수적인 핵심업무는 실질적인 대표자인 ○○과 원고의 임직원이 수행하였다. 한편, ○○은 내국법인인 ○○해운을 통하여 원고의 자동차해상운송사업에 관하여 업무보고를 받거나 업무지시를 하는 등 통상적인 활동을 수행하였고 자금관리, 대리점관리, 선복관리 및 인사업무 등 고위수준의 일상적 관리도 ○○해운에서 이루어졌으며, 이사회는 원고의 등록지인 홍콩이 아닌 다른 지역에서 개최되었다.

과세관청은 원고가 홍콩에 등록된 법인이기는 하나 실질적 관리장소가 국내에 있는 내국법인에 해당함에도 불구하고 국내에 법인세를 신고·납부하지 아니하고 부가가치세법상 사업장도 등록·신청하지 아니한 채 영세율을 적용한 과세표준도 신고하지 아니하였다는 이유로 법인세 및 부가가치세 등을 과세처분 하였다.

(2) 판결요지

법인세법상 '실질적 관리장소'는 기본적으로 OECD 모델조세조약의 판정기준을 근간으로 하되, 실질적 관리장소의 도입 경위와 입법취지 그리고 각국 법원의 판정기준 등에 따라 ①이사회나 이와 동일한 조직의 모임이 통상적으로 개최되는 장소(이사회가 개최되지 아니하였거나 개최되었더라도 법인의 상업적인 결정이 실질적으로 이루어졌다고 볼 수 없고, 법인의 대표이사 등 최고경영자 1인이 단독으로 법인의 실질적인 의사결정을 하였다면 최고경영자의 거주지), ②최고경영자 및 기타 임원이 통상적으로 활동을 수행하는 장소, ③법인의 고위수준의 일상적 관리가 수행되는 장소, ④당해 법인이 외국에 설립된 경위와 조세회피의도 등 설립목적, ⑤사업 활동이 실제로 수행되는 장소, ⑥회계기록이 보관되는 장소라는 수정된 판단기준에 근거하여 결정되어야 한다.

…(중략)… 아래에서 보는 바와 같이, ①이사회가 홍콩에서 개최되지 아니하였고, 의사결정권자인 ○○은 국내 거주자인 점, ②○○은 ○○해운을 통하여 원고의 자동차해상운송사업에 관하여 업무보고를 받거나 업무지시를 하는 등 통상적인 활동을 한 점, ③자금 관리, 대리점 관리, 선복 관리 및 인사 업무 등 고위수준의 일상적 관리도 ○○해운에서 이루어진 점, ④원고는 홍콩에 조세회피 목적으로 설립된 점, ⑤홍콩이 아닌 한국을 중심으로 일본, 중국 및 유럽 등 세계 각지에서 사업을 수행한 점, ⑥회계자료는 ○○해운에 보관되어 있는 점(홍콩에서의 보관은 불분명하다) 등을 고려할 때, 국내에서 자동차해상운송사업에 관한 중요한 관리와 상업적인 의사결정이 이루어졌으므로, 원고는 실질적 관리장소를 국내에 둔 내국법인이다.[5]

---

5) 이 사건의 항소심인 서울고등법원 2017. 2. 7. 선고 2014누3381 판결에서도 원고의 사업 수행에 필요한 중요한 관리 및 상업적 결정이 실제로 이루어지는 장소는 국내로 봄이 타당하다고 보아 내국법인으로 판정하였다.

(3) 위 판례에 대한 검토

위 판례에서는 법인세법상 실질적 관리장소는 기본적으로 OECD 모델조세조약의 판정기준을 근간으로 하되, 실질적 관리장소의 도입 경위와 입법취지 그리고 여러 가지 요소를 반영한 수정된 판단기준에 근거하여 결정되어야 하고, 이 때 수정된 판단기준에는 '당해 법인이 외국에 설립된 경위와 조세회피의도 등 설립목적'이라는 기준도 포함시키고 있다.

그리고 판단 부분의 구체적인 내용을 살펴보면, 당해 외국법인을 설립하게 된 배경, 과세회피 의도, 실질적 업무수행의 은폐행위, 국내에서 실질적으로 관리되고 있다는 점을 은폐한 행위 등을 상세하게 설시하면서 조세회피 의도가 있었는지 여부에 관하여도 고려하였음을 알 수 있다.

나. 대법원 2015. 11. 27. 선고 2014두40272 판결(실질적 관리장소가 국내에 있다고 보아 내국법인으로 판정한 사례)

(1) 사실관계

원고는 해상화물운송업 등을 영위하는 내국법인이고, DDD는 해운업, 자문업, 천연가스운송업 등을 목적으로 영국령 버진 제도에 설립된 법인으로서 베이징, 홍콩, 토쿄 등에 사업장을 두고 있다. 원고는 DDD과 함께 출자하여 중국의 국영 석유화학기업인 CCC의 원유를 운송하는 사업을 공동 영위하기로 투자계약을 체결하고 그에 따라 버진 제도에 합작회사를 설립하였다.

합작회사는 2006년 CCC와 운송기간을 5년으로 정하여 장기원유운송계약을 체결하고 단일선체유조선 2척을 용선하여 중국과 중동 항로 간 원유를 운송하였으나, 중국이 2010년부터 단일선체 유조선의 자국 내 입항을 금지함에 따라 2010년 중반부터 원유 운송 업무를 중단하였다. 한편, 합작회사는 2011년초 이사회를 개최하여 전체 자산의 약 99%를 중간배당하기로 결의하였고, 그에 따라 원고와 DDD는 각 000만 달러씩을 지급받았다.

과세관청은 합작회사가 내국법인인 원고의 소재지에 실질적 관리장소를 두고 있다는 이유로 법인세법 제1조 제1호의 내국법인으로 보아 법인세 및 부가가치세 등을 부과하였으나 합작회사는 이를 전혀 납부하지 않았다. 이에 과세관청은 합작회사가 실질적인 영업 활동을 중단한 상태에서 대부분의 자산을 중간배당한 것은 국세기본법 제38조에서 정한 해산 및 청산에 해당하므로 원고를 합작회사의 제2차 납세의무자로 지정하고 원고에게 합작회사에 부과된 법인세를 과세처분하였다.

(2) 판결요지

1) 1심 판결(서울행정법원 2013. 9. 30. 선고 2013구합6343 판결)

①합작회사는 버진 제도에 주소를 두고 있으나 실질적이고 독자적인 영업설비를 갖추지 않은 점, ②DDD는 CCC와 이 사건 운송계약을 체결하는데 어느 정도 기여한 것으로 보이기는 하나 이후 새로운 화주나 화물을 섭외하지는 못하였고, 화물의 운송과 관련한 합작회사의 실질적인 업무수행은 원고가 도맡아 한 것으로 보이는 점, ③합작회사의 이사회 또는 주주총회는 서면으로 갈음하거나 서울에서 개최하였고, DDD가 사업장을 두고 있는 중국, 홍콩, 일본 등에서는 열린 적이 없는 점, ④서울에서 개최된 이사회에서 배당결의와 같이 합작회사의 중요한 의사결정이 이루어진 점, ⑤원고가 합작회사의 회계관련 기록을 작성하여 보관하고 있는 점, ⑥DDD는 버진

제도에서 설립되어 각국에 사업장을 두고 있는데 그 주된 관리장소조차 밝혀지지 않은 점 등을 종합하여 보면, 합작회사는 사업의 실질적 관리장소를 국내에 두고 있다고 봄이 옳다.

원고는 화물의 안정적인 수주능력이 중요한 업무요소인 해상화물운송업의 특성상 합작회사의 중요한 관리와 상업적 의사결정은 선박의 확보나 화물의 운송이 아니고 화주인 CCC와 운송계약을 체결하고 유지·관리하는 것이라 할 것인데, 이는 모두 DDD가 중국 등지에서 수행하였으므로 합작회사의 실질적 관리장소가 국내에 있지 않다고 주장하나 어떤 법인이 국내에 실질적 관리장소를 두고 있는지는 국내에서의 영업활동과 상업적 의사결정을 기준으로 판단하면 충분한 것이고, 해외에서의 영업활동 등을 주로 고려하여 판단할 것은 아니며, 해당 법인이 해외에도 근거지를 두고 있어 조세조약이 적용되어야 한다는 점에 대해서는 이를 주장하는 납세의무자에게 그 증명 책임이 있는데(대법원 2008. 12. 11. 선고 2006두3964 판결 등 참조), 원고는 합작회사의 실질적 관리장소가 막연히 해외에 있다고 주장할 뿐 해당 국가를 특정하여 그 법령상 내국법인의 인정기준이 무엇인지, 합작회사가 그 기준을 충족하는지 등을 전혀 주장·입증하지 않고 있다.

결국 합작회사는 국내에 실질적 관리장소를 둔 내국법인이라 할 것이므로, 이에 반하는 원고의 주장은 이유 없다.

2) 2심 판결(서울고등법원 2014. 7. 10. 선고 2013누49496 판결)

"법인세법 제1조 제1호가 2005. 12. 31. 법률 제7838호로 개정되면서 내국법인과 외국법인의 구별에 관하여 법인세법은 국내에 '본점'이나 '주사무소' 또는 '사업의 실질적 관리장소'를 둔 법인도 내국법인으로, 내국법인 이외의 법인을 외국법인으로 본다고 규정하고 있다. 이와 같이 위 법인세법 제1조 제1호가 내국법인의 판정기준에 관하여 법인의 업무수행에 필요한 중요한 관리와 상업적 결정이 실질적으로 이루어지는 장소를 의미하는 '사업의 실질적 관리장소'를 명시적으로 규정하고 있고, 원고가 이 부분에 관하여 주장하는 사정들은 어디까지나 입법론적인 문제로 보일 뿐, 현행 법인세법 제1조 제1호의 해석론의 영역을 벗어난다고 판단되는 이상, 원고의 주장을 모두 고려한다고 하더라도, 위 실질적 관리장소를 기준으로 합작회사가 내국법인에 해당하는지 여부를 판단하는 것에 어떠한 위법이 있거나, 이 사건 처분이 위 실질적 관리장소의 기준을 부당하게 확대 적용한 것이라고 볼 수는 없다. 결국, 그와 다른 전제로 주장하는 원고의 이 부분 주장은 받아들일 수 없다."를 추가하는 이외에는 위 각 해당 부분 기재와 같으므로, 행정소송법 제8조 제2항, 민사소송법 제420조 본문에 의하여 이를 인용한다.

3) 대법원 판결(대법원 2015. 11. 27. 선고 2014두40272 판결)

원심은, ①원고와 영국령 버진 제도의 법인인 DDD는 중국의 국영 석유화학기업인 CCC의 원유를 중동에서 중국으로 해상 운송하는 사업을 공동으로 운영하기 위하여 각 미화 000만 달러를 출자하여 2006년경 버진 제도의 법인인 합작회사를 설립한 사실, ②합작회사는 2006년경 CCC와 운송기간을 5년으로 정하여 장기원유운송계약을 체결하고 원고로부터 단일선체 유조선 2척을 용선하여 2006년 말 경부터 원유 운송을 시작하였으나, 중국이 2010년부터 단일선체 유조선의 자국 내 입항을 금지하고 원고와 DDD가 이중선체 유조선을 대체 투입하는 데에 합의하지 못하여 결국 합작회사는 2010년 중순경 이 사건 운송계약에 따른 운송업무를 중단한 사실, ③합작회사는 2011년 초경 이사회를 개최하여 2010년 말을 기준으로 한 자산 000달러 중 000달러를 중간배당하기로 결의하였는데, 이에 따라 원고와 DDD는 각 000만 달러를 지급받았고, 합작회사의 자산은 2011

년 말을 기준으로 00달러만 남게 된 사실, ④서울지방국세청장은 합작회사가 실질적 관리장소를 국내에 둔 내국법인에 해당한다고 보아 법인세 및 부가가치세 등 합계 000원을 부과하였으나, 합작회사가 이를 납부하지 아니하자 피고는 사실상 합작회사의 해산 및 청산이 이루어진 것으로 보고 2012년경 원고에게 국세기본법 제38조에 따라 분배금의 가액 범위 내에서 합작회사의 2008 사업연도 법인세 등을 부과하는 이 사건 처분을 한 사실 등을 인정하였다.

나아가 원심은, 합작회사가 실질적인 영업활동을 중단한 상태에서 자산의 대부분을 원고와 DDD에게 중간배당하였다고 하더라도 합작회사가 아직 상당한 금액의 자산을 보유하면서 재산적 권리관계를 정리하지 않고 있을 뿐만 아니라 향후 새로운 사업을 모색할 가능성이 전혀 없어졌다고 볼 수도 없다는 등의 이유로, 합작회사가 사실상 해산 및 청산을 하였음을 전제로 원고를 국세기본법 제38조에 따른 제2차 납세의무자로 삼은 이 사건 처분은 위법하다고 판단하였다.

앞서 본 규정과 법리 및 기록에 따라 살펴보면, 합작회사가 실질적으로 해산 및 청산이 이루어진 것이 아니라고 보아서 한 원심의 위와 같은 판단은 정당하다. 거기에 국세기본법 제38조에서 정한 '해산과 청산'의 의미나 실질과세의 원칙 등에 관한 법리를 오해하는 등의 위법이 없다.

(3) 위 판례에 대한 검토

위 판례의 원심 법원은 합작회사가 법인세법 제1조 제1호에 의한 내국법인에 해당한다고 판단하였으나 동시에 원고를 그 합작회사의 제2차 납세의무자로 볼 수 없다고 판단하여 원고의 항소를 인용하였으며, 결과적으로 상고심에서는 원고가 합작회사의 제2차 납세의무자에 해당하는지 여부만이 쟁점이 되었고, 합작회사의 실질적 관리장소가 국내에 존재하는지 여부는 다투어지지 않았다.

즉 원심 법원은 실질적 관리장소에 따른 내국법인 판정과 관련하여 상대적으로 다양한 요소들을 고려하기는 하였으나 각각의 세부적인 판단요소별로 구체적인 분석은 행하지 아니한 것으로 보이고, 나아가 본 사건에서는 원고측이 제2차 납세의무자 해당여부에 관한 다툼에서는 충분히 승소할 수 있다는 사정을 감안해서인지, 조세회피 의도를 고려하여야 하는지 여부 등에 대한 사정들은 입법론적인 문제일 뿐 법인세법 제1조 제1호의 해석론의 영역을 벗어난다고 판단해버림으로써 실질적 관리장소 판정을 위한 세부적인 판단요소들에 대하여는 심도있게 분석하지는 아니한 것으로 보인다.

다. 대법원 2016. 1. 14. 선고 2014두8896 판결(실질적 관리장소가 국외에 있다고 보아 내국법인임을 부인한 사례)

(1) 판결요지

내국법인과 외국법인을 구분하는 기준의 하나인 '실질적 관리장소'란 법인의 사업수행에 필요한 중요한 관리 및 상업적 결정이 실제로 이루어지는 장소를 뜻하고, 법인의 사업수행에 필요한 중요한 관리 및 상업적 결정이란 법인의 장기적인 경영전략, 기본정책, 기업재무와 투자, 주요 재산의 관리·처분, 핵심적인 소득창출 활동 등을 결정하고 관리하는 것을 말한다. 이러한 법인의 실질적 관리장소가 어디인지는 이사회 또는 그에 상당하는 의사결정기관의 회의가 통상 개최되는 장소, 최고경영자 및 다른 중요 임원들이 통상 업무를 수행하는 장소, 고위 관리자의 일상적 관리가 수행되는 장소, 회계서류가 일상적으로 기록·보관되는 장소 등의 제반 사정을 종합적으로 고려하여 구체적 사안에 따라 개별적으로 판단하여야 한다.

다만 법인의 실질적 관리장소는 그 결정·관리행위의 특성에 비추어 어느 정도의 시간적·장소적 지속성을 갖출 것이 요구되므로, 실질적 관리장소를 외국에 두고 있던 법인이 이미 국외에서 전체적인 사업활동의 기본적인 계획을 수립·결정하고 국내에서 단기간 그 사업활동의 세부적인 집행행위만을 수행하였다면 종전 실질적 관리장소와 법인 사이의 관련성이 단절된 것으로 보이는 등의 특별한 사정이 없는 한 그 법인이 실질적 관리장소를 국내로 이전하였다고 쉽사리 단정할 것은 아니다.

원심은, ①싱가포르 회사법에 따라 설립되어 싱가포르에 본점을 둔 원고가 AA 스위스 은행 홍콩지점으로부터 국내회사 발행의 사채(이하 '◆◆채권'이라고 한다)를 매수하고 국내에서 이를 상환받아 2009 사업연도에 소득을 얻은 사실, ②피고는 원고의 사업의 실질적 관리장소가 국내에 있다고 보아 2010년 원고에게 2009 사업연도 법인세를 부과하는 이 사건 처분을 한 사실 등을 인정한 다음, 원고가 2000년 설립된 이후 2008년경까지 주로 싱가포르 내의 특급호텔에 인터넷 서비스를 제공하는 사업을 영위하면서 상당한 매출액을 얻어온 점, 원고는 홍콩에서 ◆◆채권의 거래조건에 관한 협상을 진행하고 그 대금 결제도 해외결제기관을 통해 이루어진 점, 원고의 2009 사업연도 이사회 구성원은 싱가포르 영주권자, 국내 거주자, 미국 거주자 3인인데, ◆◆채권 투자에 관한 이사회는 그들이 국내외에서 이메일을 주고받는 방식으로 이루어졌을 뿐만 아니라 원고의 대표이사 KKK이 ◆◆채권 투자에 관한 의사결정을 한 장소도 국내외에 걸쳐 있던 점, ◆◆채권 관련 회계자료만을 국내에서 보관하고 그 외의 회계자료의 보관이나 세금의 납부를 싱가포르에서 한 점, 원고는 2009. 0. 0.부터 2009. 0.경까지 ◆◆채권의 매입과 회수 사업을 행한 외에도 2009년에 케냐에서 에너지 사업, 미국 및 싱가포

르에서 부동산투자사업 등을 추진한 점 등에 비추어, ◈◈채권 매입
과 회수업무의 일부가 단기간 국내에서 수행되었다는 사정만으로는
원고의 사업수행에 필요한 중요한 관리 및 상업적 결정이 국내에서
지속적으로 이루어진 것으로 볼 수 없을 뿐만 아니라 실질적 관리장
소를 싱가포르에 두고 있던 원고가 싱가포르와의 관련성을 단절한
채 이를 국내로 이전한 것으로 보기도 어렵다는 이유로, 원고를 내
국법인으로 보아야 한다는 피고의 주장을 배척하였다.

앞서 본 규정과 법리에 비추어 기록을 살펴보면, 이러한 원심의
판단은 정당하고, 거기에 상고이유로 주장하는 바와 같이 법인의 실
질적 관리장소의 판단방법 등에 관한 법리를 오해하거나 자유심증
주의의 한계를 벗어나 논리와 경험칙에 반하여 사실을 인정하는 등
의 잘못이 없다.

(2) 위 판례에 대한 검토

위 판례는 실질적 관리장소의 판정요소에 관하여 상당히 심도 있
게 분석한 사례로서 그 동안 심판례나 하급심 판결에서만 OECD 모
델조세조약 주석서 24.1 문단의 판정요소들을 적용하여 실질적 관리
장소를 판단하여 온 상태에서 대법원도 이 같은 실질적 관리장소에
관한 판정요소들을 고려하였음을 알 수 있다는 점에서 의미가 있다.

특히 동 판례에서 대법원은 법인의 실질적 관리장소는 그 결정·
관리행위의 특성에 비추어 어느 정도의 시간적·장소적 지속성을 갖
출 것이 요구된다고 설시하면서, 원고의 실질적 관리장소는 이미 외
국에 있고 국내에서는 단기간 동안 그 사업활동의 세부적인 집행행
위만을 수행하였다는 점을 들어 피고가 해당 법인을 내국법인으로
주장한 것을 배척하였다.

한편, 실질적 관리장소를 기준으로 내국법인 해당여부를 판정하

는 과정에서 조세회피 행위가 있었는지 또는 이를 고려하여야 하는
지에 대하여는 별다른 판단을 하지 아니하였는 바, 그 이유는 법인
의 실질적 관리장소는 그 결정·관리행위의 특성에 비추어 어느 정
도의 시간적·장소적 지속성을 갖출 것이 요구되나 동 사안에서는
이러한 기본적인 요소들 조차 갖추지 못하여 국내에 실질적 관리장
소를 두었다고 볼만 한 사정이 존재하지 아니하였기 때문인 것으로
보이고 이에 굳이 조세회피 의도가 있었는지 여부까지 추가로 고려
할 필요가 없었을 것으로 생각된다.

IV. 결 론

1. 실질적 관리장소 기준 적용시 조세회피 의도의 고려 필요성

지금까지 살펴본 조세심판원의 심판례나 법원 판례에 비추어 보
면, 법인세법상 실질적 관리장소가 어디인지에 대한 판단은 이사회
또는 그에 상당하는 의사결정기관의 회의가 통상 개최되는 장소, 최
고경영자 및 다른 중요 임원들이 통상 업무를 수행하는 장소, 고위
관리자의 일상적 관리가 수행되는 장소, 회계서류가 일상적으로 기
록·보관되는 장소 등 기본적으로 OECD 모델조세조약에서 언급하고
있는 판정기준인 법인의 사업수행에 필요한 중요한 관리 및 상업적
결정에 관한 요소들을 근간으로 하고 있고, 나아가 필요할 경우에는
실질적 관리장소의 도입 취지 등을 반영하여 그 법인이 외국에 설립
된 경위나 조세회피 의도 등 설립목적에 관한 기준도 함께 고려하고
있음을 알 수 있다.

한편, 조세회피 의도를 고려하였는지 여부를 기준으로 위에서 검토한 사례들을 구분해 보면, OECD 모델조세조약에서 언급하고 있는 판정기준인 법인의 사업수행에 필요한 중요한 관리 및 상업적 결정에 관한 요소들을 기준으로 보았을 때, 국내에 실질적 관리장소를 두었다고 볼 만한 사정이 보이지 않는 경우에는 조세회피 의도에 관하여 굳이 추가적인 언급을 하지 아니한 것으로 보이고(대법원 2016. 1. 14. 선고 2014두8896 판결), 국내에 실질적 관리장소를 두었다고 볼 만한 사정이 엿보이는 경우에는 추가적으로 조세회피 의도가 있었는지 여부도 구체적으로 살펴본 후 조세회피의 의도가 있는 경우에는 내국법인으로 판정하였고(서울행정법원 2014. 2. 7. 선고 2012구합9420 판결), 반면 조세회피의 의도가 있었다고 인정되지 아니한 경우에는 내국법인에 해당하지 아니한다고 판정한 것으로 보인다(조심 2013중1114, 2013. 12. 31). 다만, 대법원 2015. 11. 27. 선고 2014두40272 판결의 원심은 비록 실질적 관리장소가 국내에 있는 것으로 보아 내국법인으로 판정하기는 하였으나 다른 쟁점에 관한 다툼에서 납세자가 승소하여 결국 과세처분을 취소받을 수 있는 사안이었기 때문에 조세회피 의도의 고려여부에 관하여는 입법론적인 문제일 뿐이라고 판단한 것으로 보인다.

이와 같이, 법인세법에서 실질적 관리장소의 개념을 도입한 취지는 정당한 사업목적도 없이 조세회피만을 목적으로 해외에 설립된 명목회사를 규제하겠다는 것이므로 외국에 근거를 두고 적법하게 설립된 외국법인에 실질적 관리장소 개념을 적용하여 내국법인으로 간주하기 위해서는 해당 외국법인이 다른 사업목적 없이 오로지 조세회피의도를 가지고 설립되었다는 사실이 전제되어야 한다. 이를 위해서는 실제로 형식과 실질의 괴리가 없는지를 따져보아야 할 뿐만 아니라 더불어 사업의 수행 여부와 조세회피 의도가 있었는지 여부를 종합적으로 고려하여야 하는 것은 당연한 것이다. 학계에서도 실질적 관리장소를 국내에 두었다 하더라도 조세회피 의도가 없고 정당한 사업목적이 존재한다면 실질적 관리장소를 국내에 둔 내국 법인으로 취급하지 않도록 활용하여 실질적 관리장소 개념을 필요한 경우에만 제한적으로 적용할 수 있도록 하는 것이 바람직할 것이라는 입장을 표명하고 있다.6)

따라서 법인세법 제1조 제1호의 실질적 관리장소에 관한 규정은 법인이 수행하는 사업 활동이 수시로 이동하는 경우로서 그 법인의 거주지를 어느 정도 안정화 시킬 필요가 있는 사안에 한정하여 적용되어야 할 뿐만 아니라, 무엇보다도 해외에 법인을 설립하여 사업을 영위하는 이유가 국내에서 부담하여야 할 조세를 회피하기 위한 목적에서 비롯된 경우에 한하여 적용되어야 할 것이다.

2. 실질적 관리장소 판정요소에 관한 구체적인 규정 도입의 필요성

법인세법에 실질적 관리장소를 내국법인의 판정기준으로 규정하기는 하였으나, 여전히 이에 관한 세부적인 판단요소들에 대하여는 아무런 규정이 없을 뿐만 아니라 실질적 관리장소와 관련한 사례들도 앞에서 살펴본 몇 가지 정도에 불과한 상황이어서 과세관청이나 납세자 모두에게 혼란만 가중시키고 있고 그 결과 납세자의 법적 안정성과 예측가능성은 심각하게 침해되고 있는 실정이다.

결국 이 같은 문제점을 해결하기 위해서는 법인세법에 위임의 근거를 두고 법인세법 시행령이나 시행규칙에 실질적 관리장소에 관한 정의와 세부적인 판정요소들에 대한 규정을 구체적으로 정립하

---

6) 양승경·박훈, "법인세법상 '실질적 관리장소' 개념의 개정방안에 대한 소고", 『조세학술논집』, 제31권 제2호(2015년), 88~89면.

는 등 입법적 보완이 필요하다. 이러한 입법적 보완이 이루어져야만 실질적 관리장소 개념의 도입취지를 살려 외국법인이 국내에서 실질적으로 주된 영업활동을 영위하면서 국내에서의 납세의무를 회피하려는 시도를 효과적으로 차단할 수 있을 것이다. 또한 향후에도 실질적 관리장소의 판단문제와 관련하여 과세관청과 납세자 사이의 분쟁이 지속적으로 늘어날 우려가 있으므로 이에 관한 입법적인 보완은 가능한 한 신속하게 이루어질 필요가 있다.

이러한 실질적 관리장소 판정요소에 관한 입법적인 보완을 위해서는 먼저 앞에서 살펴본 주요 선례에서 보여주고 있는 것처럼 이사회 또는 그에 상당하는 의사결정기관의 회의가 통상 개최되는 장소, 최고경영자 및 다른 중요 임원들이 통상 업무를 수행하는 장소, 고위 관리자의 일상적 관리가 수행되는 장소, 회계서류가 일상적으로 기록·보관되는 장소 등 법인의 사업수행에 필요한 중요한 관리 및 상업적 결정에 관한 요소들을 객관적인 판단기준으로 명문화 할 필요가 있다.

이에 더하여 조세회피 의도가 있었는지 여부도 반드시 반영되어야 하는 바, 조세회피 의도에 관한 사항도 실질적 관리장소의 판단요소 중 하나로 열거하는 방식으로 규정하거나, 아니면 실질적 관리장소의 유무는 법인의 사업수행에 필요한 중요한 관리 및 상업적 결정에 관한 요소 등 객관적인 기준만으로 판단하고 다만 조세회피 의도가 있는 경우에 한하여 내국법인으로 보아 과세처분을 할 수 있도록 단서를 두는 방식으로 규정하는 방안도 생각해 볼 수 있다.

또한 조세회피 의도에 관한 사항이 실질적 관리장소의 판단요소 또는 단서 규정으로 반영된다고 하더라도 조세회피 의도가 있었는지 여부는 여전히 과세관청의 주관적인 판단이 개입될 여지가 있으므로 앞에서 살펴본 기획재정부 유권해석의 경우와 같이 조세피난처에 특수목적회사를 세우는 목적 등 투자계획에 대하여 주무부장관에게 신고하고 수리를 받은 경우 등은 법인세법상 실질적 관리장소에 따른 내국법인 판정기준을 적용하지 아니한다는 예외규정을 두는 방안도 고려해 볼 필요가 있다.

이와 같이 법인세법 조문에 '사업의 실질적 관리장소를 둔 법인'이라는 문구만 규정할 것이 아니라 법인세법 시행령이나 시행규칙 등 하부법령에 실질적 관리장소에 관한 정의와 세부적인 판정요소들에 대한 규정, 조세회피 의도의 고려여부에 관한 사항, 실질적 관리장소 판정기준을 적용하지 아니한다는 예외규정 등을 구체적으로 명문화하여야만 이를 적용하는 과정에서 과세관청의 자의적인 해석이 개입될 여지를 줄일 수 있고 실질적 관리장소 개념의 도입 취지에 부합되도록 제한적으로 적용될 수 있을 것이다. 나아가 과세관청과 납세자와의 불필요한 마찰도 줄일 수 있게 되고 궁극적으로는 납세자의 법적안정성과 예측가능성도 함께 제고할 수 있을 것이다.

주식의 포괄적 교환에 대하여 완전모회사에게 부당행위계산부인 규정의 적용 및 소득처분

- 대법원 2014. 11. 27. 선고 2012두25248 판결 -

윤 주 상 회계사

I. 사안의 개요 및 판결의 요지

1. 사실관계의 요지 및 부과처분의 경위

가. 원고는 1987. 8. 21. 설립되어 섬유제품 생산·판매업을 영위하는 코스닥상장법인으로 원고의 대주주이자 대표이사인 남CC은 2006. 5. 31. 자신이 보유하던 원고 주식 2,232,302주 전부와 원고에 대한 경영권을 주식회사 DDD미디어(이하 'DDD'이라 한다) 및 주식회사 EEE엔터테인먼트(이하 'EEE'라 하고, DDD과 EEE를 합쳐서 '소외 회사들'이라 한다)에게 양도하는 계약(이하 '이 사건 경영권 양도계약'이라 한다)을 체결[1]하는 한편, 같은 날 원고는 소외 회사들과 사이에 다음과 같은 내용이 포함된 주식의 포괄적 교환계약(이하 '이 사건 교환계약'이라 한다)을 체결하였다.

---

1) 남CC의 원고 지분 양도에 대한 잔금지급일은 2006. 6. 1.임.

○ 주식교환의 형태
- 원고는 소외 회사들의 발행 주식 전부를 소유하는 완전모회사가 된다.
- 이를 위하여 소외 회사들의 주주는 보유주식 전부를 주식교환일에 원고에게 이전하고, 이에 대하여 원고는 소외 회사들의 주주에게 신주를 배정한다.
○ 주식교환의 비율
- DDD의 주식 1주당 원고의 주식 296.7주를, EEE의 주식 1주당 원고의 주식 730주를 각 배정한다.
○ 주식교환 승인 주주총회일
- 2006. 7. 13.
○ 주식교환일
- 2006. 8. 14.

나. 한편 위 주식교환의 비율은 구 증권거래법 제190조의2에 따라 원고의 주식을 1주당 2,308원, DDD의 주식을 1주당 684,836원, EEE의 주식을 1주당 1,685,111원으로 각 평가하여 산정한 비율이다.

다. 원고는 2006. 7. 13. 상법 제360조의3 제1항 및 이 사건 교환계약에서 정한 바에 따라 임시주주총회를 개최하여 이 사건 교환계약을 승인하였다. 소외 회사들의 주주들은 2006. 8. 14. 이 사건 교환계약에 따라 자신들이 보유한 주식 전부를 원고에 현물출자하였고, 원고는 2006. 9. 2. 소외 회사들의 주주들에게 위 주식교환비율에 따른 원고의 신주를 교부하였다.

라. 이에 따라 소외 회사들의 주주인 김FF, 김○○, 이○○, 안○○, 이○○(이하 '김FF 등'이라 한다)는 자신들 소유의 소외 회사들 주식(이하 '기존주식'이라 한다)을 원고에게 이전하고 그 대가로 원고의

신주를 교부받았다

마. 피고는, 원고와 김FF 등이 구 법인세법(2006. 12. 30. 법률 제8141호로 개정되기 전의 것, 이하 같다) 제52조 및 구 법인세법 시행령(2006. 12. 30. 대통령령 제19815호로 개정되기 전의 것, 이하 같다) 제87조 제1항 제1호에서 정한 특수관계인에 해당한다고 보고 원고가 이 사건 교환계약에 따라 특수관계인인 김FF 등으로부터 기존주식을 고가로 양수하였다는 이유로, 기존주식에 대한 시가를 구 상속세 및 증여세법 시행령(2008. 2. 22. 대통령령 제1120621호로 개정되기 전의 것) 제54조의 보충적 평가방법에 의하여 DDD의 주식은 1주당 132,427원, EEE의 주식은 1주당 333,296원으로 각 산정하여 계산한 기존주식의 평가액과 교환주식의 발행가액과의 차액만큼을 부당행위계산부인하여 김FF 등에게 상여 및 기타소득[2]으로 소득처분한 다음, 2010. 3. 12. 원고에 대하여 그와 같은 내용의 소득금액변통통지(이하 '이 사건 처분'이라 한다)를 하였다.

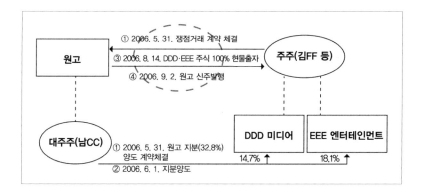

---

[2] 원고의 임직원이 되는 인원에 대해서는 상여로 처분하고, 나머지 인원에 대해서 기타소득으로 소득처분함. 이하에서는 논의의 단순화를 위해 상여로 소득처분한 인원을 위주로 논의를 서술하였음.

2. 제1심 및 원심의 판단(서울행정법원 2012. 4. 26. 선고 2011구합40387 판결, 서울고등법원 2012. 10. 19. 선고 2012누14660 판결)

가. 제1심 및 원심에서 원고는 (i)이 사건 교환계약 체결 당시에는 원고와 소외 회사들의 주주인 김FF 등 사이에 구 법인세법상 특수관계가 없고, (ii)이 사건 교환계약은 상법 및 구 증권거래법상의 포괄적 주식교환에 따른 것으로서 합병 절차에 준하여 주주총회의 특별승인 및 반대 주주의 주식매수청구권 부여 등 관련 규정에 따라 공정하고 투명하게 이루어진 점, 이 사건 교환계약에서 정한 주식교환 비율은 구 증권거래법 등 관련 법령에서 규정한 바에 따라 외부평가기관의 평가보고서를 기초로 정하였는데, 소외 회사들에 대한 외부평가기관의 평가는 제3자 거래가격 및 평가금액에 비추어 적정하게 이루어진 점 등을 종합해 보면, 이 사건 교환계약에 따라 원고가 김FF 등으로부터 기존주식을 양수한 행위는 그 경제적 합리성이 인정되어 부당행위계산부인 규정의 적용대상에 해당하지 않음을 주장하였다.

나. 제1심 및 원심은 (i)원고의 대주주이자 대표이사인 남CC가 2006. 5. 31. 주식회사 DDD미디어 및 주식회사 EEE엔터테인먼트와 체결한 주식 및 경영권 양수도 계약의 내용과 그에 기초하여 김FF 등이 소외 회사들을 통하여 원고 회사에 대한 의사결정을 하였다는 것을 근거로 원고는 김FF 등과 이 사건 교환계약 당시 구 법인세법 시행령 제87조 제1항 제1호(임원의 임면권의 행사, 사업방침의 결정 등 당해 법인의 경영에 대하여 사실상 영향력을 행사하고 있다고 인정되는 자(「상법」 제401조의 2 제1항의 규정에 의하여 이사로 보는 자를 포함한다)와 그 친족)에서 정하고 있는 특수관계인에 해당하

고, (ii)원고가 이 사건 교환계약상의 주식교환비율에 따른 가액으로 김FF 등으로부터 기존주식을 양수한 행위는 건전한 사회통념이나 상관행에 비추어 경제적 합리성을 결여한 비정상적인 거래행위로서 부당행위계산부인대상에 해당한다고 판단하여 원고의 청구를 기각하였다.

3. 대법원의 판단-파기 환송

대법원은 상고이유에 관한 판단은 생략하고 이 사건 교환계약으로 인하여 김FF 등에게 증여세가 과세됨을 이유로 이 사건 부과처분은 위법이 있음을 직권으로 판단하여[3] 파기환송하였는데, 그 구체적인 내용은 아래와 같다.

상법 제360조의2에서 정한 주식의 포괄적 교환은, 주식의 포괄적 교환에 의하여 다른 회사의 발행주식의 총수를 소유하는 회사(이하 '완전모회사'라 하고, 다른 회사를 '완전자회사'라 한다)가 되는 회사에 완전자회사가 되는 회사의 주식이 이전되는 거래와 완전자회사가 되는 회사의 주주가 완전모회사가 되는 회사로부터 완전자회사가 되는 회사의 주식과 대가관계에 있는 신주를 배정받아 완전모회사가 되는 회사의 주주가 되는 거래

---

3) 조세소송도 일반 행정소송과 마찬가지로 소의 제기 및 종료, 심판의 대상이 당사자에 의하여 결정되는 처분권주의가 원칙적으로 적용되므로(행정소송법 제8조 제2항), 법원은 원고의 소 제기가 없는 사건에 대하여 심리, 판결할 수 없음은 물론이고, 소제기가 있는 사건에 대하여도 원고의 청구 범위를 넘어서서 심리하거나 재판할 수 없다. 다만, 행정소송법 제26조는 "법원은 필요하다고 인정할 때에는 직권으로 증거조사를 할 수 있고, 당사자가 주장하지 아니한 사실에 대하여도 판단할 수 있다."고 규정하여 변론주의의 일부 예외를 인정하고 있다(서울행정법원·사법발전재단, 『조세소송실무(개정판)』, 2016, 92~93면).

가 결합하여 일체로 이루어진다. 따라서 주식의 포괄적 교환은 기본적으로 '법인의 자본을 증가시키는 거래'의 성격을 가지는 것이지만, 그 자본의 출자가 완전자회사가 되는 회사의 주식이라는 현물에 의하여 이루어지게 되므로 그러한 한도에서 '자산의 유상 양도라는 손익거래'의 성격도 병존한다.

이와 같이 주식의 포괄적 교환은 자산의 유상 양도로서의 성격도 있기 때문에, 주식의 포괄적 교환에 의하여 완전모회사가 되는 회사가 완전자회사가 되는 회사의 주식을 시가보다 높은 가액으로 양수한 경우에는 법인의 자산이 과대계상되므로 구 법인세법 시행령 제88조 제1항 제1호의 부당행위계산 부인에 의하여 그 시가 초과액을 자산의 취득가액에서 제외하는 한편 그 금액을 완전모회사인 법인의 익금에 산입하게 되는 것이다.

구 법인세법 시행령 제106조 제1항 제3호는 법인의 익금에 산입한 금액이 사외에 유출된 경우라도 동일한 소득이 이미 귀속자의 과세소득을 구성하고 있는 등 귀속자에게 소득세의 납세의무를 지우는 것이 부적절한 경우에는 그 귀속자에 대한 소득처분 없이 유출사실만을 확정하는 '기타 사외유출'로 처분하도록 하는 데 그 취지가 있다. 그런데 주식의 포괄적 교환에 의하여 완전자회사가 되는 회사의 주주가 얻은 이익은 '법인의 자본을 증가시키는 거래에 따른 이익의 증여'로서 구 상속세 및 증여세법 제42조 제1항 제3호에 따라 증여세가 과세된다(대법원 2014. 4. 24. 선고 2011두23047 판결 참조).

따라서 주식의 포괄적 교환에 의하여 완전모회사가 되는 회사가 완전자회사가 되는 회사의 주식을 시가보다 높은 가액으로 양수함으로써 부당행위계산 부인에 따라 법인의 익금에 산입되는 금액에 대하여는 구 법인세법 시행령 제88조 제1항 제8호의 경우에 준하여 '기타 사외유출'로 처분하여야 하고, 그 귀속자에게 배당, 상여 또는 기타소득의 처분을 할 수 없다.

그런데도 원심은 이와 달리, 주식의 포괄적 교환에 의하여 완전모회사가

되는 회사가 완전자회사가 되는 회사의 주주들로부터 그 주식을 고가로
양수한 경우 부당행위계산 부인에 의하여 법인의 익금에 산입한 금액에
대하여 귀속자에게 상여나 기타소득으로 소득처분을 할 수 있다고 보아,
이 사건 교환계약에 의하여 완전모회사가 되는 원고에게 법인세법상 부당
행위계산 부인에 따른 소득금액변동통지를 한 피고의 이 사건 처분이 적
법하다고 판단하였다. 이러한 원심의 판단에는 구 법인세법 제67조, 구 법
인세법 시행령 제106조 제1항 제3호 (자)목에서 정한 '기타 사외유출'로
처분할 대상에 관한 법리를 오해하여 판결에 영향을 미친 위법이 있다.

II. 대상판결의 평석

1. 문제의 소재 및 이 사건의 쟁점

2006년 당시 원고는 섬유제품 생산·판매업을 영위하는 코스닥상
장법인이고 DDD와 EEE는 엔터테인먼트 사업을 영위하고 있던 비
상장법인으로서, 이 사건 경영권 양도계약 및 이 사건 교환계약과
그 후속절차 따라 DDD 와 EEE의 대주주인 김FF 등은 원고의 대주
주 및 대표이사 등의 임원으로 선임되었다.

이와 같은 거래는 비상장기업이 유가증권시장이나 코스닥시장의
상장기업과 합병 등을 통하여 상장심사나 공모주계약 등의 절차를
밟지 않고 곧바로 장내에 진입하는 이른바 우회상장(backdoor listing)
의 효과를 누리기 위한 전형적인 방법 중의 하나4)에 해당하며, 김FF
등 역시 코스닥상장법인인 원고를 통하여 엔터테인먼트 사업을 영
위할 수 있게 되었다.

한편, 김FF 등은 2007. 9. 제3자에게 원고의 주식과 경영권을 양

---

4) 합병, 포괄적주식교환, 영업양수도, 주식스왑 등의 방식으로 이루어짐.

도하고 임원에서 퇴임하였으며, 이후에도 원고의 대주주 및 경영진 들이 여러 번 변경되었다. 이 사건 부과처분 당시인 2010. 3. 12에는 김FF 등은 원고와 아무런 관계가 없었으나, 원고에게 원천징수의무 를 지우는 이 사건 부과처분으로 인한 손실은 1차적으로 원고가 부 담할 수밖에 없다.

이 사건의 쟁점은 이 사건 교환계약으로 인하여 원고에게 원천징 수의무를 부과할 수 있는지 여부로 볼 수 있으며, 제1심 및 원심에 서 원고는 이 사건 교환계약 체결 당시 원고와 김FF 등은 특수관계 인에 해당하지 않는다거나5) 이 사건 교환계약은 시가에 따라서 이 루어졌음을6) 주장하여 원천징수의무를 면하려고 하였으나, 제1심 및 원심에서는 원고의 주장을 모두 기각하였다.

대법원은 이 사건 주식교환은 구 법인세법 시행령 제88조 제1항 제1호의 부당행위계산의 유형에 해당하는 것을 인정하면서, 법인세 법 제67조의 소득처분 규정과 그 위임을 받은 구 법인세법 시행령 제 106조를 적용함에 있어서, 이 사건 주식교환은 구 법인세법 시행 령 제88조 제1항 제8호의 경우에 준하여 기타사외유출로 소득처분 해야 한다고 판단하였다. 원고로서는 원천징수의무를 면할 수 있게 되어 소기의 목적을 달성하게 되었다.

이하에서는 구 법인세법 시행령 제 106조 제1항 제3호 자.목에서

---

5) 특수관계인이 아닌 자로 부터의 자산의 고가매입 거래에 대해서는 법인세 법 제52조의 부당행위계산의 부인 규정이 적용되지 않고 법인세법 제24조 및 같은 법 시행령 제35조 제2호의 규정에 따라 의제 기부금 이슈가 발생 하며, 이 때 소득처분은 기타사외유출로 하는 것으로 규정하고 있기 때문 에(법인세법 시행령 제106조 제1항 제3호 가.목), 법인에게 원천징수의무 가 부과되지 아니하고, 상속세 및 증여세법 제35조 제2항에 따라 증여세 가 부과될 가능성이 있음.
6) 시가 거래에 대해서는 법인세법 제52조의 부당행위계산의 부인 규정이 적 용될 여지가 없고, 소득처분의 문제도 발생하지 아니함.

"제88조 제1항 제8호의 규정에 의하여 익금에 산입한 금액으로서 귀속자에게 상속세 및 증여세법(이하 '상증세법')에 의하여 증여세가 과세되는 금액"을 기타사외유출로 처분하도록 한 규정을 구 법인세법 시행령 제88조 제1항 제1호의 규정을 적용받는 이 사건 교환계약에도 적용하도록 한 대상판결의 판단 및 의미에 대해 논의하고자 한다.

2. 대상판결에 대한 검토

가. 포괄적 주식교환의 개념 및 성격

주식의 포괄적 교환은 상대방 회사에 대해 완전 지배를 목표로 하는 회사가 상대방 회사와 주식의 포괄적 교환계약을 하고, 완전자회사가 될 법인의 주주들로부터 소유하고 있는 주식 전부를 취득하여 목표회사를 완전자회사로 만들어 100% 지배하는 기업결합의 형태를 말한다.[7] 주식의 포괄적 교환 제도는 2001. 7. 24. 개정된 상법 제360조의2 내지 360조의14로 도입되었는데, 도입당시의 목적은 완전 모자회사 관계인 순수지주회사의 설립에 대한 상법상의 제도적 지원책을 마련하여 기업구조조정을(restructuring)을 지원하는 것이다.[8]

주식의 포괄적 교환의 법적 성격은 현물출자 성격과 조직법적 성격을 동시에 가지고 있다. 주식을 현물출자하여 신주를 배정받는 성격으로 볼 수도 있고, 합병과 같은 조직법적 성격으로 이해할 수도 있다.

---

7) 윤충식·서희열, "주식의 포괄적 교환·이전 세제에 관한 연구", 『2016년 한국조세법학회 추계학술발표대회』, 107면.
8) 신기선, "주식의 포괄적 교환과 과세문제 - 증여세를 중심으로", 2015. 1. 19. 대법원 특별소송실무연구회, 1면.

나. 소득처분의 유형과 효과

법인세법 제67조에서는 각 사업연도의 소득에 대한 법인세의 과세표준을 신고하거나 법인세의 과세표준을 결정 또는 경정할 때 익금에 산입한 금액은 그 귀속자 등에게 상여(賞與)·배당·기타사외유출(其他社外流出)·사내유보(社內留保) 등 대통령령으로 정하는 바에 따라 처분하는 것으로 규정하고 있고, 같은 법 시행령 제106조에서는 소득처분의 유형을 구체적으로 규정하고 있다.

익금에 산입한 금액이 사외에 유출된 것으로서 귀속자가 주주 등(임원 또는 사용인인 주주 등을 제외한다)인 경우에는 그 귀속자에 대한 배당, 귀속자가 임원 또는 사용인인 경우에는 그 귀속자에 대한 상여, 귀속자가 법인이거나 사업을 영위하는 개인인 경우에는 기타사외유출, 그 외의 귀속자에 대해서는 그 귀속자에 대한 기타소득, 귀속이 불분명한 경우에는 대표자에 대한 상여로 처분하고, 익금에 산입한 금액이 사외에 유출되지 아니한 경우에는 사내유보로 처분하고(법인세법 시행령 제106조 제1항 제1호 및 제2호), 익금산입 또는 손금불산입액이라 하더라도 이미 이익잉여금 또는 자본잉여금으로 계상하고 있는 금액의 경우(예: 기타자본잉여금으로 계상하고 있는 자기주식처분이익)에는 기업회계와 법인세법간에 자본의 차이가 없기 때문에 기타로 소득처분한다9).

다만, 익금산입액 또는 손금불산입액이 사외로 유출된 금액이기는 하나, 법인세법 시행령 제106조 제1항 제3호에 열거된 사항은 납세의무 없는 자(국가 등)에게 귀속한 경우, 해당 금액이 이미 귀속자의 과세소득 등을 구성하고 있는 경우 또는 비과세소득에 해당하는 등 귀속자에게 소득세의 납세의무를 지우는 것이 적합하지 않은 경

---

9) 김완석·황남석 공저, 『법인세법론』, 삼일인포마인, 2016년, 145~146면.

우에 해당하기 때문에 기타사외유출로 소득처분하며, 대상판결과 관련된 구 법인세법 시행령 제106조 제1항 제3호 자.목의 "제88조 제1항 제8호의 규정에 의하여 익금에 산입한 금액으로서 귀속자에게 「상속세 및 증여세법」에 의하여 증여세가 과세되는 금액"의 조항은 동일한 소득에 대해서 귀속자에게 소득세와 증여세가 중복으로 과세되는 것을 배제하기 위한 것으로 볼 수 있다.[10]

소득처분에 의하여 소득자, 소득의 종류, 소득금액 및 소득의 귀속시기가 확정되며, 해당 소득자는 소득의 종류에 따라 세율, 소득공제, 세액공제 등에 차이가 발생하여 궁극적으로 세부담의 차이가 발생하게 되고, 소득처분의 대상법인에게는 원천징수의무 여부 및 그 세율에 차이가 발생하게 된다.

다. 포괄적 주식교환에 대한 각 세법상 취급[11]

(1) 법인세법-피출자법인 입장에서 부당행위계산부인 규정을 중심으로

법인세법 제52조에서는 내국법인의 행위 또는 소득금액의 계산이 특수관계인과의 거래로 인하여 그 법인의 소득에 대한 조세의 부담을 부당하게 감소시킨 것으로 인정되는 경우에는 과세권자가 그

---

10) 상속세 및 증여세법 제4조의 2 제2항에서는 "제1항의 증여재산에 대하여 수증자에게 「소득세법」에 따른 소득세 또는 「법인세법」에 따른 법인세가 부과되는 경우에는 증여세를 부과하지 아니한다. 소득세 또는 법인세가 「소득세법」, 「법인세법」 또는 다른 법률에 따라 비과세되거나 감면되는 경우에도 또한 같다."라고 규정하고 있으므로 동일한 소득에 대해 소득세와 증여세가 동시에 부과될 수는 없다.

11) 조세특례제한법 제38조에서는 주식의 포괄적 교환·이전에 대하여 양도소득세와 법인세 과세이연을 규정하고 있으나, 본 평석에서는 그러한 과세특례에 대한 논의는 제외하였음.

법인의 행위 또는 소득금액의 계산에 관계없이 그 법인의 각 사업연도의 소득금액을 재계산할 수 있는 부당행위계산부인 규정을 두고 있다.

부당행위계산부인이란 납세자가 특수관계인에게 정상적인 거래 형식에 의하지 아니하고 경제적인 이익을 분여, 즉 특수관계인 사이의 '숨은 이익분여'를 규제하는 것이다.12) 부당행위계산부인에 따라 납세의무자의 소득을 늘려 잡는다면, 실제로 납세의무자에게 남아 있는 소득과 차이가 생기게 마련이므로, 이 소득은 다시 특수관계인에게 유출된 것으로 보아야 한다.13)

부당행위계산의 유형을 열거하고 있는 법인세법 시행령 제88조 제1항에서 포괄적 주식교환을 직접적으로 열거하고 있지 아니하므로, 법인세법 시행령 제88조 제1항 중 어떤 유형에 포괄적 주식교환이 포함될 수 있는지에 대한 판단이 필요하다. 포괄적 주식교환은 완전자회사 주식을 대가로 완전모회사 주식을 취득한다는 점에서는 자산 양수도 즉, 손익거래의 성격이 있고, 완전모회사가 신주를 발행한다는 측면에서는 자본거래의 성격이 있다. 즉, 손익거래와 자본거래의 이중적 측면이 있다는 점에서 현물출자와 그 성격이 유사하다.

법인세법 시행령 제88조 제1항 제1호는 "자산을 시가보다 높은 가액으로 매입 또는 현물출자받았거나 그 자산을 과대상각한 경우"를 제3호에서는 "자산을 무상 또는 시가보다 낮은 가액으로 양도 또는 현물출자한 경우"를 각각 부당행위계산의 유형으로 규정하고 있는바, 포괄적 주식교환을 자산의 양수도 또는 현물출자로 보는 경우에는 동 규정을 적용할 수 있을 것이다. 이와 같은 법인세법 시행령 제88조 제1항 제1호 또는 제3호는 직접적인 거래 당사자간(매도자와 매수자간 또는 현물출자자와 피출자법인간)의 이익분여를 규제하는

---

12) 임승순, 『조세법』, 박영사, 2014년, 638면.
13) 이창희, 『세법강의』, 박영사, 2016년, 948면.

조항으로 볼 수 있다.

다음으로, 포괄적 주식교환의 자본거래로서의 성격을 고려하면,[14] 법인세법 시행령 제88조 제1항 제8호에서 규정하는 증자·감자, 합병 등 자본거래로 인하여 주주 등인 법인이 특수관계인인 다른 주주 등에게 이익을 분여한 경우, 또는 같은 항 제8호의2에서 규정하는 "제8호 외의 경우로서 증자·감자, 합병(분할합병을 포함한다)·분할, 「상속세 및 증여세법」 제40조 제1항에 따른 전환사채등에 의한 주식의 전환·인수·교환 등 법인의 자본(출자액을 포함한다)을 증가시키거나 감소시키는 거래를 통하여 법인의 이익을 분여하였다고 인정되는 경우"를 적용할 수 있는 여지도 있다.[15] 법인세법 시행령 제88조 제1항 제8호 및 제8호의2의 규정은 자본거래를 행하는 법인(이하 '자본거래 주체법인'이라 한다)의 주주 등인 법인이 자본거래 주체법인의 다른 주주 등에게 이익을 분여한 것으로 보는 것이지, 자본거래 주체법인이 그 주주 등인 법인에게 이익을 분여한 것으로 보는 것은 아니다.[16]

포괄적 주식교환이라는 하나의 거래에 대해서 법인세법 시행령

---

14) 법인세법 제17조에서 주식의 포괄적 교환차익(「상법」제360조의 2에 따른 주식의 포괄적 교환을 한 경우로서 같은 법 제360조의 7에 따른 자본금 증가의 한도액이 완전모회사의 증가한 자본금을 초과한 경우의 그 초과액)은 실질상 자본 또는 출자의 납입에 해당하므로 익금불산입 항목으로 규정하고 있다.

15) 현물출자에 의한 증자의 경우에는 현물출자자 이외의 자에게 신주인수권이 부여되지 않으므로 "해당 법인의 주주 등이 신주를 배정받을 수 있는 권리('신주인수권')의 전부 또는 일부를 포기한 경우"를 전제로 한 상증세법 제39조 증자에 따른 이익의 증여 규정이 적용되지 않고(대법원 1989. 3. 14. 선고 88누889 판결), 상증세법 제39조의3의 현물출자에 따른 이익의 증여 규정이 적용된다. 동일한 취지에서 현물출자에 대해서 법인세법 시행령 제88조 제1항 제8호는 적용되지 않는 것으로 보는 것이 타당해 보인다.

16) 이태로·한만수, 『조세법강의』, 신정10판(박영사, 2014년), 548~549면.

제88조 제1항 제1호(또는 제3호)와 법인세법 시행령 제88조 제1항 제8호 내지 제8호의2를 동시에 적용할 수 있는지에 대해서는 논란 이 발생할 수 있으나, 하나의 거래에 대해서 이익의 분여자가 다수 가 되거나 이중과세에 해당할 수 있는 문제점이 있고(예컨대, 대상 판결의 경우 완전모회사 및 완전모회사의 주주가 모두 이익의 분여 자에 해당하게 됨), 상법에서 규정하고 있는 적법한 절차에 따른 포 괄적 주식교환을 ①주식의 양도와 ②주식 양도대금을 재원으로 한 증자라는 이원적인 거래로 파악하여 각각에 대해서 부당행위계산부 인 규정을 적용하는 것은 거래를 지나치게 자의적으로 구성하는 측 면이 있으며, 법인세법 시행령 제88조 제1항에서 부당행위계산부인 의 유형을 구체적으로 열거하고 있음에도 여러 유형을 중첩적으로 적용하는 것은 지나친 것으로 생각된다.17)

대상판결에서는 포괄적 주식교환에 대해서 구 법인세법 시행령 제88조 제1항 제1호에 따라 부당행위계산 부인이 적용된다고 판단 하였고, 구 법인세법 시행령 제88조 제1항 제8호의 적용 여부에 대 해서는 언급하지 아니하였다.

---

17) 과세관청은 납세자가 "현물출자의 경우 현물출자 자산의 양도라는 손익 거래와 주식발행이라는 자본거래가 동시에 이루어진다는 관점 하에서 각 각의 거래(양도 및 자본거래)를 구분하여 세무상 문제(부당행위여부)를 고려해야 하는지, 아니면 현물출자를 하나의 단일거래(자본거래)행위로 보아 실질주식교환비율이 세법에 다라 산정된 주식교환비율과의 차이발 생여부에 따라 세무상 문제(부당행위여부)를 고려해야 하는지 여부"를 질 의한 사안에서, "「법인세법 시행령」 제88조 제1항의 규정에 따라, 법인이 자산을 시가보다 높은 가액으로 현물출자받았거나, 낮은 가액으로 현물 출자하여 특수관계자에게 이익을 분여함으로써 당해 법인의 조세의 부담 을 부당히 감소시킨 것으로 인정되는 경우에는 같은 법 제52조의 규정에 의한 부당 행위계산의 부인규정이 적용되는 것임"이라고 유권해석 하였 는바(서면2팀-2197, 2006. 10. 30), 답변 내용이 이원거래 모두에 대해서 부 당행위계산부인 규정을 적용하는 것이지 여부가 불명확함.

(2) 상속 및 증여세법[18]

포괄적 주식교환으로 인하여 얻은 이익에 대해서 증여세가 부과된다는 것에 대해서는 이의가 없었으나, 상증세법상 어떤 조항을 적용하여 증여세가 과세되어야 되는지에 대해서는 많은 논란이 있어왔다.

과거 과세관청은 대상판결의 사실관계와 같은 포괄적 주식교환에 대해 상증세법 제35조(저가 양수 또는 고가 양도에 따른 이익의 증여)이나 제39조(증자에 따른 이익의 증여)[19] 또는 구 상증세법 제42조(그 밖의 이익의 증여 등) 제1항 제3호를[20] 적용하여 증여세를 과세하였고, 조세심판원은 포괄적 주식교환에 대해 대체로 상증세법 제35조를 적용하는 것으로 판단하였고,[21] 대법원에서도 포괄적 주식교환에 대해 상증세법 제35조가 적용되는 것을 전제로 단지 거래의 관행상 정당한 사유가 있는지 여부에 대한 판단을 하였었다[22]. 상증세법 제35조를 적용하는 경우 증여자는 완전모회사이고 수증자는 완자자회사의 주주가 되며, 법인세법상 부당행위계산에 대응되는 유형은 자산의 고가매입을 규정하고 있는 법인세법 시행령 제88조 제1항 제1호가 될 것이다.

그러다가 대법원은 대법원 2014. 4. 24. 선고 2011두23047 판결에

---

18) 이 부분은 {신기선, "주식의 포괄적 교환과 과세문제 - 증여세를 중심으로", 2015. 1. 19. 대법원 특별소송실무연구회, 13~15면}을 상당 부분 참고하였음을 미리 밝혀둠.

19) 대법원 2014. 4. 24. 선고 2011두23047 판결.

20) 과거 기획재정부는 "'주식의 포괄적 교환'으로 증여이익이 발생한 경우 그 밖의 이익의 증여 등 규정에 따라 증여재산가액을 계산하는 것이며, 특수관계가 없는 자간의 거래로서 거래 관행상 정당한 사유가 있다고 인정되는 경우는 적용하지 않음"이라고 유권해석한 바 있음(재산세과-409, 2010 6. 18).

21) 조심2012서301, 2012. 12. 27. 등 다수의 심판원 결정사례에서 확인.

22) 대법원 2011. 9. 8. 선고 2011두11075 판결.

서 포괄적 주식교환에 대해서 구 상증세법 제42조 제1항 제3호를 적용하여 증여세를 과세하여야 한다고 최초로 판결하였으며, 그 구체적인 근거를 아래와 같이 밝히고 있다.

"한편 상법 제360조의2에 의하면, 회사는 주식의 포괄적 교환에 의하여 다른 회사의 발행주식의 총수를 소유하는 회사(이하 '완전모회사'라 하고, 다른 회사를 '완전자회사'라 한다)가 될 수 있는데(제1항), 주식의 포괄적 교환이 이루어지면 완전자회사가 되는 회사의 주주가 가지는 그 회사의 주식은 주식을 교환하는 날에 완전모회사가 되는 회사에 이전되고, 그 완전자회사가 되는 회사의 주주는 그 완전모회사가 되는 회사가 주식교환을 위하여 발행하는 신주의 배정을 받음으로써 그 회사의 주주가 된다(제2항). 이처럼 상법상의 주식의 포괄적 교환은 완전자회사가 되는 회사의 주식이 완전모회사가 되는 회사에 이전되는 거래와 완전자회사가 되는 회사의 주주가 완전모회사가 되는 회사로부터 완전자회사가 되는 회사의 주식과 대가관계에 있는 신주를 배정받아 완전모회사가 되는 회사의 주주가 되는 거래가 결합하여 일체로 이루어진다. 따라서 완전자회사가 되는 회사의 주주가 주식의 포괄적 교환을 통하여 이익을 얻었는지 여부는 주식교환비율 산정의 기초가 된 완전자회사가 되는 회사 주식의 1주당 평가액이 상증세법상의 평가액보다 높은 가액이었는지 또는 완전모회사가 되는 회사로부터 배정받은 신주의 인수가액이 상증세법상의 평가액보다 낮은 가액이었는지 여부만에 의하여 결정되는 것이 아니라, 완전자회사가 되는 회사의 주주가 완전모회사가 되는 회사에 이전한 완전자회사가 되는 회사의 주식에 대한 상증세법상의 평가액과 완전모회사가 되는 회사로부터 배정받은 신주에 대한 상증세법상의 평가액의 차액, 즉 교환차익이 존재하는지 여부에 따라 결정된다.
이러한 상법상 주식의 포괄적 교환거래의 구조와 특성, 그리고 앞서 본 규정을 비롯한 상증세법상 관련 규정의 문언 내용과 입법 취지 및 체계 등을 종합하여 보면, 상법상의 주식의 포괄적 교환에 의하여 완전자회사가 되는 회사의 주주가 얻은 이익에 대하여는 '재산의 고가양도에 따른 이익의 증여'에 관한 상증세법 제35조 제1항 제2호, 제2항이나 '신주의 저가발행에 따른 이익의 증여'에 관한 상증세법 제39조 제1항 제1호 (다)목을 적용하여 증여세를 과세할 수는 없고, '법인의 자본을 증가시키는 거래에 따른 이익의 증여'에 관한 상증세법 제42조 제1항 제3호를 적용하여 증여세를 과세하여야 할 것이다."

이후에 대법원 2014. 9. 26. 2012두6797 판결에서도 동일한 결정을 하고 있고, 대상 판결에서도 위와 같은 취지를 따르고 있다. 구 상증세법 제42조 제1항 제3호를 적용하는 경우 증여자는 완전모회사의 주주이고 수증자는 완전자회사의 주주가 된다.[23]

(3) 소득세법

"양도"란 자산에 대한 등기 또는 등록과 관계없이 매도, 교환, 법인에 대한 현물출자 등을 통하여 그 자산을 유상(有償)으로 사실상 이전하는 것을 말하기 때문에(소득세법 제88조 제1호), 포괄적주식교환도 당연히 양도소득세 과세대상에 해당한다.

양도소득세 산정시 자산의 양도가액은 그 자산의 양도 당시의 양도자와 양수자 간에 실지거래가액에 따르며(소득세법 제96조 제1항), 대법원에서는 포괄적 주식교환시 교환비율의 기초가 되는 완전모회사의 평가액이 실지거래가액에 해당하는지가 쟁점이 된 사안에서 주식교환 과정에서 완전모회사 주식 1주당 가액으로 평가된 금액은 실지거래가액에 해당한다고 판단하였다(대법원 2011. 02. 10. 선고 2009두19465 판결).

한편, 자산을 고가로 양도하는 경우 ①법인세법 제52조에 따른 특

---

23) 주식의 포괄적 교환거래는 완전모회사의 자본을 증가시키는 자본거래이므로 이를 통해 완전모회사의 재산이 완전자회의 주주에게 무상으로 이전되었다고 볼 수 없다(신기선, "주식의 포괄적 교환과 과세문제 - 증여세를 중심으로", 2015. 1. 19. 대법원 특별소송실무연구회, 15면).

수관계인에 해당하는 법인에 양도한 경우로서 같은 법 제67조에 따라 해당 거주자의 상여·배당 등으로 처분된 금액이 있는 경우에는 같은 법 제52조에 따른 시가, ②특수관계법인 외의 자에게 자산을 시가보다 높은 가격으로 양도한 경우로서 상증세법 제35조에 따라 해당 거주자의 증여재산가액으로 하는 금액이 있는 경우에는 그 양도가액에서 증여재산가액을 뺀 금액을 해당 자산의 양도 당시의 실지거래가액으로 보는바(소득세법 제96조 제3항), 이러한 조항은 양도소득세와 소득세 또는 양도소득세와 증여세가 이중으로 과세되는 것을 방지하기 위한 조항으로서, 어떤 세금이 먼저 부과되어야 하는지에 대한 기준으로 볼 수 있다.

라. 대상판결에 대한 평가

소득처분을 규정하고 있는 구 법인세법 시행령 제106조 제1항 제3호에서는 귀속자에 관계없이 기타사외유출로 소득처분하는 경우를 열거하면서, 자.목에서 "제88조 제1항 제8호의 규정에 의하여 익금에 산입한 금액으로서 귀속자에게 「상속세 및 증여세법」에 의하여 증여세가 과세되는 금액"도 그 대상에 포함하고 있다(구 법인세법 시행령 제106조 제1항 제3호 자.목).

법인세법 시행령 제106조 제1항 제3호 자.목은 2007. 2. 28. 개정 시 "제88조 제1항 제1호·제3호·제8호·제8호의2 및 제9호(제1호·제3호·제8호 및 제8호의2에 준하는 행위 또는 계산에 한한다)의 규정에 의하여 익금에 산입한 금액으로서 귀속자에게 「상속세 및 증여세법」에 의하여 증여세가 과세되는 금액"으로 개정되었고, 2009. 2. 4. 개정시 "제88조 제1항 제8호·제8호의2 및 제9호(같은 호 제8호 및 제8호의2에 준하는 행위 또는 계산에 한정한다)에 따라 익금에 산입한 금액으로서 귀속자에게 「상속세 및 증여세법」에 의하여 증여세

가 과세되는 금액"으로 개정되었다.[24]

구 법인세법 시행령 제106조에 따를 때, 이 사건 교환계약일이 속한 2006년도에는 사업자가 아닌 특수관계에 있는 개인으로부터 자산을 시가보다 높은 가액으로 매입 또는 현물출자받았거나 그 자산을 과대상각하여 법인세법 시행령 제88조 제1항 제1호를 적용받는 경우에는 원칙적으로 기타사외유출로 소득처분할 수 없고, 배당, 상여 또는 기타소득으로 소득처분하여야 한다.

그럼에도 불구하고 대상판결에서는 주식의 포괄적 교환에 의하여 완전자회사가 되는 회사의 주주가 얻은 이익은 '법인의 자본을 증가시키는 거래에 따른 이익의 증여'로서 구 상증세법 제42조 제1항 제3호에 따라 증여세가 과세되므로(대법원 2014. 4. 24. 선고 2011두23047 판결 참조), 주식의 포괄적 교환에 의하여 완전모회사가 되는 회사가 완전자회사가 되는 회사의 주식을 시가보다 높은 가액으로 양수함으로써 부당행위계산 부인에 따라 법인의 익금에 산입되는 금액에 대하여는 구 법인세법 시행령 제88조 제1항 제8호의 경우에 준하여 '기타 사외유출'로 처분하여야 하고, 그 귀속자에게 배당, 상여 또는 기타소득의 처분을 할 수 없는 것으로 결정하였다.

대상판결에서 참조한 대법원 2014. 4. 24. 선고 2011두23047 판결은 포괄적 주식교환에서 완전자회사의 기존 주주에게 증여세가 부과된 사안으로, 완전모회사 입장에서 고가취득 또는 고가현물출자로 부당행위계산부인 규정이 적용된 사안은 아니다. 대상판결은 완전자회사의 기존 주주가 완전모회사와 특수관계가 존재하는 상황에서 완전모회사에게 부당행위계산부인 규정의 적용되고, 그에 따른 소득처분을 기타사외유출로 처분해야 한다고 결정하였는바, 출자를

---

24) 법인세법 시행령 제106조 제1항 제3호 자.목의 개정에 따라 2007. 2. 28~ 2009. 2. 3의 기간 동안은 특수관계에 있는 법인과 개인간 자산을 시가대로 거래하지 않을 경우 소득세가 아닌 증여세가 부과되었다.

받는 법인에게 부당행위계산부인 규정이 적용되는 경우에도 기존 주주에게 소득세가 아닌 증여세가 부과됨을 명확히 한 최초의 판결이다.[25]

구 법인세법 시행령 제106조 제1항 제3호 자.목은 합병, 증자, 감자 등의 자본거래에 대해서 소득세 대신 증여세가 우선적으로 부과되도록 한 규정으로, 포괄적 주식교환도 이와 유사한 자본거래로서 구 상증세법 제42조 제1항 제3호에 따라 증여세가 부과될 수 있고,[26] 피출자법인 입장에서 소득처분을 통해서 수증자에게 추가적으로 소득세가 부과될 수 없다는 측면에서는(즉, 이익을 얻은 자에게 증여세가 소득세에 우선하여 과세) 대상판결 결론 자체에는 동의한다.

다만, 아래와 같이 대상판결의 결론에 이르는 과정이 타당한지는 의문이 남는다.

첫째, 대상판결에서는 주식의 포괄적 교환은 구 법인세법 시행령 제88조 제1항 제1호의 부당행위계산 부인 대상이 되고, 구 법인세법 시행령 제106조 제1항 제3호는 법인의 익금에 산입한 금액이 사외에 유출된 경우라도 동일한 소득이 이미 귀속자의 과세소득을 구성

---

25) 기존에는 특수관계인의 현물출자자산의 과대평가에 대하여 시가를 초과하는 현물출자 자산가액에 상응하는 금액 전액은 출자가 없는 것으로 부인하고 익금산입한 후 배당 또는 상여 등으로 소득처분하고, 동시에 자산가액을 손금산입하고 △유보로 소득처분하는 형태로 과세처분을 한 것으로 이해됨(이연호·박헌세·김재환 공저, 『법인세』, 15판(광교이택스, 2016년), 915면).

26) 현행 상증세법 제42조의2 제1항에서는 "주식의 포괄적 교환 및 이전, 사업의 양수·양도, 사업 교환 및 법인의 조직 변경 등에 의하여 소유지분이나 그 가액이 변동됨에 따라 이익을 얻은 경우에는 그 이익에 상당하는 금액(소유지분이나 그 가액의 변동 전·후 재산의 평가차액을 말한다)을 그 이익을 얻은 자의 증여재산가액으로 한다."라고 규정하고 있어, 포괄적 주식교환에 대한 증여세 과세체계가 좀 더 명확해 졌음.

하고 있는 등 귀속자에게 소득세의 납세의무를 지우는 것이 부적절한 경우에는 그 귀속자에 대한 소득처분 없이 유출사실만을 확정하는 기타사외유출로 처분하도록 하는 데 그 취지가 있음을 언급하고 있어, 포괄적 주식교환의 경우 완전모회사(피출자법인)가 이익의 분여자이고 자회사의 기존 주주(출자자)가 이익을 분여받은 자인 것으로 인식하고 있는 것으로 보인다.

그러나 완전모회사가 주식을 발행하여 완전자회사의 주식을 취득하는 거래에서 완전자회사의 재산이 증가하였을 뿐 재산이 사외로 유출된 것으로 볼 수 없기 때문에 주식의 포괄적 교환으로 인하여 과연 완전모회사의 재산이 사외로 유출된 것으로 볼 수 있는지에 대한 논란이 발생할 수 있다. 포괄적 주식교환을 주식취득이라는 손익거래와 증자라는 자본거래라는 이원거래로 분리한 후 손익거래에 대해서 자산의 고가매입으로 보아 사외유출이 발생한 것으로 볼 수 있다는 의견도 가능하나, 그러한 가정을 따르는 경우 오히려 소득처분은 상여가 되어야 한다는 점에서 대상판결이 이원거래 모두에 대해서 각각 부당행위계산부인 규정이 적용되어야 한다는 것으로 전제한 것은 아니다27). 따라서, 포괄적 주식교환 또는 현물출자의 경우에 완전모회사 입장에서 출자자에게 이익을 분여한 것으로 볼 수 있는지에 대해서는 추가 검토가 필요할 것으로 생각된다.

둘째, 앞서 설명한 바와 같이 포괄적 주식교환에 대해서 구 상증세법 제42조 제1항 제3호를 적용하는 것은 주주간 이익 증여를 전제를 한 것인데 반해, 구 법인세법 시행령 제88조 제1항 제1호는 법인과 출자자간에 이익 분여를 전제로 한 것으로서 동 조항에 근거하여 부당행위계산부인 규정을 적용하면서 주주간의 이익 분여를 전제로

---

27) 대상판결은 포괄적 주식교환이 자본거래와 손익거래의 성격이 병존한다고 설시하면서, 법인세법 시행령 재88조 제1항 제1호가 적용된다고 판단한 것임.

한 구 상증세법 제42조 제1항 제3호에 따라 증여세가 부과될 수 있음을 이유로 기타사외유출로 소득처분을 하는 것은 모순이 있어 보인다.

즉, 완전자회사의 주식이 과대평가되어 완전모회사의 법인주주가 완전자회사의 개인 주주에게 이익을 분여하였다고 인정되어 그러한 개인 주주에게 구 상증세법 제42조 제1항 제3호에 따라 증여세가 부과되고, 이익을 분여한 법인주주에게 법인세법 시행령 제88조 제1항 제8호 등의 적용으로 부당행위계산부인 규정을 적용하는 경우에는 당연히 소득처분이 기타사외유출로 될 수 있을 것인데, 완전모회사와 출자자와의 관계에 있어 주주간의 이익 분여를 이유로 들어 소득처분을 기타사외유출로 하는 것은 부자연스럽고 이는 결국 대상판결에서 완전모회사와 출자자간에 이익분여가 존재한다는 전제에서 도출된 결론으로 어쩔 수 없는 선택으로 보인다.

위와 같은 논란은 법인세법상 자산의 취득가액 규정의 적용으로 어느 정도 해소될 수 있다. 대상판결에서는 주식의 포괄적 교환에 의하여 완전모회사가 되는 회사가 완전자회사가 되는 회사의 주식을 시가보다 높은 가액으로 양수한 경우에는 법인의 자산이 과다계상되므로 부당행위계산부인 규정을 적용해야 하는 것으로 판단하고 있지만, 구 법인세법 시행령에서는 현물출자에 의하여 취득한 자산의 취득가액은 장부에 계상한 출자가액 또는 승계가액으로 하되, 그 가액이 시가를 초과하는 경우에는 그 초과금액을 제외하는 것으로 규정하고 있고(구 법인세법 시행령 제72조 제2항),[28] 현물출자자산을 매각 또는 상각하는 시점에 시가 초과분은 법인의 손금에 해당할 수 없기 때문에 부당행위계산부인 규정을 적용하지 않고서도 자산의 취득가액 규정의 적용만으로도 피출자법인의 손익이 부당하게

---

28) 현행 법인세법 시행령은 현물출자에 의하여 취득한 자산의 취득가액을 해당자산의 시가로 규정하고 있다(법인세법 시행령 제72조 제2항).

과소 계상되지는 않는다.[29] 포괄적 주식교환의 경우에도 현물출자와 동일하게 이러한 원칙을 적용할 수 있을 것이다.

다만, 포괄적 주식교환거래의 경우 완전모회사, 완전자회사 주주, 완전모회사 주주가 이해당사자이고, 완전자회사 주식의 평가가액 및 완전모회사 주식의 발행가액에 따라 각 당사자들이 얻는 이익의 여부 및 그 평가액이 달라지고, 포괄적 주식교환의 성격을 어떻게 볼 것인가에 따라 과세방법론에 차이가 발행할 수 있으므로 단순히 자산의 취득가액 규정만으로 완전모회사에 대한 과세방법을 설명하는 것이 다른 당사자들에 대한 과세방법론과 모순되는 측면이 있는지에 대해서는 추가 검토가 필요하다고 생각된다.

마. 법령 정비 등

대상판결을 검토하는 과정 중에 아래와 같은 사항에 대해서는 법령 정비 및 대법원 판결을 통해서 명확히 할 필요가 있어 보인다.

첫째, 법인세법 시행령 제88조 제1항 제1호에서 "자산을 시가보다 높은 가액으로 매입 또는 현물출자 받았거나 그 자산을 과대상각한 경우"를 열거하고 있는데, 자산의 매입과 현물출자를 각기 다른 호에서 규정할 필요가 있어 보인다. 상증세법에서는 자산의 고·저가 양수도, 증자 및 현물출자, 주식의 포괄적 교환 및 이전을 각기 다른 조에서 규정하고 있다. 현물출자(주식의 포괄적 교환 포함)는 출자의 목적물이 금전이 아니라는 점 이외에는 일반적인 유상증자와 유

---

29) 실무상으로는 포괄적 주식교환 시점에 자산가액을 손금산입하고 △유보로 소득처분하고, 동일한 금액을 익금산입한 후 기타로 소득처분하는 방안 또는 주식교환 시점에 별도의 세무조정을 하지 않고 매각시점에 취득가액으로 인정받지 못한 부분을 익금산입하고 기타로 소득처분하는 방안을 고려할 수 있음.

사하기 때문에, 법인세법 규정에서도 주주간의 이익분여로 부당행위계산부인 규정을 적용하는 것이 타당하다고 생각되며, 이러한 측면에서 현물출자의 경우를 자산의 매입 및 매도 조항과 분리할 필요가 있다.

둘째, 현물출자(주식의 포괄적 교환 포함)에 대해 주주간의 이익증여로 부당행위계산부인 규정을 적용하는 경우, 소득처분을 규정하고 있는 법인세법 시행령 제106조 제1항 제3호에서도 현물출자(주식의 포괄적 교환 포함)에 대해 증여세가 과세되는 부분에 대해서는 기타사외유출로 소득처분하도록 규정할 필요가 있다.

셋째, 소득세법에서는 자산의 고가 양도시 법인세법 제67조에 따라 상여·배당 등으로 처분된 금액과 상증세법 제35조에 따라 증여세가 부과되는 부분은 양도가액에서 제외하도록 규정하여 중복과세를 배제하고 있는데(소득세법 제96조 제3항), 주식의 포괄적 교환에 대한 이익의 증여 규정인 현행 상증세법 제42조의2가 적용되는 경우 증여재산가액과 소득세법상 양도가액의 조정에 대한 규정이 필요할 것으로 생각된다.

법인이 정관의 위임에 따라 적법하게 제정된 임원퇴직금 지급규정에 따라 임원에게 퇴직금을 지급하였더라도 당해 퇴직금이 손금에 불산입될 수 있는지 여부

- 대법원 판결 2016. 2. 18. 선고 2015두53398에 관하여 -

서 승 원 변호사

I. 사안의 개요

1. 사실관계

원고는 2011. 1. 17. 임시주주총회를 개최하여 '임원의 보수 또는 퇴직한 임원의 퇴직금은 주주총회의 결의로 정한다'라고 규정한 원고의 정관 제33조를 '임원의 보수는 주주총회의 결의로 정한다(제1항). 퇴직한 임원의 퇴직금은 주주총회의 결의를 거친 임원퇴직금 지급규정에 의한다(제2항)'로 변경하는 한편 아래와 같은 내용의 '임원퇴직금 지급규정'(이하 '**이 사건 퇴직금규정**'이라고 한다)을 신설하고, 2011년 임원인 A, B에게 지급할 보수를 각 1억 2,000만 원으로 정하며, A, B가 용인시 기흥구 영덕동 548, 548-1 토지 및 그 지상 건물(이하 통틀어 '**이 사건 부동산**'이라고 한다)을 성공적으로 매각하여 큰 수익을 올렸음을 이유로 2011. 12. 31. 전까지 A에게는 월보수액의 100배인 10억 원을, B에게는 월보수액의 50배인 5억 원을 특별상여로 지급하고, 임원의 보수를 2012년부터 연봉제로 전환하기로 의결하였다.

[임원퇴직금 지급규정]

제4조(퇴직금의 산정)

① 퇴직금은 「퇴직금산출기준액 x 지급기준율」로 계산한 금액으로 한다.

② 퇴직금 산출기준액은 퇴직일전 3개월간의 평균임금의 30일치와 최근 1년간의 상여금으로 한다. 이때 평균임금의 개념은 근로기준법을 준용한다.

③ 지급기준율은 다음과 같다.

임원의 직급	근속기간별 지급율		
	4년 미만	4년 이상~10년 미만	10년 이상
사내이사	7	10	13
감 사	3	6	9

이에 따라 원고는 2011. 12. 29. A와 B에게 아래와 같이 상여금, 퇴직금(이하 '**이 사건 퇴직급여**'라고 한다)을 지급한 후 이를 손금에 산입하여 2011 사업연도 법인세를 신고하였다.

	상여금	퇴직금
A	1,000,000,000원	3,961,197,090원
B	500,000,000원	1,314,755,418원

이에 대하여, 피고들은 원고가 A, B에게 퇴직금을 지급하고 이를
손금산입한 것이 부동산의 처분이익을 임원들에게 배분하기 위한
것이라고 보아, 2012. 10. 2. 이들에 대한 퇴직금을 손금에 불산입하
여 2011 사업연도 법인세 약 17억 원(가산세 포함)을 경정·고지하였
고, 2012. 10. 9. 이들에 대한 퇴직금을 상여로 소득처분하면서 소득
금액변동통지를 하였다(이하 위 법인세 부과처분 중 퇴직금과 관련
된 1,151,118,640원 부분과 위 소득금액변동통지 중 A에 대한
3,485,197,090원, B에 대한 1,051,255,418원 부분을 통틀어 '**이 사건
처분**'이라고 한다).

2. 쟁점

법인이 정관의 위임에 따라 적법하게 제정된 임원퇴직금 지급규
정에 따라 임원에게 지급한 퇴직금이 손금에 불산입될 수 있는지 여
부가 쟁점이 되었다.

3. 관련 규정

> **법인세법 제26조(과다경비 등의 손금불산입)** 다음 각 호의 손비 중 대통령
> 령으로 정하는 바에 따라 과다하거나 부당하다고 인정하는 금액은 내
> 국법인의 각 사업연도의 소득금액을 계산할 때 손금에 산입하지 아니
> 한다.
> 1. 인건비

법인세법 시행령 제44조(퇴직급여의 손금불산입)

④ 법인이 임원에게 지급한 퇴직급여 중 다음 각 호의 어느 하나에 해당하는 금액을 초과하는 금액은 손금에 산입하지 아니한다.

1. 정관에 퇴직급여(퇴직위로금 등을 포함한다)로 지급할 금액이 정하여진 경우에는 정관에 정하여진 금액

2. 제1호 외의 경우에는 그 임원이 퇴직하는 날부터 소급하여 1년 동안 해당 임원에게 지급한 총급여액[「소득세법」 제20조 제1항 제1호 및 제2호에 따른 금액(같은 법 제12조에 따른 비과세소득은 제외한다)으로 하되, 제43조에 따라 손금에 산입하지 아니하는 금액은 제외한다]의 10분의 1에 상당하는 금액에 기획재정부령으로 정하는 방법에 의하여 계산한 근속연수를 곱한 금액. 이 경우 해당 임원이 사용인에서 임원으로 된 때에 퇴직금을 지급하지 아니한 경우에는 사용인으로 근무한 기간을 근속연수에 합산할 수 있다.

⑤ 제4항 제1호는 정관에 임원의 퇴직급여를 계산할 수 있는 기준이 기재된 경우를 포함하며, 정관에서 위임된 퇴직급여지급규정이 따로 있는 경우에는 해당 규정에 의한 금액에 의한다.

II. 대상판결의 요지

1. 법인세법 시행령 제44조 제4항 제1호, 제5항의 제한적 해석

임원에게 지급할 퇴직급여의 금액 또는 그 계산 기준을 정한 정관이나 정관에서 위임된 퇴직급여 지급규정(이하 통틀어 '**임원 퇴직급여규정**'이라 한다)에 따라 지급된 임원 퇴직급여는 원칙적으로 그 전액이 손금에 산입되는 것이나, 임원 퇴직급여 규정이 종전보다 퇴

직급여를 급격하게 인상하여 지급하는 내용으로 제정 또는 개정되
었고, 그 제정 또는 개정에 영향을 미칠 수 있는 지위에 있는 자 또
는 그와 가족관계 등 밀접한 관계에 있는 자가 퇴직임원으로서 그와
같이 급격하게 인상된 퇴직급여를 지급받게 되었으며, 그에 따라 실
제로 지급된 퇴직급여액이 해당 퇴직임원의 근속기간과 근무내용
또는 다른 비슷한 규모의 법인에서 지급되는 퇴직급여액 등에 비추
어 볼 때 도저히 재직기간 중의 근로나 공헌에 대한 대가라고 보기
어려운 과도한 금액이고, 그 규정 자체나 해당 법인의 재무상황 또
는 사업전망 등에 비추어 그 이후에는 더 이상 그러한 과도한 퇴직
급여가 지급될 수 없을 것으로 인정되는 등 특별한 사정이 있는 경
우에는, 그와 같은 임원 퇴직급여 규정은 실질적으로 근로 등의 대
가를 지급하기 위한 것이 아니라 퇴직급여의 형식을 빌려 특정 임원
에게 법인의 자금을 분여하기 위한 일시적 방편에 불과한 것으로서
법인세법 시행령 제44조 제4항 제1호 또는 제5항에서 정한 임원 퇴
직급여 규정에 해당하지 아니한다고 볼 것이므로, 이 경우에는 법인
세법 시행령 제44조 제4항 제2호에 따라 산정한 금액을 초과하는 부
분은 퇴직급여로 손금에 산입될 수 없다고 할 것이다.

2. 사안의 적용

다음과 같은 사정, 즉 ①원고는 A, B와 그의 자녀들이 발행 주식
전부를 보유하고 있는 회사로서 A, B 외의 다른 임원이 없는 점, ②
이 사건 퇴직금 규정은 원고가 이 사건 부동산을 양도하여 약 100억
원의 양도차익이 발생한지 불과 12일만에 만들어진 것으로 그 전까
지는 임원의 보수나 퇴직금에 관한 별도의 규정을 두고 있지 않았던
점, ③원고가 이 사건 부동산 등에서 임대수입을 올리고 있었으나

그 상당 부분을 금융기관의 대출금이자를 상환하는 데에 사용하는 등 이 사건 부동산을 양도하기 전까지 자금사정이 좋지 않았음에도, A, B에게 합계 15억 원의 특별상여금을 지급한 데 이어서 52억 원이 넘는 이 사건 각 퇴직금을 지급함으로써 결국 A, B에게 2011년 한 해 동안 보수 외에도 이 사건 부동산의 양도로 발생한 약 100억 원의 양도차익 중 3분의 2에 해당하는 금액을 지급하였는바, A, B의 4년 남짓한 근속기간이나 이 사건 부동산의 양도차익을 올리는 데 기여한 공로 등을 감안하더라도 이 사건 각 퇴직금은 지나치게 많은 액수라고 보이는 점, ④A, B 등이 원고 발행 주식 전부를 인수한 이후 이 사건 각 퇴직금 외에는 원고가 그 임원들에게 퇴직금을 지급한 적이 없었고, 원고의 2011. 1. 17자 임시주주총회에서 임원의 보수를 연봉제로 전환하기로 의결하였으므로, 원고가 이 사건 퇴직금 규정을 적용하여 이 사건 각 퇴직금과 같은 거액의 임원 퇴직금을 지급하는 경우는 더 이상 발생할 수 없을 것으로 보이는 점, ⑤원고가 이 사건 각 퇴직금을 지급한 이후에는 자금부족으로 A, B에게 보수조차 지급하지 못하고 있는 점 등을 앞서 본 법리에 비추어 살펴보면, 이 사건 퇴직금 규정은 원고가 임원이자 주주인 A, B에게 퇴직급여의 형식을 빌려 이 사건 부동산의 양도차익 등으로 발생한 법인 자금을 분여하기 위한 일시적인 방편에 불과한 것으로 봄이 상당하므로, 이 사건 각 퇴직금 중 법인세법 시행령 제44조 제4항 제2호에서 정한 산식에 따라 계산한 금액만이 퇴직급여로 손금산입 대상이 된다고 보아야한다.

III. 사안의 검토

1. 과세요건 법정주의 위반

가. 과세요건 법정주의

대한민국헌법은 제38조에서 "모든 국민은 법률이 정하는 바에 의하여 납세의 의무를 진다."라고 규정하고, 제59조에서는 "조세의 종목과 세율은 법률로 정한다."라고 규정함으로써 조세법률주의 원칙을 선언하고 있다. 이러한 조세법률주의는 조세법의 기본원칙으로서 과세요건을 법률로 규정하여 국민의 재산권을 보장하고 과세요건을 명확하게 규정하여 국민생활의 법적 안정성과 예측가능성을 보장하기 위한 것이고, 과세요건 법정주의와 과세요건 명확주의를 그 핵심적인 내용으로 하고 있다. 그리고 과세요건 법정주의란 납세의무를 성립시키는 납세의무자·과세물건·과세표준·과세기간·세율 등의 과세요건과 조세의 부과·징수절차를 모두 국민의 대표기관인 국회가 제정한 법률로 규정하여야 한다는 것을 의미한다(헌법재판소 2008. 7. 31자 2006헌바95 결정 참조).

그러나 이러한 과세요건 법정주의를 지나치게 철저히 시행한다면 복잡다양하고도 끊임없이 변천하는 경제상황에 대처하여 정확하게 과세대상을 포착하고 적정하게 과세표준을 산출하기 어려워 담세력에 응한 공평과세의 목적을 달성할 수 없게 된다. 따라서 납세의무의 중요한 사항 내지 본질적인 내용에 관련된 것이라 하더라도 그 중 경제현실의 변화나 전문적 기술의 발달 등에 즉응하여야 하는 세부적인 사항에 관하여는 국회제정의 형식적 법률보다 더 탄력성이 있는 행정입법으로 규율할 필요가 있다(헌법재판소 1995. 11. 30

자 94헌바40 결정 참조).

나. 이 사건의 경우

법인세법 제26조의 위임에 따른 법인세법 시행령 제44조 제4항 제1호, 제5항은 단지 '정관에서 위임된 퇴직급여지급규정에 의한 금액'을 초과하는 금액은 손금에 산입하지 아니한다고 규정하여 손금산입의 한도를 두고 있을 뿐, 퇴직급여지급규정이 '퇴직임원에게 과도한 퇴직급여를 지급하지 아니하는 내용이어야 한다'는 등의 요건을 별도로 두고 있지 않다. 따라서 이와 같은 별도의 제한규정이 없는 이상, 법문언에 따라 '정관에서 위임된 퇴직급여지급규정에 의한 금액'을 퇴직급여로 지급할 경우 퇴직금액이 과다한지 여부와 관계없이 그 퇴직급여는 전액 손금에 산입되어야 한다.

이와 같이 정관에서 위임된 퇴직급여지급규정에 정하여진 금액을 법인세법이 손금으로 모두 인정하는 이유는, 회사가 상법상의 정관변경의 절차를 거쳐서 그에 따라 퇴직금을 지급하는 경우 임원이라도 임의로 특정 임원들에게 퇴직금을 과다하게 지급하기가 어렵기 때문에, 퇴직급여의 지급이 정관에 기초한 것이라면 그 자체로 법인의 소득을 부당하게 감소시킬 위험이 적다고 보아 전액 손금으로 인정하는 것이다.

만약 대상판결과 같이 퇴직급여가 과도한 금액인 경우 등 특별한 사정이 있는 경우에는 정관의 위임에 기초한 임원 퇴직급여지급규정이라도 '법인세법 시행령 제44조 제4항 제1호, 제5항에서 정한 임원 퇴직급여지급규정'에 포함되지 않는다고 해석하기 위해서는, 과연 어떠한 경우가 대상판결에서 말하는 '특별한 경우'에 해당하여 과세의 대상이 되는 것인지가 법률 또는 그 위임에 따른 시행령 등에 예측이 가능한 정도로 규정되어 있어야 할 것이다.

그렇지 아니하고 대상판결에서와 같이 '법인세법 시행령 제44조
제4항 제1호, 제5항에서 정한 임원 퇴직급여지급규정'을 임의로 제
한적으로 해석하는 경우, ①법령의 문언은 일의적(一義的)이어서 다
른 해석의 여지가 없음에도 불구하고 사법부가 추가적인 과세요건
을 창설한 것으로서 납세자의 입장에서 과세 여부를 예견할 수가 없
고, ②이러한 불확정성은 과세관청의 입장에서 자의적이고 차별적으
로 법률을 적용할 가능성을 부여하게 되는바, 위와 같은 해석은 국
민생활의 법적 안정성과 예측가능성을 침해하게 되어 과세요건 법
정주의에 위반된다고 할 것이다.

2. 재산권 침해

가. 재산권의 침해와 조세법률주의

원칙적으로 조세의 부과·징수는 국민의 납세의무에 기초하는 것
으로서 재산권의 침해는 되지 않으나, 그에 관한 법률조항이 조세법
률주의에 위반되고 이로 인한 자의적인 과세처분권 행사에 의하여
납세의무자의 사유재산에 관한 이용·수익·처분권이 중대한 제한을
받게 되는 경우에는 예외적으로 재산권의 침해가 될 수 있다(헌법재
판소 1997. 12. 24자 96헌가19 등 결정 참조).

한편, 조세법률주의 원칙에서 파생되는 엄격해석의 원칙상, 조세
법규의 해석은 과세요건이나 비과세요건 또는 조세감면요건을 막론
하고 특별한 사정이 없는 한 법문대로 해석하여야 하고, 합리적 이
유 없이 확장해석하거나 유추해석, 또는 축소해석하는 것은 허용되
지 않는다(대법원 2004. 5. 28. 선고 2003두7392 판결, 대법원 2012. 9.
27. 선고 2012두10987 판결 등).

나. 이 사건의 경우

법인세법 시행령 제44조 제4항 제1호, 제5항에 따르면 정관 또는 정관에서 위임된 퇴직급여지급규정에 임원의 퇴직급여 금액 또는 그 계산할 수 있는 기준이 기재된 경우, 이를 근거로 지급된 퇴직급여는 전액 손금에 산입되는 것이고, 위 조항에서 말하는 '정관 또는 정관에서 위임된 퇴직급여지급규정'이란 적법한 절차에 따라 제정·개정된 것이면 족한 것이지, 그 내용에는 아무런 제한이 없다.

이와 같이 위 조항의 문언은 일의적(一義的)이어서 다른 해석이 개입할 여지가 없음에도 불구하고, 대상판결은 적법한 절차에 따라 제정·개정된 임원 퇴직급여 규정이라도 그에 근거한 퇴직급여가 과도한 경우 등 특별한 사정이 있는 경우 '법인세법 시행령 제44조 제4항 제1호 또는 제5항에서 정한 임원 퇴직급여 규정'에 해당하지 아니하다고 판시함으로써 '법인세법 시행령 제44조 제4항 제1호 또는 제5항에서 정한 임원 퇴직급여 규정'을 제한적으로 해석하였다.

대상판결의 이와 같은 태도는 조세법률주의에 위반하여 조세법규를 축소해석한 것이라 할 것인바, 원고는 이와 같이 조세법률주의에 위반되는 자의적인 과세처분권 행사에 의하여 사유재산에 관한 이용·수익·처분권이 중대한 제한을 받게 되었으므로 재산권을 침해하였다고 볼 것이다.

다. 소결

위와 같이 법인세법 시행령 제44조 제4항 제1호, 제5항에서 규정하는 '정관에서 위임된 퇴직급여지급규정'을 합리적 이유 없이 축소해석한 대상판결의 해석은 과세요건 법정주의에 위배되고, 국민의 재산권을 침해하는 위헌적인 해석이라고 할 것이다.

따라서 정관에서 위임된 퇴직급여지급규정에 정하여진 금액은 전액 손금에 산입할 수 있다고 해석해야 하고, 설령 대상판결의 해석과 같이 '정관에서 위임된 퇴직급여지급규정'을 제한적으로 해석하더라도, 그와 같은 해석은 가능한한 최소한에 그쳐야 할 것이다.

3. 부당행위계산부인 법리의 적용 가부

가. 대상판결의 태도

대상판결은, "… 특별한 사정이 있는 경우에는, 그와 같은 임원 퇴직급여 규정은 실질적으로 근로 등의 대가를 지급하기 위한 것이 아니라 퇴직급여의 형식을 빌려 특정 임원에게 법인의 자금을 분여하기 위한 일시적 방편에 불과한 것으로서 법인세법 시행령 제44조 제4항 제1호 또는 제5항에서 정한 임원 퇴직급여 규정에 해당하지 아니한다고 볼 것이므로, 이 경우에는 법인세법 시행령 제44조 제4항 제2호에 따라 산정한 금액을 초과하는 부분은 퇴직급여로 손금에 산입될 수 없다고 할 것이다."라고 판시하여 이 사건 임원퇴직금규정이 '법인세법 시행령 제44조 제4항 제1호 또는 제5항에서 정한 임원 퇴직급여 규정'에 해당하는지 여부를 문제삼기는 하였지만, "실질적으로 근로 등의 대가를 지급하기 위한 것이 아니라 퇴직급여의 형식을 빌려 특정 임원에게 법인의 자금을 분여"하였다고 판시하여 사실상 부당행위계산 부인의 법리를 적용한 듯하다.

나. 부당행위계산부인의 법리

법인세법상 부당행위계산부인 규정을 적용할 때에는 건전한 사회 통념 및 상거래 관행과 특수관계인이 아닌 자 간의 정상적인 거래에서 적용되거나 적용될 것으로 판단되는 가격(요율·이자율·임대료 및 교환 비율과 그 밖에 이에 준하는 것을 포함), 즉 **시가**를 기준으로 실제 거래가액과의 차액을 익금에 산입(손금불산입과 동일한 효과)한다(법인세법 제52조 제1항, 제2항).

여기서 '**시가**'란 해당 거래와 유사한 상황에서 해당 법인이 특수관계인 외의 불특정다수인과 계속적으로 거래한 가격 또는 특수관계인이 아닌 제3자간에 일반적으로 거래된 가격이 있는 경우에는 그 가격을 의미한다(법인세법 시행령 제89조 제1항).

따라서 특정 임원에 대한 퇴직금의 지급이 부당행위계산에 해당하려면 그 금액이 '해당 거래와 유사한 상황에서 해당 법인이 특수관계인 외의 불특정다수인과 계속적으로 거래한 가격 또는 특수관계인이 아닌 제3자간에 일반적으로 거래된 가격이 있는 경우에는 그 가격'보다 부당하게 높은 경우여야 하고, 구체적으로는 동일하거나 유사한 직위에 있는 임원 등에게 지급하는 퇴직금을 현저히 초과하는 경우가 이에 해당한다고 할 것이다.

그리고 부당행위계산 부인의 적용 기준이 되는 '시가'에 대한 주장·증명책임은 과세관청에 있는바(대법원 2013. 9. 27. 선고 2013두10335 판결), 과세관청이 동일하거나 유사한 직위에 있는 임원 등에게 지급하는 퇴직금이 얼마인지를 증명하고, 특정 임원들에게 지급된 퇴직급여가 이를 현저히 초과한다는 점을 증명하여야 할 것이다.

다. 동일한 쟁점의 판결

(1) 대법원 2016. 2. 18. 선고 2015두50153 판결

'합병 전 힐데스하임의 임원퇴직금 지급규정은 K가 퇴직한 후에
비로소 만들어졌고, 합병 전 키움건설과 합병 전 허밍하우스의 임원
퇴직금 규정 또한 J, S가 퇴직하기 2개월 전 또는 6개월 전에 만들어
진 점, … 퇴직 시까지의 근속연수가 약 4.3년 내지 4.5년에 불과한
K 등은 이와 같은 임원퇴직금 규정의 신설과 퇴직 전 월 급여의 인
상으로 인하여 결국 적게는 1,795,711,600원, 많게는 1,963,055,383원
의 각 퇴직급여를 지급받게 된 반면, 비슷한 시기에 합병 전 힐데스
하임에서 퇴직한 임원인 M은 약 2억 9,000만 원의 퇴직급여를 지급
받은 점, … 등을 앞서 본 법리에 비추어 살펴보면, 합병 전 회사들의
임원퇴직금 규정의 신설과 K 등의 퇴직 전 월 급여의 인상은 모두
위 회사들이 K 등에게 퇴직급여의 형식으로 법인 자금을 분여하기
위한 것일 가능성이 크다'는 이유로 임원퇴직금규정에 따라 지급한
퇴직급여를 손금에 산입할 수 없다고 판시하였다.[1]

---

1) 다음과 같은 사정, 즉 ①K 등은 합병 전 회사들을 계열회사로 둔 원건설의
   사주인 H의 자녀와 사위로서 위 회사들의 주주이자 이사였던 점, ② 병 전
   힐데스하임의 임원퇴직금 지급규정은 K가 퇴직한 후에 비로소 만들어졌
   고, 합병 전 키움건설과 합병 전 허밍하우스의 임원퇴직금 규정 또한 J, S
   가 퇴직하기 2개월 전 또는 6개월 전에 만들어진 점, ③임원퇴직금 규정의
   신설을 전후하여 K 등의 월 급여가 종전에 비하여 약 4배 내지 6배 정도
   로 인상되었는데, K 등의 근속기간과 근무내용 등에 비추어 보더라도 그
   와 같이 급격하게 월 급여가 인상될 만한 합리적인 이유를 찾기 어려운
   점, ④퇴직 시까지의 근속연수가 약 4.3년 내지 4.5년에 불과한 K 등은 이
   와 같은 임원퇴직금 규정의 신설과 퇴직 전 월 급여의 인상으로 인하여
   결국 적게는 1,795,711,600원, 많게는 1,963,055,383원의 각 퇴직급여를 지
   급받게 된 반면, 비슷한 시기에 합병 전 힐데스하임에서 퇴직한 임원인 M
   은 약 2억 9,000만 원의 퇴직급여를 지급받은 점, ⑤K 등이 퇴직급여로 지

(2) 부산고등법원 2015. 4. 22. 선고 2014누21400 판결2)

"… 원고는 이 사건 퇴직금 규정을 신설한 이후에도 퇴직금 중간 정산을 목적으로 각 연도 말 3개월의 평균 급여 및 평균 상여금을 기준으로 대표이사인 L 및 상무이사 C에게 중간정산 퇴직금으로 2010년 각 3,873,900원, 2011년 각 4,101,900원을 각 지급하였는데, 이와 같이 원고의 임원들 중 이금식을 제외한 나머지 임원들은 위와 같이 퇴직금을 미리 지급받음으로써 이 사건 퇴직금 규정의 적용이 배제되거나 적어도 이 사건 퇴직금 규정의 정률표상 근속연수가 낮아지게 되어, 이금식의 경우와 같이 높은 액수의 퇴직금을 지급받는 것이 원천적으로 봉쇄되었는바, 이는 합리적 이유 없이 이금식과 다른 임원들을 차별하는 것"이라는 이유로 임원퇴직금규정에 따라 지급한 퇴직급여를 손금에 산입할 수 없다고 판시하였다.3)

급받은 금액은 합병 전 회사들의 2005 사업연도부터 2009 사업연도까지 5년간 순이익을 기준으로 약 40% 내지 80%의 비중을 차지하는 규모로, 그 이후에도 계속적으로 위 임원퇴직금 규정에 따라 퇴직금을 지급하기는 곤란할 것으로 보이는 점 등을 앞서 본 법리에 비추어 살펴보면, 합병 전 회사들의 임원퇴직금 규정의 신설과 K 등의 퇴직 전 월 급여의 인상은 모두 위 회사들이 K 등에게 퇴직급여의 형식으로 법인 자금을 분여하기 위한 것일 가능성이 크고, 그렇다면 특별한 사정이 없는 한 인상 전 월 급여를 기초로 구 법인세법 시행령 제44조 제4항 제2호에서 정한 산식에 따라 계산한 금액만이 퇴직급여로 손금산입 대상이 된다고 보아야 할 것이다.

2) 대법원의 심리불속행 판결로 확정되었다(대법원 2015. 8. 27자 2015두42107 판결).

3) 다음과 같은 사정들, 즉 ①K는 1993년 이래 원고의 주식 40%를 보유한 대주주(아들인 L이 보유한 주식을 합하면 50%에 이른다)이고, 1998년경부터 사임 시점인 2010. 12. 20.까지 계속하여 원고의 대표이사로 재직하였으며, K가 대표이사직에서 사임한 이후 현재 K의 아들인 L이 단독 대표이사로 재직 중인 상태로서, K는 대표이사 사임 이후에도 2011. 3. 30.까지 상근임원으로서 회사 경영에 참여하였을 뿐 아니라 2011. 7. 1.에는 사내이사로 취임한 점 등에 비추어, K는 원고의 대주주로서 지배력을 행사하면서 원고를 실질적으로 경영해 온 것으로 보이는 점, ②이 사건 퇴직금 규정은

(3) 서울고등법원 2015. 7. 16. 선고 2014누68838 판결[4]

'퇴직급여기준이 제정되었던 2010. 9. 8.부터 불과 5개월 전인 2010. 4.경에 퇴직한 이사 W, J 및 직원 C에 관하여는 일반적인 지급기준에 따른 퇴직금만을 지급한 점 등을 종합해 보면, 이 사건 퇴직금 규정 중 퇴직금 지급에 관한 부분은 특정 임원에게 임의로 고액의 퇴직금을 지급하기 위한 수단일 뿐 원고가 계속적·반복적으로 적용하여 온 일반적이고 구체적인 규정이라고 볼 수 없다는 이유로 임원퇴직금규정에 따라 지급한 퇴직급여를 손금에 산입할 수 없다고 판시

K가 퇴직하기 불과 3개월 전인 2010. 9. 9. 개최된 주주총회에서 공동대표이사 K와 L이 주주로 참석한 가운데(나머지 주주들은 K 또는 L에게 자신들이 보유한 주식에 대한 의결권의 행사를 위임한 것으로 보인다) 신설된 것으로서, 지배주인 K의 지배력에 의해 K의 대표이사직 사임을 염두에 두고 급조되었다고 볼 여지가 충분한 점, ③이 사건 퇴직금 규정 제5항(지급제한)에서는 '임원이 회사 규정 또는 연봉계약서에 의거하여 이미 퇴직금을 지급받은 경우에는 본 규정을 적용하지 아니한다'고 규정하고 있고, 한편, 원고는 이 사건 퇴직금 규정을 신설한 이후에도 퇴직금 중간 정산을 목적으로 각 연도 말 3개월의 평균 급여 및 평균 상여금을 기준으로 대표이사인 L 및 상무이사 C에게 중간정산 퇴직금으로 2010년 각 3,873,900원, 2011년 각 4,101,900원을 각 지급하였는데, 이와 같이 원고의 임원들 중 K를 제외한 나머지 임원들은 위와 같이 퇴직금을 미리 지급받음으로써 이 사건 퇴직금 규정의 적용이 배제되거나 적어도 이 사건 퇴직금 규정의 정률표상 근속연수가 낮아지게 되어, K의 경우와 같이 높은 액수의 퇴직금을 지급받는 것이 원칙적으로 봉쇄되었는바, 이는 합리적 이유 없이 K과 다른 임원들을 차별하는 것인 점 등을 종합해 보면, 이 사건 퇴직금 규정 중 퇴직금 지급에 관한 부분은 특정 임원에게 임의로 고액의 퇴직금을 지급하기 위한 수단일 뿐 원고가 계속적·반복적으로 적용하여 온 일반적으로 구체적인 규정이라고 볼 수 없으므로, 법인세법 시행령 제44조 제4항 제1호의 '정관에 퇴직급여로 지급할 금액이 정하여진 경우' 또는 제5항의 '정관에서 위임된 퇴직급여 지급규정이 따로 있는 경우'에 해당한다고 볼 수 없다.

4) 대법원의 심리불속행 판결로 확정되었다(대법원 2015. 11. 26자 2015두 48808 판결).

하였다.5)

라. 이 사건 퇴직금규정이 실질적으로 근로 등의 대가를 지급하기 위한
  것이 아니라 퇴직급여의 형식을 빌려 특정 임원에게 법인의 자금을
  분여하기 위한 일시적 방편에 불과한 것으로 볼만한 특별한 사정이
  있는지 여부

대상판결은 '특별한 사정'이 있는 경우에는 임원 퇴직급여 규정
이 실질적으로 근로 등의 대가를 지급하기 위한 것이 아니라 퇴직급
여의 형식을 빌려 특정 임원에게 법인의 자금을 분여하기 위한 일시
적 방편에 불과하다면 법인세법 시행령 제44조 제4항 제1호 또는 제
5항에서 정한 임원 퇴직급여 지급규정에 해당하지 아니한다고 판시
하였고, 위 '특별한 사정'의 예시로서 ①임원 퇴직급여 규정이 종전

---

5) 다음과 같은 사정들, 즉 ①S는 2009. 12. 9. 당시 제2대주주인 Y의 주식을
 유상감자한 후 원고의 대표이사로서 1인 주주였으므로 원고를 실질적으
 로 경영해 온 것으로 보이고, H는 1980. 11. 1. 원고 회사에 입사한 이래
 이 사건 처분 당시 원고의 이사로서 회사 업무 전반을 관장하고 있었으므
 로 원고의 중요한 정책결정 및 업무처리에 있어서 실질적인 영향력을 행
 사할 수 있는 지위에 있었던 것으로 보이는 점, ②이 사건 퇴직급여기준은
 S 및 H에 대하여 연봉제전환을 이유로 퇴직급여를 중간정산한 2011. 12.
 31.부터 불과 1년여 전인 2010. 9. 8. 개최된 주주총회에서 신설된 것으로
 서, 1인주주인 S와 실질적 영향력 있는 H의 지배력에 의해 S와 H의 퇴직
 금 중간정산을 염두에 두고 급조되었다고 볼 여지가 충분한 점, ③이 사건
 퇴직급여기준이 제정되었던 2010. 9. 8.부터 불과 5개월 전인 2010. 4.경에
 퇴직한 이사 W, J 및 직원 C에 관하여는 일반적인 지급기준에 따른 퇴직
 금만을 지급한 점 등을 종합해 보면, 이 사건 퇴직금 규정 중 퇴직금 지급
 에 관한 부분은 특정 임원에게 임의로 고액의 퇴직금을 지급하기 위한 수
 단일 뿐 원고가 계속적·반복적으로 적용하여 온 일반적이고 구체적인 규
 정이라고 볼 수 없으므로, 법인세법 시행령 제44조 제4항 제1호의 '정관에
 퇴직급여로 지급할 금액이 정하여진 경우' 또는 제5항의 '정관에서 위임
 된 퇴직급여지급규정이 따로 있는 경우'에 해당한다고 볼 수 없다.

보다 퇴직급여를 급격하게 인상하여 지급하는 내용으로 제정 또는
개정되었고, ②그 제정 또는 개정에 영향을 미칠 수 있는 지위에 있
는 자 또는 그와 가족관계 등 밀접한 관계에 있는 자가 퇴직임원으
로서 그와 같이 급격하게 인상된 퇴직급여를 지급받게 되었으며, ③
그에 따라 실제로 지급된 퇴직급여액이 해당 퇴직임원의 근속기간
과 근무내용 또는 다른 비슷한 규모의 법인에서 지급되는 퇴직급여
액 등에 비추어 볼 때 도저히 재직기간 중의 근로나 공헌에 대한 대
가라고 보기 어려운 과도한 금액이고, ④그 규정 자체나 해당 법인
의 재무상황 또는 사업전망 등에 비추어 그 이후에는 더 이상 그러
한 과도한 퇴직급여가 지급될 수 없을 것으로 인정되는 경우 등을
들었다.

그런데 앞서 본 판결들의 경우 모두 특정 임원에게 다른 임원들
과 차별적으로 고액의 퇴직금을 지급한 것이 문제가 되는 사안임에
반하여, 대상판결의 사안은 임원이 A와 B밖에 없는바, 이 사건 퇴직
금규정은 모든 임원들에게 공평하게 적용된 것이고, 다른 임원들과
차별하여 특정 임원에게 법인의 자금을 분여하였다고 볼 수 없다.

더욱이, 원고와 같이 소규모의 가족회사이거나 사실상의 1인 회
사의 경우 설립 이후 처음으로 퇴직금을 지급하는 경우가 대부분일
것인바, 비교 대상이 없는 이상 '임원 퇴직급여 규정이 종전보다 퇴
직급여를 급격하게 인상하여 지급하는 내용으로 제정 또는 개정'된
것이라고 보기 어려운 측면이 있고, 또한 퇴직금을 지급받는 자와
퇴직급여 지급규정을 제정하는 자 역시 동일인일 수밖에 없다.

그럼에도 불구하고 대상판결과 같이 이 사건 퇴직금규정에 따른
퇴직금의 지급을 손금에 산입할 수 없다고 한다면, 원고와 같은 가
족회사나 사실상의 1인 회사는 정관으로 정한 퇴직급여 지급규정에
따라 퇴직금을 지급하더라도 항상 손금에 산입할 수 없게 되거나,
손금산입 여부를 과세관청의 자의적 판단에 맡겨야 한다는 결론에

이르게 되는바, 이는 부당하다고 할 것이다.

따라서 이 사건 퇴직급여가 동일하거나 유사한 직위에 있는 다른 임원들의 퇴직급여보다 부당하게 높은 금액이라고 볼 근거가 전혀 없고, 달리 피고가 동일하거나 유사한 직위에 있는 임원 등에게 지급하는 퇴직금, 즉 '시가'에 대한 아무런 주장·증명을 하지 않고 있는 이상, 이 사건 퇴직급여에 부당행위계산부인 규정을 적용할 수 없다고 할 것이다.

IV. 결론

이상의 논의에 비추어 볼 때, 법인세법 시행령 제44조 제4항 제1호, 제5항에서 규정하는 '정관에서 위임된 퇴직급여지급규정'을 합리적 이유 없이 제한적으로 해석한 대상판결의 해석은 과세요건 법정주의에 위배되고, 조세법률주의를 위반하여 국민의 재산권을 침해할 소지가 크다.

뿐만 아니라, 사회적 필요에 따라 '정관에서 위임된 퇴직급여지급규정'을 제한적으로 해석하더라도, 그와 같은 해석은 극히 예외적인 경우로 제한되어야 할 것인데, 대상판결은 이를 지나치게 쉽게 인정한 측면이 있다.

결국, 법인세법 시행령 제44조 제4항 제1호, 제5항의 입법적 보완을 통해 해결해야 할 문제로 생각된다.

명의위장 사업자의 매입세액 공제여부에 대한 검토

정 순 찬 변호사

I. 머리말

재산을 취득하거나 사업을 할 때 일반적으로는 자기 명의로 재산을 취득하거나 사업을 한다. 하지만, 현실의 상황을 살펴보면 타인 명의를 빌려 재산을 취득하는 경우나 사업을 하는 경우를 보게 된다. 즉, 부동산이나 주식[1]을 취득할 때 가족, 친척, 종업원, 기타 지인 등의 명의로 취득하는 경우가 종종 있으며, 사업을 하면서도 소위 바지사장을 내세워 사업을 수행하는 경우도 있다. 통장이나 휴대폰도 타인명의로 개설하는 등 속칭 대포통장이나 대포폰을 만들어 범죄에 이용하기도 한다.

이와 같이 타인명의로 재산취득, 사업개시, 통장개설, 휴대폰개통을 하면서 타인의 허락하에 그 명의를 사용하는 것을 명의대여라고 하고, 타인의 허락 없이 무단으로 사용하는 것을 명의도용이라고 한다. 명의도용의 경우에는 원칙적으로 명의자는 거래의 외관을 형성

---

1) 부동산명의신탁의 경우는 부동산실권리자 명의등기에 관한 법률에서 규제를 하며, 주식명의신탁의 경우에는 기본적으로 실질과세의 원칙에 따라 신탁자소유의 것으로 처리하지만, 실질과세의 원칙의 예외로서 상속세 및 증여세법에서 증여의제로 처리하여 증여세를 부과하도록 하고 있다.

하는데 기여한 바가 없고 오히려 피해자에 해당하므로 명의자가 이에 따른 책임을 지지는 않는다.

사업을 하면서 타인명의를 빌리는 이유는 높은 세율을 적용받지 않기 위한 조세탈루 목적을 가진 경우이거나 신용불량자이거나 국세의 체납으로 인하여 자신의 명의로는 사업을 해봐야 수입에 대하여 체납처분이 이루어질 것이기 때문에 이를 피하려고 하는 경우, 자기 명의로 사업을 하게 되면 각종 인허가를 받는데 애로점이 있는 경우, 수주를 위하여 외형을 부풀릴 목적이 있는 경우 등 다양하다.

위와 같이 타인명의를 빌리는 이유는 여러 가지가 있겠지만, 자기명의로 해야 할 것을 타인명의로 한 경우 거래질서의 문란, 소득분산을 통한 탈세, 행정비용의 증가 등이 야기되므로 이를 규제할 필요가 있다. 부동산명의신탁의 경우는 명의신탁계약의 효력 부정, 과징금 및 이행강제금의 부과, 형사처벌 등의 제재를 하고 있으며(부동산 실권리자명의 등기에 관한 법률 제4조 내지 7조)[2], 불법재산의 은닉, 자금세탁행위 또는 공중협박자금조달행위 및 강제집행의 면탈, 그 밖에 탈법행위를 목적으로 타인의 실명으로 통장을 개설하여 거래하는 경우에는 형사처벌을 하도록 하고 있다(금융실명거래 및 비밀보장에 관한 법률 제6조).

타인명의를 빌려 주식을 취득하는 경우 조세법적으로 제재를 하고 있다. 주식명의신탁의 경우에는 실질과세의 원칙에 따라 주식을 신탁자소유의 것으로 보아 세금을 부과하고 있지만,[3] 실질과세의 원칙의 예외로서 상속세 및 증여세법에서는 증여의제로 처리하여

---

2) 부동산 명의신탁을 한 상태에서 부동산을 양도하여 양도차익을 얻은 경우 실질과세의 원칙에 따라 양도소득세는 실제 소유자인 명의신탁자가 부담한다.

3) 대법원 1993. 9. 24. 선고 93누517 판결, 국세기본법 기본통칙 14-0…6 【명의신탁자에 대한 과세】 명의신탁부동산을 매각처분한 경우에는 양도의 주체 및 납세의무자는 명의수탁자가 아니고 명의신탁자이다.

증여세를 부과하도록 하고 있다(상속세 및 증여세법 제45조의2).
　타인명의를 빌려 사업을 하는 경우에도 조세법적 제재나 형사법
적 처벌을 하고 있다. 타인명의로 사업을 하는 경우 외형상으로는
명의대여자의 급여로 소득세 신고를 하겠지만, 실질적으로는 명의
차용자(실제사업자)의 소득이므로 명의차용자가 세금을 부담하여야
할 것이다. 이 때 명의차용자보다 명의대여자에게 낮은 세율이 적용
되는 경우라면 조세포탈의 목적으로 명의위장을 한 것으로 취급될
수 있으며, 부과제척기간은 10년의 장기의 부과제척기간이 적용되
며, 조세범처벌법 또는 특정범죄가중처벌에 관한 법률에 따라 형사
처벌을 받게 될 수 있다. 부가가치세상으로는 사업자의 명의를 위장
하여 등록하면 공급가액의 합계액에 1%를 곱한 금액만큼 명의위장
등록 가산세가 부과된다(부가가치세법 제60조 제1항 제2호). 또한
사업자가 명의를 위장한 것에 더 나아가 거래를 하고 세금계산서를
주고받는 경우에는 공급자 뿐만 아니라 공급받는 자도 공급가액에
2%를 곱한 금액의 가산세가 부과된다(부가가치세법 제60조 제3항).
그리고 사업자의 명의가 위장되면 사실과 다른 세금계산서가 발행
될 수밖에 없어 이 세금계산서를 공급받는 자는 매입세액을 공제받
을 수 없는 위험을 부담하게 될 수도 있다.
　조세의 회피 또는 강제집행의 면탈을 목적으로 타인의 성명을 사
용하여 사업자등록을 하거나 타인 명의의 사업자등록을 이용하여
사업을 영위한 자는 형사처벌을 받을 수 있다. 타인의 명의를 빌린
자뿐만 아니라, 자신의 명의를 타인이 사용하도록 허락한 자도 처벌
된다(조세범처벌법 제11조 참고). 다만, 이 범죄는 목적범이므로 조
세회피 또는 강제집행 면탈의 목적이 있는 경우에만 처벌된다.
　본고에서는 명의가 위장되는 경우 부가가치세법상 재화나 용역
을 공급받는 자가 매입세액을 공제받을 수 있는지 여부를 중심으로
검토해보기로 하겠다.

II. 사업자 등록과 부가가치세법상의
매입세액 불공제 제도

1. 사업자등록

　사업자란 사업 목적이 영리이든 비영리이든 관계없이 사업상 독립적으로 재화 또는 용역을 공급하는 자이며(부가가치세법 제2조 제3호), 부가가치를 창출해 낼 수 있는 정도의 사업형태를 갖추고 계속적이고 반복적인 의사로 재화 또는 용역을 공급하는 사람을 의미한다(대법원 2005. 7. 15. 선고 2003두5754 판결 참고). 독립적으로 사업을 한다는 것은 적극적 의미에서는 자기계산 및 자기책임하에 사업을 수행하여야 한다는 것이며 소극적 의미로는 다른 사업자에게 사업과 관련하여 법률적으로 종속 또는 고용되어 있지 아니한다는 의미이다. 그리고, 자기계산이란 사업활동의 경제적 효과가 자기에게 귀속된다는 의미이며, 자기책임이란 그 법률적 효과가 자기에게 귀속된다는 의미이다. 비록 경제적·재정적·조직관계적으로 다른 사업자에게 예속되어 있을지라도 자기책임 및 자기계산이 충족됨으로써 독립되어 있으면 독립성 요건이 충족된다.

　부가가치세는 공급자가 거래시마다 공급받는 자로부터 부가가치세를 거래징수하며 정부에 납부하여야 하며, 공급받는 자는 거래징수당한 매입세액을 공제받는 구조이기 때문에 다른 세목에 비하여 거래단계별 자료를 과세관청이 정확하게 파악할 필요가 있다. 이러한 부가가치세법 구조에 따라 사업자들끼리 재화나 용역을 공급하는 거래를 하는 경우 세금계산서를 주고받도록 하고 있으며, 사업자등록증은 사업자들이 세금계산서 교부를 함에 있어서 기재사항을 적는 근거가 되고 있다. 따라서 사업자등록은 세금계산서의 수수와

함께 부가가치세제를 시행함에 있어 가장 중요한 사항이다.[4]

부가가치세법상 사업을 신규로 개시하는 자 또는 개시하려고 하는 자는 사업자등록을 하여야 한다. 사업자는 사업자의 인적사항, 사업자등록신청사유, 사업개시 연월일 또는 사업장 설치 착수 연월일, 그 밖의 참고사항을 적어 관할세무서장 등에게 제출하는 등 사업장마다 사업개시일부터 20일 이내에 사업장 관할 세무서장에게 사업자등록을 신청하여야 한다(부가가치세법 제8조 제1항, 동법 시행령 제11조 제1항). 2인 이상 공동으로 사업을 하는 경우에는 동업계약서 등 공동사업을 증명하는 서류를 구비하여 공동사업자 중 1인을 대표로 하여 신청하면 된다.

사업자는 사업자등록을 통해 부여받은 등록번호에 의하여 세금계산서를 발행하고 부가가치세법에 의한 납세의무를 이행하며, 과세관청은 사업자등록제 등에 의하여 거래단계마다 사업장의 동태나 사업내용을 파악할 수 있게 된다.[5] 이와 같이 사업자등록은 과세관청으로 하여금 납세의무자, 사업내용, 과세자료 등을 쉽게 파악하게 하여 과세자료를 양성화함으로써 근거과세를 확립하고 공평과세를 구현할 수 있도록 한다.

2. 세금계산서의 필요적 기재사항과
매입세액 불공제 제도

사업자가 재화 또는 용역을 공급(부가가치세가 면제되는 재화 또는 용역의 공급은 제외한다)하는 경우에는 ①공급하는 사업자의 등록번호와 성명 또는 명칭, ②공급받는 자의 등록번호, ③공급가액과

---

4) 이태로·안경봉, 『조세법강의』, 신정4판(박영사, 2001), 531면.
5) 최명근·나성길, 『부가가치세법론』(세경사, 2006), 113면.

부가가치세액, ④작성 연월일(이하 ①~④를 "필요적 기재사항" 이라고 한다), ⑤그 밖에 대통령령으로 정하는 사항을 적은 세금계산서를 그 공급을 받는 자에게 발급하여야 한다(부가가치세법 제32조 제1항, 제39조 제1항 제2호).

세금계산서는 소비지출에 대응하는 부가가치액만을 과세표준으로 하며 전단계 세액을 공제해 줌으로써 다단계의 유통거래에서 일어나는 세금의 누적효과를 배제하며, 납세자간 상호검증기능으로 거래의 양성화를 기하고 그에 따라 소득세와 법인세의 세원포착을 용이하게 하는 등 탈세를 원천적으로 예방하는데 기여를 하고 있다. 그런데 세금계산서의 기능을 다하기 위해서는 세금계산서를 정확하고 진실되게 작성하여야 한다. 따라서 부가가치세법에서는 이러한 요청을 충족하지 못한 세금계산서를 주고받는 경우 매입세액을 불공제하는 등 세금계산서의 수수를 엄격히 통제하고 있다.

부가가치세법상 매입세액불공제 사유는 여러 가지가 있지만, 세금계산서 필요적 기재사항의 전부 또는 일부가 적히지 아니하였거나 사실과 다르게 적힌 경우에도 매입세액은 매출세액에서 공제하지 아니한다(부가가치세법 제39조 제1항 제2호). 다만, 발급받은 세금계산서의 필요적 기재사항 중 일부가 착오로 사실과 다르게 적혔으나 그 세금계산서에 적힌 나머지 필요적 기재사항 또는 임의적 기재사항으로 보아 거래사실이 확인되는 경우에는 매입세액을 공제받을 수 있다(부가가치세법 시행령 제75조 제2호).

그런데, 사업자가 명의를 위장하여 사업을 하는 경우라면 명의차용자가 드러나지 않게 거래를 하므로 세금계산서를 주고받을 때 사업자의 성명과 명칭을 실제 사실과 다르게 기재할 수밖에 없으며 이로 인하여 부가가치세법상 매입세액을 공제받지 못하는 불이익을 당할 수 있다.

III. 매입세액 불공제 규정의 위헌성 여부

전단계매입세액공제제도를 취하고 있는 부가가치세제하에서 납세자의 매입세액을 불공제하는 것은 그 제재방법이 지나치게 가혹하여 납세자의 재산권을 과도하게 제한한다는 주장이 계속적으로 제기되어 왔다. 즉, 법령의 위반의 정도에 따라 적정율의 가산세 부과만으로도 충분한 제재효과를 거둘 수 있음에도 매입세액까지 불공제하는 것은 과잉금지의 원칙 등에 반하며, 실질적인 거래가 존재함에도 불구하고 매입세액을 불공제 하는 것은 실질과세의 원칙에 반한다는 것이다. 실제 매입세액이 공제되지 않는 경우 공급가액의 10%에 해당하는 금액뿐만 아니라 매입세액이 불공제에 따른 과소신고가산세 및 납부불성실 가산세가 별도로 부과되므로 단순히 공급가액의 2% 상당의 가산세만 부과되는 경우와 비교하면 금액적으로 엄청난 차이가 발생한다.

이와 관련하여 헌법재판소는 구 부가가치세법(1994. 12. 22. 법률 제4808호로 개정되기 전의 것) 제17조 제2항 제1호[6]등의 위헌소원에서 부가가치세 제도운영의 기초가 되는 세금계산서의 정확성과 진실성이 담보되지 아니하고서는 법인세, 소득세, 지방세 등의 정확

---

6) 구 부가가치세법 제17조 (납부세액)
  ② 다음 각호의 매입세액은 매출세액에서 공제하지 아니한다.
    1. 제16조 제1항 및 제3항의 규정에 의한 세금계산서를 교부받지 아니하였거나 교부받은 세금계산서를 제20조제1항 및 제2항의 규정에 의하여 제출하지 아니한 경우 또는 제출된 세금계산서에 필요적 기재사항(제16조제1항제1호 내지 제4호의 사항을 말한다. 이하 같다)의 전부 또는 일부가 기재되지 아니하였거나 그 내용이 사실과 다른 경우의 매입세액. 다만, 대통령령이 정하는 경우의 매입세액은 제외한다.

한 과세산정이 곤란하여 세제전반의 부실한 운영을 초래할 우려가 매우 크며, 매입세액 불공제에 대한 예외규정이 마련되어 있어 세금계산서를 부실기재한 경우에도 사후에 수정신고가 이루어지거나 기타 합리적인 사유가 있는 때에는 구제수단이 마련되어 있는 점 등을 근거로 위 규정은 과잉금지의 원칙에 반하지 않는다고 판단하였다. 또한 매입세액을 불공제하도록 하는 규정은 실질과세원칙에 반한다는 주장에 대하여 헌법재판소는 위 규정은 실질과세의 원칙과는 상관없는 규정이라고 판단하였다(헌법재판소 2002. 8. 29. 선고 2000헌바50 결정).

하지만 세금계산서를 교부받지 아니하거나 허위기재의 세금계산서를 교부받은 경우 형사처벌(3년 이하의 징역 또는 100만원 이하의 벌금)하도록 하고 있으며(조세범처벌법 제11조의2 제2항), 행정편의만을 위하여 국민의 사소한 잘못에 대하여 과중한 제재를 하는 것은 허용될 수 없으며, 그 위반정도에 따른 적정율의 가산세 부과만으로도 제재의 효과를 충분히 거둘 수 있다는 점을 고려한다면, 헌법재판소의 반대의견과 같이 위반행위의 무거움과 가벼움, 비난가능성의 높고 낮음 등을 구별하지 아니한 채 일률적으로 매입세액 불공제의 무거운 제재를 가하는 것은 과잉금지의 원칙에 반하여 재산권을 과도하게 침해하는 것이라 생각된다.

다만, 헌법재판소는 사실과 다른 세금계산서를 교부받은 경우 매입세액을 불공제하도록 한 규정이 헌법에 위반되지 않는다는 입장이므로, 아래에서는 헌법재판소의 이와 같은 결정을 토대도 명의위장한 사업자가 주고받은 세금계산서가 있는 경우 매입세액이 공제되는지 여부에 대하여 검토하기로 한다.

IV. 부가가치세법 시행령 제75조 제2호에 따른 매입세액 공제

1. 규정의 의미

발급받은 세금계산서의 필요적 기재사항 중 일부가 착오로 사실과 다르게 적혔으나 그 세금계산서에 적힌 나머지 필요적 기재사항 또는 임의적 기재사항으로 보아 거래사실이 확인되는 경우에는 매입세액을 공제받을 수 있다(부가가치세법 시행령 제75조 제2호).

기재사항 자체만으로는 거래사실이 있었는지 여부를 확인할 수는 없으므로, 나머지 기재사항으로 보아 거래사실이 확인되는 경우이어야 한다는 의미는 작성연월일, 단가, 수량, 공급가액 등 세금계산서 기재사항을 토대로 거래내역을 조사시 실제 그러한 거래가 있는지 확인할 수 있는 경우라고 하여야 할 것이다. 그리고 매입세액을 공제받기 위해서는 필요적 기재사항을 착오로 잘못 적어야 하는데, 착오라는 개념은 거래 사업자들의 주관적 내면의 상태를 판단하여야 하는 것이며 판단에 재량의 여지가 있다. 따라서 착오의 범위를 어떻게 이해하느냐에 따라 그 공제의 범위도 많이 달라질 수 있다. 착오의 범위에 사업자들이 고의로 필요적 기재사항을 사실과 다르게 기재한 경우를 포함할 수는 없지만, 사실과 다르게 세금계산서를 작성한 경우에 위법의 경중을 따지지 않고 매입세액을 전부 불공제하는 것은 가혹한 면이 있으며, 매입세액이 공제되기 위해서는 거래사실은 확인되어야 하는 점을 고려한다면 착오의 개념을 좁게 해석할 것은 아니라고 보인다.

판례는 임대인과 정유회사 사이의 채무관계가 정산되지 않았고 원고의 사업자등록증이 미처 제출되지 못했기 때문에 '공급받는 자'

난에 종전의 주유소 운영자이던 임대인의 등록번호와 명칭으로 기
재한 것에 지나지 아니하고, 그 밖에 사업장의 상호와 주소 등은 모
두 실제 주유소 운영자인 원고의 것으로 기재되어 있었던 사안에서,
주유소를 임차, 운영하는 자가 정유회사(공급자)로부터 유류를 공급
받고 교부받은 세금계산서의 '공급받는 자'난에 운영자가 아닌 임대
인의 등록번호와 명칭이 기재되었지만 다른 기재사항에 의하여 위
운용자의 거래사실을 쉽게 확인할 수 있는 경우에는 '사실과 다른
세금계산서'로 보지 않고 매입세액을 공제할 수 있다고 판시한 바
있다(대법원 2003. 5. 16. 선고 2001두8964 판결).

2. 명의위장의 경우 착오로 인한 매입세액공제의 가부

공급받는 자가 명의를 차용하고 거래를 하면서 공급자에게 사실
과 다른 사업자에 대한 정보를 주어 세금계산서를 발행하게 한 것이
라면 고의로 공급받는 자의 정보를 잘못 알려준 것이므로 착오를 이
유로 매입세액을 공제받기를 쉽지 않을 것으로 보인다. 공급하는 자
의 성명이 잘못 기재된 경우에는 본고 V. 1.에서 보는 바와 같이 공
급받는 자가 선의·무과실로 거래를 하는 경우 매입세액을 공제받을
수 있지만, 공급받는 자가 공급자의 명의위장 사실을 알고 있는 경
우에는 실제 거래가 있음이 확인된다고 하더라도 부가가치세법 시
행령 제75조 제2호를 근거로 매입세액을 공제받을 수는 없다(대법
원 2016. 10. 13. 선고 2016두43077 판결 등 참고).
하지만, 사업을 함에 있어서 여러 명의 이해관계자가 있고 사업
자를 누구로 해야 하는 것인지에 대한 판단을 잘못한 경우라면 매입
세액 공제를 받을 수 있을 것이다.
사업자인지 여부는 재화 또는 용역을 체결하면서 판매가격을 독

자적으로 정할 수 있는지 여부, 인적·물적 설비가 누구의 소유인지 여부, 사업장의 피고용인들에게 임금을 지급한 주체가 누구인지, 고용된 자들에 대하여 구체적인 지시나 통제 등 감독을 누가 하는지, 인력배치에 대한 권한을 누가 보유하고 있는지 등이 판단의 요소가 된다. 그 중에서도 다른 사업자에 대하여 종속적인가가 보다 자신의 계산과 책임으로 사업을 경영하는지가 독립성 판단에 본질적인 요소라 할 것이다(대법원 1997. 12. 26. 선고 96누19024 판결, 대법원 2007. 12. 27. 선고 2007두22139 판결 등 참고).

위와 같이 사업자의 여러 가지 요소를 종합하여 판단하다 보니 납세자와 과세관청간에 사업자의 판단이 다른 경우도 더러 있다. 과세관청에서는 사업자로 등록한 자가 사업자가 아니라 근로자라고 하는 경우도 있는데, 정수기 임대 및 필터 교환업자(대법원 2012. 5. 10. 선고 2010다5441 판결), 화장품 외판원(대법원 1997. 12. 26 선고 96누19024 판결), 방문판매원(대구지방법원 2015. 9. 9. 선고 2015구합20192 판결) 등의 사업자 여부에 대한 사례에서와 같이 사업자 여부를 판단하는 것이 쉽지는 않다.

익명조합7)의 경우 예규는 "상법 제4장의 규정에 의한 익명조합이 부가가치세가 과세되는 사업을 영위하는 경우 부가가치세법 제2조의 규정에 의한 납세의무자는 영업자인 것입니다. 다만, 상법 제81조의 규정에 의하여 익명조합원이 자기의 성명·상호의 사용을 허락한 때에는 영업자 및 익명조합원이 공동사업을 영위하는 것으로 보는 것입니다."라고 하고 있다(부가 46015-336, 1999. 2. 6). 그런데, 익명조합의 경우 금전적으로 투자를 하는 익명조합원과 실제 영업을

---

7) 익명조합(匿名組合)이라 함은 익명조합원이 상대방의 영업을 위하여 출자하고 영업자가 그 영업으로 인한 이익을 분배할 것을 약정하는 계약을 말한다(상법 제78조). 익명조합원이 출자한 재산은 대외적으로는 영업자의 단독재산이다.

하는 영업자가 관여되어 있어 실제 익명조합원도 정도의 차이는 있겠지만 약간의 사업상 관여는 하고 있는 경우가 있어 사업자가 누구인지를 판단하는 것이 쉽지는 않다.

이와 같이 사업자 판단에 대하여 다툼이 있어 납세자가 불복을 하는 경우 사업자가 누구인지에 대한 판단이 선행된다. 불복과정에서 납세자의 입장대로 사업자 판단이 내려진다면 부가가치세 매입세액 공제를 받을 수 있으며, 가산세도 돌려받을 수 있을 것이다. 반대로 납세자가 사업자라고 주장하는 자가 사업자가 아니라 판단을 받는다 하더라도 실제 거래가 확인된다면 착오에 의하여 필요적 기재사항을 잘못 적은 것이라 하여 매입세액을 공제 받을 수 있을 것이다.

V. 사업자 명의위장과 사실과 다른 세금계산서

1. 공급자의 명의위장

사업자가 명의위장을 하게 되면 세금계산서의 기재사항 중 일부가 사실과 달리 기재될 수 있다. 기본적으로 공급하는 사업자 또는 공급받는 사업자의 성명은 사실과 다르게 기재될 것이다. 즉, 甲이 사업자임에도 乙의 명의를 대여받아 乙을 사업자로 등록을 한 경우에는 공급자보관용 또는 공급받는자 보관용 세금계산서 성명란에 乙의 성명을 기재할 수밖에 없으므로 사실과 다른 세금계산서를 작성한 것이 된다.[8]

판례는 "실제의 공급자와 세금계산서상의 공급자가 다른 세금계

---

8) 공급받는 자의 성명, 명칭은 필요적 기재사항은 아니다.

산서는, 공급받는 자가 세금계산서의 명의위장사실을 알지 못하였고 알지 못한 데에 과실이 없다는 특별한 사정이 없는 한, 그 매입세액을 공제 내지 환급받을 수 없으며, 공급받는 자가 위와 같은 명의위장 사실을 알지 못한 데에 과실이 없다는 점은 매입세액의 공제 내지 환급을 주장하는 자가 이를 증명하여야 한다."(대법원 2002. 6. 28. 선고 2002두2277 판결, 대법원 2007. 12. 28. 선고 2007두21792 판결 등 참고)고 판시하고 있다.[9]

공급자의 명의가 위장된 경우에도 이 자와 거래하는 거래상대방은 공급자의 명의위장에 대하여 귀책사유도 없이 이를 믿고 거래하는 경우가 많을텐데 이러한 자에 대하여 매입세액불공제의 불이익을 주는 것은 헌법상 자기책임의 원칙에 반하는 점이 있으므로, 대법원은 거래 상대방이 선의로 과실 없이 거래한 경우에는 매입세액이 공제되도록 해석하는 것으로 보인다. 이러한 대법원의 입장은 전적으로 타당하지만, 이를 명확히 하기 위해서는 현행 부가가치세법에 명문으로 규정해 둘 필요가 있을 것이다.

공급자의 명의가 위장된 경우에는 필요적 기재사항이 성명이나 명칭이 사실과 다르게 기재되므로 세금계산서 중 공급하는 자의 등록번호를 사실과 달리 기재하였는지 여부는 별 중요성을 가지지 못하는 경우가 대부분이다.

---

9) 부가가치세법 기본통칙 57-103-1 【명의 위장사업자와 거래한 선의의 사업자에 대한 경정】 사업자가 거래상대방의 사업자등록증을 확인하고 거래에 따른 세금계산서를 발급하거나 발급받은 경우, 거래상대방이 관계기관의 조사로 인하여 명의위장사업자로 판정되었다 하더라도 해당 사업자를 선의의 거래당사자로 볼 수 있는 때에는 경정 또는「조세범처벌법」에 따른 처벌 등 불이익한 처분을 받지 아니한다.

2. 공급받는 자의 명의위장

공급받는 자에 대하여는 공급하는 자와 달리 성명과 명칭은 임의적 기재사항이며 등록번호만이 필요적 기재사항이다. 따라서 명의위장을 하여 사업을 하더라도 세금계산서 상의 등록번호를 사실과 다르게 기재한 것이 아니라면 공급받는 자는 매입세액을 공제받을 수 있다.

가. 부가가치세법 기본통칙의 내용

부가가치세법 기본통칙 60-108-1【타인명의 등록사업자에 대한 부가가치세법 적용】[10]에서는 "사업자가 영 제108조 제1항에서 정하는 타인의 명의로 사업자등록을 하고 부가가치세를 신고·납부하여 관할세무서장등이 경정하는 경우 그 타인명의로 발급받은 세금계산서의 매입세액은 「국세기본법」 제14조에 따라 해당 사업자의 매출세액에서 공제하며, 이 경우 법 제60조 제1항 제2호에 따른 가산세는 적용한다."고 규정하고 있다.

법원은 현행 부가가치세법 기본통칙과 동일한 내용을 규정한 구부가가치세법 기본통칙 22-0-1에 대하여 "과세관청 내부에서 세법의 해석기준 및 집행기준을 시달한 행정규칙에 불과하고 법원이나 국민을 기속하는 효력이 있는 법규가 아니라고 할 것이므로, 가사의 위 기본통칙이 원고의 주장과 같이 해석된다고 하더라도 이는 법규성이 인정되는 부가가치세법 제16조 제1항 제2호 및 제17조 제2항 제1호의2 규정의 해석에 반하는 것이라고 할 것이니, 이 사건 세금계산서가 사실과 다르게 기재된 것이 아니라는 전제에서 나온 원고

---

10) 구 부가가치세법 기본통칙(2015년 개정되기 전의 것) 22-0-1도 같은 내용임.

의 주장은 어느 모로 보아 이유 없다."고 판시하였다.[11] 따라서 법원
판단에 의하면 위 부가가치세법 기본통칙을 근거로 부가가치세 매
입세액공제 주장을 할 수는 없을 것이다.

다만, 기획재정부는 위 기본통칙의 의미와 관련하여 부가가치세
법 기본통칙 22-0-1은 명의위장사업자가 미등록상태에서 타인 명의
로 사업자등록을 하고 부가가치세 신고납부를 한 경우에만 적용하
는 것으로 제한적으로 해석하고 있다(재부가-646, 2010. 10. 1).[12] 따
라서 위 예규에 따르면 자기 명의로 하는 사업은 없고 명의위장을
하여 사업을 하면서 거래를 하고 세금계산서를 교부받은 경우에는
매입세액을 공제받을 수 있다. 하지만, 사업자가 명의위장시 사업자
등록을 한 경우와 미등록의 경우를 구분하여 매입세액 공제를 달리
해야할 이유가 있는지 의문이다. 또한 기획재정부와 같이 해석을 하
게 되면 다수의 사업장을 운영하는 경우 형평성 문제가 발생한다.
①사업자가 본인 명의로는 미등록하면서 모두 타인 명의로 사업자
등록을 하는 경우와 ②사업자가 일부 사업장은 본인 명의로 나머지
는 타인 명의로 사업자등록을 한 경우를 비교해보면 일부라도 자기
명의로 사업자 등록을 하였다는 점에서 ②를 우대해야 함에도 불구
하고 오히려 ②가 매입세액 공제와 관련하여 더 불리하게 되는 문제
점이 발생한다.

---

11) 서울고등법원 2008. 10. 10. 선고 2008누14328 판결의 내용이며, 이 판결은
대법원 2009. 1. 15. 선고 2008두19642 판결에서는 심리불속행으로 확정되
었다.
12) 대법원 2009. 1. 15. 선고 2008두19642 판결의 1심 판결(인천지방법원 2008.
4. 24. 선고 2007구합1303 판결)에서는 동일한 취지로 판시를 한 바 있다.

나. 대법원 판례(대법원 2009. 1. 15. 선고 2008두19642 판결)

(1) 사실관계

원고는 부동산자문업 등을 영위하는 법인으로서, 2003. 12. 31. 주식회사 A 등 3개의 회사가 공유하고 있던 상가건물(이하 '이 사건 상가건물'이라고 한다)의 일부를 원고들의 직원인 이○○ 외 7인 명의로 매수하면서 위 직원들 명의로 사업자등록을 마친 뒤 그들을 공급받는 자로 한 매입세금계산서(이하 '이 사건 매입세금계산서'라고 한다)를 교부받았다.

원고의 위 직원들은 2004. 1. 25. △△세무서장에게 2003년 2기 부가가치세 확정신고를 하면서 그 매입세액에 상당하는 금액의 환급신청을 하였으나, △△세무서장은 위 직원들이 상가건물의 실제 매수자가 아니라는 이유로 매입세액 공제를 거부하였다.

원고는 2005. 11. 29. 원고의 본점 소재지를 관할하는 피고에게 실제 사업자인 원고가 이 사건 매입세금계산서상의 매입세액을 공제받아야 한다는 이유로 매입세액의 환급을 구하는 취지로 2003년 2기 부가가치세 경정청구를 하였지만, 피고는 이 사건 매입세금계산서가 필요적 기재사항의 일부가 사실과 다르게 기재된 세금계산서라는 이유로 원고의 경정청구를 거부하였다.

(2) 판시사항[13]

"원고는 이 사건 상가건물을 매입함에 있어 대출을 용이하게 받을 목적으로 의도적으로 원고의 사업자등록 명의를 사용하지 아니

---

13) 대법원 2009. 01. 15. 선고 2008두19642 판결에서는 심리불속행으로 원심판결을 확정하여, 원심판결의 내용인 서울고등법원 2008. 10. 10. 선고 2008누14328 판결의 내용을 인용하였다.

하고 직원인 이○○ 외 7인의 명의를 차용하여 6,296,481,500원에 매입하면서 위 직원들 명의로 사업자등록을 마친 뒤 그들을 공급받는 자로 한 이 사건 매입세금계산서를 교부받은 사실을 인정할 수 있으므로, 이 사건 매입세금계산서는 부가가치세법 제16조 제1항 제2호 및 제17조 제2항 제1호의2 소정의 '공급받는 자의 등록번호'를 사실과 다르게 기재한 세금계산서에 해당하고, 그와 같이 사실과 다르게 기재한 것이 동법 시행령 제60조 제2항 제2호 소정의 착오에 의한 것이라고 볼 수도 없으며"라고 판시하였다

다. 조세심판원 결정례(조심 2016전1026, 2016. 9. 30.)[14]

(1) 사실관계

甲은 상가건물을 신축하여 분양하기 위하여 상호를 OO타워로 업종을 부동산신축판매업으로 하여 사업자 등록을 하였다. 중부지방국세청(조사청)은 위 甲의 쟁점건물에 대하여 2010년~2012년 귀속 종합소득세 세무조사를 2015. 8. 18.부터 2015. 11. 12.까지 실시하여 쟁점건물의 실질사업자가 갑이 아니라 청구인인 을이라고 보아 처분청에 명의위장 사실을 통보하였고, 이에 처분청은 명의위장에 따른 매입세액을 불공제하고 가산세를 더하여 청구인에게 2016. 1. 12. 2010년 1기 내지 2012년 제2기 부가가치세를 경정 고지하였으며 청구인은 이에 불복하여 심판청구를 제기하였다.

---

14) 조심 2016전1026 결정이 있기 전에 매입세액 공제를 부정한 사례[조심 2015전229(합동회의), 조심 2014서3416, 조심 2013부4157]와 인정한 사례 [조심 2015부5465, 조심 2014부668, 조심 2012구2215] 등 통일되지 않고 있었다.

(2) 판시사항

"「부가가치세법」 제1조 제1항에서 재화 또는 용역의 공급과 재화의 수입을 과세대상으로 하고 있는바, 「부가가치세법」상 세금계산서는 공급자가 공급받는 자에게 부가가치세액을 전가시키는 법적장치로서의 기능이 가장 본질적인 기능(대법원 1984. 4. 10. 선고, 84누28 판결, 같은 뜻임)인 점, 「부가가치세법」 제17조 제2호에서 매입세액이 공제되지 않는 경우로 세금계산서의 필요적 기재사항(「부가가치세법」 제16조 제1항 제1호 내지 제4호에 규정된 ①공급하는 사업자의 등록번호와 성명 또는 명칭, ②공급받는 자의 등록번호, ③공급가액과 부가가치세액, ④작성연월일)의 부실기재만을 한정하고 있어 그 밖에 임의적 기재사항(특히, 이 건에서 문제되는 공급받는 자의 상호, 성명, 주소)의 부실기재는 세금계산서의 효력에 아무런 영향이 없을 뿐 아니라 매입세액의 불공제사유도 되지 못한다고 보는 것이 조세법 해석시 확대해석이나 유추해석을 금하는 조세법률주의 파생원칙인 엄격해석의 원칙상 당연한 점(대법원 1995. 12. 21. 선고 94누1449 판결, 같은 뜻임) 등에 비추어 ○○○ 명의로 교부받은 각 과세기간별 세금계산서상의 매입세액을 청구인의 매출세액에서 공제하는 것이 타당한 것으로 판단된다.

~~~ 중략 ~~~

처분청이 어떤 사업자를 명의위장사업자로 보아 경정시 교부받은 세금계산서의 매입세액 공제 여부가 개인사업자인지 법인사업자인지에 따라 달라진다면 부가가치세의 전제가 되는 사업장별 과세원칙과 대물세 성격인 부가가치세제의 근간이 훼손될 뿐만 아니라 조세평등주의에도 어긋나고, 타인명의의 명의위장 사업장으로 교부받은 세금계산서가 실제 거래가 있고 정상적으로 신고·납부가 이루어졌다면 세금계산서상 공급받는자의 상호 및 성명은 임의적 기재사항이므로 공급받는 자(실질사업자)가 개인사업자인지 법인사업자인지 여부와 관계없이 사실과 다른 세금계산서가 아닌 것으로 해석함이 합리적이다. 그리하여 우리 심판원의 종전 입장(조심 2015전229, 2015. 8. 12.)을 변경한 점도 밝혀둔다."

라. 견해의 대립

사업자가 타인으로부터 명의를 대여받아 받은 사업자등록증에 기재된 등록번호를 세금계산서에 기재하도록 공급자에게 알려주고 세금계산서를 교부받은 경우에도 필요적 기재사항을 사실과 다르게 기재하였다고 볼 수 있는가?

먼저 명의대여자가 사업자등록신청서를 작성하여 관할 세무서장 등에게 제출하고 관할 세무서장 등으로부터 사업자등록증을 교부받게 되는데, 사업자 등록의 주체가 누구인지 살펴볼 필요가 있을 것이다. 명의위장하여 교부받은 사업자등록증의 등록번호도 명의대여자의 것이라고 한다면 사업자[15]인 명의차용자의 등록번호를 기재하지 아니하였으므로 사실과 다르게 기재하였다고 할 수 있을 것이다. 법원은 명의위장의 경우 '공급받는 자의 등록번호'를 사실과 다르게 기재한 세금계산서에 해당한다고 한 점에 비추어 이러한 입장에 서 있는 것으로 볼 수 있다.[16] 그리고 이러한 입장은 사업자등록번호는 사업장의 고유한 번호가 아니라 인별 개념으로 접근하여 실사업자 아닌 명의자의 것으로 이해하는 것이다.

부가가치세법에서는 사업자가 사업자등록신청을 하도록 하고 있으며(부가가치세법 제8조 제1항), 타인명의로 사업자등록을 한 경우 가산세를 부과하고 있다(부가가치세법 시행령 제60조 제1항 제2호). 그런데, 명의대여자는 자기의 계산과 책임으로 사업을 경영하는 자가 아니므로 사업자가 아니며 타인명의로 사업자등록을 한 자는 명의차용자라고 할 것이므로, 사업자등록의 주체는 명의차용자라고

---

15) 공급받는 자가 누구인지 여부와 관련하여 실질과세의 원칙에 비추어 거래관계에서 손익이 귀속되는 자를 공급받는 자로 보아야 할 것이다.

16) 조심 2015전229, 2015. 08. 12. (합동회의) 결정도 이러한 취지로 결정을 한 것으로 보인다.

할 것이다. 따라서, 사업자등록에 기재된 등록번호 역시 명의차용자의 것이라 보는 것이 타당하다. 또한 사업자 단위로 등록신청을 한 경우가 아닌 한 등록번호는 사업장마다 관할 세무서장이 부여한다(부가가치세법 시행령 제12조[17]). 그렇다면, 등록번호는 사업장에 부여된 것이므로 이 사업장에서 매입을 하면서 교부받은 세금계산서에 부여받은 등록번호를 기재하였다면 사실과 다르게 기재하였다고 보기는 어려울 것이다.

아울러 명의위장된 사업자로 판명이 되면, 과세관청에서는 사업자등록을 말소하기도 하지만 사업자등록을 정정하기도 하는데 사업자등록정정을 하는 경우 사업자등록번호는 그대로 유지한 채 사실과 다르게 기재한 부분만 정정하고 있다. 이러한 점은 사업자등록번호는 명의차용자나 사업장에 부여된 번호이므로 변경할 필요가 없다는 점에도 이렇게 실무처리를 하는 것으로 볼 여지가 있다. 물론 사업자가 사업자 단위 과세 적용 사업장으로 등록신청을 한 경우라면 그 사업자는 등록번호가 하나밖에 없으므로 다른 등록번호를 기재한 경우 사실과 다르게 기재하였다고 볼 여지는 있을 것이다.

끝으로 공급자의 경우에는 등록번호뿐만 아니라 성명, 명칭까지 필요적 기재사항으로 규정하고 있지만, 공급받는 자의 경우는 등록번호만 필요적 기재사항으로 규정하고 있는 점도 고려하여야 할 것이다. 명의가 위장되는 경우 성명, 명칭 뿐만 아니라 등록번호도 사실과 다르게 기재된 것이라면 이를 달리 규정해야 할 이유가 별로 없어 보인다.

조세심판원은 공급받는 자의 등록번호가 사실과 달리 기재된 것인지 여부에 대하여 명확하게 판단하고 있지는 않지만, 임의적 기재사항(특히, 공급받는 자의 상호, 성명, 주소)의 부실기재는 세금계산

---

17) 구 부가가치세법 시행령(2013. 6. 28. 대통령령 제24638호로 전면개정되기 전의 것) 제8조 제1항에서도 같은 취지로 규정하고 있었다.

서의 효력에 아무런 영향이 없을 뿐 아니라 매입세액의 불공제사유
도 되지 못한다고 보는 것이 조세법 해석시 확대해석이나 유추해석
을 금하는 조세법률주의 파생원칙인 엄격해석의 원칙상 당연하다고
판시한 점에 비추어 명의위장의 경우에는 공급받는 자의 등록번호
가 사실과 달리 기재된 것으로 보지는 않는 것 같다.

마. 법인사업자와 개인사업자와의 형평성

공급받는 자가 법인사업자의 경우에는 실제 사장과 소위 바지사
장이 다른 자이더라도 매입세액 공제를 받는데 아무런 문제가 없다.
왜냐하면 세금계산서에 성명을 기재하지만 이는 임의적 기재사항에
불과하며, 등록번호는 대표자가 명의를 대여받아 사업을 운영하더
라도 법인의 등록번호임에는 변함이 없기 때문이다. 아울러, 법인의
사업자등록을 하면서 단지 법인의 대표자 성명을 다른 사람의 것을
사용하거나 이를 허락한 경우는 조세범처벌법 제11조의 구성요건에
해당하지 않으므로 처벌되지도 않는다(대법원 2016. 11. 10. 선고
2016도10770 판결). 반면, 개인사업자의 경우는 사업자등록증에 기
재된 등록번호를 기재한 것이 사실과 다르게 기재한 것이라면 매입
세액 불공제의 효과가 발생한다. 조세심판원에서 적절하게 지적한
대로 교부받은 세금계산서의 매입세액 공제 여부가 개인사업자인지
법인사업자인지에 따라 달라진다면 부가가치세의 전제가 되는 사업
장별 과세원칙과 대물세 성격인 부가가치세제의 근간이 훼손될 뿐
만 아니라 조세평등주의에도 어긋나는 문제점이 발생한다.

VI. 결어

사업을 하면서 사실과 다른 세금계산서를 작성하여 매입세액을 공제받지 못함으로써 받는 불이익은 매우 크다. 특히, 조세포탈의 목적이 아닌 다른 이유로 명의위장을 한 경우로서 다른 사업자로부터 실제 재화나 용역을 공급받고 부가가치세도 지급하여 부가가치세 신고·납부된 경우까지 매입세액을 공제하지 않는 것은 가혹한 규제라 할 것이다. 그런데 최근 조세심판원{조심 2016전1026, 2016. 9. 30.(합동회의)}에서는 공급받는 자의 명의위장시 매입세액 공제 여부와 관련하여 법원보다 납세자에게 유리하게 결정하여 매입세액을 공제하도록 결정한 바 있다. 공급받는 자의 명의위장시 세금계산서에 기재되는 등록번호는 명의차용자의 것이거나 적어도 사업장의 고유한 등록번호로 볼 수 있고, 이 경우 매입세액을 공제하지 않으면 법인 대표의 명의위장과 비교하여 불합리한 점이 발생한다는 점에서도 조세심판원의 결정이 타당하다고 판단된다.

국세에 대하여 다툼이 있는 경우에는 필요적으로 전심절차를 거쳐야 하며 조세심판원의 결정에 대하여는 과세관청이 불복을 할 수 없으므로 많은 명의위장 사업자들이 구제받을 수 있다는 점에서 위 조세심판원 결정은 의미가 있을 것이다.

참고문헌

조치환, "사업자 명의대여에 대한 세법적용 개선방안 연구", 고려대학교 정책대학원 석사학위 논문(2016. 2).

이중교, "사업자 명의대여의 세법상 취급 : 명의대여 방지를 위한 해석론과 입법론을 중심으로", 『세법학연구』, 26권 제3호(한국세무학회, 2009. 9).

박승식, "부가가치세법의 실질과세를 구현하기 위한 방안 : 사실과 다른 세금계산서를 중심으로", 『국제회계연구』, 제37집(한국국제회계학회, 2011. 6.) 이서구, "우리나라 부가가치세 매입세액공제 제도의 문제점과 개선방안 연구", 한양대학교 행정대학원 석사학위 논문(2007.2).

김   선, "매입세액불공제의 문제점과 개선방안 : 매입세액불공제를 중심으로", 한양대학교 행정·자치대학원 석사학위 논문(2008.8).

이성일, "사실과 다른 세금계산서의 매입세액 공제 여부 : 부가가치세법 시행령 제75조 제2호와 제3호의 관계를 중심으로", 『법제논단』(2004.9).

공급가액을 부풀린 월합계세금계산서가
가공세금계산서에 해당하는지 여부
- 대법원 판결 2016. 11. 10. 선고 2016두31920에 관하여 -

박 재 영 변호사·방 진 영 변호사

I. 사안의 개요

1. 사실관계

원고는 중소기업의 판로확대와 중소소매업 유통지원 사업을 목적으로 설립된 중소기업청 산하 공공기관(법인)으로, 중소기업상품의 매입·매출업무를 A가 실질적으로 운영하는 B사에게 대행하도록 위탁해 왔다.

A는 자신이 운영하는 B사가 원고로부터 매입과 매출업무를 모두 위탁받고 있음을 이용하여, 2007. 7.경부터 실제로는 상품이 유통되지 않는데도 마치 상품이 B사로부터 전문유통업체들을 거쳐 원고에게 납품되었다가 다시 B사에게 납품되는 것과 같은 거래구조(B → 전문유통업체 → 원고 → B)의 순환가공거래를 시작하였다. 이후 원고의 내부감사에서 B사에 대한 매출비중이 높다는 지적이 있자, A는 원고의 종전 매출처인 B사 앞에 신규매출처를 끼워 넣는 것으로 거래형태(B → 전문유통업체 → 원고 → 신규매출처 → B)를 조정하

여 순환가공거래를 계속하였다(이하 이러한 가공순환거래를 통칭하여 '이 사건 거래'라 한다).

서울지방국세청은 원고 등에 대한 세무조사를 실시하여, 원고가 이 사건 거래 과정에서 전문유통업체 등으로부터 가공세금계산서 233장을 수취하고, B사 등에게 가공세금계산서 160장을 발급한 사실을 적발하였다.

피고는 위 세무조사 결과에 따라 2011. 9. 1. 원고에게 2007년 제2기부터 2010년 제2기까지의 부가가치세 가산세를 부과하였다.

2. 쟁점

원고가 발급하거나 발급받은 월합계세금계산서 중에는 그 공급가액 중 일부만 가공거래로 인한 경우가 포함되어 있었는데 이러한 경우도 구 부가가치세법(2013. 1. 1. 법률 제11608호로 개정되기 전의 것, 이하 같다) 제22조 제3항 제2호 및 제3호가 가산세를 중과(공급가액의 2%)하도록 규정한 '재화를 공급하지 아니하거나 공급받지 아니하고 세금계산서를 발급하거나 발급받은 경우'에 해당하는지 여부가 쟁점이 되었다. 이 사건에서는 위 쟁점과 더불어 원고에게 가산세를 면할 정당한 사유가 인정되는지 여부 등도 쟁점이 되었으나, 이하에서는 대법원이 파기환송한 부분인 '공급가액을 부풀린 월합계세금계산서가 가공세금계산서에 해당하는지 여부'에 대해서만 검토하기로 한다.

3. 관련 규정

구 부가가치세법 제22조(가산세)

② 사업자가 다음 각 호의 어느 하나에 해당하는 경우에는 그 공급가액에 대하여 <u>100분의 1</u>(제3호에 해당하는 경우에는 1천분의 5)에 해당하는 금액을 납부세액에 더하거나 환급세액에서 뺀다. (중략)

  2. 제16조에 따라 발급한 세금계산서의 필요적 기재사항의 전부 또는 일부가 착오 또는 과실로 적혀 있지 아니하거나 <u>사실과 다른 경우</u>

③ 사업자가 다음 각 호의 어느 하나에 해당하는 경우에는 그 공급가액(제2호의 경우에는 그 세금계산서에 적힌 금액을 말한다)에 대하여 <u>100분의 2</u>에 해당하는 금액을 납부세액에 더하거나 환급세액에서 뺀다.

  2. <u>재화 또는 용역을 공급하지 아니하고</u> 제16조에 따른 세금계산서를 발급한 경우

  3. <u>재화 또는 용역을 공급받지 아니하고</u> 제16조에 따른 세금계산서를 발급받은 경우

II. 대상판결의 요지

구 부가가치세법 제22조 제3항에 의한 가산세는 종전에 필요적 기재사항이 기재되지 않거나 사실과 다르게 기재된 세금계산서에 대하여 일률적으로 같은 조 제2항의 불성실가산세를 부과하다가, 그

중 재화나 용역의 공급 없이 수수되는 세금계산서에 대하여 가중된 세율의 가산세를 부과하기 위하여 신설된 것이다. 이에 비추어 보면, 위 제3항의 불성실가산세는 재화 또는 용역의 공급 없이 수수되는 세금계산서만을 대상으로 하는 것이고, 재화 또는 용역의 공급이 있지만 공급가액을 부풀린 세금계산서는 그 대상에 해당하지 아니하고 구 부가가치세법 제22조 제2항의 가산세 대상에 해당한다고 봄이 타당하다.

한편, 월합계세금계산서는 그 형식이 일반 세금계산서와 동일하여 외관상 구분되지 아니할 뿐만 아니라 세금계산서 자체로는 개별 거래의 구분이 불가능하고, 제3항의 불성실가산세 조항에서 이를 달리 취급하도록 규정하고 있지도 아니하다. 이러한 점들을 감안하면, 재화 또는 용역의 공급이 일부 있지만 그 공급가액을 부풀린 월합계세금계산서도 일반 세금계산서의 경우와 마찬가지로 위 제3항의 불성실가산세 부과대상에 해당하지 아니한다고 보아야 한다.

III. 사안의 검토

1. 구 부가가치세법 제22조 제3항의 개정 연혁

가. 2006. 12. 30. 법률 제8142호로 개정되기 전

2006. 12. 30. 법률 제8142호로 개정되기 전의 구 부가가치세법은 제22조 제2항 제1호[1])에서 세금계산서의 공급가액의 전부 또는 일부

---

1) **제22조(가산세)**
   ② 사업자가 다음 각호의 1에 해당하는 경우에는 그 공급가액에 대하여

가 기재되지 아니하거나 사실과 다르게 기재된 경우에 관한 가산세
부과 규정만 두고 있었을 뿐, 가공세금계산서의 발급 및 수취와 관
련된 가산세 부과 규정을 별도로 두고 있지 않았다.

이와 관련하여 대법원은 재화의 공급이 없는 가공매출의 경우에
는 그 가공매출액에 관한 세금계산서 교부에 대하여 이를 필요적 기
재사항이 사실과 다른 경우에 해당하는 것으로 보아 같은 법 제22조
제2항에 의해 세금계산서불성실가산세를 부과할 수 없다고 판시한
바 있다(대법원 1990. 6. 26. 선고 88누4522 판결).

나. 2006. 12. 30. 법률 제8142호로 개정된 것

2006. 12. 30. 법률 제8142호로 개정되어 2007. 1. 1.부터 시행된 구
부가가치세법 제22조 제3항 제2호2)에서 가공세금계산서 '발급'에
대한 가산세 중과 규정이 신설되었다.

100분의 1에 상당하는 금액을 납부세액에 가산하거나 환급세액에서
공제한다.
1. 제16조 제1항의 규정에 의한 세금계산서를 교부하지 아니한 때 또는
교부한 분에 대한 세금계산서의 필요적 기재사항의 전부 또는 일부가
기재되지 아니하거나 사실과 다른 때
2) **제22조(가산세)**
③ 사업자가 다음 각 호의 어느 하나에 해당하는 경우에는 그 공급가액
(제2호의 경우에는 그 세금계산서에 기재된 금액을 말한다)에 대하여
100분의 2에 상당하는 금액을 납부세액에 가산하거나 환급세액에서
공제한다.
2. 재화 또는 용역을 공급하지 아니하고 제16조제1항의 규정에 따른 세금
계산서를 발행한 때

다. 2007. 12. 31. 법률 제8826호로 개정된 것

그 후 2007. 12. 31. 법률 제8826호로 개정되어 2008. 1. 1.부터 시행된 구 부가가치세법 제22조 제3항 제2호 및 제2호의2[3])에 따라 '재화 또는 용역을 공급하지 아니하고 세금계산서를 교부한 때' 뿐만 아니라 '재화 또는 용역을 공급받지 아니하고 세금계산서를 교부받은 때'에도 가산세를 중과하게 되었다. 구 부가가치세법 제22조 제3항 제2호, 제3호와 현행 부가가치세법 제60조 제3항 제1호, 제2호도 동일한 내용을 규정하고 있다.

라. 개정 취지

기획재정부는 위와 같이 2006. 12. 30. 개정된 구 부가가치세법에서 가공세금계산서의 발급에 관한 가산세 중과규정을 신설하고, 2007. 12. 31. 개정된 구 부가가치세법에서 가공세금계산서의 수취에 관한 가산세 중과규정까지 신설한 취지가 '건전한 상거래 정착 및 과세의 공평성 제고를 위하여 가공세금계산서 교부 등 고의로 거래질서를 문란하게 하는 행위에 대하여 가산세를 중과'함에 있다고 밝히고 있다.[4])

---

3) 제22조(가산세)
  ③ 사업자가 다음 각 호의 어느 하나에 해당하는 경우에는 그 공급가액(제2호의 경우에는 그 세금계산서에 기재된 금액을 말한다)에 대하여 100분의 2에 상당하는 금액을 납부세액에 가산하거나 환급세액에서 공제한다.
  2. 재화 또는 용역을 공급하지 아니하고 제16조제1항의 규정에 따른 세금계산서를 교부한 때
  2의2. 재화 또는 용역을 공급받지 아니하고 제16조제1항에 따른 세금계산서를 교부받은 때

2. 월합계세금계산서

구 부가가치세법 제16조 제7항의 위임에 따라 세금계산서의 발급 특례를 정하고 있는 구 부가가치세법 시행령(2010. 12. 30. 대통령령 제22578호로 개정되기 전의 것) 제54조 제1항 제1호[5]는 사업자가 거래처별로 1역월의 공급가액을 합계하여 해달 월의 말일자를 발행일자로 하는 '월합계세금계산서'를 발급할 수 있도록 규정하고 있다.

구 부가가치세법은 월합계세금계산서에 관하여 별도의 양식을 정하고 있지 않으므로, 월합계세금계산서를 발행할 때에도 구 부가가치세법 시행규칙(2013. 7. 1. 기획재정부령 제355호로 개정되기 전의 것) 별지 제11호 서식[6]에 따른 일반 세금계산서 양식과 동일한 양식을 그대로 사용한다.

3. 공급가액을 부풀린 월합계세금계산서가 가공세금계산서에 해당하는지 여부

가. 관련 대법원 판례

(1) 월합계세금계산서 관련 판례

대상판결 이전에 대법원이 공급가액을 부풀린 월합계세금계산서

---

4) 기획재정부, 『2006 간추린 개정세법』, 582면; 기획재정부, 『2007 간추린 개정세법』, 565면.
5) 현행 부가가치세법 제34조 제3항 제1호도 같은 취지의 내용을 규정하고 있다.
6) 현행 부가가치세법 시행규칙은 별지 제14호 서식으로 세금계산서 양식을 정하고 있다.

가 가공세금계산서에 해당하는지 여부에 관해서 판시한 사례는 없
었다.

(2) 일반 세금계산서 관련 판례

대법원은 일반 세금계산서와 관련하여, 공급가액을 실제 공사대
금보다 부풀려 기재한 세금계산서를 교부한 행위의 조세범 처벌법
위반이 문제된 사안에서, "실물거래 없이 가공의 세금계산서를 발행
하여 교부한 것이 아니라 단순히 실물거래에 따른 공급가액을 부풀
려 허위기재한 세금계산서를 교부한 것에 불과하므로, 이러한 행위
가 조세범 처벌법 제11조의2 제1항 제1호에 해당함은 별론으로 하
더라도 이를 조세범 처벌법 제11조의2[7] 제4항 제1호를 적용하여 처
단할 수는 없다."고 판시하여(대법원 2009. 10. 29. 선고 2009도8069
판결)[8], 공급가액을 부풀린 일반 세금계산서는 가공세금계산서에
해당하지 않는다는 점을 명확히 하였다.

---

7) 구 조세범 처벌법(2010. 1. 1. 법률 제9919호로 전부개정되기 전의 것)
  제11조의2(세금계산서 교부 의무위반 등)
  ① 부가가치세법의 규정에 의하여 세금계산서를 작성하여 교부하여야 할
   자와 매출처별세금계산서합계표를 정부에 제출하여야 할 자가 다음
   각 호의 어느 하나에 해당하는 경우에는 1년 이하의 징역 또는 공급가
   액에 부가가치세의 세율을 적용하여 계산한 세액의 2배 이하에 상당
   하는 벌금에 처한다.
  1. 세금계산서를 교부하지 아니하거나 허위기재하여 교부한 경우
  ④ 부가가치세법의 규정에 의한 재화 또는 용역을 공급하지 아니하고 다
   음 각 호의 어느 하나에 해당하는 행위를 한 자는 3년 이하의 징역 또
   는 … 이하에 상당하는 벌금에 처한다.
  1. 부가가치세법의 규정에 의한 세금계산서를 교부하거나 교부받은 행위
8) 대법원 2014. 7. 10. 선고 2013도10554 판결도 같은 취지이다.

(3) 세금계산서합계표 관련 판례

대법원은 세금계산서합계표와 관련하여서는, "합계표에 기재된 각 매출처에의 공급가액에 해당하는 실물거래가 전혀 존재하지 않거나 일부 실물거래가 존재하더라도 전체적으로 그 공급가액을 부풀려 허위로 기재한 합계표를 정부에 제출한 경우에는 위 합계표를 구성하는 개별 세금계산서를 허위기재한 경우와 달리 그 <u>가공 혹은 허위의 공급가액 부분 전체에 관하여 위 허위기재를 내용으로 하는 구 조세범 처벌법 제11조의2 제4항 제3호9) 소정의 '부가가치세법의 규정에 의한 재화 또는 용역을 공급하지 아니하고 부가가치세법의 규정에 의한 매출처별세금계산서합계표를 허위기재하여 정부에 제출한 행위</u>'에 해당하고, 이는 전체로서 하나의 매출처별세금계산서합계표를 허위로 작성하여 정부에 제출한 것이므로 그 합계표 안에 여러 매출처별로 각 허위의 사실이 기재되어 있다 하더라도 하나의 조세범 처벌법 위반(세금계산서 교부 의무위반 등) 죄가 성립할 뿐이다."라고 판시하여(대법원 2010. 5. 13. 선고 2010도336 판결), 세금계산서합계표에 있어서는 가공세금계산서와는 달리 일부 실물거래가 존재하더라도 전체적으로 공급가액을 부풀린 허위기재만으로도

---

9) **구 조세범 처벌법(2010. 1. 1. 법률 제9919호로 전부 개정되기 전의 것) 제11조의2(세금계산서 교부 의무위반 등)**

　④ 부가가치세법의 규정에 의한 재화 또는 용역을 공급하지 아니하고 다음 각호의 어느 하나에 해당하는 행위를 한 자는 3년 이하의 징역 또는 그 세금계산서 및 계산서에 기재된 공급가액이나 매출처별세금계산서합계표·매입처별세금계산서합계표에 기재된 공급가액 또는 매출처별계산서합계표·매입처별계산서합계표에 기재된 매출·매입금액에 부가가치세의 세율을 적용하여 계산한 세액의 2배 이하에 상당하는 벌금에 처한다.

　1. 부가가치세법의 규정에 의한 <u>세금계산서를 교부하거나 교부받은 행위</u>

　3. 부가가치세법의 규정에 의한 <u>매출·매입처별세금계산서합계표를 허위기재하여 정부에 제출한 행위</u>

'재화 또는 용역을 공급하지 아니하고 매출처별세금계산서합계표를 허위기재한 경우'에 해당한다는 입장이다.

대법원은 세금계산서합계표에 관한 구 조세범 처벌법(2010. 1. 1. 법률 제9919호로 전부 개정되기 전의 것, 이하 같다) 제11조의2 제3항[10] 제3호의 경우 세금계산서에 관한 같은 조 제1호와 달리 법문상 '허위기재하여'라고 명시하고 있는 점, 다수의 거래에 관한 공급가액이 기재되는 세금계산서합계표의 특성에 비추어 볼 때 일부 실물거래가 있다고 하여 세금계산서합계표 제출행위를 처벌할 수 없다는 것은 불합리하다고 판단한 것으로 보인다.[11]

그러나 세금계산서합계표에 기재된 거래처별 거래에 전혀 가공거래가 없이 공급가액을 부풀린 거래만 있는 경우라면, 그 세금계산서합계표는 '재화 또는 용역을 공급하거나 공급받고 기재한 세금계산서합계표'에 해당하므로, 이러한 경우는 구 조세범 처벌법 제11조의2 제3항 제3호의 처벌대상에 해당하지 않는다고 보는 것이 형벌법규 엄격해석의 원칙에 부합한다고 생각된다. 이러한 경우는 같은 조 제1항 제2호와 제2항 제2호에서 규정하고 있는 허위기재한 세금계산서합계표에 대한 처벌규정을 통하여 처벌하면 족할 것이다. 앞서 본 바와 같이 대법원이 공급가액을 부풀려 허위기재한 세금계산서를 가공세금계산서로 보지 않고, 대상판결이 공급가액을 부풀린 월합계세금계산서가 가공세금계산서에 해당하지 않는다고 판시한 것과의 균형의 측면에서 보더라도 이와 같이 보는 것이 타당하다고 생각된다.

---

10) 현행 조세범 처벌법 제10조 제3항에 해당한다.
11) 대표저자 안대희, 『조세형사법』, 최신개정판(도서출판 평안, 2015), 169면.

나. 월합계세금계산서에 관하여 가능한 견해

공급가액을 부풀린 월합계세금계산서가 가공세금계산서에 해당하는지 여부에 관하여 명시적으로 논의하고 있는 문헌을 찾아보기 어려우나, 대상판결 및 그 원심의 판시에 비추어 볼 때 아래와 같이 긍정설과 부정설이 존재할 수 있을 것으로 보인다.

(1) 긍정설

개별거래마다 세금계산서를 발행하였고 그 중 가공세금계산서가 포함된 경우와 월합계세금계산서의 공급가액 중 가공거래가 포함된 경우, 두 경우 모두 개별거래 중 일부가 가공거래라는 점에서 동일한데도 합리적 이유 없이 달리 취급하는 것은 부당하다는 점을 주된 논거로 한다. 대상판결의 제1심 및 원심이 취한 견해이다.

(2) 부정설

월합계세금계산서는 그 형식이 일반 세금계산서와 동일하여 외관상 구분되지 않는 점, 월합계세금계산서 자체로는 개별거래의 구분이 불가능한 점을 주된 논거로 한다. 대상판결이 취한 견해이다.

다. 검토

아래와 같은 점에서 대상판결이 취한 부정설이 타당하다고 생각된다.

첫째, 구 부가가치세법 제22조 제3항 제2호 및 제3호는 그 문언상 '재화 또는 용역을 공급하지 아니하거나 공급받지 아니하고 제16조에 따른 세금계산서를 발급하거나 발급받은 경우'를 가산세 부과대상으로 규정하고 있다. 그런데 월합계세금계산서에 기재된 공급가액에 진성거래에 관한 것이 포함되어 있다면, 그 월합계세금계산서는 '재화 또는 용역을 공급하거나 공급받고 (다만, 공급가액을 부풀려 기재하여) 수수한 세금계산서'에 해당하므로, 이러한 경우는 위 가산세 부과대상에 해당하지 않는다고 보는 것이 조세법규 엄격해석의 원칙에 부합한다. 또한, 구 부가가치세법 제22조 제3항 제2호 및 제3호를 적용함에 있어서 월합계세금계산서를 일반 세금계산서와 구분하여 취급하여야 할 아무런 법적 근거도 존재하지 않는다.

둘째, 월합계세금계산서는 그 형식이 일반 세금계산서와 동일하고, 월합계세금계산서 자체로는 개별거래의 구분이 불가능하고 구체적인 거래내역도 확인할 수 없다. 즉, 개별거래의 월합계세금계산서에 기재된 공급가액이 실제 공급된 재화 또는 용역의 가액과 다른 경우, 월합계세금계산서의 기재만으로는 (i)가공거래로 인한 가공의 공급가액이 합산된 것인지, (ii)아니면 실물거래에 따른 공급가액을 부풀려 기재한 것인지 구분이 불가능하다. 보다 근본적으로, 설령 다른 증빙자료 등을 통하여 구체적인 거래내역이 확인되는 경우라고 하더라도 어디서부터 어디까지를 개별거래(1회의 거래)로 보아야 할지 그 기준 자체가 불분명하다. 따라서 만약 공급가액을 부풀린 월합계세금계산서를 가공세금계산서로 의율한다면 각 개별거래를 명확히 구분하여 파악하고 각 개별거래가 위 (i)과 (ii) 중 어디에 해당하는지를 판단하여야 할 것인데, 현실적으로 이를 구분하여 판단하기가 매우 곤란하다는 문제점이 있다.

셋째, 긍정설은 개별 거래마다 세금계산서를 발행하였고 그 중 가공세금계산서가 포함된 경우와 월합계세금계산서의 공급가액 중 가공거래가 포함된 경우를 달리 취급할 합리적인 이유가 없다고 하나, 전자의 경우는 당사자가 공급가액이 전부 가공인 말그대로 가공의 세금계산서를 수수한다는 의사로 세금계산서를 수수하는 것이고, 세금계산서의 외관도 공급가액 전부가 가공이나, 후자의 경우는 당사자가 공급가액이 부풀려진 세금계산서를 수수한다는 인식하에 세금계산서를 수수하는 것이고, 세금계산서의 외관도 공급가액 중 일부만 가공이므로, 양자는 달리 취급될 합리적인 이유가 충분하다고 생각된다.

IV. 대상판결의 의의
– 조세범 처벌법 해석에의 적용

조세범 처벌법은 제10조[12] 제1항 제1호에서는 '세금계산서를 거짓으로 기재하여 발급한 경우'에 관한 처벌규정을, 같은 조 제3항 제1호에서는 '재화 또는 용역을 공급하지 아니하거나 공급받지 아니하고 세금계산서를 발급하거나 발급받은 행위'에 관한 처벌규정

---

12) **제10조(세금계산서의 발급의무 위반 등)**
① 「부가가치세법」에 따라 세금계산서(전자세금계산서를 포함한다. 이하 이 조에서 같다)를 작성하여 발급하여야 할 자와 매출처별세금계산서합계표를 정부에 제출하여야 할 자가 다음 각 호의 어느 하나에 해당하는 경우에는 1년 이하의 징역 또는 공급가액에 부가가치세의 세율을 적용하여 계산한 세액의 2배 이하에 상당하는 벌금에 처한다.
1. 세금계산서를 발급하지 아니하거나 거짓으로 기재하여 발급한 경우
③ 재화 또는 용역을 공급하지 아니하거나 공급받지 아니하고 다음 각 호의 어느 하나에 해당하는 행위를 한 자는 3년 이하의 징역 또는 그 세금계산서 및 계산서에 기재된 공급가액이나 매출처별세금계산서합계표, 매입처별세금계산서합계표에 기재된 공급가액 또는 매출처별계산서합계표, 매입처별계산서합계표에 기재된 매출·매입금액에 부가가치세의 세율을 적용하여 계산한 세액의 3배 이하에 상당하는 벌금에 처한다.
1. 「부가가치세법」에 따른 세금계산서를 발급하거나 발급받은 행위

을 두고 있다.

조세범 처벌법 제10조 제3항 제1호의 처벌대상은 그 문언상 앞서 본 구 부가가치세법 제22조 제3항 제2호 및 제3호의 가산세 부과대상과 동일하다고 할 것이므로, 대상판결의 법리는 조세범 처벌법 제10조 제3항 제1호의 해석에도 그대로 적용되어 공급가액을 부풀린 월합계세금계산서에 대해서는 조세범 처벌법 제10조 제3항 제1호 아니라 같은 조 제1항 제1호가 적용되어야 할 것이다.

또한, 조세범 처벌법 제10조 제1항 위반과는 달리, 영리목적으로 조세범 처벌법 제10조 제3항을 위반한 경우는 그 공급가액의 합계에 따라 특정범죄 가중처벌 등에 관한 법률 제8조의2 제1항[13])에 따라 가중처벌될 수 있는데, 대상판결이 선고됨으로 인하여 공급가액을 부풀린 월합계세금계산서는 이러한 가중처벌의 대상이 아니라는 점도 명확해지게 되었다.

---

13) **제8조의2(세금계산서 교부의무 위반 등의 가중처벌)**
　① 영리를 목적으로「조세범 처벌법」제10조 제3항 및 제4항 전단의 죄를 범한 사람은 다음 각 호의 구분에 따라 가중처벌한다.
　1. 세금계산서 및 계산서에 기재된 공급가액이나 매출처별세금계산서합계표·매입처별세금계산서합계표에 기재된 공급가액 또는 매출·매입금액의 합계액(이하 이 조에서 "공급가액등의 합계액"이라 한다)이 50억 원 이상인 경우에는 3년 이상의 유기징역에 처한다.
　2. 공급가액등의 합계액이 30억 원 이상 50억 원 미만인 경우에는 1년 이상의 유기징역에 처한다.
　② 제1항의 경우에는 공급가액등의 합계액에 부가가치세의 세율을 적용하여 계산한 세액의 2배 이상 5배 이하의 벌금을 병과한다.

타익신탁에 있어 부가가치세 문제

양 성 현 회계사

I. 들어가는 글

2003년 대법원에서 타익신탁[1]에 있어 신탁부동산의 처분에 대한 부가가치세 납세의무자와 관련된 판결을 내린 이후 조세심판원 결정 및 행정해석 등을 통하여 타익신탁에 있어 각 당사자들(위탁자, 수탁자, 수익자)의 부가가치세 처리에 관한 실무가 정착되고 있다. 그러나 타익신탁의 부가가치세 납세의무자를 판단함에 있어 신탁부동산에 대한 "실질적 통제권"의 이전 여부에 관한 사실판단에 따르고 있으며, 이러한 "실질적 통제권"의 이전 시기 및 이전 당시의 부가가치세 과세표준 그리고 매입세액 공제 가능 여부 등에 대해서도 아직까지 명확하지 않은 면이 있어 실무에서 타익신탁과 관련된 부가가치세를 처리함에 있어 어려움을 겪고 있다.

이하에서는 타익신탁에 있어 신탁부동산의 처분에 대한 부가가치세 납세의무자에 대한 여러 견해 및 선례 등을 살펴본 이후 부동산담보신탁을 중심으로 선례에 기초하여 신탁부동산의 거래와 관련된 구

---

1) 신탁계약에서 위탁자 이외의 수익자가 지정되어 신탁의 이익이 우선적으로 수익자에게 귀속하게 되어 있는 신탁으로, 위탁자 자신이 수익자가 되는 자익신탁과 대비된다.

체적인 부가가치세의 처리 및 그에 따른 문제점 등을 살펴본다.

다만, 이 글은 법리적인 연구보다는 과세당국의 유권해석 등 실무처리기준을 중심으로 타익신탁에 있어 부가가치세 문제를 검토한 글임을 밝힌다.

II. 타익신탁에 있어 부가가치세 납세의무자

1. 견해의 검토[2]

가. 위탁자로 보는 견해

신탁부동산의 관리·처분 등 신탁업무의 처리와 관련한 법률행위의 당사자는 어디까지나 법적으로는 수탁자이지만[3] 그 신탁부동산의 관리·처분 등으로 발생한 이익과 비용은 최종적으로 위탁자에게 귀속되므로 경제적 실질에 따라 위탁자에게 신탁부동산의 처분에 대한 부가가치세를 부과하여야 한다는 견해이다. 신탁계약의 경우 수탁자 명의로 신탁업무를 수행하나 결국 그 계산은 위탁자에게 귀

---

2) 조철호, "부동산신탁에 있어서 신탁부동산의 처분에 대한 부가가치세 납세의무자", 『재판자료』, 108집; 김진오 외4, "부동산담보신탁에 있어서 신탁부동산의 처분에 대한 부가가치세 납세의무자가 수익자인지 여부", 『조세법판례연구』, 세경사, 2010, 335~339면.

3) 부동산의 신탁에 있어서 신탁자의 위탁에 의하여 수탁자 앞으로 그 소유권이전등기가 마쳐지게 되면 대내외적으로 소유권이 수탁자에게 완전히 이전되고, 위탁자와의 내부관계에 있어서 소유권이 위탁자에게 유보되어 있는 것도 아니며, 다만 수탁자는 신탁의 목적 범위 내에서 신탁계약에 정하여진 바에 따라 신탁재산을 관리하여야 하는 제한을 부담함에 불과하다 (대법원 2003. 8. 19. 선고 2001다47467 판결).

속되어 수탁자의 신탁업무 처리 역시 '자기의 명의로 타인의 계산'
에 의한다는 점에서 그 구조가 위탁매매계약과 동일하므로 위탁자
가 납세의무자가 되는 것이 타당하다는 견해로, 2003년 대법원 판례
이전의 행정해석도 신탁법에 의한 신탁부동산의 수탁자가 당해 신
탁부동산을 관리 및 처분하는 때에는 수탁자가 신탁부동산과 관련
된 세금계산서를 위탁자 명의로 교부하고 세금계산서 비고란에 수
탁자 명의를 부기하는 것이라는 입장이었다.[4]

다만, 신탁계약은 위탁매매계약과는 달리 수탁자는 위탁자와의
관계에서 독립성이 강화되어 있고 제3자와의 관계에서도 완전히 독
립된 거래관계이므로, 구조상의 유사성만을 가지고 신탁계약을 위
탁매매계약의 외연의 범위 내에 일률적으로 포섭시키는 것은 조세
법상 엄격해석의 원칙에 위배되며, 경제적 실질에 따라 위탁자를 납
세의무자로 판단함으로써 실질과세의 원칙과 관련하여 통설적 지위
를 점하고 있는 법적 실질설에 반한다는 비판이 있다.[5] [6]

나. 수탁자로 보는 견해

신탁부동산의 관리·처분 등 신탁업무의 처리와 관련한 법률행위
의 당사자는 어디까지나 법적으로는 수탁자이므로 법적 실질에 따
라 수탁자에게 신탁부동산의 처분에 대한 부가가치세를 부과하여야
한다는 견해이다.

이는 신탁부동산의 소유자 혹은 신탁부동산을 처분할 수 있는 대

---

4) 재소비46015-60, 1998. 5. 2; 부가46015-1323, 1997. 6. 13; 부가46015-574,
   1998. 3. 27; 부가46015-2621, 1999. 8.31; 부가46015-536, 2001. 3. 21.
5) 백승재, "신탁재산의 관리·처분시 부가가치세 납부의무자", 「민사판례연
   구」, 11면.
6) 판례는 법적 실질설과 경제적 실질설을 모두 취하는 입장이다(대법원
   2012. 1. 19. 선고 2008두8499 전원합의체 판결).

외적 처분권자라고 할 수 있는 수탁자가 납세의무자가 되는 것이 타당하다는 견해로 조세법상 엄격해석의 원칙 및 법적 실질설에 기초한 실질과세의 원칙에 보다 부합하나, 신탁부동산의 관리·처분 등으로 발생한 이익과 비용은 위탁자 또는 수익자에게 귀속되므로 경제적 실질을 무시하는 것이며 타익신탁에 있어 신탁부동산의 처분에 대한 부가가치세 납세의무자를 수탁자로 본 선례도 없다는 비판이 있다.

다. 수익자로 보는 견해

타익신탁의 경우 신탁부동산의 관리·처분 등으로 발생한 이익과 비용은 우선적으로 수익자에게 귀속되므로 경제적 실질에 따라 수익자에게 신탁부동산의 처분에 대한 부가가치세를 부과하여야 한다는 견해이다. 이는 실질과세의 원칙과 관련하여 과세의 대상이 되는 행위 또는 거래의 귀속이 명의일 뿐이고 사실상 귀속되는 자가 따로 있을 때에는 사실상 귀속되는 자를 납세의무자로 하여 세법을 적용한다는 국세기본법 제14조 제1항의 '귀속에 관한 실질주의'에 부합하고, 일본의 소비세법 제14조에 규정된 내용7)과도 같다.

그러나 타익신탁의 경우 위탁자는 채무변제에 따른 소극재산의 감소라는 이익을 얻는 데 반해 수익자는 채권을 회수한 것에 지나지 아니하여 신탁의 이익 또한 실질적으로 위탁자에게 귀속된 것으로 보아야 한다. 즉, 신탁업무의 처리와 관련한 법률행위의 당사자는

---

7) 신탁수익자(수익자로서의 권리를 현재 가지고 있는 자에 한한다)는 해당 신탁재산에 속하는 자산을 가지고 있는 것으로 간주하고, 또한 해당 신탁재산에 관계되는 자산 등 거래(자산의 양도 등, 과세 매입 및 과세 화물의 보세지역에서의 인수를 말한다)는 해당 수익자의 자산 등 거래로 간주하고 이 법률의 규정을 적용한다.

법적으로는 수탁자이고 경제적으로는 위탁자로 보아야 하며, 수익자는 법적이나 경제적으로 위탁자로부터 신탁부동산을 취득한 바도 없으므로 수익자를 신탁부동산의 처분에 대한 부가가치세 납세의무자로 보는 경우 부가가치세의 본질이나 실질과세의 원칙에 위배될 수 있다는 비판이 있다. 그리고 법인세법 및 소득세법상 납세의무의 범위인 '신탁의 이익의 귀속'[8]과 부가가치세법상 납세의무의 범위인 '재화의 공급'을 혼동한 것이라는 비판도 있다.[9]

2. 선례의 검토

가. 판례

대법원은, 신탁법상의 신탁은 위탁자가 수탁자에게 특정의 재산권을 이전하거나 기타의 처분을 하여 수탁자로 하여금 신탁 목적을 위하여 그 재산권을 관리·처분하게 하는 것인바, 수탁자가 신탁재산을 관리·처분함에 있어 재화 또는 용역을 공급하거나 공급받게 되는 경우 수탁자 자신이 계약당사자가 되어 신탁업무를 처리하게 되는 것이나 그 신탁재산의 관리·처분 등으로 발생한 이익과 비용은 최종적으로 위탁자에게 귀속하게 되어 실질적으로는 위탁자의 계산에 의한 것이라고 할 것이므로, 신탁법에 의한 신탁 역시 부가가치세법 제6조 제5항 소정의 위탁매매와 같이 '자기(수탁자) 명의로 타

---

8) 법인세법은 신탁재산에 귀속되는 소득은 그 신탁의 이익을 받을 수익자가 그 신탁재산을 가진 것으로 보며(법인세법 제5조 제1항), 소득세법도 신탁재산에 귀속되는 소득은 그 신탁의 수익자에게 귀속되는 것으로 본다(소득세법 제2조의2 제6항).
9) 백승재, 앞의 논문, 13면.

인(위탁자)의 계산에 의하여' 재화 또는 용역을 공급하거나 또는 공급받는 등의 신탁업무를 처리하고 그 보수를 받는 것이어서, 신탁재산의 관리·처분 등 신탁업무를 처리함에 있어서의 사업자 및 이에 따른 부가가치세 납세의무자는 원칙적으로 위탁자라고 봄이 상당하다고 판시하였다. 다만, 신탁계약에 있어서 위탁자 이외의 수익자가 지정되어 신탁의 이익이 우선적으로 수익자에게 귀속하게 되어 있는 타익신탁의 경우에는, 그 우선수익권이 미치는 범위 내에서는 신탁재산의 관리·처분 등으로 발생한 이익과 비용도 최종적으로 수익자에게 귀속되어 실질적으로는 수익자의 계산에 의한 것으로 되므로, 이 경우 사업자 및 이에 따른 부가가치세 납세의무자는 위탁자가 아닌 수익자로 봄이 상당하다고 판시하였다.[10]

대법원의 기본적인 태도는 국세기본법상 실질과세의 원칙인 '귀속에 관한 실질주의'에 따라 타익신탁에 있어 신탁이익의 귀속주체를 기준으로 부가가치세 납세의무자를 판단한 것으로 이해된다. 타익신탁에 있어 신탁부동산의 관리·처분 등 신탁업무의 처리와 관련한 법률행위의 당사자는 수탁자임을 부인하지는 않으나 신탁의 이익은 위탁자나 수익자에게 귀속되므로 신탁의 이익이 귀속되는 자에게 부가가치세 납세의무를 지운 것으로, 신탁의 이익이 위탁자에게 귀속되었다면 부가가치세 납세의무자는 위탁자라고도 하였다.[11]

---

10) 대법원 2003. 4. 25. 선고 99다59290 판결; 대법원 2006. 1. 13 선고 2005두 2254 판결; 대법원 2008. 12. 24. 선고 2006두8372 판결.
11) 대법원 2008. 12. 24. 선고 2006두8372 판결. (원심은 그 판시와 같이 원고 와 ○○○신탁은 신탁원본 및 수익의 배분에 관하여 1순위로 총사업비(신탁사무처리비용, 차입금이자, 신탁보수, 공사비, 차입금, 기타 사업추진비용 등), 2순위로 주식회사 △△(이하 '△△'라 한다)의 수익권금액(수익한도액 40억 원), 3순위로 원고의 수익권이라는 순서에 따라 정산하기로 약정한 사실 등을 인정한 다음, ○○○신탁의 부도로 말미암아 이 사건 건물이 완공되지 못하고 결국 △△에게 원고보다 우선하여 정산될 수익이 발생하지도 아니하였으므로, 이 사건 부가가치세의 납세의무자는 위탁자 겸 수

이는 법인세법 및 소득세법상 납세의무자와 부가가치세법상 납세의 무자를 통일시키려는 의도로도 보인다.[12]

그러나 이러한 대법원의 태도에 대해서는 앞서 본 바와 같이 신 탁의 이익이 귀속되지 않고 위탁자로부터 신탁부동산을 취득하지도 않은 수익자를 신탁부동산의 처분에 대한 부가가치세 납세의무자로 보는 것으로 부가가치세의 본질이나 실질과세의 원칙에 위배된다는 비판이 있다. 이에 대하여 수원지방법원은, 대법원 판례의 법리에 대하여는 부가가치세의 과세구조 등에 부합하지 않는다는 비판이 있으나, 위와 같은 법리는 부가가치세법상 부동산 수탁자가 신탁재 산을 양도하는 등 처분을 하는 경우에 대한 입법적 규율이 전무한 이상 과세대상의 귀속에 관한 실질주의를 채택하고 있는 국세기본 법(제14조)이나 신탁재산에 귀속되는 소득의 귀속자를 수익자로 규 정하고 있는 법인세법 및 소득세법 등의 규정 체계에 비추어 불가피 한 해석으로 보인다고 판시하였다.[13]

이에 반해 서울행정법원은, 판결이유에서 부가가치세는 재화 또 는 용역의 공급과 재화의 수입 등의 거래에 대하여 부과하는 조세인 데, 부동산담보신탁에 속하는 이 사건 신탁계약의 경우에는 형식적 으로나 실질적으로나 재화인 부동산이 우선수익자에게로 이전된 바 가 없는 점, 신탁재산의 처분으로 인하여 발생한 환가금액 중 우선 수익권 해당금액이 형식적으로는 우선수익자에게 귀속되나, 이는

익자인 원고로 보아야 한다는 취지로 판단하였는바, 이 사건 기록을 앞서 본 법리에 비추어 살펴보면, 위와 같은 원심의 판단은 그 이유설시에 다 소 부적절한 점이 있더라도 그 결론에 있어서 정당한 것으로 수긍할 수 있고, 거기에 증명책임이나 신탁계약에 있어서의 부가가치세 납세의무자 에 관한 법리오해 등의 위법이 없다.)
12) 강성모, "신탁 관련 거래와 부가가치세", 『조세법연구』, 제22-3권 (세경사, 2016), 453면~454면.
13) 수원지방법원 2011. 12. 14. 선고 2011구합6463 판결.

우선수익자가 위탁자로부터 자신의 채권을 변제받는 것일 뿐 나아가 재화의 공급에 따른 대가를 받는 것으로 보기는 어려운 반면, 위탁자의 경우에는 우선수익권 해당금액이 수익자에게 지급되는 순간 자신이 수익자에게 부담하고 있던 채무 또는 책임을 면하게 되므로 신탁부동산의 매매로 인하여 발생하는 매매의 대가 즉 재화의 공급에 따른 경제적인 효과를 실질적으로 수취하게 되는 점 등에 비추어 볼 때, 종전 판례(대법원 2006. 1. 13. 선고 2005두2254 판결, 대법원 2003. 4. 25. 선고 99다59290 판결 등)의 결론이 부가가치세의 본질이나 실질과세의 원칙에 위배되는 것은 아닌지에 관하여 다소 의문이 있다고 하였다.[14]

한편, 대법원에서는 타익신탁에 있어 신탁부동산의 처분에 대한 부가가치세 납세의무자를 수익자로 보면서도 수익자가 당해 신탁부동산을 취득하는 거래에 대해서는 언급하지 않고 있다. 즉, 부가가치세의 본질상 수익자가 부가가치세 납세의무자인 재화를 공급하는 자가 되기 위해서는 재화를 공급하는 거래 이전에 재화를 공급받아야 하는데, 대법원은 수익자가 어느 거래당사자로부터 어느 시점에 신탁부동산을 공급받았는지에 대해서는 판단하지 않고 있다. 그리고 수익자가 비사업자[15]이거나 금융기관[16]과 같은 면세사업자인 경우에는 신탁부동산의 처분에 대해서 부가가치세 납세의무가 없게 되므로 세수 일실의 결과가 발생할 수 있고, 신탁부동산의 처분에

---

14) 서울행정법원 2009. 10. 22. 선고 2009구합15906 판결. 다만, 동 판결도 결론은 종전 판례와 동일합니다.

15) 부가가치세의 납세의무자는 사업자에 한하나(부가가치세법 제3조 1호), 위탁자는 사업자에 한정하여 수익자를 지정할 의무가 없다. 수익자가 비사업자인 경우 신탁부동산의 처분에 대하여 부가가치세 납세의무가 없게 된다.

16) 타익신탁에 있어 신탁부동산의 처분에 대한 금융업자의 부가가치세 면제 여부에 대한 자세한 내용은 III. 2. 가. 에서 살펴본다.

있어 매도인으로서의 계약당사자 및 거래상대방으로부터의 매매대
금 수취자가 수탁자임에도 불구하고 수익자가 거래상대방으로부터
부가가치세를 거래징수하여 신고 및 납부하여야 하므로 비효율적이
며, 수익자가 다수인 경우에는 세금계산서 발급 등에 있어서 비효율
이 생길 수 있다는 비판이 있다.[17]

나. 조세심판원 결정

2003년 대법원 판례 이후 기본적으로는 대법원과 같은 태도를 취
하고 있으나 신탁이익의 실질적 귀속에 따라 타익신탁의 부가가치
세 납세의무자가 판단됨을 보다 명확히 한 것으로 보인다.[18] 그리고
행정해석에서 '실질적 통제권'의 개념을 도입[19]한 이후에는 '실질적
통제권'의 이전 여부에 따라 타익신탁에 있어 신탁부동산의 처분에
대한 부가가치세 납세의무자를 판단하고 있다.[20] 즉, 타익신탁에 있
어 신탁부동산에 대한 '실질적 통제권'이 수익자[21]에게 이전된 경우

---

17) 이재호, "신탁부동산의 양도와 부가가치세법상 납세의무자", 『특별법연
   구』, 10권(사법발전재단, 2012), 317면~318면.
18) 국심 2007중3203, 2008. 7. 8. (신탁계약의 경우 수익자가 따로 지정되어 있
   다고 하여 수익자가 부가가치세 납세의무자가 되는 것이 아니라 신탁재
   산의 관리·처분 등으로 발생하는 이익과 비용이 최종적으로 수익자에게
   실질적으로 귀속되기 때문에 부가가치세 납세의무자가 된다.)
19) '실질적 통제권'의 개념 도입에 관한 자세한 내용은 II. 2. 다. 에서 살펴본다.
20) 조심 2011중948 2011. 8. 31. 에서 타익신탁에 있어 신탁부동산의 처분에
   대한 부가가치세 납세의무자를 판단함에 있어 '실질적 통제권'의 개념을
   명시적으로 사용하였고 이후 조세심판원 결정은 계속 '실질적 통제권'의
   이전 여부를 기준으로 부가가치세 납세의무자를 판단하고 있다.
21) 실무상 타익신탁의 경우 위탁자는 수익자의 지위를 가지고 채권자 등 제3
   자를 우선수익자로 지정하는 경우가 많다. 이 경우 위탁자와 수익자는 구
   분할 실익이 없으므로 실무상으로는 위탁자와 우선수익자 중 부가가치세
   납세의무자를 판단하는 문제가 주를 이루게 된다.

에는 신탁부동산의 처분에 대한 부가가치세 납세의무자는 수익자가
되나, 그렇지 않은 경우에는 위탁자가 된다는 것이다.

그리고 타익신탁에 있어 신탁부동산의 처분에 대한 부가가치세
납세의무자를 판단함에 그치지 아니하고 신탁부동산에 대한 '실질
적 통제권'이 수익자에게 이전되는 시점에 위탁자가 당해 신탁부동
산을 수익자에게 공급하였다고 보아 위탁자에게 부가가치세 납세의
무가 있는 것으로 판단하고 있으며, '실질적 통제권'이 이전되는 시
점에 대해서는 개별 사안별로 구체적인 계약 및 사실관계를 기초로
구상채권 납입통지일22), 신탁부동산의 공매요청일23), 2차 변경신탁
계약일24) 등으로 판단하고 있다.

다. 행정해석

종전에는 타익신탁에 있어 수탁자가 신탁부동산을 처분한 경우
에도 위탁자가 부가가치세법상 공급하는 자로서 세금계산서를 발급
하여야 한다고 해석하였다.25) 그러나 2003년 대법원 판례 이후 기획
재정부에서 타익신탁에 있어 수익권의 양도가 부가가치세 과세대상
에 해당되는지 여부와 관련하여 '통제권'의 개념을 처음 사용하였
고,26) 이후 국세청도 타익신탁에 있어 신탁부동산의 소유권이 수익
자에게 이전되는 경우 부가가치세 과세대상에 해당되는지 여부와

---

22) 조심 2012부730, 2012. 6. 20. 외 다수(○○보증의 사례).
23) 조심 2013서4713, 2014. 9. 4.
24) 조심 2016중1605, 2016. 10. 18.
25) 부가 46015-1286, 1998. 6. 17.
26) 재소비-113, 2005. 8. 31. 단, 기획재정부는 이후 타익신탁에 있어 신탁부동
    산의 처분에 대한 부가가치세 납세의무자를 판단함에 있어서는 '통제권'
    의 개념을 사용하지 않는 것으로 보인다(재부가-68, 2006. 9. 11; 재부가
    -737, 2011. 11. 23).

관련하여 '실질적 통제권'의 개념을 처음 사용하였다.[27)]

그리고 이후 국세청은 타익신탁에 있어 부가가치세 납세의무자를 판단함에 있어 일관되게 '실질적 통제권'의 개념을 사용하여, 위탁자가 소유 부동산을 신탁법에 따라 수탁자에게 신탁하고 이를 수탁자가 임대 및 양도하는 경우 당해 신탁부동산과 관련된 납세의무자는 위탁자가 되는 것이나, 타익신탁에 있어 신탁부동산에 대한 '실질적 통제권'이 위탁자에서 수익자로 이전되는 경우에는 위탁자가 수익자에게 재화를 공급한 것으로 보며, 그 공급시기는 당해 신탁계약 및 특약에서 정한 조건에 의하여 신탁부동산의 '실질적 통제권'이 이전되는 때가 되는 것이고 그 과세표준은 '우선수익권이 미치는 금액'이 되는 것이라고 해석하고 있다. 그리고 타익신탁에 있어 위탁자에서 수익자로 신탁부동산의 '실질적 통제권'이 이전된 후 수탁자가 신탁재산을 임대 및 양도하는 경우 납세의무자는 수익자가 되는 것이라고 해석하고 있다.[28)]

즉, 타익신탁에 있어 신탁부동산에 대한 '실질적 통제권'이 위탁자에서 수익자로 이전되는 경우에는 위탁자가 당해 신탁부동산을 수익자에게 공급한 것으로 보아 위탁자에게 부가가치세 납세의무가 있는 것으로 판단하고 있고, '실질적 통제권'이 수익자에게 이전된 이후에 수탁자가 당해 신탁부동산을 제3자에게 처분하는 경우에는 수익자가 당해 신탁부동산을 제3자에게 공급한 것으로 보아 수익자에게 부가가치세 납세의무가 있는 것으로 판단하고 있다. 이는 타익신탁에 있어 신탁부동산의 처분에 대한 납세의무자는 당해 신탁부동산에 대한 '실질적 통제권'이 이전되었는지 여부에 따라 위탁자 또는 수익자로 보는 것으로 조세심판원 결정과 기본적으로 동일하다.

다만, '실질적 통제권'을 '신탁부동산에 대한 사용·수익 및 처분

---

27) 서면3팀-2134, 2007. 7. 30.
28) 서면3팀-76, 2008. 1. 9; 부가-378, 2009. 1. 29; 부가-390, 2009. 3. 23. 외 다수.

등에 대한 권한'으로 구체적으로 정의하고 있기는 하나, '실질적 통제권'이 이전되었는지 여부 및 그 시기에 대하여는 실질내용에 따라 사실판단할 사항이라고 해석할 뿐 구체적인 기준은 제시하지 않고 있다.29)

III. 부동산담보신탁에 있어 부가가치세 납세의무

선례를 종합하면, 타익신탁에 있어 신탁부동산의 처분에 대한 부가가치세 납세의무자는 당해 신탁부동산에 대한 사용·수익 및 처분 등에 대한 권한인 '실질적 통제권'이 이전되었는지 여부를 기준으로 판단한다. 즉, 타익신탁에 있어 신탁부동산에 대한 '실질적 통제권'이 위탁자에서 수익자로 이전되는 경우에는 위탁자가 당해 신탁부동산을 수익자에게 공급한 것으로 보아 위탁자에게 부가가치세 납세의무가 있으며(위탁자와 수익자의 거래), '실질적 통제권'이 수익자에게 이전된 이후에 수탁자가 당해 신탁부동산을 제3자에게 처분하는 경우에는 수익자가 당해 신탁부동산을 제3자에게 공급한 것으로 보아 수익자에게 부가가치세 납세의무가 있다(수익자와 매수인의 거래).

이하에서는 타익신탁 중 부동산담보신탁을 중심으로 선례에 기초하여 신탁부동산의 거래와 관련된 구체적인 부가가치세 처리 및 그에 따른 문제점 등에 대해서 살펴본다.

---

29) 법규부가 2012-347, 2013. 3. 13; 법규부가2013-219, 2013. 7. 12. 외 다수.

1. 위탁자와 수익자의 거래

가. 재화의 공급 여부: '실질적 통제권' 이전 여부

부동산담보신탁이란 부동산의 소유자가 위탁자가 되어 채권자에 대한 자신 또는 제3자의 채무이행을 담보하기 위하여 채권자를 우선수익자로 하여 자기 소유의 부동산을 수탁자(부동산신탁회사)에게 이전하고, 수탁자는 담보목적을 위하여 신탁재산을 일정기간 소유·관리하다가 채무가 정상적으로 이행되면 신탁재산의 소유권을 위탁자에게 환원하며, 채무가 불이행되면 신탁재산을 처분하여 그 대금으로 우선수익자(채권자)의 채무를 변제하고 잔액이 있을 때에는 위탁자에게 반환하는 신탁을 말한다. 이는 신탁의 담보적 기능을 이용한 부동산관리신탁과 부동산처분신탁의 결합형으로서 현행 우리나라의 물권법상 저당제도를 대신할 수 있는 새로운 형태의 담보제도로 평가되고 있으며,[30] 금융비용의 절감을 위해 널리 이용되고 있는 부동산신탁상품이다.[31]

부동산담보신탁은 위탁자가 신탁부동산을 사실상 계속 점유·사용하면서 신탁부동산에 대한 보존·유지·수선 등 실질적 관리행위와 이에 소요되는 일체의 비용을 부담하고, 우선수익자는 신탁재산으로부터 발생한 수익을 위탁자에 앞서 분배받을 권리만을 보유하고 있는 것이 일반적이다. 따라서, 타익신탁에 해당된다는 점에서는 이견이 없으나 신탁부동산의 처분에 대한 부가가치세 납세의무자를 판단함에 있어 조세심판원 결정이나 행정해석에서 기준으로 삼고

---

30) 조철호, 앞의 논문.
31) 2016. 6. 말 현재 부동산신탁회사의 수탁고에서 부동산담보신탁이 차지하는 비중은 91.1%에 이른다(금융감독원, 2016. 9. 12자 보도자료, 2016년 상반기(1~6월) 부동산신탁회사 영업실적).

있는 신탁부동산에 대한 '실질적 통제권'이 우선수익자에게 이전될 수 있는지 여부에 대해서 논란이 있다.

그러나 대법원 판례는 담보신탁 성격의 부동산관리처분신탁계약과 관련하여 신탁부동산의 처분에 대한 부가가치세 납세의무자를 수익자로 판단하였고,[32] 조세심판원 결정도 타익신탁이 담보신탁의 성격이 있는 경우에는 담보채권의 범위 내에서만 신탁의 이익이 우선수익자에게 귀속되므로 신탁부동산에 대한 '실질적 통제권'이 우선수익자에게 이전되었다고 볼 수 없다는 것이 기본 입장인 것으로 보이나[33] 부동산담보신탁이라고 하더라도 우선수익자가 실질적으로 신탁부동산을 사용·수익 그리고 처분할 수 있는 경우에는 '실질적 통제권'이 우선수익자에게 이전된 것으로 보아야 한다는 입장으로 보인다.[34] 그리고 행정해석도 부동산담보신탁의 경우에도 신탁부동산에 대한 '실질적 통제권'이 우선수익자에게 이전될 수 있다는 입장으로 보인다.

그리고 최근 부동산담보신탁에 있어 우선수익자(채권자)의 채권회수를 보다 용이하게 하기 위하여 신탁계약 및 특약에 우선수익자에 신탁부동산에 대한 사용·수익 권한을 부여하거나 위탁자에게 우선수익자로의 명도의무를 규정하는 등 우선수익자의 권한을 대폭 강화하는 조항을 규정하는 경우가 많은 점도 고려할 때, 부동산담보신탁이라고 하여 신탁부동산에 대한 '실질적 통제권'이 우선수익자

---

32) 대법원 2003. 4. 25. 선고 99다59290 판결; 백승재, 앞의 논문, 2면 및 12면.
33) 조심 2011중948, 2011. 8. 31; 조심 2011구5107 2012. 3. 26. 외 다수.
34) 조심 2013서4713, 2014. 9. 4. 은 담보·처분신탁계약에서 우선수익자에게 신탁부동산에 대한 '실질적 통제권'이 이전되었다고 판단하였으며, 조심 2010중2132, 2011. 3. 2; 조심 2013구2497 2013. 9. 2; 조심 2013서3032 2013. 12. 2; 조심 2014서2003 2015. 6. 23. 등은 담보신탁임에도 우선수익자에게 신탁부동산에 대한 '실질적 통제권'이 이전되었다는 전제하에서 부가가치세 과세문제를 판단하고 있다.

에게 이전될 수 없다고 단정할 수는 없다. 따라서, 부동산담보신탁의 경우에도 다른 타익신탁과 마찬가지로 신탁계약 및 특약에서 정한 조건에 의하여 신탁부동산에 대한 '실질적 통제권'이 우선수익자에게 이전되었는지 여부를 판단하여야 한다.

나. 재화의 공급시기: '실질적 통제권'의 이전 시기

부동산담보신탁에 있어 위탁자가 신탁부동산을 우선수익자에게 공급하는 시기는 다른 타익신탁과 마찬가지로 당해 신탁계약 및 특약에서 정한 조건에 의하여 신탁부동산의 '실질적 통제권'이 위탁자에서 우선수익자로 이전되는 때다. 그러나 조세심판원 결정은 개별 사안별로 구체적인 계약 및 사실관계를 기초로 판단하고 있어 그 시기를 특정하기 어렵고,[35] 행정해석에서도 그 구체적인 시기에 대해서는 실질내용에 따라 사실판단할 사항이라고 해석하고 있다.

다만, 부동산담보신탁계약을 체결하고 신탁등기를 하였더라도 그 자체만으로 우선수익자가 신탁부동산을 배타적으로 이용하거나 처분할 수 있도록 하는 정도까지는 이를 수 없으므로 신탁계약 체결일이나 신탁등기일에 우선수익자에게 신탁부동산에 대한 '실질적 통제권'이 이전되었다고 보아 위탁자가 우선수익자에게 당해 신탁부동산을 공급한 것으로 보기는 어렵다.[36] 이는 부가가치세법에서 질권, 저당권 또는 양도담보의 목적으로 동산, 부동산 및 부동산상

---

35) 신탁부동산에 대한 '실질적 통제권'의 이전 시기를 구상채권 납입일로 본 조세심판원 결정들(조심 2012부730, 2012. 6. 20. 외 다수)은 ○○보증의 사례로 일반적인 부동산담보신탁으로 보기 어려우며, 2차 변경신탁계약일로 본 조세심판원 결정(조심 2016중1605, 2016. 10. 18)은 부동산처분신탁에 관한 사례에 해당된다.

36) 최동준, "부동산담보신탁의 부가가치세 납세의무자에 관한 검토", 『금융법연구』, 제10권 제2호 (통권 제20호) (한국금융법학회, 2013), 336면.

의 권리를 제공하는 경우에는 부가가치세 과세대상인 재화의 공급으로 보지 아니하며,[37] 부동산담보신탁은 물권법상 저당제도와 유사하므로 부동산담보신탁계약의 체결을 담보의 제공으로 보아야 한다는 관점에서도 그러하다. 그리고 조세심판원 결정[38]도 신탁등기는 형식적인 등기에 불과하고 신탁계약 체결일이나 신탁등기일에는 신탁부동산에 대한 '실질적 통제권'이 우선수익자에게 이전되지 않았으므로 위탁자가 우선수익자에게 신탁부동산을 공급한 것으로 볼 수 없다고 판단하였다.[39]

그리고 부동산담보신탁에 있어 수탁자가 신탁부동산을 실제로 제3자에게 처분하는 시점에 신탁부동산에 대한 '실질적 통제권'이 우선수익자에게 이전되었다고 보아 위탁자가 당해 신탁부동산을 우선수익자에게 공급한 것으로 보는 경우에는 동 시점에 우선수익자도 당해 신탁부동산을 제3자에게 공급하게 되므로, 우선수익자를 제3자에 대한 신탁부동산의 처분에 있어 부가가치세 납세의무자로 볼 이유가 없다. 또한, 위탁자가 우선수익자에게 신탁부동산의 공급과 관련된 세금계산서를 발급함과 동시에 우선수익자도 제3자에게 신탁부동산의 공급과 관련된 세금계산서를 발급하여야 한다. 이에 신탁부동산의 실제 처분일에 신탁부동산에 대한 '실질적 통제권'이 우선수익자에게 이전되었다고 명시적으로 인정한 선례도 없는 것으로 보인다.

따라서, 부동산담보신탁에 있어 신탁부동산에 대한 '실질적 통제권'이 위탁자에서 우선수익자에게 이전된 경우, 그 시기는 신탁계약

---

37) 부가가치세법 제10조 제8항 제1호 및 같은 법 시행령 제22조.
38) 국심 2005서2201, 2006. 8. 11; 조심 2010중2132, 2011. 3. 2. 외 다수.
39) 행정해석에서 부동산관리처분신탁에 있어 신탁계약 체결 시점에 신탁부동산에 대한 '실질적 통제권'이 이전된 것으로 보아 위탁자가 우선수익자에게 세금계산서를 교부하는 것이라고 해석하기도 하였으나(법규과-4884, 2007. 9. 12.), 현재 동 행정해석은 폐기된 것으로 보인다.

체결일 또는 신탁등기일 이후부터 당해 신탁부동산의 실제 처분일 사이에 결정되어야 한다. 그리고 일반적인 부동산담보신탁에 있어서는 위탁자(채무자)의 채무불이행 및 그에 따른 우선수익자(채권자)의 당해 신탁부동산에 대한 공매요청이 신탁계약의 당사자들의 법률관계에 변동을 가져올 수 있는 주요한 법률행위에 해당되는데, 위탁자(채무자)의 채무불이행이 있더라도 우선수익자(채권자)가 당해 신탁부동산에 대한 공매요청을 하지 않을 수 있다는 점을 고려할 때, 우선수익자(채권자)의 당해 신탁부동산에 대한 공매요청을 신탁계약 당사자들의 법률관계에 변동을 가져오는 직접적인 법률행위로 보아야 한다. 이에 부동산담보신탁에 있어 신탁부동산에 대한 '실질적 통제권'이 위탁자에서 우선수익자에게 이전되는 시기를 특정해야 한다면 우선수익자의 당해 신탁부동산에 대한 공매요청일로 보는 것이 타당하며, 조세심판원 결정에서도 공매요청일에 신탁부동산에 대한 '실질적 통제권'이 우선수익자에게 이전되었다고 판단한 바 있다.

다만, 부동산담보신탁에 있어 우선수익자의 신탁부동산에 대한 공매요청으로 인하여 당해 신탁부동산에 대한 처분권한은 우선수익자에게 실질적으로 이전된다고 볼 수 있으나, '실질적 통제권'의 일부인 신탁부동산에 대한 사용·수익권한이 처분권한과 함께 우선수익자에게 이전된다고 볼 수는 없다. 이에 우선수익자의 신탁부동산에 대한 공매요청이 있는 경우 위탁자의 신탁부동산에 대한 명도의무를 명시하는 등 신탁계약 또는 특약에 우선수익자에게 신탁부동산에 대한 사용·수익권한이 이전되었다고 인정받을 만한 명시적인 규정이 없다면 신탁부동산에 대한 공매요청일에 당해 신탁부동산에 대한 '실질적 통제권'이 우선수익자에게 이전되었다는 것이 인정되지 않을 수도 있다.

한편, 부동산담보신탁계약에서 우선수익자의 공매요청 이후 신

탁부동산에 대한 우선수익자의 사용·수익권한을 명시하더라도 위탁
자의 반발 등으로 이러한 권한을 실제로 행사하는 것이 어려울 수
있다. 공매 또는 명도집행 등에 시간 및 비용이 소요될 수 있고 그
과정에서 발생할 수 있는 신탁부동산의 쇠락이나 관리비용의 증가
등을 방지하기 위하여 우선수익자가 그 권한을 행사하지 않고 위탁
자가 신탁부동산을 계속 사용·수익하는 것을 방치할 수 있는 것이
다. 그러나 위탁자가 신탁부동산을 계속 사용·수익하더라도 이에 대
한 적법한 권원을 보유한다고 볼 수 없으므로 우선수익자에게 신탁
부동산의 사용·수익으로 인한 이득을 부당이득으로 반환하여야 하
는 문제만 발생할 뿐이다.40) 따라서, 부동산담보신탁에 있어 신탁부
동산에 대한 '실질적 통제권'의 이전 여부를 판단할 때 우선수익자
의 실제적인 사용·수익 여부는 중요하지 않을 수도 있다.

다. 재화의 공급가액: 부가가치세 과세표준

신탁부동산에 대한 '실질적 통제권'의 이전에 따라 위탁자가 우
선수익자에게 신탁부동산을 공급하는 것으로 보는 경우 부가가치세
과세표준인 신탁부동산의 공급가액과 관련하여 조세심판원 결정에
서는 이를 구체적으로 언급하고 있지 않으나, 행정해석은 우선수익
권이 미치는 범위 내에서 재화의 공급에 해당한다고 하면서 부가가
치세 과세표준인 신탁부동산의 공급가액은 '우선수익권이 미치는
금액'임을 명확히 하고 있다. 이는 수익자는 그 우선수익권이 미치
는 범위 내에서 신탁의 이익이 귀속되어 실질적으로 수익자의 계산
에 의한 것으로 되므로 부가가치세 납세의무자에 해당한다는 대법
원의 판례에도 부합한다.

---

40) 대법원 2012. 5. 10. 선고 2012다4633 판결 참조.

다만, 위탁자가 우선수익자에게 신탁부동산을 공급하는 경우 당해 신탁부동산의 시가를 과세표준으로 세금계산서를 발급한 후 실제로 매각된 때에 그 차액(신탁부동산의 시가와 실제 매각가액의 차액)에 대하여 수정세금계산서를 발급하는 것이라는 행정해석이 있다.41) 동 행정해석은 위탁자에게 실제 매각가액을 초과하는 부가가치세 납세의무를 부담시키지 않겠다는 취지인 것으로 보이나 우선수익자의 부가가치세 납세의무의 범위를 우선수익권이 미치는 범위로 한정한 대법원의 판례에 반하므로 신탁부동산의 실제 매각가액이 '우선수익권이 미치는 금액'을 초과하는 경우에는 우선수익자가 그 초과부분에 대해서도 부가가치세 납세의무를 부담하여야 하는지에 대해서 논란이 있을 수 있다. 그리고 신탁부동산에 대한 '실질적 통제권'의 이전 시점에 신탁부동산의 시가를 별도로 파악하여야 하며 수정세금계산서도 발급하여야 하므로 비효율적이고, 신탁부동산의 시가가 명확하다면 추후 실제 매각가액에 맞추어 수정세금계산서를 발급할 필요가 있는지도 의문이다. 이에 최근 행정해석도 위탁자가 우선수익자에게 신탁부동산을 공급하는 경우 부가가치세 과세표준은 '우선수익권이 미치는 금액'임을 다시 한 번 확인하였다.42)

다만, 신탁부동산에 대한 '실질적 통제권' 이전 시점의 당해 신탁부동산의 시가 또는 실제 매각가액이 우선수익자의 '우선수익권이 미치는 금액'에 미치지 못하는 경우에는 신탁부동산의 시가 또는 실제 매각가액을 부가가치세 과세표준으로 볼 수 밖에는 없을 것으로 보인다. 우선수익자가 귀속되지도 않는 신탁의 이익에 대하여 부가가치세 납세의무를 부담하는 것은 바람직하지 않고 대법원의 판례에도 반한다. 따라서, 위탁자가 우선수익자에게 신탁부동산을 공급하는 경우 우선수익자의 '우선수익권이 미치는 금액'을 부가가치세

---

41) 법규부가2013-233, 2013. 7. 12.
42) 사전법령부가-321, 2016. 8. 30.

과세표준인 공급가액으로 보는 것이 원칙이나, 신탁부동산에 대한 '실질적 통제권'의 이전 시점의 당해 신탁부동산의 시가가 우선수익자의 '우선수익권이 미치는 금액'에 미치지 못하는 경우에는 '실질적 통제권' 이전 시점의 신탁부동산의 시가를 부가가치세 과세표준인 공급가액으로 보아야 하며, '실질적 통제권' 이전 시점의 신탁부동산의 시가와 실제 매각가액이 다른 경우에는 수정세금계산서를 발급하여야 한다.

한편, '우선수익권이 미치는 금액'은 부동산담보신탁계약의 내용에 따라 판단하여야 하는데, 일반적으로 수탁자가 발행한 수익권증서의 발행금액을 한도로 한 우선수익자(채권자)의 위탁자(채무자)에 대한 채권금액을 말한다. 그리고 신탁부동산에 토지가 포함되는 경우에는 토지의 공급에 대해서는 부가가치세가 면제되므로[43] '우선수익권이 미치는 금액' 중 토지의 가액에 상당하는 금액은 부가가치세 과세표준에서 제외시켜야 한다. 이때, 토지와 건물 등 가액의 안분방법은 부가가치세법 제29조 제9항 및 같은 법 시행령 제64조에 따라야 할 것으로 보이며, 조세심판원 결정도 이를 따르고 있는 것으로 보인다.[44] 예를 들면, 신탁부동산에 대한 '실질적 통제권' 이전 시점에 우선수익자의 '우선수익권이 미치는 금액'이 100이나 신탁부동산에 대한 감정가액 중 토지의 감정가액이 차지하는 비율이 30%인 경우, 위탁자는 신탁부동산에 대한 '실질적 통제권' 이전 시점에 우선수익자에게 70을 공급가액으로 하여 세금계산서를 발급하여야 한다.

---

43) 부가가치세법 제26조 제1항 제14호.

44) 조심 2013구2497, 2013. 9. 2. 동 조세심판원 결정은 감정가액을 기준으로 안분하였는데, 신탁실무에서는 신탁부동산에 대한 공매요청 직전에 최초 처분예정가격을 책정하기 위하여 감정평가법인으로부터 신탁부동산에 대한 감정을 받는 것이 일반적이다.

그리고 부동산담보신탁에 있어 동 순위의 다른 우선수익자들이 존재하거나 다른 순위의 우선수익자들이 존재하는 경우에도 우선수익자 각자가 신탁부동산에 대한 '실질적 통제권'을 이전받은 경우에는 우선순위에 따라 '우선수익권이 미치는 금액'의 범위 내에서 신탁부동산을 공급한 것으로 보아야 하며,[45] 동순위 우선수익자들의 '우선수익권이 미치는 금액'의 합계가 신탁부동산의 시가를 초과하는 경우에는 신탁부동산의 시가를 우선수익자 각자의 '우선수익권이 미치는 금액'의 비율로 안분하여야 할 것으로 보인다. 예를 들면, 신탁부동산에 대한 '실질적 통제권' 이전 시점에 신탁부동산의 시가 200이고, 1순위 우선수익자의 우선수익권이 미치는 금액이 100이며, 공동 2순위 우선수익자들의 우선수익권이 미치는 금액이 각각 100인 경우, 위탁자는 신탁부동산에 대한 '실질적 통제권' 이전 시점에 1순위 우선수익자에게 100을 공급가액으로 하여 세금계산서를 발급하여야 하고 공동 2순위 우선수익자들에게는 각각 50을 공급가액으로 하여 세금계산서를 발급하여야 할 것이다.

다만, 부동산담보신탁의 우선수익자들 모두에게 신탁부동산에 대한 '실질적 통제권'이 이전되지는 않을 수 있다. 부동산담보신탁 계약에서 후순위 우선수익자는 선순위 우선수익자 전원의 동의를 얻어야 신탁부동산의 처분을 신청할 수 있다고 규정함으로써 후순위 우선수익자의 신탁부동산에 대한 처분권한을 제한할 수 있고, 이와 동일한 방식으로 후순위 우선수익자의 신탁부동산에 대한 사용·수익권한도 제한할 수 있을 것으로 보인다.[46] 이 경우 신탁부동산에

---

45) 서면3팀-76, 2008. 1. 9.
46) 조심 2012중4983, 2015. 9. 17.(특약 제13조에서는 시행사 ○○○이 쟁점부동산에 대하여 분양계약을 체결하기 위해서는 청구법인 뿐만 아니라 1순위 수익자의 사전 동의를 받아야 하며, 특약 제17조에서는 2순위 우선수익자인 청구법인이 1순위 우선수익자의 의사결정에 반하는 일체 행위를 할 수 없도록 약정되어 있어, 청구법인의 쟁점부동산에 대한 실질적 처분

대한 '실질적 통제권'은 선순위 우선수익자에게만 이전되었다고 보아야 하므로 위탁자는 선순위 우선수익자에게만 신탁부동산을 공급한 것으로 보아 선순위 우선수익자의 '우선수익권이 미치는 금액'을 공급가액으로 하여 선순위 우선수익자에게 세금계산서를 발급하여야 할 것으로 보인다.

라. 매입세액 공제 여부

부동산담보신탁에 있어 신탁부동산에 대한 '실질적 통제권'이 위탁자에서 우선수익자에게 이전되는 경우 위탁자는 당해 신탁부동산을 우선수익자에게 공급하는 것으로 보아 우선수익자의 '우선수익권이 미치는 금액'을 공급가액으로 하여 우선수익자에게 세금계산서를 발급하여야 하며, 우선수익자는 발급받은 세금계산서의 부가가치세액(매입세액)을 매출세액에서 공제받을 수 있다.[47] 그러나 우선수익자가 금융기관인 경우 매입세액 공제 여부와 관련하여 논란이 있다.

일부 행정해석들은 면세사업자인 특정 금융기관이 우선수익자로서 신탁회사에 신탁부동산의 공매를 의뢰하여 그 매각대금으로 부실채권의 원금과 연체이자 등의 채권을 회수하는 경우 부가가치세가 면제된다고 해석하였다.[48] 동 행정해석에 따른다면 우선수익자의 신탁부동산 처분에 대해서 부가가치세가 면제되므로 신탁부동산에 대한 '실질적 통제권'이 우선수익자에게 이전됨에 따라 우선수익

권이 제한되어 있는 것으로 보인다.)

47) 법규부가2012-153, 2012. 4. 24; 서면부가-2666, 2016. 6. 20.
48) 부가-483, 2012. 4. 30.(○○협동조합자산관리회사); 법규부가2012-239, 2012. 9. 14.(유동화전문회사); 법규부가2012-225, 2012. 9. 20.(유동화전문회사); 법규부가2012-305, 2012. 12. 18.(○○금융공사); 법규부가2014-99, 2014. 6. 20.(유동화전문회사) 외 다수.

자가 위탁자로부터 발급받은 세금계산서의 매입세액은 면세사업에 관련된 매입세액에 해당되어 매출세액에서 공제될 수 없게 된다.[49]

그러나 이러한 행정해석들은 타익신탁에 있어 금융기관도 부가가치세 납세의무자로 본 대법원 판례나 조세심판원 결정에 반하고,[50] 유동화전문회사 등 특정 금융기관들을 다른 금융기관과 달리 취급할 이유도 없다는 비판이 제기될 수 있다. 그리고 우선수익자는 신탁부동산에 대한 '실질적 통제권'의 이전에 따라 위탁자로부터 발급받은 세금계산서의 매입세액을 매출세액에서 공제하지 못하게 되는데 반해 신탁부동산의 제3자에 대한 처분과 관련하여 부가가치세 납세의무자가 되는 경우에는 우선수익자가 최종적으로 부가가치세를 부담하게 되는 문제가 있다.

다만, 이러한 행정해석들은 신탁부동산에 대한 '실질적 통제권'이 우선수익자에게 이전되었는지 여부에 대해서는 언급하고 있지 아니하므로 부동산담보신탁에 있어 신탁부동산에 대한 '실질적 통제권'이 우선수익자에게 이전되기 전에 신탁부동산이 처분되는 경우에 한하여 적용되어야 할 것으로 보인다. 따라서, 우선수익자가 유동화전문회사 등 특정 금융기관에 해당되더라도 신탁부동산에 대한 '실질적 통제권'이 이전된 이후에는 신탁부동산의 처분에 대한 부가가치세가 면제된다고 할 수는 없다.

이에 다른 행정해석들은 신탁부동산에 대한 '실질적 통제권'이 금융기관인 우선수익자에게 이전됨에 따라 금융기관인 우선수익자가 위탁자로부터 신탁부동산과 관련하여 발급받은 세금계산서상의 매입세액은 부가가치세가 면제되는 사업에 관련된 매입세액에 해당하지 아니한다고 명확히 하였다. 더 나아가 신탁부동산에 대한 '실

---

49) 부가가치세법 제39조 제1항 제7호.
50) 타익신탁에 있어 금융기관의 부가가치세 납세의무자 여부에 대한 자세한 내용은 III. 2. 가. 에서 살펴본다.

질적 통제권'이 위탁자로부터 우선수익자로 이전되었으나 위탁자가
세금계산서 발급 시기에 세금계산서를 발급하지 아니한 경우 우선
수익자는 매입자발행세금계산서[51]를 발행할 수 있다고도 하였다.[52]

따라서, 부동산담보신탁에 있어 신탁부동산에 대한 '실질적 통제
권'의 이전에 따라 우선수익자가 위탁자로부터 세금계산서를 발급
받은 경우에는 우선수익자가 금융기관인 경우에도 발급받은 세금계
산서의 매입세액은 매출세액에서 공제받을 수 있다.

다만, 위탁자가 신탁부동산에 대한 '실질적 통제권'의 이전과 관
련하여 우선수익자에게 세금계산서를 발급하지 않는 경우 우선수익
자가 매입자발행세금계산서에 의한 매입세액 공제특례를 적용받는
것은 실무상 어려움이 있다. 부동산담보신탁에 있어 신탁부동산에
대한 '실질적 통제권'이 이전되는 경우는 위탁자의 채무불이행으로
인한 경우가 많은데 매입자발행세금계산서를 발행하더라도 우선수
익자가 매입자발행세금계산서에 따른 매입세액 상당액을 채무불이
행 중인 위탁자에게 지급하는 것은 현실적으로 기대하기 어려우므
로, 매입자발행세금계산서의 발행은 위탁자의 체납으로 연결될 가
능성이 있다.[53] 그리고 매입자발행세금계산서의 발행은 공급자 관
할 세무서장의 거래사실 확인을 통하여 이루어지는데, 공급자 관할
세무서장의 입장에서는 거래사실을 확인하게 되면 체납이 발생하게
되므로 신탁부동산에 대한 '실질적 통제권'의 이전이라는 거래사실
을 확인해주기 어렵게 되는 것이다.

---

51) 매입자발행세금계산서에 의한 매입세액 공제특례는 조세특례제한법 제
   126조의4에서 규정하고 있었으나, 2016. 12. 20. 세법 개정시 부가가치세
   법 제34조의2로 이관되었다.
52) 법규부가2013-219, 2013. 7. 12; 사전법령부가-321, 2016. 8. 30.
53) 신탁실무에서 수탁자가 신탁부동산을 제3자에게 처분하는 경우에도 제3
   자로부터 거래징수한 부가가치세 상당액은 신탁재산에 귀속되므로(대법
   원 2003. 4. 25. 선고 99다59290 판결 참조) 위탁자에게 지급되지는 않는다.

이와 같이 공급자 관할 세무서장이 거래사실을 확인하지 않는 경우 신탁부동산에 대한 '실질적 통제권'이 위탁자에서 우선수익자로 이전되지 않았다고 보아야 하는지에 대해서 논란이 있을 수 있고, 우선수익자의 입장에서는 매입자발행세금계산서를 발행하지 못하면서 신탁부동산의 제3자에 대한 처분과 관련하여서는 부가가치세 납세의무자로 인정될 가능성도 배제할 수 없다. 이 경우 우선수익자는 신탁부동산의 처분과 관련하여 부가가치세 매출세액을 납부하면서 관련 부가가치세 매입세액은 공제받지 못하는 불이익을 당하게 된다.

이에 부동산담보신탁에 있어 신탁부동산에 대한 '실질적 통제권'의 이전과 관련하여 수탁자가 위탁자 명의로 부가가치세 납세의무를 이행하고 세금계산서를 발급하는 방안을 고려할 수 있다.[54] 그러나 이 방안 또한 수탁자가 신탁부동산에 대한 '실질적 통제권'의 이전 여부 및 그 시기 그리고 '우선수익권이 미치는 금액'까지 판단하여야 하므로 수탁자에게 과도한 부담을 지운다는 비판이 있을 수 있으며, 신탁실무에서 위탁자의 동의 없이 수탁자가 위탁자 명의의 세금계산서를 발급하는 것이 가능한지에 대해서도 논란이 있을 수 있다.

2. 수익자와 매수인의 거래

가. 재화의 공급 여부: 부가가치세 과세대상 여부

부동산담보신탁에 있어 신탁부동산에 대한 '실질적 통제권'이 우

---

54) 조심 2013구2497, 2013. 9. 2.에서 신탁부동산의 제3자에 대한 처분과 관련하여 수탁자가 위탁자 명의로 세금계산서를 발급하는 방법 등에 의하여야 한다고 하였다.

선수익자에게 이전된 이후에 신탁부동산이 제3자에게 처분되는 경우에는 우선수익자가 제3자(매수인)에게 당해 신탁부동산을 공급한 것으로 보아 우선수익자가 매수인에게 세금계산서를 발급하여야 한다. 이 때, 우선수익자가 금융기관이 아닌 경우에는 우선수익자가 신탁부동산을 매수인에게 공급하는 것을 재화의 공급으로 보는 것에 대해서 논란의 여지가 없으나, 우선수익자가 금융기관인 경우에는 재화의 공급으로 볼 수 있는지 및 부가가치세가 면제되는지 여부에 대하여 논란이 있다.

그러나 대법원 판례는 타익신탁의 경우 수익자인 금융기관을 부가가치세 납세의무자로 인정하였고,55) 조세심판원 결정도 우선수익자가 금융기관인 경우에도 신탁부동산에 대한 '실질적 통제권'이 우선수익자에게 이전된 이후에는 우선수익자를 부가가치세 납세의무자로 인정하였다.56) 또한, 행정해석도 신탁부동산의 처분에 대한 부가가치세 납세의무자는 그 우선수익권이 미치는 범위 내에서 우선수익자가 되는 것이라고 해석하면서 우선수익자의 범위에 금융기관이 포함됨을 명확히 하였고, 우선수익자인 금융기관이 직접 매수인에게 재화를 공급하는 것으로 보아 당해 금융기관 명의로 세금계산서를 발급하는 것이라고 하였다. 그리고 신탁부동산에 대한 '실질적 통제권'의 개념이 도입된 이후에는 신탁부동산에 대한 '실질적 통제권'이 우선수익자에게 이전된 이후에 당해 신탁부동산이 처분되는 경우에는 우선수익자가 금융기관인 경우에도 부가가치세 납세의무자임을 명확히 하였다.57)

한편, 부가가치세법은 국세징수법에 따른 공매(같은 법 제62조에

---

55) 대법원 2003. 4. 25. 선고 99다59290 판결(○○종합금융증권).
56) 조심 2010중2132, 2011. 3. 2.(○○저축은행).
57) 서면3팀-426, 2007. 2. 6; 서면3팀-1384, 2007. 5. 8; 서면3팀-2684, 2007. 9. 28. 외 다수.

따른 수의계약에 따라 매각하는 것을 포함한다)에 따라 재화를 인도하거나 양도하는 경우 및 민사집행법에 따른 경매(같은 법에 따른 강제경매, 담보권 실행을 위한 경매와 민법·상법 등 그 밖의 법률에 따른 경매를 포함한다)에 따라 재화를 인도하거나 양도하는 경우에도 부가가치세 과세대상인 재화의 공급으로 보지 않고 있으므로,58) 금융기관인 우선수익자의 공매요청에 따른 신탁부동산의 처분을 담보권의 실행으로 보아 부가가치세 과세대상인 재화의 공급으로 보지 않을 수도 있다. 그러나 동 조항과 관련하여 행정해석은 부동산신탁회사가 우선수익자의 환가요청으로 신탁부동산을 공개시장에서 경쟁을 통하여 처분하는 경우 당해 신탁부동산의 처분은 재화의 공급에 해당하는 것임을 명확히 하였다.59)

또한, 부동산담보신탁에 있어 우선수익자가 금융기관이라는 이유로 신탁부동산의 처분을 부가가치세 과세대상인 재화의 공급으로 보지 아니하거나 부가가치세가 면제된다고 보는 경우 신탁부동산의 처분에 대해서 우선수익자에게 부가가치세 납세의무가 없게 되는데, 부동산담보신탁에 있어 신탁부동산에 대한 '실질적 통제권'이 이전되는 경우는 위탁자의 채무불이행으로 인한 경우가 많아 위탁자 또한 부가가치세 납세의무를 이행하지 않을 가능성이 높으므로 세수일실의 결과가 발생할 수 있다.

따라서, 부동산담보신탁에 있어 신탁부동산에 대한 '실질적 통제권'이 우선수익자에게 이전된 이후에 신탁부동산이 제3자(매수인)에게 처분되는 경우에는 우선수익자가 금융기관이라고 하더라도 매수인에게 당해 신탁부동산을 공급한 것으로 보아 우선수익자가 매수인에게 세금계산서를 발급하여야 한다.60)

---

58) 부가가치세법 시행령 제18조 제3항 제1호 및 제2호.
59) 부가-3896, 2008. 10. 29.
60) 신탁실무에서도 부동산신탁회사가 우선수익자에게 부가가치세 납세의무

나. 재화의 공급가액: 부가가치세 과세표준

대법원 판례는 타익신탁의 경우 수익자는 그 우선수익권이 미치는 범위 내에서 신탁의 이익이 귀속되어 실질적으로 수익자의 계산에 의한 것으로 되므로 부가가치세 납세의무자를 수익자로 보아야 한다고 판단하였고, 조세심판원 결정도 신탁부동산의 처분과 관련하여 신탁부동산의 공급가액은 우선수익자의 우선수익권이 미치는 범위로 판단한 것으로 보인다.61) 그리고 행정해석도 신탁부동산에 대한 '실질적 통제권'이 우선수익자에게 이전된 후 수탁자가 신탁부동산을 처분하는 경우 우선수익자는 '우선수익권이 미치는 금액'의 범위 내에서 부가가치세 납세의무를 지는 것임을 명확히 하였다. 따라서, 부동산담보신탁에 있어 신탁부동산에 대한 '실질적 통제권'이 우선수익자에게 이전된 이후에 당해 신탁부동산이 매수인에게 처분되는 경우에는 우선수익자가 매수인에게 공급하는 것으로 보는 신탁부동산의 공급가액은 '우선수익권이 미치는 금액'임이 명확하다.

다만, 우선수익자가 매수인에게 공급한 신탁부동산의 실제 매각가액이 우선수익자의 '우선수익권이 미치는 금액'을 초과하는 경우에 그 초과금액에 대한 부가가치세 납세의무자 및 그 처리방법이 문제다. 대법원 판례나 행정해석은 이에 대해서 별다른 언급이 없으나 조세심판원 결정은 우선수익자의 '우선수익권이 미치는 금액'을 초과하는 금액은 위탁자가 매수인에게 세금계산서를 발급하여야 한다고 하였다.62) 즉, 조세심판원 결정은 신탁부동산의 실제 매각가액

를 이행하도록 통지하는 것이 일반적이다.

61) 조심 2013구2497, 2013. 9. 2.

62) 조심 2013구2497, 2013. 9. 2.(우선수익자가 자신의 건물 및 기계장치비에 대한 우선수익권이 미치는 범위를 넘어서 발행한 세금계산서가 위탁자의 건물 및 기계장치비에 대한 것이라 하더라도 위탁자가 폐업 등으로 세금계산서를 발행하지 못하였다면 수탁자가 위탁자 명의로 위 초과금액에

중 우선수익자의 '우선수익권이 미치는 금액' 부분은 우선수익자가 매수인에게 신탁부동산을 공급한 것으로 보아 우선수익자가 매수인에게 세금계산서를 발급하여야 하고, 이를 초과하는 부분은 위탁자가 매수인에게 신탁부동산을 공급한 것으로 보아 위탁자가 매수인에게 세금계산서를 발급하여야 한다는 것으로, 행정해석도 이와 같이 해석될 수밖에 없는 것으로 보인다.

이 경우 신탁부동산의 실제 매각가액 전체에 대해 신탁계약의 당사자들에게 부가가치세 납세의무를 부담시킬 수는 있으나, 신탁부동산에 대한 '실질적 통제권'이 분할되어 그 일부만이 우선수익자에게 이전되었다고 보는 것이 가능한지에 대한 논란이 있을 수 있으며, 하나의 거래에 대해 위탁자와 우선수익자를 공급자로 하여 부가가치세 납세의무를 부담하고 각각 세금계산서를 발급하여야 한다는 비판이 있을 수 있다.

한편, 앞서 살펴본바와 같이 위탁자가 신탁부동산의 처분과 관련하여 세금계산서를 발급하지 않는 경우 매수인의 매입자발행세금계산서 발행은 위탁자의 체납으로 연결될 수 있어 공급자 관할 세무서장이 거래사실을 확인해주지 않을 가능성이 있으므로, 매수인으로부터 거래징수한 부가가치세액을 관리하는 수탁자가 위탁자 명의로 부가가치세 납세의무를 이행하고 세금계산서도 발급하는 것이 필요하나, 신탁실무에서 위탁자의 동의 없이 수탁자가 일방적으로 위탁자 명의의 세금계산서를 발급하는 것이 가능한지에 대해서 논란이 있을 수 있다.

해당하는 세금계산서를 발행하는 방법 등에 의하여야 함에도 우선수익자로부터 세금계산서를 수취한 이상, 공급자가 사실과 다른 세금계산서에 해당하는 것으로 보이므로 처분청이 위 초과금액에 대하여 매입세액을 불공제한 것은 달리 잘못이 없다고 판단된다).

상속세 및 증여세법상 개별예시규정의 해석

유 철 형 변호사

I. 문제의 제기

2003. 12. 30. 법률 제7010호로 전면 개정된 구 상속세 및 증여세법(이하 "2003. 12. 30자 전면 개정 후 구 상증법"이라 함)[1] 제2조 제3항은 "이 법에서 "증여"라 함은 그 행위 또는 거래의 명칭·형식·목적 등에 불구하고 경제적 가치를 계산할 수 있는 유형·무형의 재산을 타인에게 직접 또는 간접적인 방법에 의하여 무상으로 이전(현저히 저렴한 대가로 이전하는 경우를 포함한다)하는 것 또는 기여에 의하여 타인의 재산가치를 증가시키는 것을 말한다."라고 하여 모든 부의 무상이전을 증여세 과세대상으로 하는 내용의 증여세 완전포괄주의를 규정하였다. 2003. 12. 30자 전면 개정 후 구 상증법이 시행된 2004. 1. 1. 이후 10년 이상 증여세 완전포괄주의를 어느 범위까지 적용할 것인지를 두고 학계와 실무계에서 끊임없이 많은 논란이 있었다.

---

1) 2003. 12. 30. 법률 제7010호로 전면 개정되기 전의 구 상속세 및 증여세법을 "2003. 12. 30자 전면 개정 전 구 상증법"이라 하고, 그 개정 후의 법률을 "2003. 12. 30자 전면 개정 후 구 상증법"이라 하며, 2015. 12. 15. 법률 제13557호로 개정된 것을 "현행 상증법"이라 함.

그러던 중 대법원은 최근 대법원 2015. 10. 15. 선고 2013두13266 판결(이하 "대상판결"이라 함)을 비롯하여 같은 날 선고한 여러 건의 판결2)을 통하여 구 상속세 및 증여세법(2007. 12. 31. 법률 제8828호로 개정되기 전의 것, 대상판결의 사안에 적용되는 법률로서 이하 "구 상증법"이라 함)상 완전포괄증여세제에 대한 대법원의 입장을 최초로 밝혔다.

대법원은 이날과 그 이후에 선고한 일련의 판결들3)에서, 첫째, 어떤 거래나 행위가 구 상증법 제2조 제3항4)에서 정한 증여의 개념에 해당하는 경우에는 같은 조 제1항에 따라 증여세를 과세할 수 있다는 점. 둘째, 구 상증법 제33조부터 제42조까지 규정된 개별 가액산정규정5)(이하 "개별 가액산정규정" 또는 "개별예시규정"이라 함)은 일정한 요건을 규정하고 있고, 이러한 사항은 수시로 개정되어 오고 있는데, 이런 점에서 구 상증법은 종전의 증여의제규정과 동일하게 증여세 과세대상과 과세범위를 유지하려는 입법자의 의사가 반영된 것이며, 개별 가액산정규정이 특정한 유형의 거래·행위를 규율하면서 그중 일정한 거래·행위만을 증여세 과세대상으로 한정하고 그 과세범위도 제한적으로 규정함으로써 증여세 과세의 범위와

---

2) 대법원 2015. 10. 15. 선고 2014두5392 판결; 대법원 2015. 10. 15. 선고 2014두6408 판결; 대법원 2015. 10. 15. 선고 2013두14283 판결; 대법원 2015. 10. 15. 선고 2014두37924 판결; 대법원 2015. 10. 15. 선고 2014두47945 판결.

3) 대법원 2015. 10. 29. 선고 2013두25177 판결; 대법원 2016. 6. 23. 선고 2016두285 판결 등.

4) 현행 상증법 제2조 (정의)

　6. "증여"란 그 행위 또는 거래의 명칭·형식·목적 등과 관계없이 직접 또는 간접적인 방법으로 타인에게 무상으로 유형·무형의 재산 또는 이익을 이전(移轉)(현저히 낮은 대가를 받고 이전하는 경우를 포함한다)하거나 타인의 재산가치를 증가시키는 것을 말한다. 다만, 유증과 사인증여는 제외한다.

5) 현행 상증법은 제33조부터 제42조의3에서 규정하고 있음.

한계를 설정한 것으로 볼 수 있는 경우에는, 개별 가액산정규정에서 규율하고 있는 거래·행위 중 증여세 과세대상이나 과세범위에서 제외된 거래·행위가 구 상증법 제2조 제3항의 증여의 개념에 들어맞더라도 그에 대한 증여세를 과세할 수 없다는 점을 명확하게 선언하였다.

대상판결은 완전포괄증여세제를 취한 2003. 12. 30자 전면 개정 후 구 상증법과 현행 상증법의 근간이라 할 수 있는 완전포괄증여규정(구 상증법 제2조 제3항)과 증여재산가액 산정방법에 관한 규정(구 상증법 제33조부터 제42조까지)의 관계를 판단한 판결이다. 대상판결은 완전포괄증여세제의 적용범위를 결정하는 기준을 제시하였는데, 대상판결의 취지에 따르면, 구 상증법 제33조부터 제42조까지의 개별예시규정은 모두 일정한 요건하에 일정한 유형의 거래·행위에 따른 증여재산가액 산정방법을 규정하고 있으므로, 개별예시규정은 모두 증여세 과세의 범위와 한계를 설정한 것으로 해석될 수 있다. 그 결과 대상판결에 따르면 완전포괄증여로 과세할 수 있는 범위는 대상판결의 사안에 적용되는 구 상증법에서는 물론이고 동일한 내용을 규정하고 있는 현행 상증법에 있어서도 증여의제규정이 적용되던 때와 차이가 없을 정도로 축소되어 완전포괄증여세제가 거의 의미가 없게 된다는 점에서 큰 파장을 불러왔다. 구 상증법에 도입된 완전포괄증여세제에 대해서는 신설 이후 현재까지도 위헌 논의가 계속되고 있으나,[6] 위헌 여부에 대해서는 기회가 되면 별

---

6) 구 상증법과 현행 상증법의 증여세완전포괄주의와 관련하여서는 완전포괄증여세제를 도입한 2004. 1. 1. 이후부터 현재까지 위헌 논의가 계속되고 있다. 위헌론의 대표적인 논문으로는 이전오, "증여세 완전포괄주의 규정의 문제점", 「조세연구」, 제4권(2004), 465~466면 ; 강인애, "「조세법연구 Ⅰ」(2006), 13~15면 ; 민태욱, "증여세 완전포괄주의의 문제점", 「연세법학연구」, 제9권(2003), 8~9면 ; 최명근, "상속과세제도의 합리적 개편방안", 「Issue Paper 11」(2006), 57~59면 ; 김갑순·정지선·임규진, "증여세 완전포괄주의의 문제점과 개선방안", 「세무와 회계저널」, 제11권 제2호(2010), 144~

도로 검토하기로 하고, 합헌을 전제로 대상판결에 대한 평석을 통하여 그러한 대법원의 해석이 타당한지를 검토하고, 완전포괄증여세제의 입법취지를 살리기 위해서는 해석론적 또는 입법론적으로 어떤 보완이 필요한지를 검토하는 작업이 필요하다고 생각되어 이 글을 쓰게 되었다.

그러면 대상판결을 포함한 위와 같은 일련의 대법원 판결에 따라 구 상증법상 완전포괄증여의 과세대상과 범위, 그리고 현행 상증법상 완전포괄증여의 과세대상과 범위는 명확하게 정리되었다고 볼 수 있을까? 완전포괄증여에 관한 구 상증법이나 현행 상증법 규정과 관련하여 납세의무자와 과세관청 사이에 더 이상 다툼의 여지가 없게 되었다고 할 수 있을까? 그렇지 않다고 생각한다. 대법원은 개별예시규정에 정한 요건을 충족하지 못하면 구 상증법 제2조 제3항의 증여세 과세대상이 되더라도 증여세를 과세할 수 없다고 하였는데, 이러한 해석이 타당한지, 그리고 개별예시규정에 부합하는 거래는 아니지만 그것이 구 상증법 제2조 제3항에 해당하는 경우에는 어떤 방법으로 증여재산가액을 산정할 것인지에 관하여 여전히 논란이 많다.

이하에서는 완전포괄증여세제에 관하여 최근까지 발표된 국내 주요 논문과 관련 판결의 검토를 통하여 대법원이 구 상증법의 완전포괄증여세제에 대해 취하고 있는 해석의 문제점을 분석하고, 구 상증법과 거의 동일하게 완전포괄증여세제를 유지하고 있는 현행 상증법의 입법취지에 부합하는 해석론과 이를 보완할 입법론을 제시

146면이 있고, 합헌론의 대표적인 논문으로는 박훈, "조세불복사례에 나타난 상속세 및 증여세법 제2조 제3항의 의의", 『조세법연구』, 제18권 제2호(2012), 341~342면 ; 박요찬, "증여세의 포괄증여규정 및 개별예시규정의 위헌성 연구", 서울시립대 세무대학원 박사학위논문(2007), 197~259면 ; 성낙인·박정훈·이창희, "상속세 및 증여세의 완전포괄주의 도입방안에 관한 연구", 『서울대학교 법학』, 제44권 제4호(2003), 312~321면이 있다.

해 보고자 한다.[7)]

이를 위해 먼저 대상판결의 개요를 정리한 후, 개별예시규정이 과세의 범위와 한계를 설정한 것인지에 관한 개별예시규정의 성격(구 상증법 제2조 제3항과 개별예시규정의 관계 포함), 개별예시규정과 관계 없이 구 상증법 제2조 제3항에 의한 독자적인 증여세 과세가 가능한지 여부 및 그 경우의 증여재산가액 산정방법, 대상판결의 문제점, 구 상증법과 현행 상증법하에서 개별예시규정에 해당되지 않는 흑자법인에 대한 증여시 주주에 대한 증여세 과세 여부, 그리고 마지막으로 완전포괄증여세제를 보완하기 위한 입법론을 순서대로 검토하고자 한다.

II. 대상판결의 개요

1. 사실관계

A는 비상장법인인 B법인의 총 발행주식 5,000주를 100% 소유하고 있다가 2006. 2. 27. 구 상증법상 특수관계자인 원고등 8인(A의 누나와 고종사촌)에게 그중 4,182주(83.64%, 이하 "이 사건 주식"이라 함)를 액면가액인 주당 10,000원에 양도하였다.

이 사건 주식의 양도일 다음날인 같은 달 28. A의 조부(원고의 외조부)인 C는 B법인에 약 63억 원 상당의 부동산(이하 "이 사건 부동산"이라 함)을 증여하고(이하 "이 사건 거래"라 함), 같은 해 3. 3. B

___

7) 이 쟁점과 관련하여 유철형, "흑자법인에 대한 증여시 주주에 대한 증여세 과세 여부", 『조세법연구』, 제18권 제3호(한국세법학회, 2012. 12)에서 당시까지 논의된 내용이 검토되었기에 이 논문에서는 그 이후 발표된 학계와 실무계의 논문과 평석 등을 추가 검토하였다.

법인 명의로 소유권이전등기를 마쳤다. 이 당시 B법인은 흑자법인
이었고, B법인은 증여받은 이 사건 부동산을 자산수증익으로 하여
2006 사업연도 법인세 약 15억 원을 신고납부하였다.

이 사건 부동산의 증여 전후 B법인 발행주식에 대한 구 상증법상
보충적 평가방법에 의한 가액을 보면, 증여 전인 2006. 2. 27. 주당
167,710원이었고, 증여 후인 같은 해 3. 3. 주당 770,059원이었다. 피
고는 2011. 7. 4. 원고에게 이 사건 부동산의 무상 거래에 따라 발생
한 주식가치상승분(주당 약 60만 원)을 증여재산으로 보고 구 상증
법 제2조 제3항, 제42조 제1항 제3호에 근거하여 증여세를 부과하
였다.[8]

---

8) 이 사건의 관련규정은 아래와 같다.
　구 상증법 제2조 (증여세 과세대상)
　③ 이 법에서 "증여"라 함은 그 행위 또는 거래의 명칭·형식·목적 등에 불
　구하고 경제적 가치를 계산할 수 있는 유형·무형의 재산을 타인에게 직접
　또는 간접적인 방법에 의하여 무상으로 이전(현저히 저렴한 대가로 이전
　하는 경우를 포함한다)하는 것 또는 기여에 의하여 타인의 재산가치를 증
　가시키는 것을 말한다.
　제41조 (특정법인과의 거래를 통한 이익의 증여)
　① 결손금이 있거나 휴업 또는 폐업중인 법인(이하 이 조에서 "특정법인"
　이라 한다)의 주주 또는 출자자와 특수관계에 있는 자가 당해 특정법인과
　다음 각호의 1에 해당하는 거래를 통하여 당해 특정법인의 주주 또는 출
　자자가 이익을 얻은 경우에는 그 이익에 상당하는 금액을 당해 특정법인
　의 주주 또는 출자자의 증여재산가액으로 한다.
　1. 재산 또는 용역을 무상제공하는 거래
　2. 재산 또는 용역을 통상적인 거래관행에 비추어 볼 때 현저히 낮은 대가
　　로 양도·제공하는 거래
　3. 재산 또는 용역을 통상적인 거래관행에 비추어 볼 때 현저히 높은 대가
　　로 양도·제공받는 거래
　4. 기타 제1호 내지 제3호와 유사한 거래로서 대통령령이 정하는 거래
　제42조 (기타이익의 증여 등)
　① 제33조 내지 제41조, 제41조의3 내지 제41조의5, 제44조 및 제45조의 규
　정에 의한 증여외에 다음 각호의 1에 해당하는 이익으로서 대통령령이 정

2. 이 사건의 쟁점[9]

하는 기준 이상의 이익을 얻은 경우에는 당해 이익을 그 이익을 얻은 자의 증여재산가액으로 한다.
3. 출자·감자, 합병(분할합병을 포함한다. 이하 이 조에서 같다)·분할, 제40조 제1항의 규정에 의한 전환사채등에 의한 주식의 전환·인수·교환(이하 이 조에서 "주식전환등"이라 한다) 등 법인의 자본(출자액을 포함한다)을 증가시키거나 감소시키는 거래로 인하여 얻은 이익 또는 사업양수도·사업교환 및 법인의 조직변경 등에 의하여 소유지분 또는 그 가액이 변동됨에 따라 얻은 이익. 이 경우 당해 이익은 주식전환등의 경우에는 주식전환등 당시의 주식가액에서 주식전환등의 가액을 차감한 가액으로 하고, 주식전환외의 경우에는 소유지분 또는 그 가액의 변동 전·후의 당해 재산의 평가차액으로 한다.

구 상증법 시행령
제31조의9 (기타이익의 증여 등)
② 법 제42조 제1항 각호외의 부분에서 "대통령령이 정하는 기준 이상의 이익"이라 함은 다음 각호의 구분에 의하여 계산한 이익을 말한다.
4. 법 제42조 제1항 제3호의 규정중 주식전환등의 경우 : 주식전환등을 할 당시의 주식가액(제30조 제4항 제1호 및 제2호의 규정에 의하여 계산한 가액을 말한다)에서 주식전환등의 가액을 차감한 금액이 1억원 이상인 경우의 당해 금액
5. 법 제42조 제1항 제3호의 규정중 제4호에 해당하지 아니하는 그 밖의 경우 : 소유지분 또는 그 가액의 변동 전·후에 있어서 당해 재산의 평가차액이 변동전 당해 재산가액의 100분의 30 이상이거나 그 금액이 3억원 이상인 경우의 당해 평가차액. 이 경우 당해 평가차액은 다음 각목의 규정에 의하여 계산한다.
가. 지분이 변동된 경우 : (변동전 지분 - 변동후 지분) × 지분 변동후 1주당 가액(제28조 내지 제29조의3의 규정을 준용하여 계산한 가액을 말한다)
나. 평가액이 변동된 경우 : 변동전 가액 - 변동후 가액

9) 이 사건 쟁점 중 부동산의 증여가 구 상증법 제42조 제1항 제3호 후단에서 규정한 '사업양수도 등'에 해당하는지 여부에 대해 제1심과 원심에서 다투어졌으나, 이 쟁점은 기회가 되면 다시 검토하기로 하고 이 논문에서는 검토 대상으로 하지 않았다.

이 사건의 쟁점은 위와 같이 주주의 친족이 흑자법인인 주식발행 법인에게 거액의 부동산을 증여한 경우 법인이 법인세를 부담하는 외에 이 사건 거래로 인하여 주식가치가 상승하였다는 이유로 주주에게 증여세를 과세할 수 있는지 여부이다.

3. 원심판결의 요지

원심이 원용한 제1심은 '개별예시규정의 범위를 벗어난 행위 및 거래가 완전포괄증여규정 및 개별예시규정의 유추적용을 통하여 과세될 수 있는지 여부를 정함에 있어, 완전포괄증여규정의 취지와 과세요건 명확주의 및 납세자의 예측가능성을 조화한다는 측면에서, ①개별예시규정의 과세조건이 과세의 한계를 규율하기 위한 취지인지 아니면 통일적 상위 개념 하에서 그 하위 개념으로서 단순한 유형과 사례를 예시하는 것으로 볼 것인지 여부, ②해당 예시규정의 규율 속성이 구체적이고 명확한지 여부(규율 속성이 추상적이고 광범위할 경우 보다 엄격하게 해석하여야 함), ③해당 예시규정이 소득세·법인세 등 다른 세법의 체계와 조화를 이루고 있는지 여부(세법 체계에 대한 예외적 성격을 띄고 있다면 엄격하게 해석하여야 함), ④해당예시규정에 따른 증여재산가액의 산정방식이 명확하고 합리적인지 여부, ⑤해당 거래 및 행위가 개별예시규정에서 규율하는 대상과 경제적 실질이 동일한지 여부, 그 밖에 ⑥증여세 부과에 대한 납세자의 예측가능성과 과세의 형평성 등 구체적·개별적 사정을 종합적으로 고려하여 판단하여야 할 것'이라고 전제한 다음, 이 사건 거래에 대해서는 구 상증법 제42조 제1항 제3호를 직접 적용 또는 유추적용할 수 없고, 구 상증법 제42조 제1항 제3호는 단순한 사례를 예시한 것이 아니라, 과세의 한계를 규정한 것으로 보아야

하는데, 이 사건 거래는 위 제3호가 예정하는 거래들과 경제적 실질
이 유사하다고 보기 어렵다는 이유로 피고의 처분을 위법하다고 판
시하였다.

4. 대상판결의 요지

변칙적인 상속·증여에 사전적으로 대처하기 위하여 세법 고유의
포괄적인 증여 개념을 도입하고, 종전의 증여의제규정을 일률적으
로 가액산정규정으로 전환한 점 등에 비추어 보면, 원칙적으로 어떤
거래·행위가 법 제2조 제3항에서 규정한 증여의 개념에 해당하는 경
우에는 같은 조 제1항에 의하여 증여세의 과세가 가능하다고 보아
야 한다.

개별 가액산정규정은 일정한 유형의 거래·행위를 대상으로 하여
거래 당사자 간에 특수관계가 존재할 것을 요구하거나, 시가 등과
거래가액 등의 차액이 시가의 30% 이상일 것 또는 증여재산가액이
일정 금액 이상일 것 등을 요구하고 있고, 이러한 과세대상이나 과
세범위에 관한 사항은 수시로 개정되어 오고 있다. 이는 납세자의
예측가능성과 조세법률관계의 안정성을 도모하고 완전포괄주의 과
세제도의 도입으로 인한 과세상의 혼란을 방지하기 위하여 종전의
증여의제규정에 의하여 규율되어 오던 증여세 과세대상과 과세범위
에 관한 사항을 그대로 유지하려는 입법자의 의사가 반영된 것으로
보아야 한다.

납세자의 예측가능성 등을 보장하기 위하여 개별 가액산정규정
이 특정한 유형의 거래·행위를 규율하면서 그중 일정한 거래·행위
만을 증여세 과세대상으로 한정하고 그 과세범위도 제한적으로 규
정함으로써 증여세 과세의 범위와 한계를 설정한 것으로 볼 수 있는

경우에는, 개별 가액산정규정에서 규율하고 있는 거래·행위 중 증여세 과세대상이나 과세범위에서 제외된 거래·행위가 법 제2조 제3항의 증여의 개념에 들어맞더라도 그에 대한 증여세를 과세할 수 없다고 할 것이다.

법 제41조 제1항, 같은 법 시행령 제31조 제6항은 결손금이 있는 법인(이하 "결손법인"이라 함) 및 휴업·폐업 중인 법인의 주주 등과 특수관계에 있는 자가 특정법인에 재산을 무상으로 제공하는 등의 거래를 하여 그 주주 등이 얻은 이익이 1억 원 이상인 경우를 증여세 과세대상으로 하여 증여재산가액 산정에 관하여 규정하고 있다. 이는 결손법인에 재산을 증여하여 그 증여가액을 결손금으로 상쇄시키는 등의 방법으로 증여가액에 대한 법인세를 부담하지 아니하면서 특정법인의 주주 등에게 이익을 주는 변칙증여에 대하여 증여세를 과세하는 데 그 취지가 있다(대법원 2011. 4. 14. 선고 2008두6813 판결 참조). 즉, 위 각 규정은 결손법인의 경우 결손금을 한도로 하여 증여이익을 산정하도록 하고, 결손법인 외의 법인의 경우 휴업·폐업 중인 법인으로 그 적용대상을 한정하고 있다.

이는 정상적으로 사업을 영위하면서 자산수증이익 등에 대하여 법인세를 부담하는 법인과의 거래로 인하여 주주 등이 얻은 이익을 증여세 과세대상에서 제외하고자 하는 입법의도에 기한 것이고 완전포괄주의 과세제도의 도입으로 인하여 이러한 입법의도가 변경되었다고 볼 수 없으므로, '결손법인과의 거래로 인한 이익 중 결손금을 초과하는 부분'이나 '휴업·폐업 중인 법인을 제외한 결손금이 없는 법인과의 거래로 인한 이익'에 대하여는 주주 등에게 증여세를 과세하지 않도록 하는 한계를 설정한 것으로 보아야 한다. 따라서 이와 같은 이익에 대하여는 이를 증여세 과세대상으로 하는 별도의 규정이 있는 등의 특별한 사정이 없는 한 법 제2조 제3항 등을 근거로 하여 주주 등에게 증여세를 과세할 수 없다.

Ⅲ. 개별예시규정의 성격

1. 성격 규명의 의미

2003. 12. 30. 법률 제7010호로 전면 개정되면서 마련된 구 상증법 제2조 제3항은 증여세 과세대상인 "증여"를 규정하고 있고, 위 전면 개정 전 구 상증법에서 증여의제규정으로 되어 있던 같은 법 제33조 부터 제42조까지는 증여가액산정에 관한 개별예시규정으로 전환되 었다.[10] 한편, 현행 상증법은 제2조 제6호에서 과세대상인 "증여"를 정의하고[11] 제33조부터 제42조의3까지 증여가액산정에 관한 개별예 시규정을 두고 있다.

여기에서 증여세 과세대상을 규정한 구 상증법 제2조 제3항과 같 은 법 제33조 이하의 개별예시규정의 성격과 관계가 문제된다. 즉, 구 상증법 제2조 제3항의 증여에 해당하면 같은 법 제33조부터 제42 조까지의 개별예시규정의 요건을 갖추지 못한 경우에도 객관적이고 합리적인 방법으로 증여재산가액을 산정하여 증여세를 과세할 수 있는지, 아니면 구 상증법 제2조 제3항의 증여에 해당하더라도 다시 같은 법 제33조부터 제42조까지의 개별예시규정의 요건을 충족해야 증여세를 과세할 수 있는지 하는 문제이다. 개별예시규정의 성격을 문자 그대로 증여가액산정에 관한 예시적 규정으로 보면 전자로 해 석할 수 있고, 이를 예시적인 규정이 아니라 일정한 유형의 거래에

---

10) 국세청, 『완전포괄주의 증여세 과세제도 해설』(2004. 4), 19~22면.
11) 현행 상증법 제2조 제6호는 "증여란 그 행위 또는 거래의 명칭·형식·목적 등과 관계없이 직접 또는 간접적인 방법으로 타인에게 무상으로 유형·무 형의 재산 또는 이익을 이전(移轉)(현저히 낮은 대가를 받고 이전하는 경 우를 포함한다)하거나 타인의 재산가치를 증가시키는 것을 말한다. 다만, 유증과 사인증여는 제외한다."고 규정함으로써 구 상증법 제2조 제3항과 일부 문구가 다를 뿐 거의 동일한 내용을 규정하고 있다.

대한 과세요건을 별도로 규정한 것으로 보면 후자로 해석하게 된다. 양 규정의 관계를 어떻게 보느냐에 따라 구 상증법 및 현행 상증법 상 완전포괄증여세제하에서의 증여세 과세대상과 범위가 완전히 달라진다는 점에서 개별예시규정의 성격과 완전포괄증여규정의 관계는 중요한 의미를 갖는다. 구 상증법 제2조 제3항의 성격, 그리고 그 규정과 개별예시규정의 관계는 현행 상증법 제2조 제6호가 구 상증법 제2조 제3항과 일부 표현을 달리 하였을 뿐 내용에 있어서는 차이가 없다는 점에서, 현행 상증법 제2조 제6호의 성격, 그리고 개별예시규정과의 관계와 동일하다고 할 것이다.

대상판결은 후자의 입장을 취한 것으로 보인다. 즉, 대법원은 대상판결과 같은 날 선고한 대법원 2015. 10. 15. 선고 2014두37924 판결에서 대상판결과 같은 취지로 구 상증법 제41조의4(금전무상대부 등에 따른 이익의 증여)를 증여세 과세의 범위와 한계를 설정한 규정으로 판단하였는데, 개별예시규정인 구 상증법 제33조부터 제42조는 모두 일정한 요건을 정하고 있고, 따라서 대상판결의 취지에 따르면 개별예시규정은 모두 과세요건을 정한 것으로 볼 수 있다. 이와 같이 해석하면 구 상증법 제2조 제3항은 선언적인 의미만 갖는 것인가, 대상판결에도 불구하고 실체적으로 어떤 의미를 가진 규정으로 볼 수 있는가? 구 상증법 제2조 제3항과 개별예시규정의 성격과 관계를 파악함에 있어서는 완전포괄증여 관련규정의 입법경위와 입법취지, 관련 판례 등을 검토할 필요가 있다.

2. 관련규정의 입법경위와 내용

가. 입법경위

1996. 12. 30. 법률 제5193호로 전면 개정되기 전의 구 상속세법은 제32조(신탁이익을 받을 권리의 증여), 제32조의2(제3자 명의로 등기 등을 한 재산에 대한 증여의제), 제33조(보험금의 증여), 제34조(배우자등의 양도행위), 제34조의2(저가·고가양도시 증여의제), 제34조의3(채무면제등의 증여), 제34조의4(합병시의 증여의제), 제34조의5(증자·감자시의 증여의제등) 등 8개의 증여의제규정을 두고 있었고, 1996. 12. 30. 전면 개정된 구 상속세 및 증여세법은 제32조(증여의제 과세대상)에서 "특수관계에 있는 자로부터 경제적 가치를 계산할 수 있는 유형·무형의 재산이나 법률상 또는 사실상의 권리등을 직접적이거나 간접적으로 무상이전을 받은 경우에는 그 무상으로 이전된 재산이나 권리등에 대하여 증여세를 부과한다."는 내용의 일반적인 증여의제규정을 두고,[12] 그 이하 제33조부터 제42조까지 10개의 구체적인 증여의제규정을 두었다. 위 전면 개정 전의 구 상속세법에 비하여 제37조(토지무상사용권리의 증여의제), 제40조(전환사채이익에 대한 증여의제), 제41조(특정법인과의 거래를 통한 이익에 대한 증여의제), 제42조(기타 이익의 증여의제)를 추가하였고, 명의신탁증여를 증여의제가 아닌 추정규정으로 하였다. 위 제42조는 개별의제규정과 유사한 거래형태에 대해 대통령령에서 정하는 바에 따라 증여세를 부과할 수 있도록 하는 유형별 포괄주의를 도입하였다.

2000. 12. 29. 법률 제6301호로 개정된 구 상속세 및 증여세법은 제39조 제1항 제3호(증자에 따른 증여의제), 제40조 제1항 제3호(전

---

12) 유철형, 앞의 논문, 421~422면.

환사채 등에 대한 증여의제), 제41조 제1항 제4호(특정법인과의 거래를 통한 이익에 대한 증여의제), 제42조(기타의 증여의제)에 대한 유형별 포괄주의 규정을 신설하여 2001. 1. 1.부터 시행하였다. 이때 제42조에서 합병·분할·증자·감자 등의 자본거래를 이용하여 특수관계에 있는 자가 이익을 얻은 경우로서 그 이익이 개별 증여의제조항에서 정하고 있는 이익과 유사한 경우에는 증여세를 과세할 수 있도록 함으로써 새로운 금융기법을 이용한 변칙증여에 대처할 수 있도록 하였고, 2002. 12. 18. 법률 제6780호로 개정시 제42조의 적용범위를 확대하였다.

2002. 12. 28. 개정된 구 상속세 및 증여세법상 증여의제 규정에는 14개의 개별 증여의제규정과 이와 유사한 경우에 대한 1개의 유형별 증여의제 규정이 있었다. 당시 규정되어 있던 개별 증여의제규정을 보면, 제33조(신탁의 이익을 받을 권리의 증여의제), 제34조(보험금의 증여의제), 제35조(저가·고가 양도시의 증여의제), 제36조(채무면제 등의 증여의제), 제37조(토지무상사용권리의 증여의제), 제38조(합병시의 증여의제), 제39조(증자에 다른 증여의제), 제39조의2(감자에 따른 증여의제), 제40조(전환사채 등에 대한 증여의제), 제41조(특정법인과의 거래를 통한 증여의제), 제41조의2(명의신탁재산의 증여의제), 제41조의3(주식 또는 출자지분의 상장 등에 따른 이익의 증여의제), 제41조의4(금전대부에 따른 증여의제), 제41조의5(합병에 따른 상장 등 이익의 증여의제), 제42조(기타의 증여의제) 등이 그것이다.

이러한 2003. 12. 30자 전면 개정 전 구 상증법하에서는 민법상의 증여계약 외에는 이와 같이 열거된 증여의제 과세대상에 해당되지 않는 한 증여세를 과세할 수 없었다.[13]

---

13) 대법원 2006. 6. 29. 선고 2004도817 판결; 대법원 1997. 8. 29. 선고 97누6506 판결; 대법원 1996. 9. 24. 선고 95누15964 판결 등; 하태흥, "가. 대주

나. 증여세 완전포괄주의의 도입과 그 내용

(1) 입법취지

정부는 2003. 12. 30자 전면 개정 후 구 상증법에서 증여세 완전 포괄주의를 도입하여 2004. 1. 1.부터 시행해 오고 있다. 위 전면 개정 당시 국회 입법과정에서 논의된 자료에 의하면, 기존의 열거주의 방식, 즉, 증여의제규정을 신설하는 방식으로는 급격한 경제환경의 변화에 따라 등장하는 다양한 유형의 변칙적인 부의 무상이전에 대해 적정한 과세권을 행사할 수 없다는 비판이 제기되었고, 공평과세의 이념을 구현하기 위해서는 모든 재산·권리 및 경제적 이익의 무상이전에 대해 과세할 수 있는 완전포괄주의를 도입하여야 한다는 주장이 받아들여져서 증여세 완전포괄주의가 채택된 사실을 알 수 있다.[14)

한편, 당시 정부는 '2003. 12. 30. 개정 이전에는 상증법상 증여의 개념을 두지 아니하여 민법상 증여와 증여의제규정에서 정한 경우 외에는 사실상 재산의 무상이전이 있는 경우에도 증여세를 과세하지 못하였다. 정부는 1996년 이후 매년 증여의제규정을 신설·보완하고 2001년부터 유형별 포괄주의를 시행하고 있으나, 변칙증여행위를 망라하여 과세규정을 두는 것은 현실적으로 불가능하여 법령에 규정되지 않은 새로운 유형의 변칙증여행위에 대한 사전대처가 미

주들에게 공동으로 부여된 우선매수청구권을 그 중 1인이 단독으로 행사한 경우 증여세 과세대상에 해당하는지 여부(적극) 나. 출자전환 주식에 대한 우선매수청구권의 가액 평가방법(대법원 2011. 4. 28. 선고 2008두 17882 판결; 공2011상, 1059)", 『대법원 판례해설』, 제87호(2011 상반기), 827면.

14) 국회 재정경제위원회, 『상속세 및 증여세법 중 법률개정안 검토보고서』 (2003), 6~9면.

흡하다는 지적이 있어 왔다. 이를 개선하기 위하여 2003. 12. 30. 상증법 개정시 증여를 '민법상 증여 뿐만 아니라 재산의 사실상 무상이전, 타인 기여에 의해 재산가치를 증가시킨 것'으로 정의하여 증여세 과세대상을 포괄적으로 규정함으로써 적정한 세부담 없는 부의 세습을 효율적으로 차단하도록 하여 공평과세 실현 및 부의 재분배를 통한 사회계층간 갈등해소에 기여하도록 하였다.'고 하여 증여세 완전포괄주의의 도입취지를 밝혔다.[15]

이와 같이 증여세 완전포괄주의는 새롭게 등장하는 다양한 유형의 변칙적인 부의 무상이전을 종전의 증여의제규정의 신설로 대응하기는 불가능하다고 판단하고, 공평과세를 위하여 모든 부의 무상이전에 대해 증여세를 과세할 수 있도록 한다는 취지에서 도입된 것임을 알 수 있다.

(2) 증여세 완전포괄주의의 내용과 최근의 개정 경위

2003. 12. 30자 전면 개정 후 구 상증법은 증여세 완전포괄주의를 취하면서 증여세 과세대상이 되는 "증여"를 포괄적으로 규정하였다. 즉, 같은 법 제2조 제3항은 "그 행위 또는 거래의 명칭·형식·목적 등과 관계없이 경제적 가치를 계산할 수 있는 유형·무형의 재산을 직접 또는 간접적인 방법으로 타인에게 무상으로 이전(현저히 저렴한 대가를 받고 이전하는 경우를 포함한다)하는 것 또는 기여에 의하여 타인의 재산가치를 증가시키는 것"을 증여세 과세대상인 "증여"로 규정하고, 제4항은 "제3자를 통한 간접적인 방법이나 2 이상의 행위 또는 거래를 거치는 방법에 의하여 상속세 또는 증여세를 부당하게 감소시킨 것으로 인정되는 경우에는 그 경제적인 실질에 따라 당사자가 직접 거래한 것으로 보거나 연속된 하나의 행위 또는 거래로

---

15) 국세청, 앞의 책, 17~18면.

보아 제3항의 규정을 적용한다."고 함으로써 적어도 문언상으로는 모든 부의 무상이전이 증여세 과세대상이 되었다.

한편, 위 전면 개정시 종전의 개별 증여의제규정(14개)은 증여시기와 증여재산가액산정 등에 관한 예시규정으로 전환되었다.[16] 즉, 2003. 12. 30자 전면 개정 후 구 상증법은 증여재산가액산정 규정으로 제33조(신탁이익의 증여), 제34조(보험금의 증여), 제35조(저가·고가양도에 따른 이익의 증여 등), 제36조(채무면제 등에 따른 증여), 제37조(부동산 무상사용에 따른 이익의 증여), 제38조(합병에 따른 이익의 증여), 제39조(증자에 따른 이익의 증여), 제39조의2(감자에 따른 이익의 증여), 제39조의3(현물출자에 따른 이익의 증여), 제40조(전환사채 등의 주식전환 등에 따른 이익의 증여), 제41조(특정법인과의 거래를 통한 이익의 증여), 제41조의3(주식 또는 출자지분의 상장 등에 따른 이익의 증여), 제41조의4(금전무상대부 등에 따른 이익의 증여), 제41조의5(합병에 따른 상장 등 이익의 증여), 제42조(기타이익의 증여 등)를 두었다. 그리고 위 전면 개정시 증여추정규정으로 제44조(배우자등에 대한 양도시의 증여추정)와 제45조(재산취득자금 등의 증여추정)를 두었고, 증여의제규정으로 제45조의2(명의신탁재산의 증여의제)를 두었다.

그 이후 2011. 12. 31. 법률 제11130호로 개정시 제45조의3(특수관계법인과의 거래를 통한 이익의 증여의제)을 신설하여 특수관계 있는 법인간의 매출액이 일정비율을 초과하는 경우 그 매출액이 발생한 법인의 지배주주에게 증여세를 과세하는 내용의 이른바 일감몰아주기 과세제도를 도입하였다.

한편, 증여세 완전포괄주의를 도입하였으나, 개별예시규정에 부합하는 유형이 아닌 경우 어떤 방법으로 증여재산가액을 산정할 것

---

16) 국세청, 앞의 책, 19~22면.

인지에 대해 실무상 많은 다툼이 발생하였고, 정부는 이를 해결하고
자 2013. 1. 1. 법률 제11609호로 개정시 제32조[17])에 증여재산가액
계산의 일반원칙 규정을 신설하였다.

그러나 위와 같은 증여재산가액 계산의 일반원칙 규정의 신설에
도 불구하고 증여재산가액 산정에 관한 다툼은 계속되었다. 특히 흑
자법인에 대한 증여시 그 주주에 대해 증여세를 과세할 수 있는지
여부에 대해 하급심 법원이 증여세 과세대상이 되기는 하지만 증여
재산가액 산정방법이 객관적이고 합리적이라고 볼 수 없다는 이유
로 과세처분을 취소하는 판결을 잇따라 선고하였고,[18]) 이에 정부는
2014. 1. 1. 법률 제12168호로 개정시 흑자법인에 대한 과세근거로

---

17) 제32조 (증여재산가액 계산의 일반원칙)
   제31조의 증여재산은 다음 각 호의 방법으로 계산한다.
   1. 재산을 무상으로 이전받은 경우: 증여받은 재산의 시가(제60조부터 제
      66조까지의 규정에 따라 평가한 가액을 말하며, 이하 이 조에서 "시
      가"라 한다)에 상당하는 금액
   2. 제1호에도 불구하고 제33조부터 제39조까지, 제39조의2, 제39조의3, 제
      40조, 제41조, 제41조의3부터 제41조의5까지 및 제42조에 해당하거나
      이와 유사한 경우에는 해당 규정에 따라 계산한 금액
   3. 제1호 및 제2호에 해당하지 아니하는 경우로서 대통령령으로 정하는
      기준 이상의 이익을 얻은 경우에는 다음 각 목의 금액
      가. 재산을 현저히 낮은 대가를 주고 이전받거나 현저히 높은 대가를
         받고 이전한 경우: 시가와 대가의 차이 상당액
      나. 타인의 기여에 의하여 재산가치가 증가하는 경우: 재산가치 증가사
         유가 발생하기 전과 후의 시가의 차액으로서 대통령령으로 정하는
         이익에 상당하는 금액
18) 서울행정법원 2012. 7. 26. 선고 2012구합4722 판결; 서울행정법원 2012. 8.
   17. 선고 2011구합28240 판결; 서울행정법원 2012. 8. 17. 선고 2012구합
   4807 판결; 서울행정법원 2012. 8. 17. 선고 2012구합4753 판결; 서울행정
   법원 2012. 8. 17. 선고 2012구합8373 판결; 서울행정법원 2012. 11. 2. 선고
   2012구합4746 판결; 서울행정법원 2012. 11. 2. 선고 2012구합4791 판결;
   서울행정법원 2012. 11. 15. 선고 2011구합44532 판결 등.

제41조의 "특정법인"에 기존의 결손법인과 휴·폐업중인 법인 이외에 일정한 범위의 흑자법인을 포함시키는 내용으로 제41조를 개정하였다.

정부는 계속되는 증여재산가액 산정에 관한 논란과 소위 일감떼어주기에 대한 과세문제가 제기됨에 따라 이에 대한 해결방안으로 2015. 12. 15. 현행 상증법으로의 개정시 관련 규정을 개정 및 신설하였다. 즉, 증여재산가액 계산의 일반원칙 규정을 제31조로 옮기면서 내용을 일부 개정하고,[19] 소위 일감 떼어주기에 대한 과세근거규정으로 현행 상증법 제45조의4[20]에 특수관계법인으로부터 제공받은

---

19) 제31조 (증여재산가액 계산의 일반원칙)
　① 증여재산의 가액(이하 "증여재산가액"이라 한다)은 다음 각 호의 방법으로 계산한다.
　1. 재산 또는 이익을 무상으로 이전받은 경우: 증여재산의 시가(제4장에 따라 평가한 가액을 말한다. 이하 이 조, 제35조 및 제42조에서 같다) 상당액
　2. 재산 또는 이익을 현저히 낮은 대가를 주고 이전받거나 현저히 높은 대가를 받고 이전한 경우: 시가와 대가의 차액. 다만, 시가와 대가의 차액이 3억 원 이상이거나 시가의 100분의 30 이상인 경우로 한정한다.
　3. 재산 취득 후 해당 재산의 가치가 증가하는 경우: 증가사유가 발생하기 전과 후의 재산의 시가의 차액으로서 대통령령으로 정하는 방법에 따라 계산한 재산가치상승금액. 다만, 그 재산가치상승금액이 3억원 이상이거나 해당 재산의 취득가액 등을 고려하여 대통령령으로 정하는 금액의 100분의 30 이상인 경우로 한정한다.
　② 제1항에도 불구하고 제4조 제1항 제4호부터 제6호까지 및 같은 조 제2항에 해당하는 경우에는 해당 규정에 따라 증여재산가액을 계산한다.
20) 제45조의4 (특수관계법인으로부터 제공받은 사업기회로 발생한 이익의 증여 의제)
　① 제45조의3 제1항에 따른 지배주주와 그 친족(이하 이 조에서 "지배주주등"이라 한다)의 주식보유비율이 100분의 30 이상인 법인(이하 이 조에서 "수혜법인"이라 한다)이 지배주주와 대통령령으로 정하는 특수관계에 있는 법인(「조세특례제한법」 제5조 제1항에 따른 중소기업은 제외한다)으로부터 대통령령으로 정하는 방법으로 사업기회를 제공받는 경우

사업기회로 발생한 이익의 증여의제규정을 신설하였으며, 특정법인에 대한 증여규정인 제41조를 삭제하고, 이를 제45조의5로 이동하면서 특정법인을 통한 이익의 증여규정은 증여의제규정으로 전환하였다.

나. 결어

정부는 증여세 완전포괄주의를 도입한 2003. 12. 30자 전면 개정 후 구 상증법의 시행 이후 이를 실현시키겠다는 취지로 위와 같이 증여재산가액산정에 관한 일반원칙 규정을 신설하고 증여의제규정을 추가하는 등 지속적으로 보완을 해 오고 있다.

그러나 아래에서 보는 바와 같이 대법원이 구 상증법 제2조 제3항과 개별예시규정의 관계에 대하여 대상판결에서와 같은 태도, 즉, 개별예시규정을 증여세 과세의 범위와 한계를 설정한 규정으로 해석하는 한, 구 상증법과 현행 상증법의 개별예시규정은 2003. 12. 30자 전면 개정 전 구 상증법의 증여의제규정과 동일하게 적용될 것이어서 증여세 완전포괄주의 입장에서 보면 구 상증법이나 현행 상증법은 겉모양만 완전포괄증여세제일 뿐이고, 변칙적인 상속·증여에 대응할 수 없는 무기력하고 빛바랜 입법이 될 것이다.

에는 그 사업기회를 제공받은 날(이하 이 조에서 "사업기회제공일"이라 한다)이 속하는 사업연도(이하 이 조에서 "개시사업연도"라 한다)의 종료일에 그 수혜법인의 지배주주 등이 다음 계산식에 따라 계산한 금액(이하 이 조에서 "증여의제이익"이라 한다)을 증여받은 것으로 본다.

3. 개별예시규정의 성격에 관한 견해

가. 개별예시규정을 구 상증법 제2조 제3항과는 별도의 과세요건을 규정한 것으로 보아 완전포괄증여의 경우 개별예시규정의 요건을 충족한 경우에 한하여 증여세를 과세할 수 있고 그 요건을 갖추지 못한 경우에는 구 상증법 제2조 제3항에 해당하더라도 증여세를 과세할 수 없다고 해석할 수 있는지, 아니면 개별예시규정은 일정한 거래·유형에 대한 증여재산가액의 산정방법을 규정한 것에 불과하므로 특정한 개별예시규정에 해당되지 않더라도 구 상증법 제2조 제3항에 해당하는 경우에는 개별예시규정을 비롯하여 구 상증법에 근거한 객관적이고 합리적인 방법에 의하여 증여재산가액을 산정할 수 있다고 해석할 수 있는지에 관하여는 아래에서 보는 바와 같이 견해가 나누어지고 있다. 개별예시규정의 성격을 과세요건을 정한 규정으로 보는지 증여재산가액 산정에 관한 예시적인 규정으로 보는지에 따라 결론이 달라진다.

나. 개별예시규정은 증여세 과세의 범위와 한계를 설정한 규정이라는 견해

이 견해에 따르면, 완전포괄증여는 개별예시규정의 요건을 갖춘 경우에 한하여 증여세 과세가 가능하고, 그 요건을 갖추지 못한 경우에는 구 상증법 제2조 제3항에 해당하더라도 증여세를 과세할 수 없다는 결론이 된다.

(1) ①구 상증법 제2조 제3항의 완전포괄증여규정을 직접 적용할 의도였다면 개별예시규정에서는 오로지 거래·행위 유형만 예시하면 되지 당사자 인적 조건, 30%룰 조건, 증여재산최소가

액조건 등을 둘 이유가 없는데, 완전포괄증여규정을 창설하였음에도 이러한 개별특별과세요건을 그대로 두고 있다는 사실은 입법자가 개별예시규정에 해당하는 행위라도 개별특별과세조건을 충족하는 거래·행위만을 과세대상으로 하겠다는 의사로 보인다는 점, ②2004년 증여세 완전포괄주의 도입 이후 입법자는 계속하여 개별특별과세요건을 개정해 오고 있다는 점 등을 근거로 완전포괄증여규정은 정의규정이고, 개별예시규정은 증여과세요건규정이라고 하여, 개별예시규정이 정하고 있는 과세요건을 충족시키지 못한 거래·행위에 대하여는 완전포괄증여규정을 직접 적용하여 과세할 수 없다는 견해가 있다.[21]

(2) ①구 상증법 제2조 제3항을 독자적인 과세요건규정으로 볼 경우 구 상증법 제4조 제4항 단서의 내용에 비추어 볼 때, 구 상증법 제2조 제3항만에 의한 과세처분의 경우 연대납세의무를 면제받지 못하는 모순이 발생한다는 점, ② 소득세법 시행령 제163조 제10항 제1호는 양도소득의 필요경비로 공제되는 항목에 대하여 "「상속세 및 증여세법」제3조의2 제2항, 제33조부터 제39조까지, 제39조의2, 제39조의3, 제40조, 제41조의2부터 제41조의5까지, 제42조, 제42조의2, 제42조의3, 제45조의3부터 제45조의5까지의 규정에 따라 상속세나 증여세를 과세받은 경우에는 해당 상속재산가액이나 증여재산가액(같은 법 제45조의3부터 제45조의5까지의 규정에 따라 증여세를 과세받은 경우에는 증여의제이익을 말한다) 또는 그 증·감액을 취득가

---

[21] 박요찬, "상속세 및 증여세법의 완전포괄증여규정과 개별예시규정을 중심으로 한 해석론", 『조세법연구』, 제17권 제1호(2011. 4), 394면 주6), 413~417면.

액에 더하거나 뺀다"라고 규정하고 있어서 구 상증법 제2조 제3항만 적용하여 증여세를 과세하는 경우 필요경비로 공제 받지 못하는 문제가 있다는 점, ③구 상증법 제2조 제3항에 의하여 증여세를 과세할 수 있고, 증여재산가액을 개별예시 규정과 관계 없이 합리적인 방법에 의하여 계산할 수 있다고 한다면, 증여재산가액 산정방법을 정한 규정 역시 조세법률 주의에 따라 엄격하게 해석하여야 한다는 기존의 판례 입장 과 충돌할 수 있고, 개별예시규정이 아무런 의미가 없는 결과 가 될 수 있다는 점 등을 근거로 완전포괄증여대상에 해당한 다고 하더라도 개별예시규정의 요건을 충족하지 못한 경우에 는 증여대상에서 배제된다는 견해가 있다.[22)]

(3) ①구 상증법 제2조 제3항은 세법 고유의 증여 개념을 정의하 는 규정일 뿐이라는 점, ②종전의 증여의제규정을 증여재산가 액의 계산 규정으로 바꾸기는 하였지만, 개별예시규정에서 일 정한 요건을 규정하고 있고, 이 요건이 개정되기도 하였는데, 이는 납세자의 예측가능성을 도모하고 완전포괄주의 과세제 도의 도입에 따른 과세상 혼란을 방지하기 위한 입법자의 의 사가 반영된 것이라는 점, ③구 상증법 제4조 제4항 단서는 증 여자의 연대납세의무 면제대상으로 구 상증법 제41조와 달리 구 상증법 제2조 제3항을 열거하지 않고 있는 점, ④2014. 1. 1. 구 상증법 개정시 제41조의 특정법인에 흑자법인을 추가하면 서 그 시행시기를 개정법 시행 이후 발생하는 증여분부터 적 용하도록 하고 있다는 점에서 그 개정 전의 흑자법인에 대한 증여시 주주에게 증여세를 과세하는 경우 소급과세 문제가

---

22) 이준봉, "영리법인을 이용한 증여와 실질과세", 『조세법연구』, 제20권 제2 호(2014. 8), 362~367면.

있다는 점 등에 비추어 개별예시규정에서 예정하지 않은 변칙적 증여에 대해서는 구 상증법 제2조 제3항을 근거로 증여세를 과세할 수 없다는 견해가 있다.[23]

(4) 구 상증법 제2조 제3항은 종래 '재산의 이전'으로 과세할 수 없었던 '기여에 의한 증여'의 영역을 새로이 과세할 수 있는 근거규정으로서의 의의를 가지지만, 단독으로 과세근거규정이 되기는 부족하고, 따라서 기존에 예정했던 유형인 개별예시규정으로 분류되는 거래유형에 대해서는 그 요건을 충족하지 못한 경우 구 상증법 제2조 제3항을 근거로 하여 과세할 수 없다는 견해가 있다.[24]

다. 개별예시규정은 과세요건을 정한 규정이 아니라 증여재산가액산정에 관한 예시규정이라는 견해

이 견해에 따르면, 개별예시규정의 요건을 충족한 경우에는 그 규정에 따라 증여재산가액을 산정하고, 그 요건을 갖추지 못한 경우라도 구 상증법 제2조 제3항의 증여에 해당되면, 객관적이고 합리적인 방법에 의하여 증여재산가액을 산정할 수 있는 한 증여세를 과세할 수 있다는 결론이 된다.

(1) 구 상증법 제2조 제3항은 다양한 부의 무상이전에 대해 증여세를 과세할 수 있는 근거를 마련하기 위한 것으로 예측하지 못한 부의 무상이전 형태가 개별예시규정에 명시적으로 해당

---

23) 손병준, "흑자법인에 재산 증여한 경우 그 주주에 대한 증여세 과세 적법 여부", 법률신문(2015. 11. 19).
24) 강남규, "기여에 의한 재산가치 증가에 대한 포괄증여 과세의 법적 한계", 『조세법연구』, 제21권 제1호(2015. 4), 267~268면.

하지 않는다고 하여 증여세를 과세할 수 없다고 하는 것은 2003. 12. 30자 전면 개정 후 구 상증법의 입법취지에 맞지 않는다는 견해가 있다. 이 견해는 개별예시규정의 요건을 갖추지 못한 경우 과세를 하지 않는 것이 타당한 경우도 있지만, 그런 경우라도 개별예시규정의 취지를 살려 이를 준용하거나 구 상증법 제2조 제3항에 따라 증여세를 과세할 수 있다고 한다.[25]

(2) 또한 ①증여세 완전포괄주의규정의 입법 배경, 입법형식과 취지 등을 고려할 때 납세자의 거래·행위가 구 상증법 제2조 제3항에 해당되는 이상 반드시 개별예시규정의 어느 하나에 해당하지 않더라도 개별예시규정 중 유사한 유형에 따른 증여재산가액의 산정방법을 사용할 수 있다고 해석하는 것이 타당하고, 따라서 흑자법인에 대한 증여가 구 상증법 제42조 제1항 제3호의 '사업양수도 등'에 해당되지 않더라도 구 상증법 제2조 제3항에 해당되는 한 구 상증법 제42조 제1항 제3호의 증여재산가액 산정방법(가액 변동 전·후의 평가차액)을 적용할 수 있다는 점, ②대법원 2015. 2. 12. 선고 2013두24495 판결도 구 상증법 제2조 제3항에 의한 과세를 전제로 개별예시규정을 (유추)적용할 필요 없이 사실판단에 관한 문제로 보아 가장 합리적인 방법을 준용하고 있다는 점 등에서 흑자법인을 통한 간접 증여는 구 상증법 제2조 제3항의 증여 개념에 해당하고, 따라서 그 증여재산가액은 개별예시규정 또는 합리적인 방법에 의하여 계산할 수 있다는 견해가 있다.[26]

---

25) 박훈, "조세불복사례에 나타난 상속세 및 증여세법 제2조 제3항의 의의", 『조세법연구』, 제18권 제2호(2012. 8), 347~349면.
26) 이창희·김석환·양한희, "증여세 완전포괄주의와 흑자 영리법인을 이용한

라. 관련 판례

(1) 대법원 2011. 4. 28. 선고 2008두17882 판결

대법원은 상장법인의 대주주인 甲 등 10인이 자신들의 주식보유 비율에 상응하는 출자전환 주식의 우선매수청구권을 포기하는 등의 방법으로 대주주들 중 1인인 乙 혼자서 우선매수청구권을 행사하여 시가보다 저렴하게 주식을 매수하도록 한 사안에서, '구 상증법 제2 조 제3항의 입법취지 및 제2조 제3항에서 완전포괄주의에 의한 증 여개념을 도입함으로써 증여세의 과세범위를 확대한 점 등에 비추 어 보면 이와 같은 우선매수청구권의 포기는 乙의 주식보유비율을 초과한 범위에서 위 주식의 시가와 우선매수청구권 행사가격과의 차액 상당의 이익을 무상으로 이전한 것이므로 증여세 과세대상에 해당한'다고 판시하였는데, 대법원은 구 상증법의 개별예시규정 중 어느 규정에 해당되거나 유사한 규정이 없음에도 불구하고 구 상증 법의 입법취지와 제2조 제3항을 근거로 증여세 과세처분이 적법하 다고 판단하였다.

위 판결의 원심[27]은, '우선매수청구권의 시가를 산정하기 어려울 뿐만 아니라 상증법에서 그에 관하여 따로 평가방법을 규정하고 있 지도 아니하므로 상증법에 규정된 평가방법 중 적정한 것을 준용하 여 합리적인 방법으로 그 가액을 평가하여야 한다고 전제한 다음, 우선매수청구권은 그 행사가격과 주식의 시가와의 차액 상당의 이 익을 얻을 수 있는 권리인 점에서 신주인수권과 성격이 유사하므로 신주인수권증권 또는 신주인수권증서의 가액 평가방법에 관한 상증 법 제63조 제1항 제2호, 구 상속세 및 증여법 시행령(2008. 2. 22. 대

간접 증여", 『조세법연구』, 제21권 제3호(2015. 11), 394~396면.
27) 서울고등법원 2008. 9. 10. 선고 2008누299 판결.

통령령 제20621호로 개정되기 전의 것) 제58조의2 제2항 제2호 다목 및 라목의 규정을 준용하여 우선매수청구권의 가액은 그것을 행사하여 취득한 주식의 가액에서 그 취득에 소요된 비용을 차감하는 방식으로 산정하되, 취득한 주식의 가액은 상증세법 제63조 제1항 제1호 가목에 의하여 평가기준일 이전·이후 각 2월간에 공표된 매일의 한국증권거래소 최종시세가액의 평균액에 의하여야 한다'고 판단하였고, 대법원은 이러한 원심의 판단이 정당하다고 하였다.

(2) 대법원 2014. 4. 24. 선고 2011두23047 판결

대법원은 주식의 포괄적 교환에 의하여 완전자회사가 되는 회사의 주주가 얻은 이익에 대하여 구 상증법 제42조 제1항 제3호를 적용하여 증여세를 과세할 수 있는지 여부가 문제된 사안에서, '완전자회사가 되는 회사의 주주가 주식의 포괄적 교환을 통하여 이익을 얻었는지 여부는 주식교환비율 산정의 기초가 된 완전자회사가 되는 회사 주식의 1주당 평가액이 상증세법상의 평가액보다 높은 가액이었는지 또는 완전모회사가 되는 회사로부터 배정받은 신주의 인수가액이 상증세법상의 평가액보다 낮은 가액이었는지 여부만에 의하여 결정되는 것이 아니라, 완전자회사가 되는 회사의 주주가 완전모회사가 되는 회사에 이전한 완전자회사가 되는 회사의 주식에 대한 상증세법상의 평가액과 완전모회사가 되는 회사로부터 배정받은 신주에 대한 상증세법상의 평가액의 차액, 즉 교환차익이 존재하는지 여부에 따라 결정된다. 이러한 상법상 주식의 포괄적 교환거래의 구조와 특성, 그리고 앞서 본 규정을 비롯한 상증세법상 관련 규정의 문언 내용과 입법 취지 및 체계 등을 종합하여 보면, 상법상의 주식의 포괄적 교환에 의하여 완전자회사가 되는 회사의 주주가 얻은 이익에 대하여는 '재산의 고가양도에 따른 이익의 증여'에 관한 상증세법 제35조 제1항 제2호, 제2항이나 '신주의 저가발행에 따른 이익의 증여'에 관한 상증세법 제39조 제1항 제1호 (다)목을 적용하여 증여세를 과세할 수는 없고, '법인의 자본을 증가시키는 거래에 따른 이익의 증여'에 관한 상증세법 제42조 제1항 제3호를 적용하여 증여세를 과세하여야 할 것'이라고 판시하였다.

(3) 대법원 2015. 2. 12. 선고 2013두24495 판결

대법원은 신주인수권의 양도인이 자신의 이익을 극대화하려는 노력도 전혀 하지 아니한 채 자신이 쉽게 이익을 얻을 수 있는 기회를 포기하고 특수관계 없는 특정한 거래상대방으로 하여금 신주인수권의 취득과 행사로 인한 이익을 얻게 한 사안에서, '구 상속세 및 증여세법(2010. 1. 1. 법률 제9916호로 개정되기 전의 것) 제42조 제3항은 특수관계자 사이의 거래로 인한 이익과는 달리 특수관계가 없는 자 사이의 거래에 대하여는 설령 거래상대방이 신주인수권의 취득과 행사로 인한 이익을 얻는 결과가 발생하여도 거래당사자가 객관적 교환가치를 적절히 반영하여 거래를 한다고 믿을 만한 합리적인 사유가 있거나 합리적인 경제인의 관점에서 그러한 거래조건으로 거래를 하는 것이 정상적이라고 볼 수 있는 경우와 같이 '거래의 관행상 정당한 사유'가 있다고 인정되는 경우에는 상증세법 제42조 제1항을 적용하지 않도록 과세요건을 추가하고 있다'고 하여 개별예시규정의 '정당한 사유'가 과세요건이라고 판시하였다.

(4) 위와 같이 대상판결이 나오기 전까지 선고된 완전포괄증여 관련 대법원 판결에서는 구 상증법이나 현행 상증법 제33조 이하의 개별예시규정 중 어느 유형에도 해당되지 아니하는 완전포괄증여에 대하여 개별예시규정이나 보충적 평가방법에 따라 객관적이고 합리

적인 증여재산가액을 산정할 수 있는 한 증여세 과세가 적법하다고 전제하고, 증여재산가액 산정방법에 관하여 위 2008두17882 판결은 구 상증법에 규정된 보충적 평가방법에 의하여 산정할 수 있다고 하였으며, 위 2011두23047 판결은 구 상증법 제42조 제1항 제3호를 적용하여 산정할 수 있다고 하였다. 반면, 위 2013두24495 판결은 개별예시규정을 과세요건을 정한 규정으로 해석하였다.

마. 결어

①2003. 12. 30자 전면 개정 후 구 상증법은 증여세 완전포괄주의를 취하면서 그 개정 전의 증여의제규정을 증여재산가액산정에 관한 예시규정으로 전환하였다는 점을 정부가 명시하고 있다는 점,[28] ②그런데, 대상판결과 같이 개별예시규정을 증여세 과세의 범위와 한계를 설정한 것으로 해석하면, 개별예시규정과 그 실질이 동일 또는 유사한 경우에도 증여세를 과세할 수 없게 되고, 이는 개별예시규정을 증여의제규정으로 해석하는 것과 동일하여 증여세 완전포괄주의를 도입한 2003. 12. 30자 전면 개정 후 구 상증법의 입법취지에 반한다는 점, ③위 2008두17882 판결에 대한 대법원 판례해설에 의하면, 원고를 제외한 나머지 대주주 10인이 우선매수청구권을 행사하지 아니하고, 원고만 단독으로 그들의 우선매수청구권까지 행사하였으며, 채권금융기관이 이에 동의한 점에 비추어 보면, 당사자 사이에 증여계약을 체결하는 등 직접적인 방법에 의한 증여재산의 무상이전은 아니지만, 이는 기존주주의 신주인수권 포기와 실권주의 재배정과 같은 간접적인 방법에 의한 증여재산의 무상 이전에 해당하는 것이고, 증여재산가액 산정과 관련하여, 우선매수청구권의 가

---

28) 국세청, 앞의 책, 19~22면.

액은 배당차액 및 권리락에 관한 부분을 제외하고 구 상증법 시행령
상 신주인수권에 관한 평가 규정을 준용하여 '취득한 주식가액'에서
'주식 취득비용(청구가격)'을 차감하여 산정하는 것이 타당하다고
함으로써 대법원은 개별예시규정을 적용하지 않고도 증여재산가액
을 산정할 수 있다고 판단하였다는 점,[29] ④대법원은 구 상증법 및
같은 법 시행령에 그 재산의 평가방법에 관한 규정이 없어 가액을
산정할 수 없는 경우 당해 자산의 시가는 객관적이고 합리적인 방법
에 의하여 평가한 가액에 의할 수밖에 없고, 이 경우 과세관청이 행
한 평가방법이 객관적, 합리적인 것이면 적법하다고 판시해 왔다는
점,[30] ⑤2003. 12. 30자 전면 개정 후 구 상증법이 개별예시규정을 규
정하는 방식에 있어서 종전 증여의제규정의 제목이나 일부 문구만
변경한 채 개정 전과 거의 동일한 내용으로 규정하고 있는 것은 해
당 유형의 거래·행위에 대한 증여재산가액 산정방법을 정하는 예시
규정으로 전환하는 과정에서 일정한 유형의 부의 무상이전에 대한
증여재산가액 산정방법을 예시해 주는 하나의 방식에 불과한 것으
로서 충분히 취할 수 있는 입법방식이라는 점, ⑥2003. 12. 30. 전면
개정 이후 개별예시규정을 수시로 개정해 오고 있는 것은 완전포괄
증여에 대한 보다 객관적이고 합리적인 증여재산가액 산정방법을
찾아가는 과정으로 볼 수 있다는 점, ⑦예측가능성과 법적 안정성의

---

29) 하태흥, 앞의 논문, 827~856면. 이 논문에서는 대법원 2011. 4. 28. 선고
   2008두17882 판결에 대해, 민법상 증여의 개념이나 기존의 증여의제 규정
   에 의하여 증여세 과세대상으로 보기 어려운 사안에서, 완전포괄주의가
   도입된 이후 대법원이 상증법 제2조 제3항에 따른 증여세 과세를 인정한
   최초의 판시일 뿐만 아니라, 그 경우 증여재산의 가액 평가방법을 밝히고
   있다는 데에 의의가 있다고 평가하고 있다.
30) 대법원 1994. 12. 22. 선고 93누22333 판결; 대법원 1999. 12. 10. 선고 98두
   1369 판결; 대법원 2003. 10. 23. 선고 2002두4440 판결; 대법원 2007. 12.
   13. 선고 2005두14257 판결 등.

측면에서 보면, 구 상증법 제2조 제3항의 문언 자체에서도 부의 무상이전은 증여세 과세대상이 된다는 점을 잘 알 수 있고, 개별예시규정을 통하여 그 규정과 실질이 동일 또는 유사한 유형의 거래·행위에 대해서는 당해 개별예시규정을 적용하고, 개별예시규정에 규정된 거래·행위와 유사하지 아니한 부의 무상이전에 대해서는 기존의 판례를 통하여 현행 상증법이 규정한 보충적 평가방법에 의하여 객관적이고 합리적으로 증여재산가액을 산정할 수 있는 한 증여세를 과세할 수 있다는 것을 충분히 예측할 수 있어 납세자의 예측가능성이나 법적 안정성을 크게 침해한다고 보기 어렵고,31) 완전포괄증여세제의 본질상 과세대상은 실무과세사례가 쌓여가면서 자연스럽게 정리되는 것이어서 제도정착에 어느 정도의 시간이 필요하다는 점, ⑧구 상증법 제2조 제3항만에 의하면 증여세를 과세한 경우 구 상증법 제4조 제4항 단서에 의한 연대납세의무 면제대상이 되지 않는다거나 소득세법 시행령 제163조 제10항 제1호에 의한 양도소득 필요경비에서 제외된 문제는 개별예시규정을 과세요건에 관한 규정으로 해석하여야 할 법리적인 근거라기보다는 관련 규정32) 정비의 문제로서 구 상증법 제2조 제3항만에 의하여 증여세를 과세한 경우를 추가하는 방법으로 얼마든지 개선할 수 있는 절차적인 문제에 불과하다는 점, ⑨2003. 12. 30자 전면 개정 후 구 상증법의 시행 이래 현재까지 완전포괄증여규정이 마련되어 있었고, 개별예시규정

---

31) 박요찬, 앞의 논문, 403면에서 '완전포괄증여개념이 포섭하는 거래·행위를 망라하여 예상하는 것은 어렵지만, 그동안 축적된 변칙증여를 규제하기 위하여 설정된 개별예시규정에 나타난 거래·행위 등을 분석해 보면 완전포괄증여개념이 포섭하려는 구체적인 거래·행위의 형태를 짐작할 수 있다'고 하고 있는데, 이는 2003. 12. 30자 전면 개정 후 구 상증법이 예측가능성이 있다는 점을 인정하는 것으로 보인다.
32) 현행 상증법 제4조의2 제5항 단서(증여세 연대납부의무 면제)와 소득세법 시행령 제163조 제10항 제1호(양도소득 필요경비).

은 증여재산가액 산정에 관한 예시적 규정에 불과한 것이므로 흑자
법인을 통한 증여이익에 대하여는 객관적이고 합리적인 방법에 의
하여 증여재산가액을 산정할 수 있는 한 주주에게 증여세를 과세할
수 있었던 것이라는 점에서 2014. 1. 1. 상증법 개정시 특정법인에
흑자법인을 추가하였다고 하여 그 개정 전의 사안에 있어서 흑자법
인을 통한 증여이익에 대해 주주에게 증여세를 과세한다고 하여 소
급과세라고 볼 수 없다는 점 등을 종합하여 볼 때, 개별예시규정은
증여세 과세대상과 범위의 한계를 정한 규정이 아니라 증여재산가
액 산정방법에 관한 문자그대로의 예시규정이라고 봄이 타당하다.

따라서 어떤 부의 무상이전이 구 상증법 제2조 제3항의 증여에
해당하고, 동시에 개별예시규정의 어느 하나에 해당한다거나 유사
하다면 그 개별예시규정을 적용하여 증여재산가액을 산정하는 것이
가장 객관적이고 합리적인 증여재산가액 산정방법이라고 할 것이
다. 또한 구 상증법 제2조 제3항의 증여에는 해당되지만 개별예시규
정의 어느 유형에도 해당되지 않는다거나 개별예시규정이 정한 요
건을 충족하지 못하였다고 하더라도 구 상증법이나 현행 상증법이
규정한 개별예시규정이나 보충적 평가방법인 증여재산가액 산정방
법을 통하여 증여재산가액을 객관적이고 합리적인 방법으로 산정할
수 있다면 증여세를 과세할 수 있다고 할 것이다.

Ⅳ. 구 상증법 제2조 제3항에 의한 증여세 과세 여부 및 증여재산가액 산정방법

1. 구 상증법 제2조 제3항에 의한 증여세 과세 가능여부

구 상증법 제2조 제3항에 근거하여 증여세를 과세할 수 있는지 여부와 관련하여서는 구 상증법 제2조 제3항에 대한 위헌 논의와 함께 구 상증법 제2조 제3항에 근거한 독자적인 증여세 과세를 긍정하는 견해와 이를 부정하는 견해가 현재까지 이어지고 있다. 이에 관한 2012년까지의 논의는 앞서 발표한 논문에 상세하게 소개하였는데,[33] 이미 본 바와 같이 구 상증법 제2조 제3항을 근거로 직접 증여세를 과세할 수 있다고 본다. 대법원 또한 대법원 2011. 4. 28. 선고 2008두17882 판결 이래 대상판결에서도 확인하고 있듯이 일관되게 구 상증법 제2조 제3항에 의한 증여세 과세가 가능하다는 입장이다.

2003. 12. 30자 전면 개정 전 구 상증법에서는 민법상의 증여와 개별 증여의제규정에 따른 요건을 갖춘 경우에 한하여 증여세를 과세할 수 있었다. 그러나 위 전면 개정 후 구 상증법은 증여세 완전포괄주의를 도입하였고, 구 상증법 제2조 제3항은 증여세 과세대상이 되는 "증여"를 민법상의 증여 뿐만 아니라, 어떤 형태로든 부의 무상이전이 있거나 기여에 의하여 재산가치가 증가되는 경우까지 포함하는 것으로 규정하고 있다.

---

33) 관련 논의는 유철형, 앞의 논문, 421~424면 참조. 2013년 이후 발표된 논문 중 이창희·김석환·양한희, 앞의 논문, 394~396면은 긍정적인 견해이고, 이준봉, 앞의 논문, 362~367면과 강남규, 앞의 논문, 240~246면, 267~268면은 부정적인 견해로 보인다.

2. 구 상증법 제2조 제3항의 증여세 과세대상인 경우 증여재산가액의 산정방법

이와 관련하여서는 아래와 같이 세 가지 경우로 나누어 볼 수 있다.

가. 개별예시규정의 요건을 갖춘 경우

어떤 행위가 구 상증법 제2조 제3항에서 정한 부의 무상이전에 해당하고 동시에 개별예시규정의 요건을 갖춘 경우에는 해당 개별 예시규정을 적용하여 증여재산가액을 산정하면 될 것이다.[34]

나. 개별예시규정과 그 실질이 동일 또는 유사한 경우

구 상증법은 부의 무상이전을 증여세 과세대상으로 하는 증여세 완전포괄주의를 취하고 있다는 점, 그리고 정부는 구 상증법에 대해 명시적으로 증여의제규정을 증여재산가액 산정에 관한 예시규정으로 전환하였다고 밝히고 있는 점, 개별예시규정은 증여세 과세대상이나 범위의 한계를 설정한 것으로 보기 어렵다는 점 등에 비추어 보면, 구 상증법 제2조 제3항에 해당하는 어떤 행위가 개별예시규정의 요건을 모두 갖추지는 못하였지만, 그 실질이 개별예시규정이 정한 증여와 동일 또는 유사한 경우에는 해당 개별예시규정을 적용하여 증여재산가액을 산정할 수 있다고 할 것이다.[35]

---

34) 구 상증법 제2조 제3항에 의한 독자적인 증여세 과세를 부정하는 견해에 따르면, 완전포괄증여는 개별예시규정의 요건을 갖춘 경우에 한하여 그 개별예시규정에 따라 증여재산가액을 산정하여 증여세를 과세할 수 있다는 결론이 된다.
35) 이창희·김석환·양한희, 앞의 논문, 394~396면.

다. 동일 또는 유사한 개별예시규정이 없는 경우

대법원 2011. 4. 28. 선고 2008두17882 판결은 동일 또는 유사한 개별예시규정이 없다고 하더라도 어떤 행위가 구 상증법 제2조 제3항의 증여세 과세대상에 해당되고, 그 증여재산가액을 객관적이고 합리적인 방법으로 산정할 수 있다면 증여세를 과세할 수 있다고 판시하였고, 대법원 2014. 4. 24. 선고 2011두23047 판결도 동일한 전제에서 판단하였다는 점, 그리고 2003. 12. 30자 전면 개정 후 구 상증법의 개별예시규정은 증여의제규정이 아니라 증여재산가액 산정에 관한 예시적 규정임을 정부가 명시적으로 확인해 주고 있다는 점 등에 비추어 보면, 어떤 행위가 구 상증법 제2조 제3항에 해당하는 경우 그와 동일 또는 유사한 개별예시규정이 없다고 하더라도 객관적이고 합리적인 증여재산가액 산정방법이 있다면, 그에 따라 증여세를 과세할 수 있다고 할 것이다.[36)]

그러나 구 상증법 제2조 제3항에 해당하여 증여세 과세대상이 되는 증여로 판단되었다고 하더라도 증여재산가액을 객관적이고 합리적으로 산정할 수 없다면, 과세관청은 증여세를 과세할 수 없다고 할 것이다. 즉, 어떤 행위가 증여세 과세대상이 되느냐의 문제와 그 경우 증여세 과세표준을 산정하여 과세할 수 있느냐의 문제는 전혀 다른 문제이다. 증여세 과세대상을 판단하는 문제와 과세표준 산정 문제는 구분할 필요가 있다.

---

36) 이창희·김석환·양한희, 앞의 논문, 394~396면. "증여세 완전포괄주의의 입법 형식과 배경에 비추어 볼 때 입법자의 의도는 법 제33조 내지 제42조의 개별 규정에 해당하지 않더라도 법 제2조 제3항의 증여에 해당한다면 과세하겠다는 것임이 분명하다"고 하여 같은 취지로 보인다.

V. 대상판결에 대하여

1. 구 상증법 제2조 제3항에 의한 증여세 과세 여부에 관한 부분

대상판결은 '변칙적인 상속·증여에 사전적으로 대처하기 위하여 세법 고유의 포괄적인 증여 개념을 도입하고, 종전의 증여의제규정을 일률적으로 가액산정규정으로 전환한 점 등에 비추어 보면, 원칙적으로 어떤 거래·행위가 법 제2조 제3항에서 규정한 증여의 개념에 해당하는 경우에는 같은 조 제1항에 의하여 증여세의 과세가 가능하다'고 판시하였다. 위에서 본 바와 같이 대상판결의 위와 같은 판단은 타당하다.

2. 개별예시규정의 성격에 관한 부분

가. 대상판결의 입장

대상판결은, 개별예시규정이 일정한 요건을 규정하고 있고, 이러한 요건이 수시로 개정되어 온 사실을 볼 때 입법자의 의사는 완전포괄주의 과세제도의 도입으로 인한 과세상의 혼란을 방지하기 위하여 종전의 증여의제규정에 의하여 규율되어 오던 증여세 과세대상과 과세범위에 관한 사항을 그대로 유지하려는 것으로 보아야 한다고 전제한 다음, 개별예시규정이 특정한 유형의 거래·행위를 규율하면서 그중 일정한 거래·행위만을 증여세 과세대상으로 한정하고 그 과세범위도 제한적으로 규정함으로써 증여세 과세의 범위와 한

계를 설정한 것으로 볼 수 있는 경우에는, 그 요건을 갖추지 못한 거
래나 행위가 구 상증법 제2조 제3항의 증여에 해당하더라도 증여세
를 과세할 수 없다고 판단하였다.[37]

나. 대상판결의 문제점

(1) 정부는 2003. 12. 30자 전면 개정 후 구 상증법이 증여세 완전
포괄주의를 도입하면서 위 개정 전 증여의제규정은 모두 증
여재산가액산정에 관한 개별예시규정으로 전환되었다는 점을
명확하게 밝히고 있다.[38] 이와 같이 증여의제규정을 증여재산
가액산정에 관한 예시적인 규정으로 전환하였다는 정부의 명
시적인 발표에도 불구하고 대상판결이 이와 달리 입법자의
의사를 '증여의제규정에 의하여 규율되어 오던 증여세 과세
대상과 과세범위에 관한 사항을 그대로 유지하려는 것으로
보아야 한다'고 판단한 부분은 이해하기 어렵다.[39]

(2) 대상판결은 위 (1)항과 같은 판단의 근거로 구 상증법 제3항
제2절의 제목이 '증여의제 등'에서 '증여재산가액의 산정'으
로 바뀐 점, 개별 증여의제규정의 제목을 '증여의제'에서 '증

---

37) 강남규, 앞의 논문, 263~264면. 이렇게 해석하는 것이 개별예시규정에서
정하고 있지 않은 새로운 거래·행위에 대해서는 증여세 부과의 길을 열
어 두면서도, 개별예시규정에서 정하고 있는 거래에 대해서는 입법자가
예정한 조건을 충족하는 경우에만 증여로 보아 과세한다는 것으로서 현
행법상 가장 조화로운 해석이라고 평가하고 있다.
38) 국세청, 앞의 책, 19~22면.
39) 이창희·김석환·양한희, 앞의 논문, 396면. "증여세 완전포괄주의의 입법
형식과 배경에 비추어 볼 때 입법자의 의도는 법 제33조 내지 제42조의
개별 규정에 해당하지 않더라도 법 제2조 제3항의 증여에 해당한다면 과
세하겠다는 것임이 분명하다"고 하고 있다.

여'로, 각 규정의 말미가 '증여받은 것으로 본다'를 '증여재산
가액으로 한다'로 개정하였다는 점, 그리고 개별 가액산정규
정이 일정한 요건을 규정하고 있고, 이러한 요건이 수시로 개
정되어 오고 있다는 점을 들고 있다. 즉, 대상판결은 개별예
시규정에 일정한 요건이 규정되어 있고, 이러한 요건이 수시
로 개정되고 있다는 점을 주요 근거로 하여 개별예시규정이
과세의 범위와 한계를 설정한 것으로 판단한 것으로 보인다.
그러나 2003. 12. 30자 전면 개정 후 구 상증법의 입법취지에
서도 명시적으로 밝혔듯이 정부는 위 전면 개정에 따른 법률
이 모든 부의 무상이전을 증여세 과세대상으로 하는 것이고,
종전의 증여의제규정은 증여재산가액산정에 관한 예시규정으
로 전환되었다고 확인하였다. 즉, 개별예시규정은 증여세 과
세대상을 규정한 것이 아니라, 단지 증여재산가액을 산정하는
하나의 예시적인 규정에 불과하다는 것이다. 따라서 어떤 행
위가 증여에 해당하는 경우 그 유형에 부합하는 개별예시규
정이 있으면 그 규정에 따라 증여재산가액을 산정하면 되는
것이고, 그러한 개별예시규정이 없는 경우에는 가장 객관적이
고 합리적인 방법으로 증여재산가액을 산정할 수 있는 것이
다.[40] 만약 객관적이고 합리적인 방법으로 증여재산가액을 산
정할 수 없다면, 비록 구 상증법 제2조 제3항의 증여세 과세
대상이 되는 증여라고 하더라도 과세관청은 증여세를 과세할
수 없는 것이다.

한편, 증여재산가액의 산정은 증여 당시 가장 객관적이고 합
리적인 방법에 의하여야 하는 것이므로, 증여재산가액 산정에
관한 개별예시규정의 내용을 지속적으로 보완해 갈 필요가

---

40) 이창희·김석환·양한희, 앞의 논문, 394~396면.

있다. 이러한 점에서 현재 마련된 개별예시규정에 따른 가액
산정방법보다 더 객관적이고 합리적인 방법이 있다면 그러한
방법으로 관련 규정을 개정해 나가는 작업은 국민의 재산권
을 보장할 의무를 진 정부로서 당연히 해야 할 고유의 업무이
다. 이와 같은 고려에서 개별예시규정을 개정하는 것을 두고
개별예시규정이 과세의 범위와 한계를 설정한 것이라고 이해
하는 것은 문제가 있다.

개별예시규정은 어디까지나 증여재산가액을 산정하는 예시일
뿐이다. 따라서 어떤 행위가 증여세 과세대상이 되는 경우 과
세관청은 개별예시규정 중에서 그 행위로 발생한 증여재산가
액을 가장 객관적이고 합리적으로 산정할 수 있는 규정이 어
느 규정인지 검토하고, 그 개별예시규정을 적용하여 증여재산
가액을 산정하여야 하는 것이다. 만약 과세관청이 적용한 개
별예시규정이 당해 증여이익을 객관적이고 합리적으로 산정
하지 못한 것으로 판단된다면, 그 처분은 위법한 처분이 되는
것이다. 그러므로 과세관청은 지속적으로 증여재산가액을 객
관적이고 합리적으로 산정할 수 있는 방법을 찾아야 하는 것
이고, 이러한 입장에서 정부가 예시적으로 규정한 가액산정방
법을 보완하였다고 하여 그 규정이 과세의 범위와 한계를 설
정한 규정이라고 할 수는 없는 것이다.

(3) 대상판결에서와 같이 대법원이 개별예시규정을 과세의 범위
와 한계를 설정한 규정으로 해석하고, 그러한 개별예시규정
의 요건을 모두 충족한 경우에만 증여세를 과세할 수 있다고
해석하는 것은 2003. 12. 30자 전면 개정 전 구 상증법의 증여
의제규정으로 돌아가자고 하는 것과 같다.

즉, 현행 상증법 제33조 이하의 개별예시규정은 모두 일정한

요건을 규정하고 있고, 수시로 개정되고 있다. 대상판결의 취지에 따른다면 개별예시규정이 모두 과세의 범위와 한계를 설정한 규정으로 해석될 수 있는데, 이는 현행 상증법 제33조 이하의 개별예시규정이 모두 증여의제규정이라고 해석하는 것과 다를 바가 없다. 이러한 해석은 예상하지 못한 변칙적인 부의 무상이전에 대해 공평과세를 하겠다는 입법취지로 마련된 2003. 12. 30자 전면 개정 후 구 상증법과 현행 상증법의 증여세 완전포괄주의를 부인하는 것과 다름 없다. 개별예시규정의 성격에 대한 대상판결의 취지가 그대로 유지된다면 정부는 변칙적인 증여행위에 대응하기 위해 불가피하게 다시 증여의제규정을 늘리는 입법을 하게 될 것으로 예상되고, 이로 인하여 2003. 12. 30자 전면 개정 전 구 상증법에서와 같이 변칙적인 부의 무상이전에 적시에 대응하지 못하게 되는 상황이 초래될 것이다. 흑자법인을 통한 이익의 증여세 과세문제가 많은 논란을 일으키자 2015. 12. 15. 현행 상증법으로의 개정시 제45조의5에서 특정법인을 통한 이익의 증여 규정을 종전의 증여재산가액산정에 관한 개별예시규정에서 증여의제규정으로 다시 전환한 것이 증여의제규정을 늘려가는 대표적인 입법사례의 하나라고 할 수 있다.

(4) 대상판결은 개별예시규정을 과세의 범위와 한계를 설정한 것으로 해석하는 것이 납세자의 예측가능성과 법적 안정성을 도모하는 것이라는 취지로 보인다. 그러나 구 상증법 제2조 제3항은 어떤 행위가 증여세 과세대상인 "증여"인지에 대해 명확하게 규정하고 있다. 따라서 그에 해당하는 행위를 한 납세자는 개별예시규정 중에서 그 행위로 인한 증여재산가액을 산정할 수 있는 방법을 찾아 증여세를 신고납부하면 되는 것

이고, 만약 객관적이고 합리적인 산정방법이 없다면 과세관청
도 증여세를 과세할 수 없는 것이라는 점에서 구 상증법이나
현행 상증법이 납세자의 예측가능성이나 법적 안정성을 침해
할 우려는 크지 않다고 본다.

(5) 대상판결과 같은 취지로 구 상증법과 현행 상증법을 적용하
는 경우 대부분의 변칙적인 부의 무상이전은 증여세 과세대
상에서 제외될 것이고, 나아가 의도적으로 개별예시규정의
일부 요건을 흠결하는 거래를 함으로써 증여세를 회피하는
결과를 가져오게 될 위험이 있다.

대상판결은 구 상증법 제41조에 대해, '이는 정상적으로 사업
을 영위하면서 자산수증이익 등에 대하여 법인세를 부담하는
법인과의 거래로 인하여 주주 등이 얻은 이익을 증여세 과세
대상에서 제외하고자 하는 입법의도에 기한 것이고 완전포괄
주의 과세제도의 도입으로 인하여 이러한 입법의도가 변경되
었다고 볼 수 없으므로, '결손법인과의 거래로 인한 이익 중
결손금을 초과하는 부분'이나 '휴업·폐업 법인을 제외한 결손
금이 없는 법인과의 거래로 인한 이익'에 대하여는 주주 등에
게 증여세를 과세하지 않도록 하는 한계를 설정한 것으로 보
아야 한다. 따라서 이와 같은 이익에 대하여는 이를 증여세
과세대상으로 하는 별도의 규정이 있는 등의 특별한 사정이
없는 한 법 제2조 제3항 등을 근거로 하여 주주 등에게 증여
세를 과세할 수 없다.'고 판시하였다.

우선 위와 같은 판결취지에 따르면, 개별예시규정의 어느 한
가지 요건을 흠결하면 어느 규정에 의하여서도 증여세를 과
세할 수 없다는 결론이 된다. 이러한 결과는 위 (3)항에서 지
적한 바와 같이 개별예시규정을 증여의제규정으로 운영하는

것과 동일할 뿐만 아니라, 나아가 부의 변칙적인 무상이전을 꾀하는 자들에게는 개별예시규정의 어느 한 가지 요건을 결하는 행위를 함으로써 합법적으로 조세 부담 없이 부의 무상이전을 실현하는 방법을 마련해 주는 결과가 된다는 점에서도 문제가 있다.

(6) 또한 개별예시규정의 요건을 충족하지 못한 경우에는 이를 증여세 과세대상으로 하는 별도의 규정이 있는 등의 특별한 사정이 없는 한 구 상증법 제2조 제3항 등을 근거로 하여 주주 등에게 증여세를 과세할 수 없다는 대상판결은 그 자체로 이유모순이라고 볼 수 있다. 즉, 대상판결은 앞부분에서 구 상증법 제2조 제3항에 의하여 증여세를 과세할 수 있다고 하면서, 뒷부분에서는 개별예시규정의 요건을 갖추지 못한 경우에는 구 상증법 제2조 제3항에 해당하더라도 과세할 수 없다고 하고 있기 때문이다.

그러면 대상판결이 말하는 구 상증법 제2조 제3항에 의하여 증여세를 과세할 수 있는 경우란 어떤 경우인가? 증여세 완전포괄주의를 도입한 구 상증법과 현행 상증법은 개별예시규정에 규정하지 못한 변칙적인 부의 무상이전에 대해서는 과세할 방법이 없다는 말인가? 이러한 의문은 개별예시규정을 문자 그대로 증여재산가액 산정에 관한 예시규정이라고 해석함으로써 해결할 수 있다. 이러한 해석이 대상판결의 모순을 해결하고, 증여세 완전포괄주의를 채택한 구 상증법과 현행 상증법의 입법취지에 부합하는 해석이다. 완전포괄증여세제 하에서는 부의 무상이전이 있으면 개별예시규정의 요건을 갖추지 못하여 증여세를 과세할 수 없는 것이 아니라, 객관적이고 합리적인 방법으로 증여재산가액을 산정할 수 없으므로 증여세를 과세할 수 없다고 하는 것이 적절한 표현이다.

(7) 대상판결 이전에 선고된 대법원 2011. 4. 28. 선고 2008두17882 판결과 대법원 2014. 4. 24. 선고 2011두23047 판결은 어떤 거래·행위가 구 상증법 제2조 제3항의 증여세 과세대상에 해당되는 경우에는 그에 해당되는 개별예시규정이 없다고 하더라도 상증법에 마련된 다양한 개별예시규정이나 보충적 평가방법에 따라 증여재산가액을 객관적이고 합리적인 방법으로 산정할 수 있는 한 증여세를 과세할 수 있다고 판시하였다. 대상판결은 이러한 선행판결과도 어긋난다.

3. 결어

위에서 본 바와 같이 대상판결이 구 상증법 제2조 제3항의 성격을 독자적으로 증여세를 과세할 수 있는 근거규정으로 해석한 부분은 타당하다. 그러나 개별예시규정이 과세의 범위와 한계를 설정한 것이어서 그 요건을 갖추지 못한 경우에는 별도의 과세근거규정이 없는 한 구 상증법 제2조 제3항에 해당하더라도 증여세를 과세할 수 없다는 부분은 타당하지 못하다.

2003. 12. 30자 전면 개정 후 구 상증법에 변칙적인 부의 무상이전에 대비하기 위한 증여세 완전포괄주의가 도입되었고, 이에 따라 그 개정 전에 있었던 증여의제규정은 모두 증여재산가액 산정에 관한 예시규정으로 전환되었다는 점을 정부가 공식적으로 발표하였다. 따라서 위 전면 개정 이후 개별예시규정은 증여재산가액 산정에 관한 예시규정일 뿐이지, 증여세 과세대상, 과세범위나 한계를 설정한 규정이 아니다. 따라서 어떤 행위가 구 상증법 제2조 제3항에 해

당하는 경우 과세관청은 개별예시규정 중에서 증여재산가액을 가장 객관적이고 합리적으로 산정할 수 있는 방법을 정한 규정을 적용하여 증여세를 과세할 수 있는 것이다. 만약 과세관청이 증여재산가액 산정에 관한 객관적이고 합리적인 방법을 찾지 못한다면 비록 어떤 행위가 구 상증법 제2조 제3항의 증여에 해당되더라도 증여세를 과세할 수 없는 것이다.[41] 이런 점에서 납세자의 예측가능성이나 법적 안정성을 침해할 여지는 크지 않다고 할 것이다.

한편, 완전포괄증여세제에서 구체적인 증여세 과세대상을 법률에 일일이 열거할 필요가 없다는 것은 제도의 본질상 당연한 것이고, 그렇게 열거할 수 없다는 사실은 누구나 받아들일 수 있는 것이다. 이런 제도하에서 어떤 행위가 증여세 과세대상이 될 것인지는 다양한 거래·행위에 대한 완전포괄증여 과세가 상당한 정도 이루어지고 다양한 사례들이 쌓이면서 구체화되고 유형화될 것이다. 이는 열거주의 과세방식을 취하고 있는 현행 소득세법과 순자산증가설을 취하고 있는 법인세법의 운용과정을 통하여 확인되었다고 할 수 있다. 따라서 새로운 제도를 제대로 적용해 보지도 않고, 실제로 적용한지 얼마 되지도 않는 상황[42]에서 납세자의 예측가능성과 법적 안정성을 도모하기 위해 개별예시규정을 과세의 범위와 한계를 설정한 규정으로 해석해야 한다는 태도는 바람직스럽지 못하다.

---

41) 임승순, 『조세법』, 박영사(2016), 891면. 구체적인 경우에 과세가액의 산정 방법 등을 어떻게 정할 것인가 하는 것은 법원의 법 보충작업이 수반되어야 가능하므로 현행 규정상 그러한 법 보충작업이 통상적인 방법으로 불가능하다면 과세할 수 없다고 보아야 하고, 평가방법에 관한 규정이 있더라도 그것이 실질적 담세력을 초과하여 적정하지 않은 경우에는 합헌적 효력을 인정하기 어렵다고 한다.

42) 완전포괄증여세제가 시행된 2004. 1. 1. 이후 2007년경까지도 과세관청은 완전포괄증여에 대해 아주 소극적이어서 과세가 이루어지지 않았고, 2008년경에 이르러서야 일부 사안에 대해 과세를 시도하기에 이르렀다. 이창희·김석환·양한희, 앞의 논문, 383~384면.

대상판결에서 대상이 된 행위가 구 상증법 제2조 제3항의 증여세 과세대상에 해당되지만, 증여재산가액 산정방법이 객관적이고 합리적이지 못하다는 이유로 위법한 처분이라고 판단되었다면, 대상판결은 적어도 판결이유에 있어서는 모순되지 않고 구 상증법과 현행 상증법의 입법취지에 부합하는 해석으로 평가받을 수 있었을 것이다.

VI. 흑자법인을 통한 이익 증여와 관련한 추가적인 문제

1. 문제의 제기

특정법인에 대한 증여시 주주에 대한 증여재산가액 산정방법을 규정한 구 상증법 제41조는 2014. 1. 1. 법률 제12168호로 개정되면서 "특정법인"에 기존의 결손법인과 휴·폐업 중인 법인 이외에 일정한 범위의 흑자법인이 추가되었다. 그리고 2015. 12. 15. 현행 상증법으로의 개정시 특정법인에 대한 증여규정인 제41조를 삭제하고, 제45조의5로 이동하면서 증여재산가액 산정에 관한 개별예시규정에서 증여의제규정으로 변경되어 2016. 1. 1.부터 시행되고 있다. 그러면 특정법인과의 거래를 통한 이익에 대해 증여의제규정으로 변경된 현행 상증법 제45조의5의 적용과 관련하여, 그 개정 전후에 있어서 흑자법인에 대한 증여시 해당 규정의 요건을 갖추지 못한 경우 주주에게 증여세를 과세할 수 있는지가 문제된다.[43]

---

43) 최원, "특정법인과의 거래를 통한 이익의 증여 규정에 대한 헌법적 고찰", 『조세법연구』, 제16권 제2호(2010), 184~193면에서는 특정법인과의 거래를 통한 이익의 증여를 규정한 구 상증법 제41조의 규정이 헌법상 조세평등주의와 과잉금지원칙에 위반되는 위헌의 규정이라고 하고 있다.

2. 관련 규정

2014. 1. 1. 법률 제12168호로 개정된 구 상속세 및 증여세법 제41조 (특정법인과의 거래를 통한 이익의 증여)

" ① 결손금이 있거나 휴업·폐업 중인 법인 또는 제45조의3 제1항에 따른 지배주주와 그 친족이 지배하는 영리법인(이하 이 조에서 "특정법인"이라 한다)의 대통령령으로 정하는 주주 또는 출자자의 특수관계인이 그 특정법인과 다음 각 호의 어느 하나에 해당하는 거래를 하여 그 특정법인의 주주 또는 출자자가 대통령령으로 정하는 이익을 얻은 경우에는 그 이익에 상당하는 금액을 그 특정법인의 주주 또는 출자자의 증여재산가액으로 한다.

1. 재산이나 용역을 무상으로 제공하는 거래
2. 재산이나 용역을 통상적인 거래 관행에 비추어 볼 때 현저히 낮은 대가로 양도·제공하는 거래
3. 재산이나 용역을 통상적인 거래 관행에 비추어 볼 때 현저히 높은 대가로 양도·제공받는 거래
4. 그 밖에 제1호부터 제3호까지의 거래와 유사한 거래로서 대통령령으로 정하는 거래

② 제1항에 따른 특정법인, 특정법인의 주주 또는 출자자가 얻은 이익의 계산, 현저히 낮은 대가 및 현저히 높은 대가의 범위는 대통령령으로 정한다."

2015. 12. 15. 법률 제13557호로 개정된 현행 상증법 제45조의5 (특정법인과의 거래를 통한 이익의 증여 의제)

" ① 다음 각 호의 어느 하나에 해당하는 법인(이하 이 조 및 제68조에서 "특정법인"이라 한다)의 대통령령으로 정하는 주주등(이하 이 조에서 "특정법인의 주주등"이라 한다)과 대통령령으로 정

하는 특수관계에 있는 자가 그 특정법인과 제2항에 따른 거래를 하는 경우에는 그 특정법인의 이익에 특정법인의 주주 등의 주식 보유비율을 곱하여 계산한 금액을 그 특정법인의 주주 등이 증여 받은 것으로 본다.

1. 대통령령으로 정하는 결손금이 있는 법인
2. 증여일 현재 휴업 또는 폐업 상태인 법인
3. 증여일 현재 제1호 및 제2호에 해당하지 아니하는 법인으로서 제45조의3 제1항에 따른 지배주주와 그 친족의 주식보유비율 이 100분의 50 이상인 법인

② 제1항에 따른 거래는 다음 각 호의 어느 하나에 해당하는 것 으로 한다.

1. 재산이나 용역을 무상으로 제공하는 것
2. 재산이나 용역을 통상적인 거래 관행에 비추어 볼 때 현저히 낮은 대가로 양도·제공하는 것
3. 재산이나 용역을 통상적인 거래 관행에 비추어 볼 때 현저히 높은 대가로 양도·제공받는 것
4. 그 밖에 제1호부터 제3호까지의 거래와 유사한 거래로서 대통 령령으로 정하는 것

③ 제1항에 따른 증여일의 판단, 특정법인의 이익의 계산, 현저히 낮은 대가와 현저히 높은 대가의 범위 및 그 밖에 필요한 사항은 대통령령으로 정한다."

3. 가능한 견해

가. 개별예시규정이든 증여의제규정이든 과세할 수 없다는 견해

흑자법인에 대한 증여시 주주에 대한 증여세 과세는 구 상증법 제41조, 현행 상증법 제45조의5의 요건을 갖춘 경우에만 가능하고, 그 외에는 과세할 수 없다는 견해이다.

개별예시규정의 성격을 과세의 범위와 한계를 정한 규정으로 해석하는 입장, 즉, 개별예시규정이 과세요건을 정한 규정이라고 해석한다면, 특정법인을 통한 이익의 증여에 대해 주주에게 증여세를 과세할 수 있는지는 그 근거규정의 입법형식이 개별예시규정으로 되어 있든 증여의제규정으로 되어 있든 관계 없이 동일하게 부정적인 결론에 이를 것이다. 이에 따르면 개별예시규정은 과세요건을 정한 규정이고, 따라서 구 상증법 제41조의 요건을 충족하지 못한 경우에는 구 상증법 제2조 제3항에 해당하더라도 증여세를 과세할 수 없다는 결론이 된다.

대상판결은 개별예시규정이 과세의 범위와 한계를 정한 규정이고, 따라서 구 상증법 제41조의 요건을 충족하지 못한 경우에는 그것이 구 상증법 제2조 제3항에 해당하더라도 주주에게 증여세를 과세할 수 없다고 판시하였다. 그리고 증여의제규정과 관련하여 대법원은 특정법인을 통한 이익의 증여를 규정하고 있던 2003. 12. 30자 전면 개정 전 구 상증법 제41조와 관련하여, '구 상속세 및 증여세법(1999. 12. 28. 법률 제6048호로 개정되기 전의 것) 제41조의 특정법인과의 거래를 통한 이익 제공에 대한 증여의제 규정은 특정법인의 주주 등과 특수관계에 있는 자가 당해 법인에게 재산을 증여하거나 채무를 면제하는 등의 방법으로 당해 법인의 주주 등에게 나누어준 이익에 대하여는 그 특수관계에 있는 자에게 증여의사가 있었는지 여부에 관계없이 그 이익에 상당하는 금액을 당해 특정법인의 주주 등이 그 특수관계에 있는 자로부터 증여받은 것으로 본다는 의제규정'이라고 판시하여[44] 조세회피 목적에 관계 없이 위 규정의 요건을 갖춘 경우에는 증여세를 과세할 수 있고, 그 요건을 충족하지 못하였으면 과세할 수 없다는 입장이었다.

이런 점에서 대법원은 특정법인을 통한 이익의 증여에 대해서는 그것이 개별예시규정으로 되어 있든 증여의제규정으로 되어 있든 그 규정의 요건을 충족한 경우에 한하여 주주에게 증여세를 과세할 수 있고, 요건을 충족하지 못한 경우에는 주주에게 증여세를 과세할 수 없다는 입장으로 보인다.

나. 개별예시규정으로 시행되던 시기에는 그 요건을 충족하지 못한 경우에도 과세할 수 있으나, 증여의제규정으로 변경된 현행 상증법하에서는 그 요건을 충족하지 못한 경우 과세할 수 없다는 견해

개별예시규정을 과세요건을 정한 규정이 아니라 증여재산가액 산정방법에 관한 예시적 규정으로 해석하는 입장을 취하면, 특정법인을 통한 이익의 증여에 대해 개별예시규정으로 되어 있던 시기에는 비록 구 상증법 제41조의 요건을 충족하지 못하였다고 하더라도 구 상증법 제2조 제3항에 해당하는 경우에는 객관적이고 합리적인 방법에 따라 증여재산가액을 산정할 수 있는 한 증여세를 과세할 수 있다고 할 수 있다. 그러나 구 상증법 제41조가 증여의제규정으로 변경된 현행 상증법하에서는 증여의제규정의 경우 그 요건을 충족하는 경우에만 과세할 수 있다는 의제규정 자체의 특성상 현행 상증법 제45조의5의 요건을 충족하지 못하였다면 주주에 대해 증여세를

44) 대법원 2006. 9. 22. 선고 2004두4727 판결.

과세할 수 없다는 견해가 가능하다.

다. 개별예시규정이든 증여의제규정이든 과세할 수 있다는 견해

특정법인을 통한 이익의 증여에 대해서는 그것이 개별예시규정으로 되어 있든 증여의제규정으로 되어 있든 해당 규정의 요건을 갖추지 못한 경우라도 여전히 증여세를 과세할 수 있다는 견해가 있을수 있다. 개별예시규정으로 되어 있던 시기에 대해서는 위 나.항에서와 같은 이유로 과세를 긍정할 수 있고, 증여의제규정으로 변경된 현행 상증법에 대해서는, 현행 상증법 제2조 제6호가 여전히 증여에 대해 완전포괄증여를 규정하고 있으므로, 증여의제규정의 유형에 해당되는 거래·행위가 그 의제규정의 요건을 충족하지 못하였으나 현행 상증법 제2조 제6호의 요건을 충족한다면, 증여재산가액을 객관적이고 합리적으로 산정할 수 있는 한도내에서는 여전히 주주에게 증여세를 과세할 수 있다고 보는 견해이다.

라. 결어

특정법인을 통한 이익의 증여와 관련하여, 그것이 개별예시규정으로 되어 있던 시기에 있어서는 구 상증법 제41조의 요건을 갖추지 못한 경우에도 구 상증법 제2조 제3항에 해당하고, 증여재산가액을 객관적이고 합리적으로 산정할 수 있는 이상 주주에게 증여세를 과세할 수 있다고 본다. 이와 같이 법인이 얻은 이익에 대해 주주에게 증여세를 과세한다면, 당해 거래로 인하여 주주가 보유한 주식가치가 상승한 부분에 대해서만 과세하는 것이 합리적이고, 이는 당해 거래 전후의 주식가치를 평가하는 방법으로 가능하다.[45]

그런데, 특정법인을 통한 이익의 증여를 증여의제규정으로 개정
하여 2016. 1. 1. 이후 적용되는 현행 상증법하에서는 이와 같이 해
석하는 것이 법리상 무리이다. 현행 상증법 제45조의5가 특정법인을
통한 이익의 증여에 대해 구 상증법과 달리 일정한 거래·행위를 증
여의제규정으로 입법하는 형식을 취한 이상, 그러한 유형의 거래에
대해서는 증여의제규정만 적용되고, 따라서 증여의제요건을 충족하

---

45) 유철형, 앞의 논문, 428~429면 ; 이창희·김석환·양한희, 앞의 논문, 394~
396면에서는 이런 경우 증가한 재산가치가 증여재산가액이라는 것은 법
률의 규정을 필요로 하지 않는 당연한 일로 사실확정의 문제라고 보고 있
다. ; 한편, 2003. 12. 30. 대통령령 제18177호로 개정된 구 상속세 및 증여
세법 시행령 제31조 제6항은 '특정법인의 주주등이 증여받은 것으로 보는
이익'을 '증여재산가액 또는 채무면제액 등에 특정법인 주주의 지분율을
곱하여 계산한 금액'으로 규정하였는데, 대법원은 위 시행령 규정이 위임
취지 및 위임범위를 벗어나 무효라고 판시하였다(대법원 2009. 3. 19. 선고
2006두19693 전원합의체 판결). 그 이후 정부는 2010. 1. 1. 법률 제9916호
로 구 상증법을 개정하면서 제41조 제1항의 '이익'을 "대통령령으로 정하
는 이익"으로 개정하고 시행령의 증여이익 산정규정은 위 전원합의체 판
결에서 무효로 판단한 규정을 2014. 2. 21. 대통령령 제25195호로 개정하
기 전까지 그대로 유지하였다. 대법원은 2003. 12. 30자로 개정되기 전의
구 시행령에서의 '특정법인에 대한 증여로 증가된 주식의 1주당 가액'을
증여를 전후한 주식의 가액을 비교하여 산정하여야 한다는 입장이었다는
점(대법원 2006. 9. 22. 선고 2004두4734 판결 등)을 고려할 때, 2010. 1. 1.
이후에도 그대로 시행된 시행령의 증여이익 산정방식이 위 판례의 취지
에 부합하는지에 대해서는 의문이 있다. 최근 선고된 서울행정법원 2016.
4. 7. 선고 2015구합74586 판결은 '2010. 1. 1자로 개정된 구 상증법 제41조
제1항이 대통령령에 위임한 것은 주주가 실질적으로 이익을 얻은 경우의
이익에 관하여 그 이익의 구체적인 종류와 범위라고 보아야 하는데, 2010.
1. 1. 이후에도 그대로 시행된 구 시행령은 법인이 얻은 이익과 그로 인한
주주의 주식가치상승분은 서로 다름에도 이를 동일시하고, 주주가 실제로
이익을 얻었는지 여부를 묻지 않고 특정법인에 무상이익이 있으면 주주가
동일한 이익을 얻은 것으로 간주하며, 거래 전후 1주당 순자산가치가 모두
부수(-)인 경우에도 이익을 얻은 것으로 간주하여 증여세를 부과하는 것이
어서 모법의 위임범위를 벗어난 규정으로 무효'라고 판시하였다.

지 못한 경우에 다시 완전포괄증여규정을 근거로 과세하는 것은 허용되기 어렵다.

VII. 입법론

1. 구 상증법과 현행 상증법에 대해 제기되는 문제점

실무상 제기되는 중요한 쟁점 중의 하나는 완전포괄증여에 의하여 보유중인 주식가치가 상승하였다는 이유로 증여세를 과세하는 것이 과연 헌법상 허용될 수 있는가 하는 점이다. 이와 관련해서는 이미 많은 논의가 있어 왔는데, 필자는 2012년 말 발표한 논문에서 위헌가능성이 높다고 보았다.[46]

학계나 헌법재판소 결정에서 부동산이나 주식 등의 미실현이익에 대한 과세를 함에 있어서 선결과제로 제시한 것은 과세대상이득의 공정하고도 정확한 계측 문제, 조세법상의 응능부담 원칙과 모순되지 않도록 납세자의 현실 담세력을 고려하는 문제, 가치변동순환기를 고려한 적정한 과세기간의 설정문제, 가치하락에 대비한 적절한 보충규정 설정문제, 이중과세문제 등이다.[47]

아래에서는 현행 완전포괄증여세제에 있어서 위헌요소를 줄이고 개별예시규정이 과세요건을 정한 규정이 아니라 증여재산가액산정에 관한 예시규정이라는 점을 뒷받침할 수 있도록 하기 위하여 입법적으로 보완되어야 할 부분에 대하여 검토한다.

---

46) 유철형, 앞의 논문, 405~414면.
47) 김성균, "피상속인 및 상속인에 대한 과세-미실현이익에 대한 과세를 중심으로", 『조세법연구』, 제13권 제2호(2007. 8.), 381~388면 ; 헌법재판소 1994. 7. 29. 선고 92헌바49,52 결정.

2. 구체적인 검토사항

가. 법인에 대한 증여시 주주의 증여재산가액 산정방법

특정법인과의 거래를 통한 이익의 증여의제를 규정한 현행 상증법 제45조의5는 "특정법인의 이익에 특정법인의 주주등의 주식보유비율을 곱하여 계산한 금액"을 그 특정법인의 주주의 증여재산가액으로 보고 있다. 그러나 이와 같이 법인과 그 법인의 주주가 동일한 이익을 얻은 것으로 전제하고 주주에게 증여세를 과세하는 것은 법인과 그 주주가 서로 다른 주체이고, 동일한 거래로 법인과 주주가 받은 이익이 동일하다고 볼 수 없음에도 불구하고 법인과 주주를 동일하게 취급하는 것으로서 문제가 있다.[48] 법인이 얻은 이익에 대해 주주에게 증여세를 과세하는 경우 증여재산가액은 당해 거래 전후의 주식가치를 평가하여 산정하는 것이 합리적이다.[49]

한편, 2014. 1. 1. 법률 제12168호로 구 상속세 및 증여세법 개정시 "특정법인"에 기존의 결손법인과 휴업·폐업 중인 법인 이외에 "제45조의3 제1항에 따른 지배주주와 그 친족이 지배하는 영리법인"을 추가함으로써 흑자법인도 일정한 범위 내에서 특정법인에 포함되었다. 그런데, 2015. 12. 15. 법률 제13557호로 개정된 현행 상증법은 제45조의5에서 특정법인과의 거래로 주주가 이익을 얻은 경우를 증여의제로 과세하는 형식을 취하고 있다. 흑자법인의 주주에 대한 증여세 과세에 대해 많은 논란이 일자 아예 2003. 12. 30. 전면 개정 이전과 같이 다시 증여의제규정으로 돌아간 것이다.

그러나 완전포괄증여세제를 택하고 있는 현행 상증법하에서 위와 같은 경우를 증여의제규정으로 할 필요가 있는지 의문이다. 이와

---

48) 유철형, 앞의 논문, 411~412면.
49) 유철형, 앞의 논문, 428~429면 ; 이창희·김석환·양한희, 앞의 논문, 394~396면.

같이 증여의제규정으로 함으로써 위 VI.항에서 본 바와 같이 현행 상증법 제45조의5의 요건을 충족하지 못하는 경우에는 법리상 완전포괄증여규정에 의하여 과세하기가 더 어렵게 되었고, 그 결과 완전포괄증여 과세범위가 대폭 축소된 것으로 보인다. 특정법인을 통한 이익의 증여에 대해서는 증여의제규정으로 할 것이 아니라, 2015. 12. 15자 현행 상증법으로의 개정 전과 같이 개별예시규정으로 하는 것이 완전포괄증여세제에 부합하는 입법형식이라고 할 것이다. 그리고 이로 인하여 제기되는 예측가능성과 법적 안정성 침해 논란은 아래 마.항 및 바.항에서 보는 바와 같은 입법적 보완을 병행함으로써 상당 부분 해소할 수 있을 것이다.

나. 납세자의 현실 담세력을 고려하는 문제

보유중인 주식가치가 상승하였다는 이유로 증여세를 과세하는 경우 납세자의 저항이 큰 이유 중의 하나는 현실적으로 부과된 증여세를 납부할 방안이 없다는 점이다. 현실에서 보면, 보유주식의 가치가 상승하였다고 하여 거액의 증여세를 부과받았지만, 당장 세금을 납부할 수 있는 현금이 부족하거나 그 외에 단기간 내에 현금화할 수 있는 다른 재산이 많지 않다는 것이다.

현행 상증법은 상속세에 한하여 일부 주식의 물납을 허용하고 있고, 증여세의 경우에는 주식의 물납을 허용하지 않고 있다.[50) 따라서 납세자가 보유중인 주식가치 상승을 이유로 증여세를 부과받은 경우 납세자는 현금이나 다른 재산을 처분하여 증여세를 납부할 수밖에 없다. 그런데, 현실적으로 상당한 현금성 재산이 있는 사람을 제외하고 많게는 수십억원에 이르는 증여세를 30일 이내의 짧은 납부

---

50) 현행 상증법 제73조.

기한에 납부할 것을 기대하기가 어렵다. 비상장주식의 물납에 대해서는 많은 문제점이 지적되고 있지만, 위와 같은 문제를 보완하는 방안으로 일정한 요건하에 물납을 허용하는 것도 검토할 필요가 있다.

다. 동일 소득에 대한 이중과세 문제

법인을 통한 간접 증여에 있어서 법인단계에서 법인세를 부담하였는데, 다시 그 법인의 주주에게 증여세를 과세한다[51]거나 보유중인 부동산이나 주식 등의 재산가치상승을 이유로 주주에게 증여세를 과세한 이후 그 재산을 양도하거나 주주로서 배당을 받을 때 증여세로 과세한 부분을 공제해 주지 않는 경우에는 이중과세의 문제가 발생한다.

흑자법인에 대한 증여시 주주에 대한 증여세 과세에 있어서 법인이 부담한 법인세를 조정하는 문제는 현행 상증법 시행령 제34조의4 제4항[52]에서 증여세 과세대상이 되는 '특정법인의 이익'을 계산하

---

51) 이준봉, 앞의 논문, 382-384면. 현행 상증법 제4조의2 제3항은 "영리법인이 증여받은 재산 또는 이익에 대하여 「법인세법」에 따른 법인세가 부과되는 경우(법인세가 「법인세법」또는 다른 법률에 따라 비과세되거나 감면되는 경우를 포함한다) 해당 법인의 주주등에 대해서는 제45조의3부터 제45조의5까지의 규정에 따른 경우를 제외하고는 증여세를 부과하지 아니한다." 고 규정하고 있는데, 이는 법인이 자산수증익에 대해 법인세를 부담한 경우에는 그 주주에게 증여세를 과세하지 아니한다는 의미로 해석하여야 하고, 자산수증익에 대해 법인과 주주에게 모두 과세하는 것은 현행 과세체계와 모순되는 것이라고 한다.

52) ④ 법 제45조의5 제1항에서 "특정법인의 이익"이란 제1호의 금액에서 제2호의 금액을 뺀 금액을 말한다.

　1. 다음 각 목의 구분에 따른 금액

　　가. 재산을 증여하거나 해당 법인의 채무를 면제·인수 또는 변제하는 경우: 증여재산가액 또는 그 면제·인수 또는 변제로 인하여 해당 법인이 얻는 이익에 상당하는 금액

면서 조정하는 방법을 마련하였다. 관련 규정에 따르면, 현행 상증법은 당해 법인의 각 사업연도 법인세액에서 당해 법인의 각 사업연도 소득금액 중 자산수증익이 차지하는 비율 만큼에 해당하는 세액 상당액을 공제하는 방식으로 주주의 증여재산가액을 산정하고 있다. 이러한 산정방식에 대해서는 형식적으로는 법인단계에서 부담한 법인세를 제거한 것으로 볼 수 있으나, 직접 증여의 경우에 비하여 특정법인을 통한 간접 증여의 경우 전체 부담세액이 더 커지는 문제가 있으므로 증여세액에서 법인세액을 공제하는 방식으로 개선할 필요가 있다는 지적이 있다.[53]

한편, 증여세를 부담한 부동산이나 주식 등 재산을 양도하는 경우 그 재산을 보유하는 기간에 가치상승을 이유로 부담한 증여세를 조정하는 방법은 소득세법에 일부 마련되어 있다. 즉, 양도차익은 양도가액에서 필요경비를 공제하는 방법으로 계산하고, 필요경비 중 하나인 취득가액은 '자산 취득에 든 실지거래가액'으로 규정되어 있으며, 이 실지거래가액의 계산은 「상속세 및 증여세법」 제3조의2 제2항, 제33조부터 제39조까지, 제39조의2, 제39조의3, 제40조, 제41조의2부터 제41조의5까지, 제42조, 제42조의2, 제42조의3, 제45조의3부터 제45조의5까지의 규정에 따라 상속세나 증여세를 과세받은 경우에는 해당 상속재산가액이나 증여재산가액(같은 법 제45조의3부

　　나. 가목 외의 경우: 제7항에 따른 시가와 대가와의 차액에 상당하는 금액
　2. 가목의 금액에 나목의 비율을 곱하여 계산한 금액
　　가. 특정법인의 「법인세법」 제55조 제1항에 따른 산출세액(같은 법 제55조의2에 따른 토지등 양도소득에 대한 법인세액은 제외한다)에서 법인세액의 공제·감면액을 뺀 금액
　　나. 제1호에 따른 이익이 특정법인의 「법인세법」 제14조에 따른 각 사업연도의 소득금액에서 차지하는 비율(1을 초과하는 경우에는 1로 한다)
53) 이창희·김석환·양한희, 앞의 논문, 408~411면.

터 제45조의5까지의 규정에 따라 증여세를 과세받은 경우에는 증여
의제이익을 말한다) 또는 그 증·감액을 취득가액에 더하거나 뺀다.'
고 하는 규정54)에 따른다. 다만, 개별예시규정이 아니라 완전포괄증
여규정55)에 의하여 증여세가 과세된 경우에는 그로 인하여 부담한
증여세액을 필요경비로 공제할 근거가 없으므로 이에 대해서도 추
가적으로 공제근거를 마련할 필요가 있다.

또한 배당소득에 대해서는 아직 이런 이중과세 방지장치가 마련
되어 있지 않으므로 이에 대한 방안을 마련할 필요가 있다.56)

라. 보유중인 재산가치가 하락한 경우에 대한 조정장치

부동산이나 주식을 보유중 재산가치상승을 이유로 증여세를 부
담하였는데, 그 이후에 재산가치가 하락한 경우 이미 부담한 증여세
를 환급하는 장치는 마련되어 있지 않다. 재산가치가 하락하여 처분
손실이 발생하였음에도 불구하고 이를 조정해 주지 않는 경우 납세
자는 아무런 이익을 향유하지 못하였으면서 세금만 부담하는 것이
되어 재산권을 과도하게 침해하는 문제가 발생57)하므로 이에 대한
조정장치가 필요하다.

---

54) 소득세법 시행령 제163조 제10항 제1호.
55) 현행 상증법 제2조 제6호.
56) 이준봉, 앞의 논문, 384~386면 ; 이창희·김석환·양한희, 앞의 논문, 411~412면.
57) 앞의 나.항에서 본 바와 같이 보유중인 주식가치가 상승하였다는 이유로
    증여세를 부과받은 납세의무자가 주식으로의 증여세 물납이 허용되지 않
    고 현금성 재산이 없어서 납세의무자의 다른 재산을 처분하여 증여세를
    납부하였다고 가정하자. 그런데, 그 이후 주식가치가 하락하여 처분손실
    이 발생한 경우 납세의무자는 증여이익을 향유하지 못하고 고유재산으로
    국가에 세금만 납부하는 결과가 된다.

마. 특수관계인과 특수관계인이 아닌 자를 구분할 필요가 있는지

구 상증법과 현행 상증법은 개별예시규정 중 제35조, 제37조부터 제42조의3까지의 규정 등 다수의 규정이 특수관계를 전제로 증여재산가액을 산정하는 방법을 정하고 있다. 따라서 개별예시규정이 과세의 범위와 한계를 설정한 과세요건규정이라는 대상판결의 취지에 따른다면 개별예시규정 중 위와 같이 특수관계를 전제로 규정한 조항의 적용에 있어서는 동일한 유형의 거래로 인하여 무상으로 이익을 얻은 경우라고 하더라도 특수관계인에게만 증여세를 과세할 수 있고, 특수관계가 없는 자에게는 증여세를 과세할 수 없다는 결론이 된다.

2003. 12. 30자 전면 개정 전 구 상증법은 특수관계자 사이의 변칙적인 부의 무상이전에 대해 증여세를 과세할 목적으로 증여의제규정을 마련해 두고 있었는데, 위 전면 개정에 따라 증여세 완전포괄주의를 도입하였고, 이에 따라 종전의 증여의제규정이 증여재산가액산정에 관한 예시적 규정으로 전환되었다. 종전 증여의제규정에서는 특정한 행위를 증여세 과세대상으로 의제하였던 것이므로 그에 대한 과세요건으로 특수관계를 규정할 필요가 있었다. 그러나 모든 부의 무상이전을 증여세 과세대상으로 하는 완전포괄주의하에서는 동일한 무상이익을 얻은 자이면 모두 증여세 납세의무자에 해당되는 것이고, 따라서 특수관계인만을 증여세 납세의무자로 한정할 이유가 없는 것이다. 그럼에도 불구하고 2003. 12. 30자 전면 개정 후 구 상증법이 종전의 증여의제규정을 개별예시규정으로 전환하면서 문구를 그대로 유지한 결과 개별예시규정을 적용함에 있어서도 특수관계가 과세요건이 되는 것으로 오해하게 되는 빌미를 주었다.

그러나 모든 부의 무상이전을 과세대상으로 하는 증여세 완전포괄주의하에서는 동일한 유형의 거래로 인하여 무상으로 이익을 얻었다면, 특수관계인이든 특수관계인이 아니든 무상으로 이익을 얻은 자들에게는 동일하게 증여세를 과세하는 것이 입법취지에 부합한다.[58] 다만, 아래 바.항에서 보는 바와 같이 정책적으로 부의 무상이전 중 일정한 금액 이상의 이익을 얻은 자에 한하여 증여세를 과세하도록 보완함으로써 납세의무자의 사생활 침해를 예방함과 동시에 예측가능성과 법적 안정성을 보장하고 과세관청의 과세권 남용을 방지할 수 있을 것이다. 이런 점에서 현행 상증법상 개별예시규정에 있는 특수관계는 모두 삭제하는 것이 증여세 완전포괄주의에 부합하는 입법이라고 할 것이다.

바. 증여재산 공제한도의 일원화 필요

현행 상증법은 배우자로부터 증여를 받은 경우 6억 원, 직계존속[수증자의 직계존속과 혼인(사실혼은 제외한다) 중인 배우자를 포함한다]으로부터 증여를 받은 경우 5천만 원(다만, 미성년자가 직계존속으로부터 증여를 받은 경우에는 2천만 원으로 한다), 직계비속(수증자와 혼인 중인 배우자의 직계비속을 포함한다)으로부터 증여를 받은 경우 5천만 원, 그 외에 6촌 이내의 혈족, 4촌 이내의 인척으로부터 증여를 받은 경우 1천만 원을 증여재산으로 공제하도록 규정하고 있다.[59] 그리고 증여세 과세표준이 50만 원 미만인 경우 증여세를 과세하지 아니한다.[60]

---

58) 유철형, "고가양도의 판단기준인 시가와 소득과세 우선원칙", 「조세연구」 제14권 제1집(2014. 4), 117~118면.
59) 현행 상증법 제53조.
60) 현행 상증법 제55조 제2항.

한편, 개별예시규정에 따르면, 고저가 양도의 경우 특수관계인 사이에서는 시가와 대가와의 차액에서 시가(법 제60조부터 제66조까지의 규정에 따라 평가한 가액을 말한다. 이하 이 조에서 "시가"라 한다)의 100분의 30에 상당하는 가액과 3억 원 중 적은 금액을 뺀 금액을 증여재산가액으로 하고, 특수관계가 없는 자간의 거래에서는 시가와 대가와의 차액에서 3억 원을 뺀 금액을 증여재산가액으로 하고 있어서61) 특수관계가 있는지 여부에 따라 증여재산가액의 계산이 달라진다.

신탁이익의 증여에 있어서는 신탁의 이익을 받을 권리의 가액을 증여재산가액으로 하고,62) 보험금의 증여에 있어서는 보험금 상당액 또는 보험금 상당액에서 보험료 상당액을 뺀 금액을 증여재산가액으로 하며,63) 채무면제의 경우에는 면제로 인한 이익 상당액을 증여재산가액으로 하고,64) 부동산 무상사용의 경우에는 그 이익이 1억 원 이상인 경우에 한하여 그 이익을, 타인의 부동산을 무상으로 담보로 이용하여 금전 등을 차입함에 따라 이익을 얻은 경우에는 그 이익이 1천만 원 이상인 경우 그 이익을 각각 증여재산가액으로 하도록 하고 있다.65) 그리고 합병에 따른 이익의 증여에서는 합병대가를 주식으로 교부받는 경우와 그 외의 재산으로 받는 경우를 구분하여 전자의 경우에는 합병 후 신설 또는 존속하는 법인의 주식등의 평가가액의 100분의 30에 상당하는 가액과 3억 원 중 적은 금액, 후자의 경우에는 3억 원을 기준으로 그 초과금액을 증여재산가액으로 하고,66) 증자에 따른 이익의 증여에서는 3억 원을 기준으로 하기도

---

61) 현행 상증법 상증법 제35조, 같은 법 시행령 제26조.
62) 현행 상증법 제33조 제1항.
63) 현행 상증법 제34조 제1항.
64) 현행 상증법 제36조 제1항.
65) 현행 상증법 제37조, 같은 법 시행령 제27조 제3항, 제5항.
66) 현행 상증법 제38조, 같은 법 시행령 제28조 제4항.

한다.67)

한편, 감자에 따른 이익의 증여에서는 감자한 주식 등의 평가액의 100분의 30에 상당하는 가액 또는 3억 원 중 적은 금액 이상인 경우에 한하여 증여세를 과세하고,68) 전환사채 등의 주식전환 등에 따른 이익의 증여에서는 유형에 따라 ①전환사채 등의 시가의 100분의 30에 상당하는 가액이나 1억 원 중 적은 금액, ②1억 원, ③0원 등의 기준금액을 정하여 그 이상의 이익에 대해서만 과세하도록 하고 있으며,69) 초과배당에 따른 이익의 증여에서는 별도의 공제금액을 정하고 있지 않다.70)

위와 같이 현행 상증법과 같은 법 시행령은 증여재산 공제한도에 대하여 일반적인 증여재산 공제한도 규정을 별도로 두고71) 다시 개별예시규정의 유형에 따라서도 서로 다르게 규정하고 있다. 증여세 완전포괄주의는 공평과세를 목표로 하여 부의 무상이전을 증여세 과세대상으로 하는 것이므로 증여 유형에 따라 증여재산 공제한도를 달리 정할 특별한 사정이 없는 한, 증여재산 공제한도는 통일적으로 규정할 필요가 있다.72) 이와 같이 하여 일정 금액 이상의 무상이익에 대해서만 과세할 수 있도록 규정하는 것이 납세의무자의 예측가능성이나 법적 안정성을 보장하고, 다양한 유형의 거래·행위로 인하여 무상이익을 얻은 자 간의 형평도 기할 수 있는 입법이라고 할 것이다.

---

67) 현행 상증법 제39조, 같은 법 시행령 제29조.
68) 현행 상증법 제39조의2, 같은 법 시행령 제29조의2 제2항.
69) 현행 상증법 제40조, 같은 법 시행령 제30조 제2항.
70) 현행 상증법 제41조의2, 같은 법 시행령 제31조의2.
71) 현행 상증법 제53조.
72) 임승순, 앞의 책, 892면. 증여유형간 증여재산가액 산정에서의 불균형이 문제라고 지적하고 있다.

Ⅷ. 결 론

2003. 12. 30자 전면 개정 전 구 상증법은 민법상의 증여 이외에 증여의제규정을 두어 법률에 정한 의제요건을 충족한 경우에 한하여 증여세를 부과할 수 있도록 규정하고 있었다. 그런데, 2003. 12. 30. 법률 제7010호로 개정되어 2004. 1. 1.부터 시행되고 있는 전면 개정 후 구 상증법과 현행 상증법은 증여세 완전포괄주의를 채택하여 종전의 증여의제규정을 증여재산가액 산정에 관한 예시규정으로 전환하였고, 그에 따라 어떤 원인으로든 무상으로 재산을 이전받거나 재산가치가 상승하는 결과가 발생한 경우 그 이익을 얻은 자에게는 증여세를 과세할 수 있도록 개정되었다.

그러나 위 개정 법률을 적용함에 있어서 구체적으로 어떤 경우가 완전포괄증여로서 증여세 과세대상이 되는지 여부에 대해 완전포괄 증여세제 시행 이후 10년 이상 많은 논란이 있었고, 이로 인하여 2003. 12. 30자 전면 개정 후 구 상증법이 시행된 2004. 1. 1. 이후 2007년까지 과세관청이 완전포괄증여규정을 과세근거로 하여 과세한 사례를 찾기가 어려웠을 만큼 과세관청도 그 적용에 소극적이었다. 2008년경 이후 과세관청이 완전포괄증여를 원인으로 한 과세를 시도하였고, 이와 관련하여 흑자법인이 증여를 받은 경우 법인의 순자산이 증가하였다는 이유로 주주에게 주식가치 상승분 만큼의 증여이익이 발생한 것으로 볼 수 있는지, 주주가 받은 이익을 어떤 방식으로 산정할 것인지 하는 문제가 큰 쟁점 중 하나가 되었다.

대법원은 대상판결을 통하여 증여의제규정을 증여재산가액 산정 방법에 관한 개별예시규정으로 변경한 2004. 1. 1. 이후 시행되고 있는 2003. 12. 30자 전면 개정 후 구 상증법과 현행 상증법에 대해서도 종전의 증여의제규정과 마찬가지로 개별예시규정이 정한 요건을 갖춘 경우에 한하여 증여세를 부과할 수 있는 것으로 해석하였는데, 대상판결로 인하여 현행 상증법에 따라 완전포괄증여로 과세할 수 있는 대상은 대폭 축소되었다.[73] 따라서 대법원이 대상판결에서 취한 해석을 변경하지 않는 한 현행 상증법은 사실상 증여세 완전포괄주의를 취한 것이라고 보기 어렵게 되었다.

대상판결은 완전포괄증여와 관련한 대법원의 입장을 최초로 밝힌 판결로서 완전포괄증여세 과세대상을 구체화하였다는 점에서 의미가 크지만, 앞에서 본 바와 같이 모든 부의 무상이전에 대해 증여세를 과세한다는 증여세 완전포괄주의, 그리고 이에 따라 종전의 증여의제규정을 증여재산가액 산정에 관한 예시규정으로 전환한 입법 취지에 부합하지 않는 해석으로서 문제가 있다. 대상판결에서 해당 사안이 구 상증법 제2조 제3항의 증여세 과세대상에는 해당되지만, 과세관청이 처분 근거로 삼은 개별예시규정을 적용하여 증여재산가액을 산정하는 것은 객관적이고 합리적이지 못하다는 이유로 처분을 취소하였다면 입법취지에도 부합하는 판결이라고 할 수 있다. 그런데, 대상판결이 구 상증법 제2조 제3항에 의하여 독자적으로 증여세를 과세할 수 있다고 하면서도, 다른 한편으로는 개별예시규정을 과세의 범위와 한계를 정한 규정이라고 해석하고, 따라서 개별예시규정의 요건을 충족하지 못한 경우에는 구 상증법 제2조 제3항에 해당하더라도 증여세를 과세할 수 없다고 판단한 것은 모순으로 보인다.

증여세 완전포괄주의하에서 어떤 거래·행위가 구 상증법 제2조 제3항에 의하여 증여세 과세대상이 된다고 판단되었으면 그 다음에 할 작업은 객관적이고 합리적인 증여재산가액을 산정하는 일만 남아 있는 것이지, 여기에서 다시 그 거래·행위가 증여세 과세대상이

---

73) 이창희·김석환·양한희, 앞의 논문, 394면.

되는지 여부를 판단할 이유가 없는 것이다. 2003. 12. 30자 전면 개정 후 구 상증법과 현행 상증법상 개별예시규정은 별도의 과세요건을 정한 규정이 아니라 증여재산가액산정에 관한 예시규정이므로, 어떤 거래·행위가 개별예시규정의 하나에 해당되거나 그 실질이 동일 또는 유사하다면 그 개별예시규정에 따라 증여재산가액을 산정하는 것이고, 적용할 개별예시규정이 없다면 보충적 평가방법 등에 따라 객관적이고 합리적으로 증여재산가액을 산정하여야 하며, 과세관청이 객관적이고 합리적으로 증여재산가액을 산정할 수 없다면 현행 상증법이 증여세 완전포괄주의 입법이라고 하더라도 증여세를 과세할 수 없는 것이다. 그러나 구 상증법 제2조 제3항에 의하여 증여세 과세대상이 된다고 판단된 사안에 대해 다시 개별예시규정이 과세요건을 정한 규정이라고 해석하고 개별예시규정의 요건을 갖추었는지 여부를 판단하여 증여세 과세여부를 판단한 대상판결은 구 상증법을 2003. 12. 30자 전면 개정 전 구 상증법의 증여의제규정과 동일하게 해석하는 것으로서 구 상증법과 현행 상증법이 취한 증여세 완전포괄주의 입법취지와 내용에 맞지 않는다.

한편, 납세의무자의 사생활 침해를 예방함과 동시에 예측가능성과 법적 안정성을 보장하고 과세관청의 과세권 남용을 방지하면서 증여세 완전포괄주의의 위헌 소지를 줄이기 위하여는 납세자의 현실 담세력을 고려한 입법적 보완, 동일 소득에 대한 이중과세 문제를 완화하는 장치와 보유중인 재산가치가 하락한 경우에 대한 조정장치 마련, 증여세 과세에 있어서 동일하게 무상이익을 얻은 특수관계인과 특수관계인이 아닌 자에게 동일한 금액의 증여세를 부담하게 하고 증여재산 공제한도를 일원화하는 등의 입법적 개선이 필요하다.

2003. 12. 30자 전면 개정 후 구 상증법이 과거의 증여의제규정을 증여재산가액 산정에 관한 예시적 규정이라고 명시적으로 입법취지

를 밝히고 있음도 불구하고 대상판결은 증여재산가액 산정에 관한 개별예시규정을 과세의 범위와 한계를 설정한 규정이라고 해석함으로써 증여세 완전포괄주의 입법이라고 하는 구 상증법과 현행 상증법을 종전의 증여의제규정과 마찬가지로 취급하는 결과를 가져왔다. 그러나 개별예시규정의 성격에 관한 대상판결의 해석은 앞에서 본 바와 같이 많은 문제가 있으므로 입법취지에 부합하는 해석이 나오기를 기대한다.

참고문헌

강남규, "기여에 의한 재산가치 증가에 대한 포괄증여 과세의 법적 한계", 『조세법연구』, 제21권 제1호(2015. 4).

국세청, 『완전포괄주의 증여세 과세제도 해설』, 2004. 4.

국회 재경경제위원회, 『상속세 및 증여세법 중 법률개정안 검토보고서』, 2003.

김성균, "피상속인 및 상속인에 대한 과세-미실현이익에 대한 과세를 중심으로", 『조세법연구』, 제13권 제2호(2007. 8).

박요찬, "상속세 및 증여세법의 완전포괄증여규정과 개별예시규정을 중심으로 한 해석론", 『조세법연구』, 제17권 제1호(2011. 4).

박훈, "조세불복사례에 나타난 상속세 및 증여세법 제2조 제3항의 의의", 『조세법연구』, 제18권 제2호(2012. 4).

손병준, "흑자법인에 재산 증여한 경우 그 주주에 대한 증여세 과세 적법여부", 법률신문(2015. 11. 19).

유철형, "흑자법인에 대한 증여시 주주에 대한 증여세 과세 여부", 『조세법연구』, 제18권 제3호(2012. 12).

유철형, "고가양도의 판단기준인 시가와 소득과세 우선원칙", 『조세연구』 제14권 제1집(2014. 4).

이준봉, "영리법인을 이용한 증여와 실질과세", 『조세법연구』, 제20권 제2호(2014. 8)

이창희·김석환·양한희, "증여세 완전포괄주의와 흑자 영리법인을 이용한 간접 증여", 『조세법연구』, 제21권 제3호(2015. 11).

임승순, 『조세법』, 박영사, 2016.

최원, "특정법인과의 거래를 통한 이익의 증여 규정에 대한 헌법적 고찰", 『조세법연구』, 제16권 제2호(2010).

하태흥, "가. 대주주들에게 공동으로 부여된 우선매수청구권을 그 중 1인이 단독으로 행사한 경우 증여세 과세대상에 해당하는지 여부(적극) 나. 출자전환 주식에 대한 우선매수청구권의 가액 평가방법(대법원 2011. 4. 28. 선고 2008두17882 판결 : 공2011상, 1059)", 『대법원 판례해설』, 제87호(2011 상반기).

증여자의 연대납부의무에 관한 몇 가지 문제

이 진 우 변호사

I. 증여세 일반

1. 증여세의 의의

증여세법은 증여라는 불로무상의 재산을 취득한 자의 그 담세력에 응분한 과세를 하여 국민의 조세부담의 균형을 기하는 동시에 재산분배의 공평을 기하려는 것으로 상속세만으로 포착하기 어려운 부분의 포탈을 방지하여 국가재정의 건실화를 도모하기 위하여 1950. 4. 8. 법률 제123호로 제정되어, 증여, 유증, 기부 또는 기타 무상으로 재산을 양도하는 것을 과세대상인 증여로 정하여 증여세를 과세하도록 하였다.

그 후 증여세법은 1952. 11. 30. 구 상속세법(1950. 3. 22. 법률 제114호로 제정된 것)에 통합되었는바, 구 상속세법에서는 증여세라는 제도를 별도로 두지 아니하고, 다만 미리 증여한 재산도 모두 상속재산에 합산하여 상속세를 매기고, 수증자에게 상속인과 마찬가지로 상속세를 납부하게 하였다.

그러나 상속이 개시되기 전까지 미리 증여한 재산을 모두 파악할 수 있는 행정력이 뒷받침되지 아니하는 이상, 미리 증여한 재산에 관한 과세는 사실상 이루어기 어렵고, 이러한 점을 고려하여 1960.

12. 30. 개정된 구 상속세법에서는 증여 시점에 즉시 증여세를 부과하는 제도로 환원되었다.

위와 같은 입법 변천을 거쳐 오늘날에 이르게 된 현행 상속세 및 증여세법(이하 '상증법'이라고 한다)[1]은 제2조 제6호에서 증여란 그 행위 또는 거래의 명칭·형식·목적 등과 관계 없이 직접 또는 간접적인 방법으로 타인에게 무상으로 유형·무형의 재산 또는 이익을 이전(移轉)(현저히 낮은 대가를 받고 이전하는 경우를 포함한다)하거나 타인의 재산가치를 증가시키는 것을 말한다. 다만, 유증과 사인증여는 제외한다고 규정하여 증여세의 과세 기초가 되는 증여에 대하여 정의하는 한편, 제4조 제1항 각 호에서 '무상으로 이전받은 재산 또는 이익'과 '개별적인 증여 예시규정들에서 정의하는 재산 또는 이익' 및 '그것들과 경제적 실질이 유사한 경우 등 증여 예시규정들을 준용하여 증여재산의 가액을 계산할 수 있는 경우의 그 재산 또는 이익' 등 포괄적인 부의 무상 이전을 증여세 과세대상이 되는 증여재산으로 보아 증여세를 과세할 수 있도록 규정하고 있다.[2]

---

1) 2015. 12. 15. 법률 제13557호로 개정된 것을 의미한다. 참고로 구 상속세 및 증여세법(2015. 12. 15. 법률 제13557호로 개정되기 전의 것, 이하 '구 상증법'이라고 한다)에서는 증여자의 증여세 연대납부의무에 관한 규정을 제4조 제4항에서 규정하고 있었으나, 현행 상증법은 '증여세 완전 포괄주의 원칙에 따라 상속세 및 증여세법에 열거된 증여 예시적 성격의 개별 규정에 해당하지 아니하더라도 해당 규정을 준용하여 증여재산의 가액을 계산할 수 있는 경우에는 증여세를 부과하도록 하는 등 증여세의 과세 대상이 되는 증여재산의 범위를 규정'하기 위하여 제4조에서 '증여세 과세대상'에 관하여 별도의 규정을 두고(2015. 12. 15자 관보 제18659호 참조), 제4조의2에서 개정 전 법률의 제4조와 같이 '증여세 납부의무'에 관하여 규정하면서, 같은 조 제5항에서 증여자의 증여세 연대납부의무에 관하여 규정하고 있다.
2) 증여세 완전포괄주의 도입에 관하여는 성락인·박정훈·이창희, "상속세 및 증여세의 완전포괄주의 도입방안에 관한 연구", 『서울대학교 法學』, 서울대학교 법학연구소, 2003 등 참조.

이와 같이 포괄적인 부의 무상 이전에 대해 과세되는 증여세는 상속세와 상호 보완적인 역할을 하면서 적정한 세부담 없는 부의 무상이전을 방지해 부의 집중현상을 해소하는 역할을 한다.

2. 증여세 납세의무자 및 과세대상의 범위

상증법 제4조의2 제1항은 수증자는 다음 각 호의 구분에 따른 증여재산에 대하여 증여세를 납부할 의무가 있다고 하여 증여세 납세의무자는 원칙적으로 수증자임을 밝히고 있다.

그리고 같은 항 제1호는 수증자가 거주자(본점이나 주된 사무소의 소재지가 국내에 있는 비영리법인을 포함한다. 이하 이 항에서 같다)인 경우 : 제4조에 따라 증여세 과세대상이 되는 모든 증여재산이라고 규정하는 한편, 같은 항 제2호는 수증자가 증여일 현재 비거주자인 경우에는 국내에 있는 수증재산과 거주자로부터 증여받은 국외 예금이나 국외 적금 등 대통령령으로 정하는 수증재산에 대해서만 증여세를 납부할 의무를 진다고 규정하여, 납세의무자인 수증자가 거주자인지 비거주자인지 여부에 따라 증여세 납부의무를 부담하는 범위에 관하여 차이를 두고 있다.

이와 같이 상증법 제4조의2 제1항 각 호의 규정에 따르면, 납세의무자가 거주자인지 비거주자인지 여부에 따라 증여세 과세대상이 되는 증여재산의 범위도 달라지게 되고, 특히 국제조세조정에 관한 법률(이하 '국조법'이라 한다) 제21조는 제1항 본문에서 거주자가 비거주자에게 국외에 있는 재산을 증여(증여자의 사망으로 인하여 효력이 발생하는 증여는 제외한다)하는 경우 그 증여자는 이 법에 따라 증여세를 납부할 의무가 있다.[3] 다만, 국조법 제21조 제1항 단서는 수증자가 증여자의 국세기본법 제2조 제20호에 따른 특수관계인이 아닌 경우로서 해당 재산에 대하여 외국의 법령4)에 따라 증여세 (실질적으로 이와 같은 성질을 가지는 조세를 포함한다)가 부과되는 경우(세액을 면제받는 경우를 포함한다)에는 증여세 납부의무를 면 제한다라고 규정하여, 거주자인 증여자가 특수관계인으로서 비거주 자인 수증자에게 국외에 있는 재산을 증여하는 경우5)에도 거주자인 증여자가 납세의무를 부담하게 됨을 규정하고 있다.

위 각 규정에 따라 재산의 소재지 및 그에 따른 수증자의 납세의 무 유무를 도표로 정리하면 아래와 같다.

[재산의 소재지별 증여세 과세대상의 범위]

	수증자	
	거주자	비거주자
국내소재재산	증여세 과세대상	증여세 과세대상
국외소재재산	증여세 과세대상	제외

---

3) 종전에는 국외예금이나 국외 적금 등 일정한 국외 재산을 거주자로부터 증여받은 경우 상증법에 따라 수증자도 증여세 납세의무를 부담하는 것으로 규정하고 있었으나, 상증법이 2016. 12. 20. 법률 제14388호로 개정됨에 따라 2017. 1. 1. 이후 증여받는 분부터는 국외예금 등에 대한 증여세 납부의무는 국조법 제21조 제1항에 따라 거주자인 증여자만 부담하고, 수증자는 증여세 납부의무를 부담하지 않는다.

4) 예를 들어 미국 세법(Internal Revenue Code)에 따르면 증여세(Gift Tax)의 납세의무자는 증여자(Donor)이므로, 미국에서 증여자에게 증여세가 부과되는 경우에는 상증법에 따라 국내에서 이중으로 증여자에게 증여세를 과세하지 않는다.

5) 거주자인 자산가가 국외에 있는 직계비속 기타 특수관계인에게 국외재산을 증여함에도 불구하고 국외에서 증여세 기타 그와 동일한 실질의 과세가 이루어지지 않는 경우 등

요컨대 상증법에 따르면 수증자가 거주자인 경우에는 그 증여재산의 소재지와 무관하게 수증자가 그에 대한 증여세를 부담하나, 수증자가 비거주자인 경우에는 (그 증여자가 거주자인지 여부와는 무관하게) 국내에 있는 수증재산에 대해서만 수증자가 증여세 납부의무를 부담한다. 그리고 수증자가 비거주자인 경우로서 거주자인 증여자가 국외에 있는 재산을 증여하는 경우에는 증여자와 수증자가 특수관계에 있거나, 그러한 특수관계가 없다고 하더라도 해당 재산에 대하여 외국의 법령에 따라 증여세[6]가 부과되지 않는다면 국외에 있는 수증재산에 대해서도 증여세 납부의무를 부담하게 된다.[7]

3. 증여자의 증여세 연대납부의무 및 그 성격

상증법은 제4조의2 제5항 본문에서 증여자는 다음 각 호의 어느 하나에 해당하는 경우에는 수증자가 납부할 증여세를 연대하여 납부할 의무가 있다고 규정하여 일정한 경우에는 증여자가 수증자와 연대하여 증여세를 납부할 의무를 부담할 것을 규정하는 한편, 같은 항 단서에서는 같은 항 각 호에서 정하는 사유가 존재함에도 불구하고 증여자가 수증자와 연대하여 증여세를 납부할 의무를 부담하지 않는 경우를 열거하고 있다.[8]

---

6) 실질적으로 이와 같은 성질을 가지는 조세를 포함하나, 어떠한 범위에서 증여세와 같은 실질을 갖는다고 인정할 것인지에 관하여는 정함이 없으므로, 그 범위에 관하여 해석이 상이할 수 있다.

7) 따라서 비거주자인 자녀 등에게 거주자인 부모 등이 재산을 증여할 경우에는 해당 재산에 대하여 외국의 법령에 따라 증여세가 면제되는 경우(예를 들어 싱가포르)보다는 저율의 세율로 증여세가 과세되는 경우가 증여세 세부담 측면에서 이론상으로는 더 유리하다.

8) 그 상세한 내용에 관하여는 후술한다.

위와 같이 일정한 경우 증여자가 부담하는 증여세 납부의무[9]의 성격에 관하여 상증법은 연대납부의무로 규정하고 있으나, 상증법 제4조의2 제5항 제1, 2호에서 정하는 연대납부의무와 같은 항 제3, 4호에서 정하는 연대납부의무는 그 성격을 달리하는 것으로 보아야 한다.

우선 상증법 제4조의2 제5항 제1, 2호에서 정하는 증여세 연대납부의무의 성격과 관련하여 다수의 견해는 그 법문상 표현에도 불구하고 이는 '제2차 납세의무'로서의 성격을 갖는 것으로 이해하고 있고,[10] 연대납부의무가 보증채무로서의 실질을 갖는 제2차 납세의무와 구분되는 점은 전자가 단일한 목적 달성을 위한 병렬적 수단인데 반하여 후자는 전적으로 주된 납세의무에 대한 인적 담보로 기능하는 종된 수단이므로 후자의 경우에는 부종성과 보충성이 인정된다고 본다.

상증법 제4조의2 제5항 제1, 2호의 내용이 주된 채무인 수증자의 증여세 납부의무를 담보하기 위한 종된 채무로 규정되어 있는 점을

---

9) 이를 수증자가 부담하는 본래의 납세의무와 구별하여, 증여자의 증여세 연대납부의무라고 지칭해야 한다는 견해가 있다.

10) 김완석, "연대납세의무의 해석상 논점", 『법률행정논집』 제9권, 서울시립대학교 법률행정연구소, 14면. 이태로·안경봉, 『조세법강의』, 박영사, 1999, 432면. 사법연수원, 『상속세 및 증여세법연구』, 사법연수원 출판부, 2011, 107면에서 재인용. 다만 그 세부적인 내용에 있어서는 견해에 따라 차이를 보이고 있는바, 일부 견해는 조세법상으로는 2차 납세의무에, 민법상으로는 보증채무에 유사하다고 보는 한편(송민경, "연대납세의무", 『행정재판실무연구』 Ⅲ, 법원도서관, 662면 참조), 일부 견해는 '일방보증적인 연대납부책임'으로서의 성격을 가지고, 여기서의 연대납부책임이란 연대납세의무와는 달리 제2차 납세의무와 유사한 조세채무라고 설명하고 있다(강인애, "조세법상의 연대납세의무", 『인권과 정의』 158호, 대한변호사협회, 45면 내지 47면 참조). 연대납부책임과 연대납세의무를 엄격하게 구분하는 견해와 관련하여서는 강인애, "조세법상의 연대납세의무", 『인권과 정의』 158호, 대한변호사협회 참조.

고려하면 이를 제2차 납세의무의 실질을 갖는 것으로 보는 다수의 견해가 타당하다고 생각된다.

대법원도 증여세의 납세의무자는 어디까지나 수증자이고, 증여자의 증여세 납부의무는 주된 채무인 **수증자의 납세의무에 대한 종된 채무**라 할 것이며, 구 상속세법(1993. 12. 31. 법률 제4662호로 개정되기 이전의 것) 제29조의2 제2항 의 규정이 있다고 하여 **증여자의 종된 채무**가 주된 채무로 바뀌는 것은 아니므로, 구 상속세법 시행령(1993. 12. 31. 대통령령 제14082호로 개정되기 전의 것) 제38조의 규정은 수증자의 증여세 납부의무에 대하여 종된 채무로서의 성질을 가지는 증여자의 증여세 납부책임이 인정되는 경우를 구체적으로 열거하여 둔 것으로서 모법인 상속세법의 규정에 저촉되는 것이라고 할 수 없다고 판시하여(대법원 1994. 9. 13. 선고 94누3698 판결, 대법원 1995. 2. 10. 선고 94누11972 판결, 대법원 1995. 8. 11. 선고 94누14308 판결 등 참조), 현행 상증법 제4조의2 제5항 제1, 2호에서 정하는 증여자의 증여세 연대납부의무는 수증자의 납세의무에 대한 종된 채무라고 보고 있다.

나아가, 대법원은 주된 납세의무자인 수증자에 대하여 적법한 납세고지에 의한 납세의무의 확정이 있기 전에 증여자에 대하여 한 과세처분은 위법한 것이라고 하거나(대법원 1992. 2. 25. 선고 91누12813 판결), 수증자에게 부과된 납세의무가 확정적으로 취소되어 버렸다면 증여자의 책임도 소멸한다(대법원 1979. 2. 29. 선고 71누110 판결)고 판시하고 있는데, 이러한 대법원 판례의 입장에 따르면 상증법 제4조의2 제5항 제1, 2호에서 정하는 증여세 연대납부의무를 본래의 의미의 연대납세의무와 동일한 것으로 볼 수는 없다.

이에 반하여 상증법 제4조의2 제5항 제3, 4호에서 정하는 증여세 연대납부의무는 수증자가 비거주자에 해당하거나 '명의신탁으로 인해 상증법 제45조의2에 따라 증여세가 과세되는 경우'에는 부가적인 요건 없이 수증자에게 증여세 납세의무가 발생함과 동시에 증여자에게도 그 증여세를 연대하여 납부할 의무가 발생하는 것이고, 각각의 조세채무가 병렬적인 관계에 있는 것이므로, 본래의 의미에 있어서 연대납세의무의 성격을 갖는다고 보는 것이 타당하다고 생각된다.

II. 증여자의 증여세 연대납부의무의 성립

1. 수증자의 주소나 거소가 분명하지 아니한 경우 등(제1호)

상증법 제4조의2 제5항 제1호는 수증자의 주소나 거소가 분명하지 아니한 경우로서 증여세에 대한 조세채권(租稅債權)을 확보하기 곤란한 경우에 증여자에게 수증자가 납부할 증여세를 연대하여 납부할 의무가 있는 것으로 명시하고 있다.

수증자의 주소나 거소가 분명하지 아니한 경우와 관련하여 상증법 시행령은 제2조 제1항에서 "상속세와 증여세법(이하 "법"이라 한다) 제2조 제8호에 따른 주소와 거소에 대해서는 소득세법 시행령 제2조, 제4조 제1항 제2항 및 제4항에 따른다."고 규정하고 있고, 소득세법 시행령 제2조 제1항에 따르면 주소는 국내에서 생계를 같이하는 가족 및 국내에 소재하는 자산의 유무 등 생활관계의 객관적 사실에 따라 판정하며, 같은 조 제2항에 따르면 거소는 주소지 외의 장소 중 상당기간에 걸쳐 거주하는 장소로서 주소와 같이 밀접한 일반적 생활관계가 형성되지 아니한 장소로 한다.

이 때 상증법 시행령 제2조 제1항 및 소득세법 시행령 제2조, 제4조 제1항, 제2항 및 제4항에 따라 수증자가 국내에 주소를 두거나

183일 이상의 거소를 둔 개인으로서 거주자에 해당한다고 판단된다 하더라도, 그 수증자가 거주자에 해당한다는 사정만으로는 그 주소 또는 거소가 분명하다고는 할 수 없고, 반대로 수증자가 비거주자에 해당한다고 하더라도 그 주소 또는 거소가 분명한 경우가 있을 수 있다.

한편, 증여세에 대한 조세채권(租稅債權)을 확보하기 곤란한 경우의 의미와 관련하여, 우리 세법은 '조세' 또는 '조세채권'의 의미에 관하여 별도의 정의규정을 두고 있지는 않으나,[11] 조세범처벌법 제2조에서는 이 법에서 '조세'란 관세를 제외한 국세를 말한다고 규정하고, 국세기본법 제2조 제1호는 국세(國稅)란 국가가 부과하는 조세 중 다음 각 목의 것을 말한다고 규정하면서 국세의 구체적인 세목으로 가. 소득세, 나. 법인세, 다. 상속세와 증여세, 라. 종합부동산세, 마. 부가가치세, 바. 개별소비세, 사. 교통·에너지·환경세, 아. 주세, 자. 인지세, 차. 증권거래세, 카. 교육세, 타. 농어촌특별세를 한정적으로 열거하고 있다.

위 각 정의 규정들을 종합하면, 조세범처벌법에서 말하는 조세와 세법에서 말하는 조세를 달리 보아야 할 특별한 사정이 없는 이상, 국세기본법 제2조 제1호 다목에서 정하는 상속세와 증여세 중 증여세[12]에 대한 국가의 채권을 국세징수법 기타 적법한 절차에 따라 확보하기 곤란한 경우에 한하여 증여자에게 수증자가 납부할 증여세를 부담할 의무가 발생한다고 볼 것이다.

---

11) 1977년 독일의 조세기본법(Abgabenordnung) 제3조 제1항은 특별한 급부에 대한 반대급부로서가 아니라, 공법상의 단체가 수입을 얻을 목적으로 급부의무에 관하여 법률이 정하는 요건에 해당하는 모든 사람에게 과하는 금전급부를 말한다고 규정하였다. 한만수·이태로, 조세법가의, 2015, 박영사, 4면에서 재인용.

12) 이 때 증여세에 수증자가 납부할 가산세 및 가산금이 포함된다고 볼 것인지 여부가 문제될 수 있는바, 이에 관하여는 후술한다.

한편, 수증자의 주소나 거소가 분명하지 아니한 경우와 증여세에 대한 조세채권을 확보하기 곤란한 경우라 함은 병렬적으로 요구되는 요건으로서, 설령 수증자의 주소나 거소가 분명한 경우라 하더라도 수증자 명의의 자산 등을 통해 그 증여세에 대한 조세채권을 확보하기에 곤란함이 없는 경우(예컨대 고액 자산가가 행방불명된 경우)에는 증여자에게 수증자가 납부할 증여세를 연대하여 납부할 의무가 발생하지 않고, 그 반대의 경우에도 마찬가지라 할 것이다.13)

2. 수증자가 증여세를 납부할 능력이 없다고 인정되는 경우 등(제2호)

상증법 제4조의2 제5항 제2호는 수증자가 증여세를 납부할 능력이 없다고 인정되는 경우로서 체납처분을 하여도 증여세에 대한 조세채권을 확보하기 곤란한 경우를 증여자의 증여세 연대납부의무가 성립하는 경우로 명시하고 있는바, 이 때 수증자가 증여세를 납부할 능력이 없다고 인정되는 경우와 체납처분을 하여도 증여세에 대한 조세채권을 확보하기 곤란한 경우의 의미에 관하여는 주의가 요구된다 할 것인바, 이에 관하여는 보다 구체적인 검토가 필요하다.

가. 수증자가 증여세를 납부할 능력이 없다고 인정되는 경우

수증자는 조세채권자인 국가에 대하여 증여세 본세는 물론 경우

---

13) 다만 수증자의 주소나 거소가 분명한 경우로서 증여세에 대한 조세채권을 확보하기 곤란한 경우에는 상증법 제4조의2 제5항 제1호에 따른 연대납부의무가 발생하지 않는다 하더라도, 같은 항 제2호에 따른 연대납부의무가 발생하는 경우가 거의 대부분일 것이다.

에 따라 가산세 및 가산금 납부의무를 함께 부담함은 물론 체납으로 인해 체납처분 절차가 진행되는 경우에는 그 매각대금 등으로 체납처분비 또한 충당하여야 한다.

이 때 수증자가 증여세를 납부할 능력이 없다고 인정되는 경우에 '체납자가 설령 증여세를 완납할 수 있다 하더라도, 이를 넘어 가산세 및 가산금 등을 추가로 모두 납부할 능력이 일부 부족한 경우'도 포함된다고 볼 것인 것인지, 그렇지 않고 수증자가 증여세를 완납할 수 있는 이상 설령 가산세 및 가산금을 모두 납부할 능력이 일부 부족한 경우라 하더라도 연대납부의무가 발생하지 않는 것인지가 문제된다.

과세실무상으로는 전자의 견해에 따라, 수증자의 재산으로 증여세의 완납이 가능하다 하더라도, 가산세 및 가산금 또는 체납처분비 등 해당 증여로 인해 수증자가 부담하는 모든 채무의 완납에 일부 부족함이 발생할 것으로 인정되는 경우에는 상증법 제4조의2 제5항 제2호에 해당한다고 보아 증여자에게 수증자가 납부할 증여세는 물론 그 가산세 및 가산금을 수증자와 연대하여 납부할 의무를 부담지우고 있는바, 위와 같은 과세실무는 아래와 같은 이유로 명백하게 잘못된 것이라고 생각된다.

우선 세법의 문언상으로 국세기본법 제2조 제1호는 국세(國稅)란 국가가 부과하는 조세 중 다음 각 목의 것을 말한다고 규정하면서 국세의 구체적인 세목으로 가. 소득세, 나. 법인세, 다. 상속세와 증여세, 라. 종합부동산세, 마. 부가가치세, 바. 개별소비세, 사. 교통에너지환경세, 아. 주세, 자. 인지세, 차. 증권거래세, 카. 교육세, 타. 농어촌특별세를 한정적으로 열거하고 있을 뿐이고, 가산금은 국세에 포함하여 규정하고 있지 않다.

그리고 같은 조 제5호는 가산금(加算金)이란 국세를 납부기한까지 납부하지 아니한 경우에 국세징수법에 따라 고지세액에 가산하여 징수하는 금액과 납부기한이 지난 후 일정 기한까지 납부하지 아니한 경우에 그 금액에 다시 가산하여 징수하는 금액을 말한다고 규정하여 가산금을 국세와 별도로 정의하고 있는바, '국세에 포함되지 않는 별도의 금원인 가산금'을 '국세에 포함되는 증여세'에 해당하는 것으로 볼 수 없다.

그리고 가산금이라 함은 국세를 납부기한까지 완납하지 아니한 때에 국세징수법 제21조에 따라 고지세액에 가산하여 징수하는 금액으로, 납세의무자에게 부과된 국세채권의 이행을 독촉하는 수수료의 성질을 띤 금원이자(대법원 1986. 9. 9. 선고 86누76 판결), 미납된 국세에 관한 지연이자의 의미로 부가되는 부대세의 일종으로(대법원 1993. 10. 8. 선고 93누10521 판결 등), 과세권자의 가산금 확정절차 없이 국세를 납부기한까지 납부하지 아니하면 위 법규정에 의하여 가산금이 당연히 발생하여 그 액수도 확정되는 등(대법원 1990. 5. 8. 선고 90누1168 판결), 그 금원의 성격 및 확정 절차도 상이(相異)하다.

나아가 가산금의 계산비율이 민·상법상의 법정이자는 물론 금융기관의 여신금리보다 훨씬 높은 점을 고려할 때, 가산금이 지연배상금의 성질만 가지는 것은 아니고, 그러한 이자율을 초과하는 부분은 제재의 성격을 띤 금전적 행정벌로서의 실질을 갖는다고도 볼 수 있는바(법인세법 제21조 제4호, 소득세법 제33조 제1항 제3호 참조), 이와 같이 국세채권의 이행을 독촉하는 수수료 내지 미납된 국세에 관한 지연이자, 제재의 성격을 띤 금전적 행정벌의 성격을 갖는 가산금을 징수할 채권이 포괄적인 부의 무상 이전에 대해 과세되는 국세인 증여세를 징수할 조세채권에 포함되지 않는다고 할 것이다.14)

---

14) 가산세에 관하여는 후술한다.

나. 체납처분을 하여도 증여세에 대한 조세채권을 확보하기 곤란한 경우

이는 상증법 제4조의2 제5항 제1호에서 정하는 것과 그 내용이 동일한바, 특히 체납처분과 관련하여서는 국세징수법상 징수의 순위에 관한 제4조의 개정 내용을 고려하여야 한다.

즉, 구 국세징수법(2010. 1. 1. 법률 제9913호로 개정되기 전의 것)은 제4조[15)]에서 국세가산금과 체납처분비의 징수순위는 다음에 의한다고 규정하면서, 체납처분비와 가산금을 순차적으로 징수한 후 마지막으로 국세에 충당하도록 규정하고 있었으나, 2010. 1. 1. 법률 제9913호로 개정된 국세징수법 제4조[16)]는 체납처분비를 우선 징수한 후 '국세'를 '가산금'에 앞서 징수하도록 징수의 순위를 변경하였다.

이러한 개정은 체납액을 소액 분할 납부하는 경우에 국세가 아닌 가산금부터 충당함에 따라 체납(세)액을 줄이는 데 어려움이 있었으므로, 종전의 체납처분비, 가산금, 국세의 순서로 징수하던 것을 체납처분비, 국세, 가산금의 순서로 바꾸는 것을 목적으로 이루어진 것이다.[17)]

따라서, 체납처분을 진행할 경우 일부 가산금의 징수에 부족함이 있다 하더라도, 국세에 포함되는 증여세의 징수에 부족함이 없는 이상 '증여세에 대한 조세채권을 확보하기 곤란한 경우'에 해당하지는 아니하므로, 증여자에 대하여 증여세 연대납부의무를 부과할 수는 없다.

---

15) 제4조(징수의 순위) 국세·가산금과 체납처분비의 징수순위는 다음에 의한다.
　　1. 체납처분비, 2. 가산금, 3. 국세
16) 제4조(징수의 순위) 체납액의 징수 순위는 다음 각 호의 순서에 따른다.
　　1. 체납처분비, 2. 국세, 3. 가산금.
17) 국세징수법 일부 개정법률안 참조.

3. 수증자가 비거주자인 경우(제3호)

상증법 제4조의2 제5항 제3호에서는 3. 수증자가 비거주자인 경우를 증여자가 수증자와 연대하여 수증자가 납부할 증여세를 연대하여 납부할 경우로 명시하고 있다.

한편, 이 때 수증자뿐만 아니라 증여자도 비거주자인 경우 상증법 제4조의2에 따라 증여자에게 수증자가 납부할 증여세를 연대하여 납부할 의무가 성립한다고 볼 수 있을 것인지가 문제될 수 있는바, 그 증여재산이 국외에 있는 재산이라면 상증법 제4조의2 제1항 제2호에 따라 수증자에게 증여세 납세의무가 발생하지 아니하므로 증여자에게도 증여세를 연대하여 납부할 의무가 발생하지 않는다.

그러나 수증자 및 증여자 모두 비거주자라 하더라도 비거주자가 국내에 있는 증여재산을 증여한 경우에는 수증자에게 증여세 납세의무가 성립하고(상증법 제4조의2 제1항 제2호, 제4조), '수증자가 비거주자인 경우'에 해당하므로, 이러한 경우에는 상증법 제4조의2 제5항 제1, 2호에서와 같이 별도의 추가적인 요건 없이 그 증여 시점에 비거주자인 수증자와 증여자 모두에게 동일한 내용으로 증여세 납부의무가 발생한다고 볼 것이다.

그리고 국조법 제21조 제1항에 따라 거주자인 증여자가 특수관계인으로서 비거주자인 수증자에게 국외재산을 증여하는 경우에는 그 거주자인 증여자가 본래의 납세의무를 부담할 뿐 상증법 제4조의2 제5항에 따른 연대납부의무는 문제되지 아니한다.

4. 명의신탁 증여의제의 경우(제4호)

상증법 제4조의2 제5항 제4호에서는 4. 제45조의2에 따라 재산을 증여받은 것으로 보는 경우를 증여자가 수증자와 연대하여 수증자가 납부할 증여세를 연대하여 납부할 경우로 명시하고 있는바, 이는 구 상증법 제4조 제5항에서 제2항과 제45조의2에 해당하는 경우에는 수증자가 제4항 각 호의 어느 하나에 해당하지 아니하는 경우에도 증여자가 수증자와 연대하여 해당 증여세를 납부할 의무를 진다고 규정하던 것 중 '제45조의2', 즉 명의신탁 증여의제에 따른 증여세에 관한 부분을 조와 항을 변경하여 동일한 내용을 규정한 것이다.

이 때 연대하여 납부할 증여세에 관하여 별도의 규정을 두고 있지 아니하므로, 명의신탁 증여의제의 경우에는 증여세 연대납부의무의 성립요건이 완화되어 상증법 제4조의2 제5항 제1, 2호에서 정하는 것과 같은 추가적인 요건 충족 여부와 관계없이 연대납부의무가 성립되는 것은 별론으로 하더라도, 그 내용과 징수, 수인의 명의신탁자가 공동으로 명의신탁한 경우 등에 관한 내용은 같은 항 제1, 2호 등에서 정하는 연대납부의무에서의 그것과 동일하다고 볼 것이다.

다만, 그 납세의무의 부과 방식에 있어서, 실무상 수증자인 명의수탁자와 증여자인 명의신탁자에게 동시에 납세고지서를 발송하고 있으나,[18] 명의신탁 증여의제의 경우라 하더라도 수증자가 납부할 증여세를 연대하여 납부할 의무를 부담하는 것이고, 수증자에게 납세고지서가 도달하지 아니한 경우 수증자의 증여세 납세의무가 확정되었다고 볼 수 없으므로, 상증법에 따라 추상적으로 성립하고 아

---

18) 납세고지서 동시 발부에 관한 근거 규정은 없으나, 통상 아래의 훈령에 터잡아 연대납세의무자들 전원에 대해 납세고지서를 동시에 발부하는 경우가 다수이다.
국세징수법 기본통칙 9-0···1【연대납세의무자등에 대한 납세의 고지】
「국세기본법」 제25조(연대납세의무)와 「상속세 및 증여세법 제3조(상속세 납부의무) 및 제4조(증여세납세의무)에 따라 연대납세의무를 지는 자에게 납세고지를 하는 경우에는 연대납세의무자 전원을 고지서에 기재하여야 하며, 각자에게 모두 고지서를 발부하여야 한다.

직 확정되지 아니한 수증자가 납부할 증여세에 대해서까지 증여자
에게 연대납부의무가 성립된다고 볼 수 있는지 의문이다.[19]

5. 증여자에 대한 증여세 연대납부의무의 성립을 배제하는 경우

상증법 제4조의2 제5항은 단서에서 다만, 제4조 제1항 제2호 및
제3호, 제35조부터 제39조까지, 제39조의2, 제39조의3, 제40조, 제41
조의2부터 제41조의5까지, 제42조, 제42조의2, 제42조의3, 제45조의3
부터 제45조의5까지 및 제48조(출연자가 해당 공익법인의 운영에 책
임이 없는 경우로서 대통령령으로 정하는 경우만 해당한다)에 해당
하는 경우는 제외한다고 규정하여, 위 단서 규정에서 열거하는 조항
에 따라 성립하는 증여세에 관하여는, 설령 같은 항 각 호에서 정하
는 사유가 발생한다고 하더라도 그 증여자가 수증자와 증여세를 연
대하여 납부할 의무를 부담하지 아니함을 명시하고 있다.

따라서 저가·고가 양도에 따른 이익의 증여 등(제4조 제1항 제2
호),[20] 재산 취득 후 해당 재산의 가치가 증가함에 따른 이익의 증여

---

19) 특히 종래의 관행에 따라 기업집단의 총수 등이 그 전현직 임원 등의 명
   의로 차명주식을 보유하던 것이 문제가 되어 명의신탁 증여의제 과세가
   이루어지는 경우, 그 명의신탁 기간이 장기간이고, 그 사이에 명의신탁자
   인 기존 총수 또는 명의수탁자인 전직 임원 등이 사망하거나 국외 이주하
   는 등의 사정이 존재함에도 불구하고, 명의신탁자(총수 등)와 명의수탁자
   (전현직 임원 등)에게 납세고지서를 동시에 송달하는 경우가 있다. 이러
   한 경우 본래의 납세의무자인 수증자에 대한 납세고지서의 송달로 증여
   세 납세의무가 성립하지 아니하였음에도 불구하고(납세고지서의 송달이
   없는 경우 부과처분은 당연 무효이다) 증여자가 증여세의 연대납부의무
   를 부담한다고 볼 것인지 의문이다.
20) 상증법 제35조에서 정하는 저가·고가 양도에 따른 이익의 증여 등과 유사

등(제4조 제1항 제3호),[21] 저가·고가 양도에 따른 이익의 증여(제35조), 채무면제 등에 따른 증여(제36조), 부동산 무상사용에 따른 이익의 증여(제37조), 합병에 따른 이익의 증여(제38조), 증자에 따른 이익의 증여(제39조), 감자에 따른 이익의 증여(제39조의2), 현물출자에 따른 이익의 증여(제39조의3), 전환사채 등의 주식전환 등에 따른 이익의 증여(제40조), 초과배당에 따른 이익의 증여(제41조의2), 주식 등의 상장 등에 따른 이익의 증여(제41조의3), 금전 무상대출 등에 따른 이익의 증여(제41조의4), 합병에 따른 상장 등 이익의 증여(제41조의5), 재산사용 및 용역제공 등에 따른 이익의 증여(제42조), 법인의 조직 변경 등에 따른 이익의 증여(제42조의2), 재산 취득 후 재산가치 증가에 따른 이익의 증여(제42조의3), 특수관계법인과의 거래를 통한 이익의 증여 의제(제45조의3), 특수관계법인으로부터 제공받은 사업기회로 발생한 이익의 증여 의제(제45조의4), 특정법인과의 거래를 통한 이익의 증여 의제(제45조의5) 및 공익법인 등이 출연받은 재산에 대한 과세가액 불산입(제48조)과 관련하여서는, 설령 그 수증자가 비거주자라거나 기타 상증법 제4조의2 제5항 각

한 내용이나, 현행 상증법이 '증여세 완전 포괄주의 원칙에 따라 상속세 및 증여세법에 열거된 증여 예시적 성격의 개별 규정(예: 상증법 제35조)에 해당하지 아니하더라도 해당 규정을 준용하여 증여재산의 가액을 계산할 수 있는 경우에는 증여세를 부과하도록 하는 등 증여세의 과세 대상이 되는 증여재산의 범위를 규정'하기 위하여 상증법 제4조 제1항 제2호를 신설하였으므로, 그러한 범위 내에서는 상증법 제35조와 별개로 상증법 제4조 제1항 제2호를 연대납부의무가 성립하지 않는 경우로 명시할 실익이 있다.

21) 각주 6에서와 마찬가지로 상증법 제42조의3에서 정하는 재산 취득 후 재산가치 증가에 따른 이익의 증여와 유사한 내용이나, 현행 상증법이 증여세 완전 포괄주의 원칙에 따라 상증법 제4조 제1항 제2호를 별도로 신설하였으므로, 그러한 범위 내에서는 상증법 제42조의3과 별개로 상증법 제4조 제1항 제3호를 연대납부의무가 성립하지 않는 경우로 명시할 실익이 있다.

호에서 정하는 사유가 발생한다 하더라도 그 증여자에게 수증자가
납부할 증여세를 연대하여 납부할 의무를 부담 지울 수 없다.

그렇다면 사실상 상증법 제4조의2 제5항에 따라 증여자에게 수
증자가 납부할 증여세를 연대하여 납부할 의무가 발생하는 경우는
①무상으로 이전받은 재산 또는 이익(제4조 제1항 제1호), ②상증법
제4조 제1항 제4호[22])에서 정하는 재산 또는 이익 중 '신탁이익의 증
여'(제33조)와 '보험금의 증여'(제34조), ③상증법 제4조 제1항 제5
호[23])에서 정하는 재산 또는 이익으로서 '배우자 등에게 양도한 재산
의 증여 추정'(제44조)과 '재산 취득자금등의 증여 추정'(제45조)에
관한 경우 및 ④상증법 제4조 제1항 제6호[24])에서 정하는 재산 또는
이익, 즉 개별적 예시규정(상증법 제4조 제1항 제4호에서 게기하는
규정)의 경우와 경제적 실질이 유사한 경우 등 제4호의 각 규정을
준용하여 증여재산의 가액을 계산할 수 있는 경우의 그 재산 또는
이익, ⑤명의신탁재산의 증여 의제(제45조의2)의 경우에 한정된다.

그 중 상증법 제4조 제1항 제6호에서 정하는 재산 또는 이익과
관련하여 수증자에게 증여세 납세의무가 인정되는 경우에 상증법
제4조의2 제5항에서 정한 사유가 발생하였다는 이유로 그 증여자에
게 수증자가 납부할 증여세를 연대하여 납부할 의무가 있다고 할 것
인지는 의문이다.

즉, 상증법 제4조의2 제5항 단서 및 상증법 제4조 제1항 각 호의
문리해석상 상증법 제4조 제1항 제6호에서 정하는 재산 또는 이익
을 받은 수증자에게 증여세 납부의무가 인정되는 경우에 증여자의

---

22) 제33조부터 제39조까지, 제39조의2, 제39조의3, 제40조, 제41조의2부터 제
   41조의5까지, 제42조, 제42조의2 또는 제42조의3에 해당하는 경우의 그
   재산 또는 이익.
23) 제44조 또는 제45조에 해당하는 경우의 그 재산 또는 이익.
24) 제4호 각 규정의 경우와 경제적 실질이 유사한 경우 등 제4호의 각 규정을
   준용하여 증여재산의 가액을 계산할 수 있는 경우의 그 재산 또는 이익.

연대납부의무 성립을 배제할 명문의 근거는 없으나, 상증법 제4조 제1항 제6호는 소위 증여세 완전 포괄주의 원칙에 따라 증여세 과세가 가능한 포괄적 예시규정을 구체화한 규정으로, 개별적 예시규정25)에서 정하는 경우에는 직접적으로 해당하지는 않는다 하더라도 그 경제적 실질이 유사한 경우 등으로서 증여재산의 가액을 계산할 수 있는 경우에는 증여세를 과세한다는 내용의 규정이다.

그런데 위 개별적 예시규정에 직접적으로 해당하여 수증자에게 증여세 납세의무가 인정되는 경우에는 상증법 제4조의2 제5항 단서에 따라 설령 같은 항 각 호에서 정한 사유가 인정된다고 하더라도 증여자에게 수증자가 납부할 증여세를 연대하여 납부할 의무가 성립되지 아니한다. 그럼에도 불구하고, 그와 경제적 실질이 유사한 경우 등으로서 해당 규정 등을 준용하여 증여재산의 가액을 계산할 수 있는 경우라고 해서, 그와 같은 준용을 통해 수증자에게 증여세를 과세하는 것에서 더 나아가 증여자에게까지 (상증법 제4조의2 제5항 각 호에서 정한 사유가 인정되는 경우에는) 증여세 연대납부의무를 부담시켜 납세의무자의 범위를 보다 확장시키는 것은, 개별적 예시규정에 직접적으로 해당하는 경우 증여자가 연대납부의무를 부담하지 않도록 한 상증법 규정에 비추어 타당하지 않다고 생각한다.

이는 2015. 12. 15. 법률 제13557호로 상증법이 개정되면서 증여세 완전 포괄주의 원칙을 구체화하기 위하여 '증여세 과세대상'에 관한 제4조를 두고 '증여세 납부의무'에 관한 구 상증법 제4조를 제4조의2로 조 번호 변경 및 개정하는 과정에서 발생한 입법의 불비라고 생각된다. 그러나 상증법 제4조의2 제5항 단서 및 상증법 제4조 제1항 각 호의 문리해석상으로는 상증법 제4조 제1항 제6호가 적용되는 경우에는 증여자에게도 증여세 연대납부의무가 성립하는 것이 가능

---

25) 상증법 제4조 제1항 제4호에서 게기하는 규정.

하다고 밖에는 해석하기 어렵다고 생각되므로 법 개정이 필요하다고 생각한다.

6. 고지 및 불복과 관련된 문제

증여자의 증여세 연대납부의무는 수증자의 체납 등 그 요건에 해당되는 사실에 의하여 추상적으로 성립하고, 국세징수법 제9조 소정의 납세고지서를 발부하고 구 상속세법 시행령 제39조에 따라 그 증여세를 납부하게 하는 사유를 통지함으로써 구체적으로 확정되므로, 증여자에게 구 상속세법 시행령 제39조에 따라 납부통지만 하였을 뿐 달리 국세징수법 제9조에 따른 납세고지가 없었다면 아직 적법한 과세처분이 없어 증여세의 연대납세의무가 발생할 수 없다(대법원 1988. 6. 14. 선고 88누2120 판결).

즉, 연대납세의무는 세무서장이 국세징수법 제9조에 따라 증여자에게 고지서를 발부하여 납세의 고지를 함으로써 비로소 구체적으로 확정되는 것이고(대법원 1989. 5. 23. 선고 88누3741 판결), 연대납세의무자 지정통지는 항고소송의 대상이 되는 행정처분에 해당하지 않는다(대법원 1988. 6. 14. 선고 88누2120 판결 등).

따라서 연대납부의무자에 대한 과세요건은 수증자에 대한 증여세 과세요건과는 별개의 것이며, 수증자에 대한 증여세부과처분과 증여자로 연대납부의무자에 대한 부과처분은 동일한 증여를 과세원인으로 한다는 점에서만 공통될 뿐 그 과세요건을 달리하는 것이므로, 각각의 처분에 대하여 따로 전심절차를 거쳐야 함은 물론(대법원 1992. 9. 8. 선고 92누4383 판결), 증여자에게는 수증자에 대한 부과처분의 취소를 구할 원고적격도 인정되지 않는다(대법원 1989. 12. 22. 선고 89누4871 판결).

III. 증여자의 증여세 연대납부의무의 내용

1. 증여세 본세

상증법 제4조의2 제5항 각 호에서 정하는 사유가 인정되어 증여자에게 수증자가 납부할 증여세를 연대하여 납부할 의무가 성립하는 경우에는 수증자가 그 증여자로부터 증여받은 증여재산과 관련하여 납부의무를 부담하게 된 증여세와 동일한 세액의 증여세에 관하여 증여자도 납부의무를 부담하게 되나, 그 납부기한은 수증자의 납부기한과 상이할 수 있다.

한편, 최초 수증자의 재산으로 그 증여세를 납부할 능력이 충분하였으나, 그 재산의 평가액이 변동됨으로 인하여, 특정시점에서 상증법 제4조의2 제5항 제1, 2호에서 정하는 요건[26]이 충족되었다고 보아 증여자에게 증여세 연대납부의무를 부과하였으나, 이후 그 자산의 평가액이 재차 변동됨으로 인하여 상증법 제4조의2 제5항에서 정하는 요건이 충족되지 아니한다고 판단될 경우 증여자의 증여세 연대납부의무가 그대로 유지된다고 볼 것인지가 문제될 수 있다.

그러나 이미 적법하게 성립한 증여자의 증여세 연대납부의무가 자산의 평가액이 변동되었다는 점만으로 국세기본법 제26조 제1호에서 정하는 사유(납부·충당)가 발생한 것과 동일시하여 납부의무가 소멸하는 것으로 볼 수는 없고, 특히 증여자에 대한 부과처분이 이미 이루어진 경우에는 행정처분의 공정력에 관한 법리상 더욱 그러하다 할 것이며, 그와 같은 경우에는 그 평가액이 재차 증가한 수증자의 재산으로 수증자의 증여세 모두를 충당하면 족할 것이며, 그때

---

26) 수증자가 증여세를 납부할 능력이 없다고 인정되는 경우로서 체납처분을 하여도 증여세에 대한 조세채권을 확보하기 곤란한 경우 등.

에서야 비로소 국세기본법 제26조 제1호에 따라 증여자의 증여세 연대납부의무도 소멸한다고 보면 충분하다고 생각한다.

2. 가산세

가. 과세실무

국세기본법 제47조는 제2항 본문에서 가산세는 해당 의무가 규정된 세법의 해당 국세의 세목(稅目)으로 한다고 규정하고 있는바, 수증자가 증여세 납부의무를 부담하는 경우 수증자가 상증법에서 정한 신고납부의무 등을 이행하지 아니함으로 인해 발생한 가산세는 위 규정에 따라 증여세의 세목으로 간주되므로, '수증자가 납부할 증여세'에 대하여 증여자가 연대납부의무를 부담하는 경우 그 증여세에는 수증자가 납부할 가산세도 포함된다고 볼 수 있다.

과세실무상으로도 수증자에게 부과된 모든 종류의 가산세를 포함하여 증여자에게 연대납부의무 통지를 하고 있으나, 이러한 결과는 (최소한 입법론적으로는) 아래와 같은 이유로 타당하지 않다고 생각한다.

나. 가산세의 본질 및 부과 요건

우선 가산세의 본질은 과세권의 행사와 조세채권의 실현을 용이하게 하기 위하여 세법에 규정된 의무를 정당한 이유 없이 위반한 납세의무자 등에게 부과하는 일종의 행정상 제재에 해당하는바(대법원 2012. 10. 18. 선고 2010두12347 전원합의체 판결, 대법원 2005.

9. 30. 선고 2004두2356 판결 등 참조), 제재의 기초가 되는 행정상 의무에 따라 무신고가산세, 납부불성실가산세 등 그 종류와 내용이 상이하다(국세기본법 제47조의2 내지 5 등 참조).

그리하여 국세기본법 제2조 제4호는 가산세란 "세법에서 규정하는 의무의 성실한 이행을 확보하기 위하여 세법에 따라 산출한 세액에 가산하여 징수하는 금액을 말한다."고 규정하여 국세에 포함되는 증여세와 가산세를 구분하고 있고, 본세의 부과처분과 가산세의 부과처분은 각 별개의 과세처분에 해당되며(대법원 2005. 9. 30. 선고 2004두2356 판결 등), 그러한 관계로 하나의 납세고지서에 의하여 본세와 가산세를 함께 부과할 때에도 납세고지서에 본세와 가산세 각각의 세액과 산출근거 등을 구분하여 기재해야 하는 것이다(대법원 2012. 10. 18. 선고 2010두12347 전원합의체 판결 참조).

나아가 국세기본법 제47조 제1항도 정부는 세법에서 규정한 의무를 위반한 자에게 이 법 또는 세법에서 정하는 바에 따라 가산세를 부과할 수 있다고 규정하면서, 위 제1항을 전제로 제2항에서 그와 같이 적법하게 부과된 가산세는 그 가산세 발생의 근거가 된 세법상 의무가 규정된 세법의 해당 국세의 세목으로 간주한다고 규정하고 있는바, 그렇다면 해당 국세의 세목으로 간주되기 위한 전제요건으로 제1항에 따라 가산세의 납부의무자가 세법에서 규정한 의무를 위반한 경우에 해당하여야만 한다.

다. 무신고가산세 및 과소신고가산세

국세기본법 제47조의2 제1항 본문은 "납세의무자가 법정신고기한까지 세법에 따른 국세의 과세표준 신고(괄호 내 부분 생략)를 하지 아니한 경우에는 그 신고로 납부하여야 할 세액(괄호 내 부분 생략)의 100분의 20에 상당하는 금액을 가산세로 한다."고 하여 무신고가산세에 관하여 규정하고, 같은 법 제47조의3 제1항 본문은 "납세의무자가 법정신고기한까지 세법에 따른 국세의 과세표준 신고 (괄호 내 부분 생략)를 한 경우로서 납부할 세액을 신고하여야 할 세액보다 적게 신고 (중략) 한 경우에는 과소신고한 납부세액과 초과신고한 환급세액을 합한 금액(괄호 내 부분 생략)의 100분의 10에 상당하는 금액을 가산세로 한다."고 하여 과소신고가산세에 관하여 규정하고 있다.

그러나 상증법 제68조 제1항은 본문에서 제4조의2에 따라 증여세 납부의무가 있는 자는 증여받은 날이 속하는 달의 말일부터 3개월 이내에 제47조와 제55조 제1항에 따른 증여세의 과세가액 및 과세표준을 대통령령으로 정하는 바에 따라 납세지 관할 세무서장에게 신고하여야 한다고 규정하고 있는바, 증여세 신고의무자가 증여받은 날을 기준으로 신고기한을 규정하고 있는 점에 비추어, 증여세 신고의무자는 증여를 받은 수증자임을 전제로 법문이 구성되어 있다.

그리고 설령 증여자에게도 증여세 신고의무가 인정된다고 보더라도, 상증법 제68조 제1항 본문에서 정하는 신고기한이 '증여받은 날이 속하는 달의 말일부터 3개월 이내'로 되어 있어, 그 기간 이후 상증법 제4조의2 제5항 제1, 2호에서 정하는 사유가 발생한 경우에는 이미 도과한 일자까지 증여세 신고를 할 의무를 부담지우는 것이 되어 타당하지 아니한 점을 고려하면, 상증법 제68조에서 정하는 증여세 신고의무는 본래의 증여세 납세의무자인 수증자에게만 인정된다고 할 것이다.

위와 같이 증여세 신고에 관한 상증법 제68조는 증여세 납세의무자인 수증자에게 그 신고의무를 부과하는 규정에 불과할 뿐, 증여자에게는 상증법 제68조에서 정하는 증여세 신고의무가 인정되지 않고, 따라서 증여자에게 그 신고의무를 전제로 하는 무신고가산세 및 과소신고가산세를 부과할 수 없다고 생각된다.

라. 납부불성실가산세

국세기본법 제47조의4 제1항 본문은 납세의무자(연대납세의무자, 납세자를 갈음하여 납부할 의무가 생긴 제2차 납세의무자 및 보증인을 포함한다)가 <u>세법에 따른 납부기한</u>까지 국세의 납부(괄호 내 부분 생략)를 하지 아니하거나 납부하여야 할 세액보다 적게 납부(중략) 경우에는 다음 각 호의 금액을 합한 금액을 가산세로 한다고 하여 납부불성실가산세에 관하여 정하고 있다.

위 규정은 법문상 무신고가산세 및 과소신고가산세에 관한 국세기본법 제47조의2, 3의 각 규정과는 달리 연대납세의무자도 납부불성실가산세 납부의무의 주체가 될 수 있음을 명시하고 있다. 그런데, 위에서 검토한 바와 같이 증여세와 그에 대한 가산세는 그 의의, 근거, 요건 및 부과 방식을 달리하는 별개의 것이고, 증여자의 연대납부의무는 어디까지나 수증자의 본래의 증여세 납세의무에 관하여 조세징수가 곤란한 경우에 비로소 인정되는 것으로 조세채권의 확보를 위해 보충적으로 인정되는 것이다.

따라서 연대납부의무자에 대한 과세요건은 수증자에 대한 증여세 과세요건과는 별개의 것이며, 수증자에 대한 증여세부과처분과 증여자로서 연대납부의무자에 대한 부과처분은 동일한 증여를 과세원인으로 한다는 점에서만 공통될 뿐 그 과세요건을 달리한다(대법원 1992. 9. 8. 선고 92누4383 판결 등).

그러므로 상증법 제4조의2 제5항에서 정한 사유가 존재하여 증여자에게 증여세 연대납부의무가 인정되는 경우라고 하더라도, 수증자의 증여세 과세요건 및 납부기한과 증여자가 연대납부의무를 부담하는 증여세의 과세요건 및 납부기한은 각각 별개로 따져 보아야 한다. 따라서 증여자가 국세기본법 제47조의4 제1항 본문에 따라 납부불성실가산세를 부담하는 경우라고 하더라도, 이는 '수증자가 납부할 가산세'를 상증법 제4조의2 제5항에 따라 연대하여 납부할 의무를 부담한다기 보다는, 수증자가 납부할 증여세를 상증법 제4조의2 제5항에 따라 연대하여 납부할 의무를 부담하는 증여자가, 증여자 자신이 납부의무를 부담하는 증여세를 그 납부기한까지 납부하지 아니함을 이유로 국세기본법 제47조의4에 따라 납부불성실가산세를 부담하는 것이라고 보아야 한다.

그렇다면 수증자가 증여자로부터 재산을 증여받은 이후에 사후적으로 상증법 제4조의2 제5항 제1, 2호에서 정한 사유가 발생하여 그 규정에 따라 증여자에게 수증자가 납부할 증여세를 연대하여 납부할 의무가 발생한 경우에는, 그 때 비로소 증여자에게 납부의무가 발생한 데 불과하므로, 증여자가 그 이전까지의 기간 동안 세법에 따른 납부기한까지 그 납부의무를 해태하였다고 볼 수는 없다. 그러므로 그 기간 동안 수증자가 자신의 납부기한까지 증여세를 납부하지 아니함을 이유로 국세기본법 제47조의4 제1항 본문에 따라 부담하는 납부불성실가산세에 대해서까지 증여자가 연대하여 납부할 의무를 부담하지는 않는다고 보아야 한다고 생각된다.

3. 가산금

앞서 검토한 바와 같이 증여자는 상증법 제4조의2 제5항 본문에 따라 일정한 경우 수증자가 납부할 증여세를 연대하여 납부할 의무가 있고, 여기에서 말하는 증여세에는 가산금이 포함되지 않으므로 수증자가 납부할 가산금을 증여자가 연대하여 납부할 의무는 발생하지 않는다.

다만, 증여자에게 증여세를 부과하면서 고지한 납부기한이 경과하면 국세징수법 제21조에 따라 별도의 부과절차 없이 증여자에게도 가산금 납부의무가 발생하게 되는바, 이와 같이 증여자가 자신의 증여세 납세의무 불이행으로 인해 국세징수법 제21조에 따라 별도의 가산금 납부의무를 부담하는 것은 당연하다.

4. 수인이 증여를 한 경우에 관한 문제

가. 납세의무의 성립 및 그 범위에 관한 문제

수인의 증여자가 개별적으로 증여자에게 재산을 증여한 경우에는, 설령 그 수증자가 동일한 경우라 하더라도, 각각의 증여자는 자신이 증여한 재산에 관하여만 증여자로서의 지위를 가질 뿐이고, 다른 증여자가 증여한 재산에 관하여는 증여자에 해당하지 아니하므로, 각각의 증여자는 자신이 증여자로서 증여한 재산에 관하여만 증여자로서 그 수증자가 납부할 증여세를 연대하여 납부할 의무를 부담할 뿐이고, 다른 증여자가 증여한 재산에 관한 증여세에 대하여는, 설령 그 증여가 같은 날 동시에 이루어졌다고 하더라도, 증여자로서 수증자가 납부할 증여세를 연대하여 납부할 의무를 부담하지는 않는다고 보아야 한다.

이는 수인의 증여자가 공유하는 재산을 공동으로 증여한 경우에 있어서도 동일하다 할 것인바, 수인의 증여자는 공유하는 재산을 그 지분 비율에 따라 소유하는 데 불과하고, 일방 공유자의 지분 비율에 관하여는 해당 공유자만이 증여자에 해당할 뿐 다른 공유자도 동시에 증여자로서의 지위를 갖는다고 볼 수 없는 점에 있어서는 동일하므로, 공유하는 재산을 함께 증여하는 경우라 하여 그 결론을 달리할 것은 아니라고 생각한다.

과세관청도 여러 명이 공동소유하던 재산을 증여한 경우, '증여자는 각자의 증여재산에 대하여 납부할 증여세에 대하여만 연대납부 의무를 지는 것이고, 어느 1인의 증여자에게 다른 증여자의 연대납 세의무 부분까지 부담하게 할 수는 없는 것'이라고 하여 같은 입장 이다(재삼46014-1380, 1995. 06. 08).

다만, 수인의 증여자가 동일한 수증자에게 증여한 때에도 각각의 증여자가 자신이 증여한 재산에 한하여 증여자로서 (상증법 제4조 의2 제5항에서 정하는 요건이 충족되는 경우) 수증자와 연대하여 각 각의 증여세를 납부할 의무를 부담할 뿐, 이 때 각각의 증여자와 다 른 증여자와의 사이에 증여 관계는 존재하지 아니하고, 기타 각각의 증여자 사이에 연대납부의무의 성립을 인정할 계약 또는 법령상 근 거는 존재하지 아니하므로, 수인의 증여자 상호간에 연대납세의무 는 발생하지 않는다.

나. 징수 및 충당과 관련된 실무상 문제

수인이 동시에 또는 공유하는 재산을 공동으로 증여한 경우라 하 더라도, 각각의 증여자는 (상증법 제4조의2 제5항에서 정하는 요건 이 충족되는 경우) 각각이 증여한 범위에 한하여 수증자와 연대하여 증여세를 납부할 의무를 부담할 것이고, 각각의 증여자는 상호 간에 연대납부의무를 부담하지 않음이 원칙임은 앞서 검토한 바와 같다.

그러나 그러한 경우 수증자의 재산으로 수증자가 납부할 증여세 를 모두 납부하기에 부족한 경우에는 사실상 각각의 증여자 모두가 수증자와 연대하여 수증자가 납부하여야 할 증여세 전액에 대하여 연대하여 납부할 의무를 부담하는 것과 같은 결과가 야기될 수 있다.

예를 들어, 수증자 A가 증여자 B와 C로부터 동일한 가액의 재산 인 X와 Y를 증여 받은 경우를 가정하여 보자. 이러한 경우 수증자 A가 증여세를 납부할 능력이 없다고 인정되는 경우 기타 상증법 제

4조의2 제5항에서 정하는 요건이 충족될 경우에는 증여자 B와 C가 각각 자신이 A에게 X와 Y를 각각 증여한 것과 관련하여 증여자로서 증여세 연대납부의무를 부담하게 된다.

이 때 수증자 A가 증여세를 신고 후 무납부하거나 무신고·무납부하고, A의 재산만으로 B의 증여로 인한 증여세 및 C의 증여로 인한 증여세(본세) 합계의 1/2만을 납부할 수 있는 경우, A가 그 재산으로 B와 연대하여 납부할 증여세를 먼저 납부한다고 본다면 B는 A와 연대하여 증여세를 납부할 의무를 부담하지 않게 되고, 반대로 A가 그 재산으로 C와 연대하여 납부할 증여세를 먼저 납부한다고 본다면 C가 A와 연대하여 증여세를 납부할 의무를 부담하지 않게 될 것이다.

그리고 견해에 따라서는 A가 증여받은 재산 X와 Y의 가액에 비례하여 그에 관한 증여세를 납부할 것으로 보고 연대납부의무의 의무자 및 범위를 판단하거나, 또는 X와 Y를 증여받은 각 시점 기타 민법상 변제충당에 관한 법리에 따라[27] 수 개의 증여세에 순서대로 충당되는 것으로 가정하여 연대납부의무의 의무자 및 범위를 판단하여야 한다고 볼 수도 있다.

그러나 동일 징수권자의 압류 또는 교부청구에 관계되는 국세가 여럿 있고 배분된 금액이 그 국세들의 총액에 부족한 경우 충당의 순서에 관하여는 국세징수법상 아무런 규정이 없고, 민법상의 법정변제충당에 관한 규정을 준용하도록 하는 규정도 없다.

그리고 조세채무가 금전채무라는 사실에서 사법상의 채무와 공통점을 갖기는 하지만, 조세채무는 법률의 규정에 의하여 정해지는 법정채무로서 당사자가 그 내용 등을 임의로 정할 수 없고, 조세채

---

27) 그러한 경우 특별한 사정이 없는 한 수증자의 재산으로 '증여 시점이 앞서는 증여세' 또는 '그 세액이 많은 증여세'에 우선하여 충당되는 것으로 보아 연대납부의무를 부담하는 증여자 및 그 범위가 정해질 것이다(민법 제477조 참조).

무관계는 공법상의 법률관계이고 그에 관한 쟁송은 원칙적으로 행정사건으로서 행정소송법의 적용을 받으며, 조세는 공익성과 공공성 등의 특성을 갖고 이에 따라 조세채권에는 우선권(국세기본법 제35조, 제36조, 제37조) 및 자력집행권(국세징수법 제3장 이하)이 인정되고 있는 점을 고려하여 볼 때, 민법 제477조 내지 제479조에서 규정하고 있는 법정변제충당의 법리를 조세채권의 충당에서 그대로 적용하는 것이 타당하다고는 할 수 없다.

이러한 점과 함께 국세징수법에 의한 체납처분절차는 세무서장이 그 절차의 주관자이면서 동시에 그 절차에 의하여 만족을 얻고자 하는 채권(국세)의 채권자로서의 지위도 겸유하고 있는 점 등을 종합하여 고려하면, 압류에 관계되는 국세가 여럿 있고 공매대금 중 그 국세들에 배분되는 금액이 그 국세들의 총액에 부족한 경우에 세무서장이 민법상 법정변제충당의 법리에 따르지 아니하고 어느 국세에 먼저 충당하였다고 하더라도, 체납자의 변제이익을 해하는 것과 같은 특별한 사정이 없는 한 그 조치를 위법하다고는 할 수 없다(대법원 2007. 12. 14. 선고 2005다11848 판결 참조).

그렇다면 앞서 설정한 사례에서 증여세(예 : 200) 납세의무를 부담하는 수증자 A의 재산으로 B와 연대하여 납부할 증여세(예 : 100)에 먼저 충당하거나, C와 연대하여 납부할 증여세(예 : 100)에 먼저 충당하거나, 아니면 일정한 기준에 따라 안분한 세액(예 : 각각 50)에 먼저 충당하는 것 모두 위법하다고 할 수는 없다. 실제 위와 같이 일부 증여세(예 : 100)가 납부되어 소멸한 경우 연대납부의무자인 B 또는 C가 '자신이 연대납부의무를 부담하는 증여세 부분(예 : 각 100)이 먼저 납부되어 소멸한 것'이라고 주장하면서 자신에 대한 부과처분의 효력을 다투더라도, 충당의 순서 및 기준에 관하여 정함이 없는 이상 과세관청으로서는 그와 같은 주장에 구애됨이 없이 다른 연대납부의무자(C 또는 B)가 연대납부의무를 부담하는 증여세(예 :

100)에 먼저 충당되었음을 주장하면서 연대납부의무자 일방(B 또는 C)에 대한 부과처분이 적법하다고 주장한다. 그렇다면 수증자 A가 부담하는 증여세(예 : 200)가 전부 납부되어 소멸하기 이전에는, 사실상 B와 C 모두 자신이 연대하여 납부할 증여세의 소멸을 주장할 수 없는 결과가 야기된다.

그러나 위와 같은 결과는 국세징수법 제4조에서 체납처분비와 국세, 가산금 사이의 징수 순위에 관하여만 규정할 뿐, 국세 전부를 징수하기에 부족한 경우 그 국세 중 어느 부분에 먼저 충당할 것인지에 관하여 아무런 규정을 두고 있지 아니한 입법 공백에 따른 문제라고 생각되므로, 그와 같은 입법 불비가 조속히 시정되어야 한다고 생각한다.

IV. 증여자의 증여세 연대납부의무의 소멸

1. 납부의무의 소멸 일반

국세기본법 제26조는 국세·가산금 또는 체납처분비를 납부할 의무는 다음 각 호의 어느 하나에 해당하는 때에 소멸한다고 규정하면서, 제1호에서 1. 납부·충당되거나 부과가 취소된 때, 제2호에서 2. 제26조의2에 따라 국세를 부과할 수 있는 기간에 국세가 부과되지 아니하고 그 기간이 끝난 때, 제3호에서 3. 제27조에 따라 국세징수권의 소멸시효가 완성된 때를 납부의무가 소멸하는 경우로 명시하고 있다.

증여자의 증여세 연대납부의무의 소멸과 관련하여 위 국세기본법 제26조 제1, 3호에서 정하는 납부의무 소멸 사유에 있어서는 특기할 사항이 없으나, 같은 조 제2호의 사유, 즉 제척기간 경과로 인한 납부의무 소멸과 관련하여서는 증여자에 대한 제척기간의 기산점을 어느 시점으로 볼 것인지, 그 제척기간을 몇 년으로 볼 것인지가 문제될 수 있다.

2. 제척기간의 기간

국세기본법 제26조의2 제1항은 "국세는 다음 각 호에 규정된 기간이 끝난 날 후에는 부과할 수 없다. 다만, 조세의 이중과세를 방지하기 위하여 체결한 조약(이하 조세조약이라 한다)에 따라 상호합의 절차가 진행 중인 경우에는 국제조세조정에 관한 법률 제25조에서 정하는 바에 따른다."고 규정하면서 이하 각 호에서 구체적인 제척기간에 관하여 규정하고 있다.

그 구체적인 제척기간과 관련하여 같은 항 제2호는 납세자가 법정신고기한까지 과세표준신고서를 제출하지 아니한 경우에는 해당 국세를 부과할 수 있는 날부터 7년간으로 규정하고, 제3호는 제1호·제1호의2 및 제2호에 해당하지 아니하는 경우에는 해당 국세를 부과할 수 있는 날부터 5년간으로 규정하고 있다.

그러나 같은 항 제4호는 "상속세·증여세는 제1호, 제1호의2 제2호 및 제3호에도 불구하고 부과할 수 있는 날부터 10년간. 다만, 다음 각 목의 어느 하나에 해당하는 경우에는 부과할 수 있는 날부터 15년간으로 한다."고 하여 별도의 제척기간을 규정하고 있는바, 같은 호 가목은 납세자가 부정행위로 상속세·증여세를 포탈하거나 환급·공제받은 경우, 나목은 상속세 및 증여세법 제67조 및 제68조에 따른 신고서를 제출하지 아니한 경우, 다목은 상속세 및 증여세법 제67조 및 제68조에 따라 신고서를 제출한 자가 대통령령으로 정하

는 거짓 신고 또는 누락신고를 한 경우(그 거짓신고 또는 누락신고
를 한 부분만 해당한다)를 15년의 제척기간이 적용되는 경우로 명시
하고 있다.

그렇다면 증여자가 연대납부의무를 부담하는 것이 '증여세'를 그
세목으로 하는 국세인 이상 국세기본법 제26조의2 제1항 제4호에서
정하는 제척기간이 적용된다고 하는 점에는 달리 의문이 없으나, 그
중 제4호 본문에서 정하는 '10년의 제척기간'이 적용된다고 볼 것인
지, 그렇지 아니하고 같은 호 단서에서 정하는 '15년의 제척기간'이
적용된다고 볼 것인지가 문제될 수 있다.

우선 증여자가 수증자에게 증여를 하고 수증자에게 상증법 제4
조의2 제5항에서 정하는 사유가 발생하여 증여자가 증여세 연대납
부의무를 부담하게 되었다는 사정만으로 '증여자가 부정행위로 상
속세·증여세를 포탈하거나 환급·공제받은 경우'에 해당한다고 볼
수 없고, 증여자가 수증자를 대신하여 상증법 제68조에 따라 신고서
를 제출하면서 거짓 신고 또는 누락신고를 하는 경우는 사실상 존재
하지 아니하므로, 국세기본법 제26조의2 제1항 제4호 가목 및 다목에
서 정하는 바에 따라 15년의 제척기간이 적용된다고 볼 여지는 없다.

그러나 증여자가 상증법 제68조에서 정한 신고서를 제출하지 아
니한 경우로 보아 국세기본법 제26조의2 제1항 제4호 나목에서 정
하는 바에 따라 항상 15년의 제척기간이 적용된다고 보거나, 아니면
수증자가 상증법 제68조에서 정한 신고서를 제출하였는지 여부에
따라 수증자가 증여세 신고서를 제출한 경우에는 국세기본법 제26
조의2 제1항 제4호 본문에 따라 증여자에게도 10년의 제척기간이
적용되며, 그렇지 아니한 경우에는 증여자에게도 국세기본법 제26
조의2 제1항 제4호 나목에 따라 15년의 제척기간이 적용된다고 볼
여지는 있다.

그러나 상증법 제68조 제1항은 본문에서 제4조의2에 따라 증여세

납부의무가 있는 자는 증여받은 날이 속하는 달의 말일부터 3개월 이내에 제47조와 제55조 제1항에 따른 증여세의 과세가액 및 과세표준을 대통령령으로 정하는 바에 따라 납세지 관할 세무서장에게 신고하여야 한다고 규정하고 있는바, 위 문언만을 고려할 경우 상증법 제4조의2 제5항에 따라 증여세 연대납부의무를 부담하는 증여자도 증여세 신고의무가 있다고 볼 여지는 있으나, 그 신고기한과 관련하여 증여받은 날이라 하여 증여세 신고의무자가 증여를 받은 수증자임을 전제로 법문이 구성되어 있다.

그리고 상증법 제68조 제1항 본문에서 정하는 신고기한도 '증여받은 날이 속하는 달의 말일부터 3개월 이내'로 하여, 그 기간 이후 상증법 제4조의2 제5항에서 정하는 사유가 발생한 경우에는 증여자에게 사실상 증여세 신고납부의무가 존재할 수 없고, 같은 항 단서에서 정하는 신고기한도 수혜법인 또는 특정법인의 과세표준의 신고기한이 속하는 달의 말일부터 3개월이 되는 날로 정하여, 증여자인 특수관계법인 또는 특수관계자가 증여세 신고의무가 없음을 전제로 한다고 생각된다.

나아가 상증법 제4조의2에 따라 증여세 납세의무자는 수증자이고, 증여세 신고의무를 부담하는 수증자가 증여세 신고를 하였는지 여부에 따라 증여자에게 적용될 제척기간이 10년 또는 15년으로 달라진다고 보는 것은 자기책임의 원칙에 반하는 점 고려하면, 증여자에게 상증법 제68조에서 정하는 증여세 신고의무가 존재함을 전제로 국세기본법 제26조의2 제1항 제4호 나목에서 정하는 15년의 제척기간이 적용된다고 볼 수도 없다.

따라서 상증법 제4조의2 제5항에서 정하는 사유가 발생하여 증여자가 증여세 연대납부의무를 부담하는 경우에는 국세기본법 제26조의2 제1항 제4호 본문에서 정하는 바에 따라 10년의 제척기간이 적용된다고 볼 것이다.

3. 제척기간의 기산점

국세기본법 제26조의2 제5항은 "제1항 각 호에 따른 국세를 부과할 수 있는 날은 대통령령으로 정한다."라고 규정하고, 국세기본법 시행령 제12조의3 제1항은 '국세 부과 제척기간의 기산일'과 관련하여 법 제26조의2 제5항에 따른 국세를 부과할 수 있는 날은 다음 각 호의 날로 한다고 규정하면서, 제1호에서 "과세표준과 세액을 신고하는 국세(종합부동산세법 제16조 제3항에 따라 신고하는 종합부동산세는 제외한다)의 경우 해당 국세의 과세표준과 세액에 대한 신고기한 또는 신고서 제출기한(이하 과세표준신고기한이라 한다)의 다음 날. 이 경우 중간예납·예정신고기한과 수정신고기한은 과세표준신고기한에 포함되지 아니한다."라고 하여 과세표준과 세액을 신고하는 국세에 있어서는 그 과세표준신고기한의 다음 날을 제척기간의 기산일로 명시하고 있다.

증여자의 증여세 연대납부의무와 관련하여, 증여자에게 부과·고지되는 증여세는 '과세표준과 세액을 신고하는 국세'에 해당하므로, 그 과세표준신고기한, 즉 '증여받은 날이 속하는 달의 말일부터 3개월이 되는 날'의 다음 날을 제척기간의 기산일이라고 해석할 여지도 있다(상증법 제68조 제1항 본문[28]).

그러나 증여세 연대납부의무를 부담하는 증여자에게 적용될 부과제척기간과 관련하여 검토한 바와 같이 상증법 제68조에서 정하는 증여세 신고의무는 (원칙적인) 증여세 납세의무자인 수증자에게만 인정되는 것으로, 증여자에게 상증법 제68조에서 정하는 증여세 신고의무를 인정할 수 없고, 신고납부방식의 국세에 있어서는 원칙

---

28) 본 글에서는 상증법 제68조 제1항 단서에서 정하는 경우(상증법 제41조의3 및 제41조의5, 제45조의3 및 제45조의5에서 정하는 경우)는 검토 범위에서 제외한다.

적으로 제척기간의 기산점을 '과세표준신고기한'으로 규정하는 국세기본법 시행령 제12조의3 제1항 제1호는 납세의무자가 그 신고의무를 부담하는 경우를 전제로 하는 것이다.

그리고 제척기간의 기산점에 관하여 규정하는 국세기본법 시행령 제12조의3 제1항은 국세를 부과할 수 있는 날을 제척기간의 기산점으로 정하는 국세기본법 제26조의2 제5항을 구체화하는 내용에 불과하고, 증여세 신고의무를 부담하지 않는 증여자에 대하여도 국세기본법 시행령 제12조의3 제1항 제1호를 적용하여 과세표준신고기한이 제척기간의 기산점이라고 할 경우 과세표준신고기한으로부터 10년의 제척기간이 경과한 이후에서야 상증법 제4조의2 제5항에서 정하는 사유가 발생한 경우에는 처음부터 증여세를 부과할 수 없게 되며, 그렇다면 '과세표준신고기한으로부터 10년의 제척기간'이 경과한 이후에 상증법 제4조의 2 제5항에서 정하는 사유가 발생하였는지 여부에 따라 증여세 부과 여부가 원천적으로 달라지는 결과를 야기하여 부당하다고 생각된다.

따라서 상증법 제4조의2 제5항에 따라 증여자에게 증여세 연대납부의무가 성립하는 경우에는 국세기본법 제26조의2 제5항에 따라 그 국세(증여세)를 부과할 수 있는 날인 상증법 제4조의2 제5항에서 정하는 연대납부의무 성립 사유가 발생한 날을 제척기간의 기산점으로 보아야 할 것이다.[29]

다만, 상증법 제4조의2 제5항 제3, 4호에서 정한 사유가 인정되어 비거주자인 수증자에게 증여를 한 증여자 또는 명의신탁자에게 증여세 연대납부의무가 인정되는 경우에는 같은 항 제1, 2호에서 정한

---

[29] 물론 구체적인 경우에 그 시점 판단에 있어 논란이 발생할 수도 있으나, 이는 국세기본법 시행령 제12조의3 제1항이 증여자의 증여세 연대납부의무에 관한 규정을 따로 두지 아니한 입법 불비에 따른 것으로서 불가피하다고 생각된다.

경우와는 달리 그 과세표준신고기한 다음 날 즉시 별도의 추가 과세 요건 없이 증여자에게도 국세인 증여세를 부과할 수 있다 할 것이므로, 그러한 경우에는 수증자와 증여자에 대한 제척기간의 기산점이 동일하게 될 것이다.[30]

V. 결어

이상 살펴본 바와 같이 증여자의 증여세 연대납부의무는 그 성질에서부터 납세의무의 성립요건, 그 고지 절차는 물론 연대납부의무가 성립할 경우의 그 내용 및 소멸 등에 관하여 이론의 여지가 있을 수 있음에도 불구하고 이와 관련하여 구체적인 규정을 두지 않음으로 인해 실무상 혼선을 야기하고 납세의무자의 권익을 침해할 가능성이 존재하므로, 연대납부의무의 성질에 관한 검토를 바탕으로 충분한 논의가 이루어져 그 성립요건과 내용, 소멸에 관하여 일관되고 명확한 입법적 개선이 이루어져야 할 것이다.

---

30) 다만, 그러한 경우에도 앞서 검토한 바와 같이 수증자와 증여자에게 적용되는 제척기간의 기간이 상이하게 됨은 별개의 문제이다.

참고문헌

이창희, 『세법강의』, 박영사, 2016.

신재열·노희구·천승용, 『상속세 및 증여세 실무해설』, 영화조세통람, 2015.

임승순, 『조세법』, 박영사, 2016.

김하중·김성영, 『국세징수법 해설과 실무』, 삼일인포마인, 2015.

오윤, 『국제조세법론』, 삼일인포마인, 2016.

곽윤직, 『민법주해 [X] 채권(3)』, 박영사, 2011.

김두병, "조세법상 연대납세의무와 연대납부책임", 『연세법학연구』 2, 연세
　　　법학회, 1992.

김준석, "증여세부담의 전가(증여자가 대신 부담하는 경우)와 연대납세의
　　　무", 『세무경영』 통권 983호, 조세통람사, 2007.

김동주, "연대납세의무자 중 1인에 대한 납세고지의 효력", 『재판실무연구』,
　　　광주지방법원, 2003.

강인애, "조세법상의 연대납세의무", 『인권과 정의』 156호, 대한변호사협회.

송민경, "연대납세의무", 『행정재판실무연구』 3, 법원도서관.

김완석, "연대납세의무의 해석상 논점", 『법률행정논집』 9권, 서울시립대학
　　　교 법률행정연구소.

정병문, "공동상속인의 연대납세의무의 책임범위에 관한 구 상속세법 제18
　　　조 제2항 소정의 '상속인이 받았거나 받을 재산'의 의미", 『대법원판례
　　　해설』 통권 제39호, 법원도서관, 2001.

김광수, "관세법상 연대납세의무에 대한 연구", 『관세학회지』 제7권 제1호,
　　　한국관세학회, 2006.

특정법인과의 거래를 통한 이익 증여 규정의 위헌성 검토
- 구 상속세 및 증여세법 제41조 제1항 및 동법 시행령 제31조 제6항의 증여이익계산규정에 관하여 -

남 미 영 변호사

I. 서설

구 상속세 및 증여세법(2010. 1. 1. 법률 제9916호로 개정된 것, 이하 '구 상증법'이라고 한다) 제41조는 결손금이 있거나 휴업 또는 폐업 중인 법인(이하 '특정법인'이라 한다)의 주주 또는 출자자와 특수관계에 있는 자가 그 특정법인에게 재산을 무상으로 제공하는 등의 거래를 하여 그 특정법인의 주주가 이익을 얻은 경우에는 이를 주주의 증여재산가액으로 보고 있다.

위 규정은 1996. 12. 30. 상증법이 전면개정되면서 특정법인을 통한 상속세, 증여세 등의 우회적 조세회피를 방지하기 위하여 신설된 이후 수차 개정된 것으로, 특수관계자 사이에 직접적인 상속·증여를 하는 경우에 비하여 특정법인을 통하여 우회적 증여를 하게 되면 세부담을 줄일 수 있는 점을 악용하는 것을 방지하려는 목적으로 입법된 것이다.

과세관청은 위 규정이 신설된 이래 특정법인의 주주와 특수관계 있는 자가 특정법인에게 금전을 무상으로 대부한 경우나 재산을 무상으로 제공한 전·후로 특정법인 주주의 주식 1주당 가치가 변하지 않는 경우는 물론 음수에서 음수로 변동되는 경우에도 위 규정을 적용하여 과세를 하려고 시도하여 왔고, 이에 대하여 법원은 위 조항의 해석 적용의 한계를 제시하면서 과세관청의 과세권 행사를 제지하여 왔다.

법원의 명백한 입장과 견해 차이에도 불구하고 위 규정은 과세관청의 입장을 그대로 반영하는 방향으로 개정되어 왔는데, 현재 구 상증법 제41조 제1항 및 그 증여이익의 계산규정인 동법 시행령 제31조 제6항의 위헌성이 쟁점이 된 대법원 사건과 위 규정에 대한 위헌법률심판제청 사건이 계류 중인바, 조만간 그 위헌 판단에 대한 결론이 내려질 것으로 보인다.

아래에서는 구 상증법 제41조 및 동법 시행령 제31조의 개정 연혁과 관련 대법원 판례의 내용을 살펴본 후 구 상증법 제41조 제1항 및 동법 시행령 제31조 제6항의 위헌성에 대해 검토하고자 한다.

II. 특정법인과의 거래를 통한 이익의 증여 관련 규정

구 상증법 제41조 (특정법인과의 거래를 통한 이익의 증여 의제)
① 결손금이 있거나 휴업 또는 폐업 중인 법인(이하 이 조에서 "특정법인"이라 한다)의 주주 또는 출자자와 특수관계에 있는 자가 그 특정법인과 다음 각 호의 어느 하나에 해당하는 거래를 하여 <u>그 특정법인의 주주 또는 출자자가 대통령령으로 정하는 이익을 얻은 경우에</u>

는 그 이익에 상당하는 금액을 그 특정법인의 주주 또는 출자자의 증여재산가액으로 한다.

1. 재산이나 용역을 무상으로 제공하는 거래
2. 재산이나 용역을 통상적인 거래 관행에 비추어 볼 때 현저히 낮은 대가로 양도·제공하는 거래
3. 재산이나 용역을 통상적인 거래 관행에 비추어 볼 때 현저히 높은 대가로 양도·제공받는 거래
4. 그 밖에 제1호부터 제3호까지의 거래와 유사한 거래로서 대통령령으로 정하는 거래

② 제1항에 따른 특정법인, 특수관계에 있는 자, 특정법인의 주주 또는 출자자가 얻은 이익의 계산, 현저히 낮은 대가 및 현저히 높은 대가의 범위는 대통령령으로 정한다.

구 상증법 시행령 제31조(특정법인과의 거래를 통한 이익의 계산방법 등)

⑤ 법 제41조 제1항에서 "주주 또는 출자자와 특수관계에 있는 자"라 함은 제1항 각호의 1에 규정된 법인의 최대주주등과 제19조 제2항 각호의 1의 규정에 의한 관계에 있는 자를 말한다.

⑥ 법 제41조 제1항의 규정에 의한 이익은 다음 각호의 1에 해당하는 이익(제1항 제1호의 규정에 해당하는 법인의 경우에는 당해 결손금을 한도로 한다)에 제5항에 규정된 자의 주식 또는 출자지분의 비율을 곱하여 계산한 금액(당해 금액이 1억 원 이상인 경우에 한한다)으로 한다.

1. 재산을 증여하거나 당해 법인의 채무를 면제·인수 또는 변제하는 경우에는 증여재산가액 또는 그 면제·인수 또는 변제로 인하여 얻는 이익에 상당하는 금액
2. 제1호 외의 경우에는 제3항의 규정에 의한 시가와 대가와의 차액에 상당하는 금액

1. 의의 및 입법 취지

구 상증법 제41조 및 동법 시행령 제31조는 결손금이 있는 법인(이하 '결손법인'이라 한다) 및 휴업·폐업 중인 법인의 주주 등과 특수관계에 있는 자가 특정법인에 재산을 무상으로 제공하는 등의 거래를 하여 그 주주 등이 얻은 이익이 1억 원 이상인 경우를 증여세 과세대상으로 하여 증여재산가액 산정에 관하여 규정하고 있다.

이는 결손법인에 재산을 증여하여 그 증여가액을 결손금으로 상쇄시키는 등의 방법으로 증여가액에 대한 법인세를 부담하지 아니하면서 특정법인의 주주 등에게 이익을 주는 변칙증여에 대하여 증여세를 과세하는 데 그 취지가 있다(대법원 선고 2011. 4. 14. 선고 2008두6813 판결 참조).

2. 요건

① 특정법인: 결손금이 있거나 휴업 또는 폐업 중인 비상장법인[1]
② 주주 또는 출자자와 특수관계에 있는 자: 특정법인의 최대주주와 구 상증법 시행령 제19조 제2항 각호의 1의 규정에 의한 관계에 있는 자
③ 무상제공 등의 거래
④ 주주 또는 출자자가 얻은 이익: "대통령령으로 정하는 이익"으

---

1) 구 상증법 시행령 제31조(특정법인과의 거래를 통한 이익의 계산방법 등) ① 법 제41조 제1항에서 "특정법인"이란 한국거래소에 상장되지 아니한 법인(「자본시장과 금융투자업에 관한 법률」에 따른 코스닥시장에 주권이 상장된 법인은 제외한다) 중 다음 각 호의 어느 하나에 해당하는 법인을 말한다. <후략>

로 규정하여 시행령에 위임

3. 주주가 얻은 이익을 구체화한 구 상증법 시행령 규정의 문제점

특정법인에 대한 재산의 무상제공 등으로 인하여 주주는 그 제공 전후를 비교하여 주주가 보유하고 있는 주식가치의 상승분에 해당하는 이익을 얻게 된다. 주주의 입장에서 특정법인에 대하여 행사하는 권리는 주주로서의 권리이기 때문에, 주주가 얻는 경제적 이익은 재산 전후로 주주가 보유하고 있는 주식가치를 비교하여 그 가치의 상승분으로 정하여야 할 것이다.

그런데 구 상증법 제41조 제1항은 주주가 얻게 되는 이익을 "대통령령으로 정하는 이익"으로만 규정하여 이익의 의미·내용·범위의 확정을 시행령에 위임하고 있고, 구 상증법 시행령 제31조 제6항은 그 위임에 따라 위 이익의 의미를 '재산을 증여하거나 당해 법인의 채무를 면제·인수 또는 변제하는 경우에는 증여재산가액 또는 그 면제·인수 또는 변제로 인하여 얻는 이익에 상당하는 금액'에 '주주의 주식 비율'을 곱하여 계산한 금액으로 규정하고 있다.

위 각 규정은 주주가 보유하고 있는 주식가치의 증가분이 아닌 법인에게 무상으로 제공된 재산가액 자체를 주주가 얻게 되는 이익으로 간주하고 있는 것이다. 이 경우, 아래에서 살펴보듯이, 재산의 무상제공 등으로 주주 등의 주식가치가 변동되지 않거나 변동된 주식가치도 음수인 경우, 주주가 얻는 이익은 사실상 전혀 없다는 점에 문제가 발생한다.

III. 특정법인에 제공된 재산을 증여재산가액으로 규정하고 있는 구 상증법 규정의 위헌성

1. 구 상증법 규정의 연혁

가. 구 상증법(2003. 12. 30. 법률 제7010호로 개정되기 전의 것)

구 상증법(2003. 12. 30. 법률 제7010호로 개정되기 전의 것) §41 ①	구 상증법 시행령(2003. 12. 30. 대통령령 제18177호로 개정되기 전의 것)
결손금이 있거나 휴업 또는 폐업 중인 법인(이하 이 조에서 '특정법인'이라 한다)의 주주 또는 출자자와 특수관계에 있는 자가 당해 특정법인에게 재산을 증여하거나 다음 각 호의 1에 해당하는 거래(이하 이 조에서 '재산의 증여 등'이라 한다)를 통하여 <u>당해 특정법인의 주주 또는 출자자에게 나누어 준 이익</u>에 대하여는 그 이익에 상당하는 금액을 당해 특정법인의 주주 또는 출자자가 그와 특수관계에 있는 자로부터 증여받은 것으로 본다.	법 제41조 제1항의 규정에 의하여 특정법인의 주주 또는 출자자가 증여받은 것으로 보는 이익은 다음 각 호의 1에 해당하는 이익(제1항 제1호의 규정에 해당하는 법인의 경우에는 당해 결손금을 한도로 한다)의 상당액으로 인하여 **증가된 주식 또는 출자지분 1주당 가액**에 제5항에 규정된 자의 주식 수를 곱하여 계산한 금액에 의한다.2) 1. 재산을 증여하거나 당해 법인의 채무를 면제·인수 또는 변제하는 경우에는 증여재산가액 또는 그 면제·인수 또는 변제로 인하여 얻는 이익에 상당하는 금액 2. 제1호외의 경우에는 제3항의

	규정에 의한 시가와 대가와의 차액에 상당하는 금액

● 대법원 2003. 11. 28. 선고 2003두4249 판결

[사실관계] 특정법인과의 증여 등의 거래 전후로 주식 1주당 가액이 계속 부수(–)로 계산된 사안에서, 과세관청이 주주가 재산상 이익을 증여받은 것으로 보아, 특정법인이 증여 또는 채무면제를 받은 액수를 주주가 보유한 주식비율로 나누어 계산한 이익을 증여이익으로 보아 증여세를 과세한 사안

[판단] 대법원은, '증여 등 거래를 전후하여 주식의 가액이 모두 부수(負數)인 경우에는 증가된 주식 등의 1주당 가액은 없는 것으로 보는 것이 합리적이라 할 것이고, 단순히 부수의 절대치가 감소하였다는 이유로 주식 등의 1주당 가액이 증가된 것으로 보는 것은 규정의 해석상 허용되지 않는다.'고 판시하여, 특정법인과의 거래를 통해 법인의 순자산이 증가했다고 하더라도 실질적으로 당해 법인의 주주가 어떠한 이익을 얻은 것으로 볼 수 없는 경우에는 이를 증여로 의제하여 증여세를 과세할 수 없다는 입장을 명백히 하였다.

---

2) 위와 같이 특정법인에 대한 증여로 인해 증가된 주식의 가액을 주주의 이익으로 규정한 이유는, 주주는 자신의 수증자가 아닌 이상 본질적으로 주식의 실질적 가액증가로 인해 이익을 보는 것 외에는 달리 이익을 취할 방법을 상정하기 어렵기 때문이라고 설명되고 있다[구남수, "특정법인과의 거래를 통한 이익의 증여의제", 『대법원판례해설』 제48호(법원도서관), 제156면].

나. 구 상증법(2003. 12. 30. 법률 제7010호로 개정된 것)

구 상증법(2003. 12. 30. 법률 제7010호로 개정된 것) §41 ①	구 상증법 시행령(2003. 12. 30. 대통령령 제18177호로 개정된 것) §31 ⑥
결손금이 있거나 휴업 또는 폐업 중인 법인(이하 이 조에서 '특정법인'이라 한다)의 주주 또는 출자자와 특수관계에 있는 자가 당해 특정법인과 다음 각 호의 1에 해당하는 거래를 통하여 <u>당해 특정법인의 주주 또는 출자자가 **이익을 얻은 경우**</u>에는 그 이익에 상당하는 금액을 당해 특정법인의 주주 또는 출자자의 증여재산가액으로 한다.	법 제41조 제1항의 규정에 의한 이익은 <u>**다음 각 호의 1에 해당하는 이익**</u>(제1항 제1호의 규정에 해당하는 법인의 경우에는 당해 결손금을 한도로 한다)에 제5항에 규정된 자의 주식 또는 출자지분의 비율을 곱하여 계산한 금액(당해 금액이 1억 원 이상인 경우에 한한다)으로 한다. 1. 재산을 증여하거나 당해 법인의 채무를 면제·인수 또는 변제하는 경우에는 증여재산가액 또는 그 면제·인수 또는 변제로 인하여 얻는 이익에 상당하는 금액 2. 제1호 외의 경우에는 제3항의 규정에 의한 시가와 대가와의 차액에 상당하는 금액

위 개정된 구 상증법 시행령 제31조 제6항은 특정법인의 주주 등이 증여받은 것으로 보는 이익의 산정 방법에 대해 종전 규정 중 '<u>증가된 주식 또는 출자지분 1주당 가액</u>' 부분을 삭제하고, <u>증여재산가액 또는 채무면제 등으로 인하여 얻는 이익에 상당하는 금액 등에 해당 주주의 지분 비율을 곱하여 그 이익을 산정</u>하도록 개정되었다.

즉, 특정법인과의 거래를 통해 주주가 얻은 이익을 그 주주가 보유한 주식의 가액 증가분으로 계산하는 것이 아니라, **당해 특정법인이 얻은 이익 자체를 곧바로 주주가 얻은 이익으로 간주해 증여세를 과세하도록 규정**하였다.

● 대법원 2009. 3. 19. 선고 2006두19693 전원합의체 판결

[사실관계] 특정법인에 대한 채무면제가 이루어졌으나 채무면제 전후로 주식 1주당 가액이 계속 부수(−)로 계산된 사안에서, 과세관청이 개정된 구 상증법 시행령 제31조 제6항을 적용하여 증여세를 과세한 사안

[판단] 대법원은, "구 상증법 제41조는 특정법인과의 재산의 무상제공 등 거래를 통하여 최대주주 등이 '이익을 얻은 경우'에 이를 전제로 그 '이익의 계산'만을 시행령에 위임하고 있음에도, 구 상증법 시행령 제31조 제6항은 특정법인이 얻은 이익이 바로 '주주 등이 얻은 이익'이 된다고 보아 증여재산가액을 계산하도록 하고 있고, 또한 같은 법 제41조 제1항에 의하면 특정법인에 대한 재산의 무상제공 등이 있더라도 주주 등은 실제로 이익을 얻은 바 없다면 증여세 부과대상에서 제외될 수 있으나 같은 시행령 제31조 제6항은 특정법인에 재산의 무상제공 등이 있다면 그 자체로 주주 등이 이익을 얻은 것으로 간주하여 증여세 납세의무를 부담하게 된다. 그러므로 결국 같은 시행령 제31조 제6항의 규정은 모법인 같은 법 제41조 제1항, 제2항의 규정 취지에 반할 뿐 아니라 그 위임범위를 벗어난 것으로서 무효라고 봄이 상당하다."고 판시하여, 위임입법의 한계 일탈을 이유로 위 규정의 효력을 부인하였다.

다. 구 상증법(2010. 1. 1. 법률 제9916호로 개정된 것)

구 상증법(2010. 1. 1. 법률 제9916호로 개정된 것) §41 ①	구 상증법 시행령(2003. 12. 30. 대통령령 제18177호로 개정된 것) §31 ⑥
결손금이 있거나 휴업 또는 폐업 중인 법인(이하 이 조에서 "특정법인"이라 한다)의 주주 또는 출자자와 특수관계에 있는 자가 그 특정법인과 다음 각 호의 어느 하나에 해당하는 거래를 하여 그 특정법인의 주주 또는 출자자가 **대통령령으로 정하는 이익**을 얻은 경우에는 그 이익에 상당하는 금액을 그 특정법인의 주주 또는 출자자의 증여재산가액으로 한다.	법 제41조 제1항의 규정에 의한 이익은 **다음 각 호의 1에 해당하는 이익**(제1항 제1호의 규정에 해당하는 법인의 경우에는 당해 결손금을 한도로 한다)에 제5항에 규정된 자의 주식 또는 출자지분의 비율을 곱하여 계산한 금액(당해 금액이 1억 원 이상인 경우에 한한다)으로 한다. 1. 재산을 증여하거나 당해 법인의 채무를 면제·인수 또는 변제하는 경우에는 증여재산가액 또는 그 면제·인수 또는 변제로 인하여 얻는 이익에 상당하는 금액 2. 제1호 외의 경우에는 제3항의 규정에 의한 시가와 대가와의 차액에 상당하는 금액

● 현재 위 규정을 적용한 과세처분의 적법성을 다투는 사안이 대법원 2015두45700 사건으로 계속 중이다. 또한 위 사건과 관련하여 2015. 11. 3. 위헌법률심판제청신청이 이루어져 대법원 2015아583 사건이 계속 중에 있으며, 위 사건 이외에도 위 규정의 위헌 여부에 관한 다수의 위헌법률심판제청 사건이 계속 중인바, 조만간 이에 관한 판례의 태도가 정리될 수 있을 것으로 보인다.

● 하급심의 경우 태도가 정리되지 않은 것으로 보이며 통일되지 않은 내용의 판결이 이루어지고 있다.

서울고등법원은 "대법원 판결의 취지 및 개정된 상증세법 제41조 제1항의 문언 등을 종합하면, 개정된 상증세법 제41조 제1항은 결국 주주가 얻은 이익의 계산뿐만 아니라 어떠한 경우에 주주가 이익을 얻은 것으로 볼 것인지에 관하여도 대통령령에 위임을 하는 취지라고 봄이 상당하며, 결국 개정된 상증세법 시행령 제31조 제6항은 모법에 위임규정이 새로 생김으로써 더 이상 무효라고 볼 수 없게 되었다"고 판시하여 위 규정의 합헌성을 인정한 바 있으나(서울고등법원 2015. 5. 19. 선고 2014누68715 판결).

위 판결 이후 서울행정법원 2016. 4. 7. 선고 2015구합74586 판결, 서울행정법원 2016. 8. 26. 선고 2015구합50372 판결 등은 "특정법인에 대한 증여가 있었다고 하더라도 그로 인하여 그 주주 또는 출자자의 주식 또는 출자지분의 가치가 증가되지 않는 경우라면 증여세 과세대상이 되는 증여 자체가 존재하지 않고, 증여재산가액의 계산방법에 나아가 판단할 여지가 없다"고 명시하면서, 개정된 상증세법 제41조 제1항에서 "종전의 '이익'을 '대통령령으로 정하는 이익'으로 개정하였다고 하더라도 그 이익 역시 주주 또는 출자자가 얻은 이익을 의미할 뿐, 주주 또는 출자자의 주식 또는 출자지분의 가치가 증가하는 실질적인 이익이 없음에도 그와 같은 이익이 발생한 것으로 의제한다는 취지는 아니다"라고 판시하여 위 서울고등법원의 판결과는 정면으로 배치되는 태도를 보였다.

2. 구 상증법 시행령 제31조 제6항의 위헌성

가. 사안의 개요

주식회사 A법인은 소외 甲과 甲의 두 자녀가 주주로 있는 비상장법인이고, 사업부진 등의 이유로 결손이 발생함. 甲은 A법인에 대하여 합계 약 112억 원을 무상으로 대여하였음.

위 금전대여가 있기 전과 후의 기간 동안 순손익가치와 순자산가치를 기초로 산정한 A법인의 주식 1주당 주식가치는 지속적으로 0원을 하회하였고, A법인의 주식 1주당 주식가액은 위 금전대여의 전과 후 모두 동일하게 0원이었음.

과세관청은 甲이 특정법인인 A법인에 대하여 금전을 대여하면서 이자를 수취하지 않았고, 이로 인하여 원고들이 그 이자상당액의 이익을 받았다고 보아 증여세를 부과함.

나. 구 상증법 시행령 제31조 제6항의 위헌성

(1) 증여세법상 '증여'의 의의에 배치됨

종래 구 상증법(2003. 12. 30. 법률 제7010호로 개정되기 전의 것)은 증여세의 과세대상이 되는 "증여"의 의미에 관해 별도의 규정을 두지 않았고, 이에 증여세의 과세대상이 되는 "증여"의 의미를 민법상 증여의 개념과 동일하게 해석하면서 민법상 증여에 해당하지 않는 거래에 대해서 증여세를 부과하기 위하여 "증여의제"라는 개념을 도입하여 증여세를 부과하였다.

2003년 개정된 구 상증법은 제2조 제3항에서 "증여"를 "그 행위 또는 거래의 명칭·형식·목적 등과 관계없이 경제적 가치를 계산할 수 있는 유형·무형의 재산을 직접 또는 간접적인 방법으로 타인에게 무상으로 이전하는 것 또는 기여에 의하여 <u>타인의 재산가치를 증가시키는 것</u>"으로 규정함으로써 상증법에 독자적인 증여개념을 도입하여 이른바 완전포괄주의 과세방식을 채택함과 동시에 종전의 증여의제 규정들은 순수한 의미의 의제규정으로 볼 수 있었던 명의신탁재산의 증여의제 규정만을 남기고 모두 예시적 증여규정으로 전환하였다.

　이러한 상증법의 규정체계에 의하면, 종전의 증여의제에 관해 규정한 상증법 제32조 내지 제42조의 규정들은 증여세 완전포괄주의의 도입에 따라 상증법 제2조 제3항이 규정한 증여 개념을 보다 구체화하여 각 행위 유형별로 증여재산가액을 계산하기 위한 규정으로 해석하여야 하고, 따라서 <u>증여세의 과세대상이 되는 "증여"에 해당하기 위해서는 그 행위 또는 거래로 인하여 타인, 즉 수증자의 재산가치가 증가한 경우이어야 한다. 수증자의 재산가치가 증가한 바가 없음에도 불구하고 증여재산가액의 계산에 관한 규정에 의하여 수증자의 증여이익을 의제하는 것은 증여세법상 증여의 개념에 정면으로 배치된다.</u>

(2) 법인의 이익과 주주의 이익은 동일시할 수 없음

　특정법인에 대한 재산의 무상제공 등으로 인하여 주주가 보유하고 있는 주식의 1주당 주식가치가 양수에서 양수로 증가한 경우라면 법인이 얻게 되는 이익과 주주가 얻게 되는 이익이 일치하겠지만, 재산의 무상제공 등의 후에도 주식의 가치가 음수라면, 법인이 얻은 이익과 주주의 이익이 일치하지 않게 된다.

　주식의 가치는 최하가 0일 수밖에 없기 때문에 재산의 무상제공 등 전후로 주식의 가치가 계속 음수라면, 해당 주식의 1주당 주식가치는 0으로 동일한 것이고, 이때 주주가 얻은 이익은 전혀 없게 된다. 법인이 그 즉시 청산을 하더라도, 주주는 법인으로부터 아무런 잔여재산을 취득할 것이 없게 되는 것이다.

법인의 청산이 이루어지지 않는다면, 주식의 1주당 주식가치가 0 이상으로 증가하는 시점이 좀 더 빨리 앞당겨질 수 있고, 이러한 점에서 주주에게 여하한 이익이 발생하였다고 볼 여지도 있으나, 증여세를 과세함에 있어 과세물건은 증여세 납세의무 성립일을 기준으로 수증자가 증여로 얻게 되는 재산상 이익으로, 위와 같은 이익은 증여세의 과세물건으로 볼 수 없다.

> (3) 구 상증법 제41조 제1항이 "대통령령으로 정하는 이익을 얻은 경우"라는 문구를 추가하였지만, 입법취지에 비추어 볼 때 위 규정에 따른 증여세 부과는 주주가 실질적인 이익을 얻은 경우로 전제로 하는 것이라고 해석하여야 함

구 상증법 제41조의 입법취지는 재산의 증여를 받더라도 결손금이 있어 법인세를 부담하지 아니하게 되는 특정법인에 대한 증여를 통하여 증여자와 특수관계에 있는 결손법인의 주주가 과세의 부담 없이 이익을 얻는 것을 방지하기 위한 것이다.

수증자가 취득한 재산, 즉 증가된 재산가치를 과세대상으로 하고 부의 무상이전을 과세대상원인으로 하는 증여세의 본질을 고려하더라도 구 상증법 제41조에 따라 증여세가 부과되는 특정법인의 주주가 얻은 이익은 실질적인 재산의 취득, 실질적인 재산가치의 증가를 전제로 하여야 하고, 이러한 해석이 구 상증법 제41조의 입법취지에 부합하는 것이다.

구 상증법 제41조 제1항은 "특정법인의 주주 또는 출자자가 대통령령으로 정하는 이익을 얻은 경우"에는 그 이익에 상당하는 금액

을 그 특정법인의 주주 또는 출자자의 증여재산가액으로 한다고 규정하여, 법개정 이후로도 여전히 주주가 어떤 이익을 얻은 경우를 전제로 하고 있는데, 결국 상증법의 규정체계, 구 상증법 제41조의 입법취지와 위 규정의 문언에 비추어 볼 때, 위 규정은 특정법인과의 거래를 통해 주주 또는 출자자가 이익을 얻은 경우를 전제로 하여 구체적으로 그 이익을 산정하기 위한 방법을 대통령령에 위임하는 것으로 해석하여야 한다.

(4) 합당한 이유 없이 다른 유형의 증여행위와 증여재산가액 계산의 방식을 달리함으로써 조세평등주의에 위배됨

2013. 1. 1. 신설된 상증법 제32조는 "증여재산가액 계산의 일반원칙"을 규정하면서 제1호에서 '재산을 무상으로 이전받은 경우'에는 그 증여받은 재산의 시가를, 제2호에서 '상증법 제33조부터 제39조까지, 제39조의2, 제39조의3, 제40조, 제41조, 제41조의3부터 제41조의5까지 및 제42조에 해당하거나 이와 유사한 경우에는 해당 규정에 따라 계산한 금액'을, 제3호에서 제1호 및 제2호에 해당하지 않는 경우로서 '재산을 현저히 낮은 대가를 주고 이전받거나 현저히 높은 대가를 받고 이전한 경우(가목)'는 시가와 대가의 차이 상당액을, '타인의 기여에 의하여 재산가치가 증가하는 경우(나목)'는 재산가치 증가사유가 발생하기 전과 후의 시가의 차액으로서 대통령령으로 정하는 이익에 상당한 금액을 각 증여이익으로 계산하도록 규정하고 있다

특히 증자에 따른 이익의 증여에 관하여 규정하고 있는 상증법 제39조 제1항은 불균등증자의 유형별로 증여재산의 가액을 산정하도록 규정하고 있고, 그 위임에 따라 증여가액의 계산에 관해 규정한 상증법 시행령 제29조 제3항은 증자 전후로 주주가 보유하고 있

는 주식의 가치가 증가한 경우 그 증가한 주식의 가액을 주주의 증여이익으로 보도록 정하면서, "증자 전·후의 주식 1주당 가액이 모두 영 이하인 경우에는 이익이 없는 것으로 본다."고 명시하여 증자 전후의 주식 가액이 모두 부수(−)인 경우는 증여이익이 없음을 명확히 하고 있다.

유독 구 상증법 시행령 제31조 제6항은 위와 같은 증여재산가액 계산의 일반 원칙에서 벗어나 실질적인 수증자의 재산가치 증가가 없음에도 특정법인이 얻은 이익을 곧 주주 또는 출자자의 이익으로 의제하여 증여세를 과세하도록 규정하고 있는바, 이는 다른 유형의 증여행위와 비교할 때 조세평등주의에 위배된다.

3. 결론

구 상증법 제41조 제1항 및 동법 시행령 제31조 제6항은 이후 개정을 거듭하였는데, 현행 상증법 제45조의5[3])는 특수관계 있는 자가

---

3) 제45조의5(특정법인과의 거래를 통한 이익의 증여 의제) ① 다음 각 호의 어느 하나에 해당하는 법인(이하 이 조 및 제68조에서 "특정법인"이라 한다)의 대통령령으로 정하는 주주등(이하 이 조에서 "특정법인의 주주 등"이라 한다)과 대통령령으로 정하는 특수관계에 있는 자가 그 특정법인과 제2항에 따른 거래를 하는 경우에는 거래를 한 날을 증여일로 하여 그 특정법인의 이익에 특정법인의 주주 등의 주식보유비율을 곱하여 계산한 금액을 그 특정법인의 주주등이 증여받은 것으로 본다.
1. 대통령령으로 정하는 결손금이 있는 법인
2. 증여일 현재 휴업 또는 폐업 상태인 법인
3. 증여일 현재 제1호 및 제2호에 해당하지 아니하는 법인으로서 제45조의 3 제1항에 따른 지배주주와 그 친족의 주식보유비율이 100분의 50 이상인 법인
② 제1항에 따른 거래는 다음 각 호의 어느 하나에 해당하는 것으로 한다.
1. 재산이나 용역을 무상으로 제공하는 것

특정법인과 재산의 무상제공 등의 거래를 하는 경우 "그 특정법인의 이익에 특정법인의 주주등의 주식보유비율을 곱하여 계산한 금액을 그 특정법인의 주주 등이 증여받은 것으로 본다"고 규정하여 여전히 특정법인이 얻은 이익과 주주가 얻은 이익을 동일시하고 있는 태도를 보이고 있다.

　구 상증법 제41조는 법원의 견해를 넘어 과세권을 확장하려는 입법자의 의도를 반영한 규정으로, 그 형식적인 문언에 불구하고 여전히 헌법적 한계를 일탈한다고 판단된다.

---

　　2. 재산이나 용역을 통상적인 거래 관행에 비추어 볼 때 현저히 낮은 대가로 양도·제공하는 것

　　3. 재산이나 용역을 통상적인 거래 관행에 비추어 볼 때 현저히 높은 대가로 양도·제공받는 것

　　4. 그 밖에 제1호부터 제3호까지의 거래와 유사한 거래로서 대통령령으로 정하는 것

③ 제1항에 따른 증여일의 판단, 특정법인의 이익의 계산, 현저히 낮은 대가와 현저히 높은 대가의 범위 및 그 밖에 필요한 사항은 대통령령으로 정한다.

종전 증여에 대한 부과제척기간이 도과한 경우 이 증여분을 재차증여시 증여세 과세가액에 합산할 수 있는지 여부

- 대법원 2015. 6. 24. 선고 2013두23195 판결에 관하여 -

방 진 영 변호사

I. 사안의 개요

1. 처분의 경위

가. 원고는 1995. 9. 27.부터 1995. 10. 27.까지 아버지인 소외인으로부터 합계 985,440,455원의 국민은행 무기명채권을 각 증여(이하 '1995년 증여'라 한다)받고, 1996. 4. 27. 소외인으로부터 655,255,912원의 무기명채권을 증여(이하 '1996년 증여'라 하고, 위 종전 증여와 합하여 '이 사건 증여'라고 한다)받았으나 이 사건 증여에 따른 증여세를 신고·납부하지 않았다.

나. 이에 피고는 2011. 8. 22. 원고에게 1995년 증여액 985,440,455원 및 1996년 증여액 655,255,912원을 합산한 약 16억 원에 대한 증여세를 결정·고지(이하 '이 사건 부과처분'이라 한다)하였다.

다. 한편 1996. 12. 30. 법률 제5193호로 전부 개정된 상속세 및 증여세법(이하 '개정 상증세법'이라고 한다)은 제58조 제1항 단서를 신설하여, 재차 증여의 증여세 과세가액에 가산하는 증여(이하 '종전 증여'라 한다)에 대한 증여세의 부과제척기간이 만료한 경우에도 그 증여재산가액을 재차 증여의 증여세 산출세액에서 공제하지 아니하도록 규정하였다.

이와 같은 일련의 과정을 그림으로 나타내면 아래와 같다.

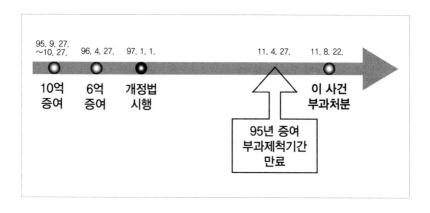

2. 제1심 및 원심판결의 요지

가. 원고의 주장

(1) 부과제척기간이 경과한 1995년 증여분을 1996년 증여분에 가산하여 증여세를 부과하는 것은 위법하다.

(2) 개정 상증세법 제58조 제1항 단서(이하 '이 사건 단서조항'이

라고 한다)는 이 사건 증여가 이루어진 이후에 신설되었으므로 이를 적용하여 이 사건 증여에 대하여 증여세를 과세하는 것은 소급과세 금지원칙에 위배된다.

(3) 이 사건 증여가 이루어질 당시 소멸시효가 완성된 증여분은 재차증여로 합산하지 않는 과세관행이 이루어져 있었는데, 이에 반하여 이루어진 이 사건 부과처분은 자기구속의 법리에 반하여 위법하다.

나. 제1심(서울행정법원 2013. 2. 1. 선고 2012구합32833 판결)의 판단 – 원고 패소

제1심은 아래와 같은 이유를 들어 원고의 청구를 기각하였다.

(1) 구 상속세법(1996. 12. 30. 법률 제5193호로 개정되기 전의 것, 이하 '구 상속세법'이라 한다) 제31조의3 제1항에 따르면 재차 증여가 이루어진 경우 최종 증여 전 5년 이내에 이루어진 증여가액은 최종 증여분에 합산되어 최종의 증여일을 기준으로 증여세를 부과할 수 있었다. 이 사건의 경우 1995년 증여분은 1996년 증여분에 합산하여 증여세를 부과할 수 있기 때문에, 1996년 증여가 이루어진 1996. 4. 27.부터 6월이 경과하는 날인 1996. 10. 27.이 이 사건 증여에 대한 증여세 부과제척기간의 기산일이 되므로, 그로부터 15년이 경과하기 전(2011. 8. 22.)에 이루어진 이 사건 부과처분은 부과제척기간을 경과하지 않은 적법한 처분이다.

(2) 이 사건 단서조항의 취지는 독립하여서는 부과제척기간이 만
료된 증여분이라 할지라도 이후 재차증여가 이루어지면 최종
의 증여시에 증여세가 부과된다는 것을 전제로, 가산된 증여
분의 경우 과거에 납부한 세액이 존재하지 않으므로 이를 공
제하지 않도록 하기 위한 것이다. 그리고 구 상속세법 제31조
의3이 '독립하여 부과제척기간이 완료된 증여분은 재차증여
시에 가산되지 않는'다거나, '설령 위 증여분이 재차증여시 가
산된다고 하더라도 가산된 금액에 대하여 제척기간이 경과되
지 않았다면 부과되었어야 할 증여세액을 증여세 기납부세액
으로 공제하여야 한다'고 해석되지 않으므로(오히려 이 사건
단서조항은 납부하였거나 납부할 세액이 존재하지 않음에도
증여세 결정시 공제하는 것을 방지하기 위한 확인적인 의미
로 보인다), 개정 상증세법이 새로운 조항을 신설하여 개정
전 상증세법에 의한다면 과세대상이 되지 아니하는 부분에
소급하여 과세하거나 중과세하는 것으로 보기 어렵다.

(3) 원고가 들고 있는 선행 행정관행인 '구 증여세법 제31조의2
규정을 적용함에 있어 소멸시효가 완성된 증여분에 대하여는
이를 합산하지 아니한다'는 국세청의 예규는 이 사건 증여로
부터 약 8년 전에 발령된 것으로서 위 예규만으로 부과제척
기간이 완성된 증여분에 대하여는 재차증여시 가산되지 않는
다는 국세행정관행이 성립되어 있었다고 보기 어렵다.

다. 원심(서울고등법원 2013. 10. 16. 선고 2013누6598 판결)의
판단 – 원고패소

원심은, 위와 같은 제1심의 판단근거 중 (2) 부분에 관하여 아래와 같이 고쳐 쓰는 것 외에는 제1심 판결을 인용하여 원고의 항소를 기각하였다.

이 사건 단서조항이 신설됨으로써 증여세 과세가액에 가산하는 증여재산에 대하여 부과제척기간의 만료로 말미암아 증여세가 부과되는 경우 이를 공제하지 않도록 하였고, 개정 상증세법 부칙 제1조, 제6조에 따라 이 사건 단서조항은 개정된 상증세법의 시행일인 1997. 1. 1. 이후 증여세를 최초로 결정하는 것부터 적용되므로, 이 사건 단서조항은 그 시행일 이후에 비로소 부과제척기간의 만료로 증여세가 부과되지 아니하는 경우 이를 공제하지 않도록 하는 '부진정 소급효'를 규정한 것으로 해석함이 타당하다. 그런데 원고의 1995년 증여는 개정 상증세법의 시행 이후에야 부과제척기간이 만료되었고, 위 종전 증여분을 이 사건 단서조항 및 부칙 제6조에 따라 1996년 증여분에 가산하여 증여세를 부과하는 것은 원칙적으로 허용된다. 따라서 이 사건 부과처분이 소급과세금지의 원칙에 위배된다고 볼 수 없다.

3. 대상판결의 요지 - 파기 환송

가. 종전 증여의 증여재산가액을 가산한 재차증여의 증여세 과세가액이 종전 증여의 부과제척기간 만료에 영향을 받지 않는다고 하려면 이에 관한 별도의 명시적인 구체적 규정이 있어야 한다고 할

것이므로, 그러한 규정을 두고 있지 아니한 구 상속세법 제31조의3
에 따라 재차 증여의 증여세 과세가액을 산정하는 경우에는 부과제
척기간이 만료한 종전 증여의 증여재산가액을 과세가액에 가산할
수 없다.

나. 개정 상증세법 제58조 제1항(이 사건 단서조항) 및 개정법 부
칙 제6조(이하 '이 사건 부칙규정'이라 한다)은 종전 증여에 대한 증
여세 부과제척기간이 만료한 경우에도 그 증여재산가액을 재차 증
여의 증여세 과세가액에 가산할 뿐만 아니라 종전 증여에 대한 증여
세액을 그 산출세액에서 공제하지도 않도록 규정하고 있는바, 이들
규정의 취지가 개정법 시행 전에 이미 종전 증여 및 재차 증여의 과
세요건사실이 완성되어 증여세 납세의무가 성립하였고, 과세관청이
증여세 부과를 결정할 당시에는 종전 증여의 부과제척기간이 만료
하여 그 증여재산가액을 재차 증여의 과세가액에 가산할 수 없는 경
우에도 과세관청이 개정법 시행 후에 증여세 부과 결정을 할 때는
이를 재차 증여의 과세가액에 가산하고 그에 대한 세액도 공제하지
않고자 하는 것이라면, 이는 증여세를 부과할 수 없었던 종전 증여
에 대하여 증여세를 사실상 소급 과세하겠다는 것으로서 허용되지
아니한다고 할 것이다. 오히려 이러한 경우에는 개정 상증세법 시행
후에 증여세 부과 결정을 하였더라도 개정법 부칙 제13조에 따라 납
세의무 성립 당시의 법령을 적용하여야 하며, 그럴 경우 이미 부과
제척기간이 만료한 종전 증여의 증여재산가액은 재차 증여의 과세
가액에 가산할 수 없는 것이다.

다. 이 사건에서 원고는 개정 상증세법 시행 전에 재차 증여에 대
한 납세의무가 성립하였는바, 개정 상증세법 시행 당시 종전 증여에
대한 증여세 부과제척기간이 만료하지 아니한 이상 개정 상증세법

부칙 제6조에 따라 개정법 제58조 제1항이 적용된다고 보아 이 사건 부과처분이 적법하다고 판단한 원심은 이 사건 부칙규정 및 개정법 부칙 제13조의 해석과 개정법 제58조 제1항의 적용범위에 관한 법리를 오해하여 판단을 그르친 잘못이 있다.

Ⅱ. 검토

1. 쟁점의 정리 및 검토의 방향

구 상속세법 제31조의3은 재차증여의 경우 증여세 합산과세 및 납부세액공제에 관하여 규정하면서, 종전 증여에 대한 부과제척기간이 만료된 경우에도 종전 증여를 합산하여야 하는지 여부에 관하여는 명문으로 규정하지 않고 있었다.

그런데 1996. 12. 30. 상속세 및 증여세법이 전부 개정되면서, 이 사건 단서조항을 신설하였는바 이 사건 단서조항은 종전과는 달리 최종 세액을 계산할 때 부과제척기간이 지난 종전 증여에 대한 세액은 공제하지 않는다고 규정하고 있어, 종전 증여의 부과제척기간과 관련하여 이 사건 단서조항의 의미를 어떻게 해석하여야 할지 여부가 문제되었다.

따라서 이 사건의 쟁점은 ①구 상속세법 및 개정 상증세법 하에서 종전 증여에 대한 부과제척기간의 기산일은 언제로 보아야 하는지 여부 및 ②개정 상증세법의 시행 전에 이루어진 종전 증여에 대한 부과제척기간이 개정 상증세법 시행 이후에 만료된 경우에도 개정 상증세법을 적용하여 재차 증여와 함께 증여세 과세가액에 더하여 증여세를 부과할 수 있는지 여부가 된다고 할 것이다.

이하에서는 먼저 종전 증여에 대한 증여재산가액을 재차 증여의 과세가액에 가산할 수 있도록 규정한 동일인 합산과세 규정의 의미 및 위 규정 하에서의 종전 증여와 재차 증여의 관계에 대하여 살펴보고, 이를 토대로 구 상속세법 및 개정 상증세법 하에서 종전 증여의 부과제척기간의 기산점을 언제로 볼 것인지 여부에 관하여 본다. 이를 바탕으로 하여, 이 사건 부칙규정에 따른 과세가 소급과세에 해당하는지 여부도 나아가 살펴본다.

2. 관련 법령

구 상속세법(1996. 12. 30. 법률 제5193호로 전부 개정되기 전의 것)

제31조의3 (재차증여의 경우)
① 제29조의4의 경우에 당해 증여 전 5년 이내에 동일인(증여자가 직계존속인 경우 그 직계존속의 배우자를 포함한다)으로부터 받은 증여가액의 합계액이 1천만원(제31조제1항의 금액을 공제하지 아니한 금액)이상이 될 때에는 그 증여의 가액을 합산하여 제31조제1항의 금액을 공제한 금액에 대하여 증여세를 부과한다.
② 제1항의 경우에는 제31조의2의 규정을 적용하여 계산한 금액에서 가산한 증여의 가액(2이상의 증여가 있을 때에는 그 가액의 합계액)에 대하여 납부하였거나 납부할 세액을 공제한 금액을 세액으로 하여 부과한다.

구 상속세 및 증여세법(1996. 12. 30. 법률 제5193호로 개정된 것)

제47조 (증여세과세가액)
② 당해 증여일전 5년 이내에 동일인(증여자가 직계존속인 경우에는 그

직계존속의 배우자를 포함한다)으로부터 받은 증여재산가액의 합계액이 1천만원 이상인 경우에는 그 가액을 증여세과세가액에 가산한다.

제58조 (기납부세액공제)

① 제47조 제2항의 규정에 의하여 증여세과세가액에 가산한 증여재산의 가액(2이상의 증여가 있을 때에는 그 가액의 합계액을 말한다)에 대하여 납부하였거나 납부할 증여세액(증여 당시의 당해 증여재산에 대한 증여세산출세액을 말한다)은 증여세산출세액에서 공제한다. 다만, 증여세과세가액에 가산하는 증여재산에 대하여 국세기본법 제26조의2제1항제4호에 규정된 기간의 만료로 인하여 증여세가 부과되지 아니하는 경우에는 그러하지 아니하다('이 사건 단서조항').

부칙(1996. 12. 30. 법률 제5193호)

제1조 (시행일) 이 법은 1997년 1월 1일부터 시행한다.

제2조 (일반적 적용례) 이 법은 이 법 시행후 최초로 상속이 개시되거나 증여하는 것부터 적용한다.

제6조 (산출세액에서 공제하는 증여세액 공제에 관한 적용례) 제28조 및 제58조의 개정규정은 이 법 시행 후 상속세 또는 증여세를 최초로 결정하는 것부터 적용한다.

제13조 (일반적 경과조치) 이 법 시행 전에 상속이 개시되었거나 증여한 것에 대하여 부과하였거나 부과하여야 할 상속세 또는 증여세는 종전의 규정에 의한다.

3. 동일인으로부터 증여받은 재산의 합산과세

가. 의의 및 입법취지

증여세는 개개의 증여행위마다 별개의 과세요건을 구성하는 것이어서 원칙적으로는 증여시마다 별도로 증여세가 부과된다. 그런데 증여세율이 누진세율을 채택함에 따라 동일한 증여자와 수증자 간에 실질적으로 하나의 증여행위를 수차 분할하여 이행하는 경우에는 일시에 해당 재산에 대한 증여를 이행하는 경우보다 부당하게 증여세 부담을 경감하게 될 우려가 있다.

그리하여 상속세 및 증여세법은 동일한 증여자, 수증자 간에 이루어진 증여행위는 일정기간(현재는 10년) 내의 증여가액을 합산하여 과세하도록 하면서, 다만 이중과세를 방지하기 위하여 종전 증여분에 대한 세액은 증여세 과세가액에서 공제하도록 하고 있다(상증세법 제58조 제1항). 이와 같은 규정을 둔 취지는 누진세율을 피해 수 개의 과세물건을 한번에 증여하지 아니하고 나누어 증여하는 것을 방지하기 위한 것이다(대법원 2004. 12. 10. 선고 2003두9800 판결).

나. 합산과세의 요건

종전 증여와 재차 증여를 합산하여 과세하기 위한 요건은 다음과 같다.

(1) 동일한 증여자로부터 동일한 수증자에로의 증여행위

재차증여의 합산과세는 동일한 증여자와 동일한 수증자간의 증여행위를 합산하는 것이다. 따라서 동일한 수증자가 합산과세기간

내에 수차례 증여를 받았다고 하더라도, 그 증여자가 각각 상이한 경우에는 각 증여자별로 증여세 과세표준과 세액을 산출하여야 하며, 합산과세의 대상이 되지 아니한다. 다만 상증세법 제47조 제2항은 증여자가 직계존속인 경우에는 그 직계존속의 배우자도 동일인으로 규정하고 있으므로, 직계존속 1인 및 그 배우자로부터 각각 재산을 증여받은 경우에는 상증세법 제47조 제2항의 규정에 의하여 그 직계존속 및 배우자로부터 증여받은 재산가액을 합산하여 과세가액을 계산한다. 이와 같이 규정한 취지는 직계존속이 배우자에게 일단 증여를 하고 직계존속과 그 배우자가 직계비속에게 증여를 하게 되면 세부담을 경감할 수 있기 때문이다.4)

　한편 동일인 합산과세 규정을 '1회에 수개의 재산권을 증여함으로써 증여를 받은 당시 증여재산의 가액을 합계할 경우에 관한 규정'으로 보아, 부동산의 증여가 있은지 1년 가까이 지난 후 이루어진 건물의 증여는 위 부동산의 증여와는 별개의 증여에 해당하므로 각 별로 증여된 재산가액을 과세가액으로 하여 증여세를 산정하여야 한다고 판시한 대법원 판결(1980. 8. 12. 선고 80누71 판결)이 있으나, 그 후 대법원 판결들은 증여의 시간 간격 및 독립성 등은 크게 고려하지 않고, 합산기간 내에 동일인으로부터 이루어진 증여에 대해서는 증여세를 합산과세하는 것으로 보인다.

(2) 해당 증여가 있는 날로부터 소급하여 10년 이내에 이루어진 증여

　해당 증여가 있는 날로부터 소급하여 10년 이내5)에 이루어진 증여이어야 한다. 이 경우 10년의 계산을 위한 기산일은 상증세법 시

---

4) 박훈·채현석, 『상속·증여세 실무 해설』, 삼일인포마인, 2014, 1224면.
5) 1998. 12. 31. 이전에는 5년이었다.

행령 제23조의 증여재산 취득시기에 따른다.

(3) 합산과세가액이 1,000만 원 이상

10년 이내에 이루어진 증여재산가액을 합친 금액이 1,000만 원 이상이 될 때에만 합산과세의 대상이 된다. 따라서 1,000만 원 미만인 때에는 합산하지 아니하고 각각의 증여가 있을 때마다 증여세를 부과한다.

다. 합산과세 후 납부세액공제

이와 같이 10년 이내의 모든 증여재산가액을 합산하여 1회의 증여로 의제하여 증여세액을 납부하도록 할 경우에는 재차증여 이전의 각 증여 시점에서 이미 납부한 증여세에 대하여 다시 증여세를 부과하는 것이 되어, 동일한 과세물건에 대하여 이중으로 과세하는 결과가 된다. 이러한 이중과세 문제를 방지하기 위하여 상속세 및 증여세법 제58조 제1항 본문은 '해당 증여재산에 가산한 합산대상 증여재산에 대한 증여세액을 합산과세한 증여세산출세액에서 공제'하도록 규정하고 있다.

동일인으로부터 재차 증여가 있을 경우의 증여세의 산출과정은 아래와 같이, i)재차 증여 당시의 증여재산가액에 종전 증여의 증여재산가액을 가산한 합산금액을 기준으로 이에 맞는 증여세율을 적용하여 세액을 계산한 후, ii)종전 증여에 대하여 납부하였거나 납부할 세액을 기납부세액의 형태로 공제하여 주게 된다.

구　분	금　액	구　분	금　액
⑮ 증 여 재 산 가 액		㉝ 박물관자료 등 징수유예세액	
⑯ 증여재산가액 (「상속세 및 증여세법」제47조제2항)		세액 공제　㉞ 세액공제 합계	
⑰ 비 과 세 재 산 가 액		㉟ 기납부세액 　　(「상속세 및 증여세법」제58조)	
과세가액 불산입 　⑱ 공익법인 출연재산가액 　　(「상속세 및 증여세법」제48조)		㊱ 외국납부세액공제 　　(「상속세 및 증여세법」제59조)	
⑳ 공익신탁 재산가액 　　(「상속세 및 증여세법」제52조)		㊲ 신고세액공제 　　(「상속세 및 증여세법」제69조)	
장애인 신탁 재산가액 　　(「상속세 및 증여세법」제52조의2)		㊳ 그 밖의 공제·감면세액	
㉑ 채 　 무 　 액		㊳ 신고불성실가산세	
㉒ 증 여 세 과 세 가 액 　(⑮+⑯-⑰-⑱-⑳--㉑)		㊴ 납부불성실가산세	
증여재산공제 　㉓ 배 우 자		㊵ 공익법인 등 관련 가산세 (「상속세 및 증여세법」제78조)	
㉔ 직계존비속		㊶ 자진납부할 세액(합계액) (㉜-㉝-㉞+㊳+㊴+㊵)	
㉕ 그 밖의 친족		납부방법	납부 및 신청일
㉖ 재해손실공제「상속세 및 증여세법」제64조)		㊸ 연부연납	
㉗ 감 정 평 가 수 수 료		㊹ 불 　 납	
㉘ 과세표준(㉒-㉓-㉔-㉕-㉖-㉗)		현금　㊹ 분 　 납	
㉙ 세 　 　 　 율		㊺ 신고납부	
㉚ 산 　 출 　 세 　 액			
㉛ 세대생략가산액「상속세 및 증여세법」제67조)			
㉜ 산 출 세 액 계(㉚+㉛)			

라. 종전 증여와 재차 증여와의 관계

한편 증여세 합산과세가 이루어질 경우 종전 증여와 재차 증여를 별개의 처분으로 볼 것인지, 혹은 재차 증여를 종전 증여에 대한 증액경정처분으로 보아 재차 증여가 있을 경우 종전 증여에 대한 부과처분은 재차 증여에 대한 부과처분에 흡수되는 것인지 여부가 문제된다. 이와 같은 종전 증여에 대한 부과처분과 재차 증여에 대한 부과처분의 관계를 어떻게 규정하는지에 따라 부과제척기간의 기산일 및 불복의 대상 등이 달라질 수 있기 때문이다.

이에 관하여 대법원은, '동일인 재차증여의 합산과세 규정에 관한 취지 등에 비추어 볼 때, 재차증여에 따라 종전 증여의 가액을 합산한 다음 기납부세액을 공제하여 이루어지는 형식의 증여세부과처분은 당초처분의 과세표준이나 세율을 변경하여 세액을 증액하는 것이 아니라, 재차증여에 따른 별개의 처분으로서 단지 누진세율에

의한 합산과세를 하는 데에 불과하여 당초결정이 이에 흡수된다고
할 수 없으므로, 위 각 처분에 대한 불복 역시 별도로 하여야 한다'
고 판시하여(대법원 2004. 12. 10. 선고 2003두9800 판결), 재차증여
시의 증여세 부과처분은 당초 처분과는 별개의 처분에 해당하고, 불
복 또한 별도로 진행되어야 한다는 점을 명확히 하였다.

같은 취지에서 서울행정법원 또한 종전 증여에 대한 증여세 신고
의무는 이행하였으나 재차 증여시 증여세 신고의무를 이행하지 아
니한 경우에는, 종전 증여재산 합산신고 불이행분에 대하여는 신고
불성실가산세를 부과할 수 없다고 판시한 바 있다(서울행정법원
2011. 7. 6. 선고 2011구합10010 판결, 확정).

4. 증여세 납세의무의 성립시기 및 부과제척기간

가. 납세의무의 성립 및 확정

증여세 납세의무는 증여에 의하여 재산을 취득하는 때에 성립하
고, 과세관청이 과세표준과 세액을 결정하는 때에 확정된다.

나. 증여세의 부과제척기간

일반적으로 국세의 부과제척기간은 5년이지만, 증여세의 부과제
척기간은 기본적으로 증여세를 부과할 수 있는 날부터 10년이고, 다
만 납세자가 부정행위로 상속세·증여세를 포탈하거나, 신고서를 제
출하지 않은 경우 등에는 위 부과제척기간은 15년으로 연장된다(국세
기본법 제26조의2 제1항 제4호). 상속세와 증여세는 다른 세목에 비하

여 포착이 어렵고 조세회피행위가 빈번하게 이루어지고 있으므로 이를 봉쇄하기 위하여 다른 세목보다 긴 제척기간을 인정하는 것이다.

5. 국세부과제척기간이 만료한 종전 증여를 재차 증여의 증여세 과세가액에 가산할 수 있는지 여부

가. 문제의 제기

앞서 본 바와 같이 재차증여 합산과세제도를 둘 경우에도 종전 증여와 재차 증여는 별개의 처분이라는 것이 대법원 판결의 확립된 입장인바, 합산할 종전 증여분에 대한 부과제척기간이 도과된 경우 종전 증여분에 대한 조세채무가 소멸하는 것이 분명함에도 이를 합산하여 과세할 수 있는지 여부가 문제될 수 있다.

나. 이 사건 단서조항 신설 이전

구 상속세법 제31조의3 제1항은 '당해 증여 전 5년 이내에 동일인으로부터 받은 증여가액의 합계액이 1천만 원 이상이 될 때에는 그 증여의 가액을 합산하여 증여세를 부과한다'고 규정하면서, 종전 증여에 대한 부과제척기간이 경과한 경우에도 종전 증여분을 합산과세할 수 있는지 여부에 대하여는 명문의 규정을 두고 있지 않았다. 또한 이 경우 부과제척기간이 지난 종전 증여분을 재차 증여의 증여세 과세가액에 가산할 수 있는지 여부에 관하여 명시적으로 판단한 대법원 판결은 없었던 것으로 보인다.

한편 구 상속세법 제13조 제1항은 상속세의 경우에도 증여세와 마찬가지로 '상속개시 전 10년 이내에 피상속인이 상속인에게 증여한 재산이 있는 경우에는 상속세 과세가액에 해당 증여재산의 가액을 가산'하도록 하고 있었는데, 이와 관련하여 국세청은 '<u>상속세법 제4조의 규정을 적용함에 있어 증여세 부과제척기간이 만료된 증여재산가액은 상속재산가액에 합산하지 아니한다</u>'고 유권해석한 바 있다(재삼 46014-2613, 1995. 10. 4).

이와 같은 유권해석에 따르면, 국세청은 증여세의 경우에도 마찬가지로 부과제척기간이 만료된 종전증여의 과세가액은 재차 증여의 증여세 과세가액에 합산하지 않는 것으로 전제하고 있었던 것으로 보인다.

다. 이 사건 단서조항 신설 이후

(1) 관련 규정

한편 개정 상증세법은 제47조 제2항 및 제58조 제1항 본문에서 개정 전 상증세법 제31조의3 제1, 2항과 같은 규정을 두는 한편, 기납부세액공제를 규정한 제58조 제1항 단서에 '증여세과세가액에 가산하는 증여재산에 대하여 국세기본법 제26조의2 제1항 제4호에 규정된 기간의 만료로 인하여 증여세가 부과되지 아니하는 경우에는 증여세산출세액에서 공제하지 아니한다'는 취지의 이 사건 단서조항을 신설하였다.

(2) 가능한 견해[6]

한편 이 사건 단서조항의 신설 이후에도 종전 증여분에 대한 부

---

6) 심규찬, "부과제척기간이 도과한 종전 증여의 재차 증여가액에의 합산", 『대법원판례해설』, 104호(법원도서관, 2015), 85면.

과제척기간이 경과한 경우 종전 증여분을 합산과세할 수 있는지에 대하여는 여전히 별도의 규정이 존재하지 아니하였는데, 이 사건 단서조항의 신설만으로 부과제척기간이 경과한 종전 증여분을 과세가액에 합산할 수 있는지 여부에 대해서는 다음과 같은 견해가 가능할 것으로 보인다.

1) 종전 증여분은 증여세 과세가액에서 제외되어야 한다는 견해

대법원은 종전 증여에 대한 증여세부과처분과 재차 증여에 따른 증여세부과처분은 별개의 부과처분이라고 판시하고 있으므로, 만약 부과제척기간이 도과한 종전 증여가액을 재차 증여의 과세가액에 합산할 수 있다면 이는 처분의 개별성에 반하는 결과를 초래하며, 조세채권 관련 법률관계를 조속히 확정지으려는 부과제척기간의 취지에도 반하게 된다. 그러므로 이 사건 단서조항은 부과제척기간이 지난 종전 증여의 과세가액은 증여세 산출세액에서 공제할 수 없다는 확인적 규정으로 해석하여야 한다.

2) 종전 증여분도 증여세 과세가액에 합산되어야 한다는 견해
   (대상판결의 견해)

재차증여 합산과세는 세율의 적용에 관한 문제일 뿐 처분의 독립성과는 관계가 없다. 또한 구 상증세법 제47조 제2항은 재차증여 합산과세의 요건으로 '당해 증여가 있는 날로부터 소급하여 5년 이내에 이루어진 증여행위일 것'만을 요구하고 있을 뿐 부과제척기간이 도과하지 아니하였을 것을 별도로 요구하고 있지는 않다. 따라서 이 사건 단서조항은 부과제척기간이 도과한 종전증여재산의 경우에도 증여세 과세가액에 합산하는 것을 전제로 한 규정이라고 해석하여야 한다.

(3) 과세실무

국세청은 이 사건 단서조항을 증여세의 부과제척기간이 끝난 종전 증여의 경우에도 재차 증여 당시 증여세 과세가액에 가산하는 것을 전제로 종전 증여재산에 대한 납부세액공제를 적용하지 않는다는 취지로 이해하여, 이 사건 단서조항의 시행일인 1997. 1. 1. 이후에 부과제척기간이 만료되는 종전 증여분에 관하여는 일관되게 '종전 증여분에 대하여 부과제척기간이 만료된 경우에도 재차증여의 합산기간에 해당하는 때에는 증여재산가액에 합산하는 것이며, 합산된 증여가액이 부과제척기간의 만료로 인하여 증여세가 징수되지 아니한 세액에 대하여는 이를 공제하지 아니하는 것'이라고 해석하여 왔다(서면4팀-2928, 2006. 8. 24. 등).

조세심판원 또한, '증여재산을 상속세 과세가액에 합산하도록 한 상속세법상의 규정은 상속개시 전에 분산증여한 재산을 상속세 과세가액에 합산함으로써 사전에 분산증여한 경우와 그렇지 아니한 경우간에 세부담의 공평성을 기하려는 세액계산의 특례규정으로 이해되고, 이러한 해석에 기초하여 볼 때 생전 증여재산에 대하여는 당해 증여재산에 대한 부과제척기간의 만료여부에 불구하고 응능부담과 과세공평을 실현하기 위해서 이를 합산과세하는 것이 타당한 것으로 판단된'다고 판시하여, 종전 증여분의 경우에도 증여세 과세가액에 합산해야 한다고 판시한 바 있다(국심 98전2911, 1999. 09. 03).

종전 증여에 대한 부과제척기간이 도과한 경우 405

라. 검토

(1) 구 상속세법 제31조의3 만으로 부과제척기간이 만료한 종전 증여를 증여재산가액에 가산할 수 있는지 여부(이 사건 단서규정 신설 이전)

제1심은 구 상속세법 제31조의3의 해석만으로도 재차증여가 이루어진 경우 최종 증여 전 5년 이내에 이루어진 증여가액에 대해서는 <u>최종의 증여일을 기준으로 최종의 증여분에 합산되어 증여세를 부과할 수 있다</u>고 하면서, 1996년 증여(재차 증여)가 이루어진 1996. 4. 27.부터 6월이 경과하는 날이 1995년 증여(종전 증여)와 1996년 증여(재차 증여)의 부과제척기간의 기산일이 되므로, 이 사건 부과처분은 부과제척기간이 경과되기 전에 이루어진 것이어서 적법하다고 판시하였다(제1심 판결은 이 사건 단서조항은 새로운 과세요건을 창설한 것이 아니라 납부하였거나 납부할 세액이 존재하지 않음에도 증여세 결정시 이를 공제하는 것을 방지하기 위한 확인적인 규정으로 보았다).

이와 같은 제1심 판결의 결론에 따르면, <u>재차 증여 당시 종전 증여의 증여재산가액을 가산한다는 취지의 구 상속세법 제31조의3의 존재 자체로 인하여 종전 증여의 부과제척기간이 연장되는 결과가 된다.</u>

이에 반하여 대법원은, 종전 증여의 증여재산가액을 가산한 재차 증여의 증여세 과세가액이 종전 증여의 부과제척기간 만료에도 불구하고 영향을 받지 않는다고 하려면 이에 관한 <u>별도의 명시적인 구체적 규정이 있어야 하므로, 위 규정을 별도로 두고 있지 않은 구 증여세법 제31조의3에 따라 재차 증여의 증여세 과세가액을 산정하는 경우에는 부과제척기간이 만료한 종전 증여의 증여재산가액을 과세</u>

가액에 가산할 수 없다고 판시하였다.

생각건대, 증여세는 각 증여행위 별로 별개의 과세요건을 구성하므로 종전 증여와 재차 증여는 거래의 실질상 위 두 증여행위를 일련의 하나의 증여행위로 재구성할 수 있는 경우가 아닌 한 원칙적으로는 각 증여행위별로 납세의무의 성립시기 및 부과제척기간의 도래 여부 등을 판단하여야 할 것이다. 이러한 점은 앞서 본 바와 같이 대법원에서 종전 증여에 대한 부과처분과 재차 증여에 대한 부과처분이 별개의 부과처분에 해당한다고 판시한 점을 통하여도 잘 알 수 있다.

그리고 이와 달리, 종전 증여재산가액의 부과제척기간이 만료되었음에도 불구하고 과세관청에서 재차 증여에 종전 증여의 증여재산가액을 가산하여 증여세를 과세할 수 있으려면, 종전 증여의 부과제척기간을 연장하여 주는 내용의 부과제척기간의 특례에 관한 별도의 규정이 존재하여야 할 것인바 이 부분 대상판결의 판시는 타당하다고 생각된다.

(2) 이 사건 단서조항에 종전 증여의 부과제척기간을 연장하는 효과를 부여할 수 있는지 여부

1) 이 사건 단서조항의 해석으로 종전 증여의 부과제척기간을 연장할 수 있는지 여부

대상판결은 이 사건 단서조항의 의미를 '재차 증여의 증여세 과세가액에 가산하는 종전 증여에 대한 증여세의 부과제척기간이 만료한 경우에도 그 증여재산가액을 재차 증여의 증여세 과세가액에 가산함을 전제로 하여 종전 증여에 대한 세액을 재차 증여의 증여세 산출세액에서 공제하지 아니하도록 규정한 것'이라고 하여, 이 사건 단서조항에 (i)종전 증여에 대한 증여세 부과제척기간이 만료한 경우에도 그 증여재산가액을 재차 증여의 증여세 과세가액에 가산할 수 있고, (ii)종전 증여에 대한 증여세액은 그 산출세액에서 공제하지 않도록 하는 효과를 부여하고 있다.

그런데 이 사건 단서조항을 대상판결과 같이 해석할 경우, 부과제척기간이 이미 경과한 종전 증여 자체에 대하여 증여세는 부과되지 않지만, 종전 증여는 재차 증여의 증여세 과세가액에 가산되고 납부세액에서는 공제되지 아니하여, 세부담의 측면에서는 종전 증여에 대하여 새롭게 증여세가 부과되는 것과 실질적으로 동일한 결과가 된다. 결국 이 사건 단서조항의 해석을 통하여 사실상 종전 증여의 부과제척기간이 연장되는 것과 동일한 효과를 가져오게 된 것이다.

물론 이 사건 단서조항은 '제척기간이 만료되어 증여세가 부과되지 아니한 증여세의 경우 기납부세액으로 공제하지 않는다'고 명확히 규정하고 있고, 기납부세액의 공제는 종전 증여를 증여재산으로 가산한 경우에 한하여 문제되는 것이라는 점 및 1회의 증여행위가 있었던 경우와의 과세형평 등을 고려하여 보면, 대법원 판결의 이와 같은 해석을 전혀 수긍할 수 없는 것은 아니다.

다만 조세법규의 해석에 있어 특별한 사정이 없는 한 법문대로 해석할 것이고 합리적 이유 없이 확장해석하거나 유추해석하는 것은 허용되지 않으며(대법원 2004. 5. 27. 선고 2002두6781 판결 등 다수), 사실상 부과제척기간이 연장되는 것과 같이 납세자에게 불리하게 작용되는 규정에 대해서는 엄격해석의 원칙이 적용되어야 할 필요성이 더욱 크다는 점7)에 비추어 볼 때, '부과제척기간이 만료된 종전 증여의 경우 기납부세액에서 공제할 수 없다'는 점을 규정한

---

7) 정지선·박준영, "조세법상 부정행위로 인한 부과제척기간 연장규정의 해석 및 적용기준에 관한 연구", 『조세법연구』, 21-2권(세경사, 2015), 23면.

이 사건 단서조항의 해석만으로 부과제척기간이 만료한 종전 증여
의 증여재산가액도 재차 증여의 증여세 과세가액에 가산하여야 한
다는 결론이 반드시 도출되는지 여부에는 다소 의문이 있다.

2) 개별세법 규정에 사실상 부과제척기간을 연장하는 규정을 둘 수 있는지 여부

나아가, 조세법은 기본적으로 납세자의 입장에서는 침해적인 성
질을 가진 규범에 해당하기 때문에 세법에서는 납세자의 불안한 지
위에 대한 안정을 목적으로 제척기간과 같은 규정을 마련하고 있
다8). 이러한 국세의 부과제척기간은 국세기본법 제26조의2에 각 세
목별로 일률적으로 규정되어 있으며, 제척기간에 대한 특례는 같은
조 제1항 내지 제4항에서 제한적으로 규정하고 있다. 국세기본법에
서 제척기간의 연장과 같은 제척기간의 특례를 둔 경우는 대부분 납
세자의 부정행위로 인한 조세포탈 및 세금의 무신고 또는 거짓신고
의 경우 등 제재의 성격이 강한 것이거나, 관련 결정 또는 판결이 확
정된 경우 등 사실관계가 뒤늦게 확정된 경우 등이다.

그리고 국세기본법 규정은 국세기본법 제3조 제1항 각호에 열거
된 특례9)를 제외하고는 개별세법에 우선하여 적용되고, 국세기본법

---

8) 정지선·박준영, 위의 글, 17-18면
9) 제3조(세법 등과의 관계) ① 이 법은 세법에 우선하여 적용한다. 다만, 세
   법에서 이 법 중 다음 각 호의 규정에 대한 특례규정을 두고 있는 경우에
   는 그 세법에서 정하는 바에 따른다.
   1. 제1장 제3절 제8조 제2항
   2. 제2장 제1절
   3. 제3장 제2절·제3절·제4절 제26조(「조세특례제한법」 제99조의5에 따른
      납부의무 소멸특례만 해당한다) 및 제5절
   4. 제4장 제2절(「조세특례제한법」 제104조의7 제4항에 따른 제2차 납세의
      무만 해당한다)
   5. 제5장 제1절·제2절 제45조의2·제2절 제45조의3(「법인세법」 제62조에 따

제3조 제1항 각호에 열거된 특례에는 부과제척기간에 관한 규정은 포함되어 있지 않으므로, 개별세법에서 국세기본법에 규정한 제척기간에 대한 특례를 두는 것은 원칙적으로는 허용되지 않는다.

이와 같은 부과제척기간의 취지 및 특례기간의 제한적인 인정, 국세기본법과 개별세법의 관계에 비추어 볼 때, 납부세액공제와 관련된 규정에 단순히 이 사건 단서조항을 신설한 것에 사실상 종전 증여에 대한 부과제척기간이 연장되는 효과를 부여하는 것은 법체계상으로도 타당하다고 보기 어렵다.

변칙적인 사전상속이나 증여에 대한 과세를 강화하려는 목적으로 이 사건 단서조항을 입법한 것이라면, 오히려 국세기본법에 명문의 규정으로 '종전 증여와 재차 증여가 사실상 하나의 증여행위로서 세부담을 감소시키기 위한 목적으로 분할하여 증여한 것이 인정되는 경우' 등에는 종전 증여의 부과제척기간을 재차 증여로 인하여 증여세를 부과할 수 있는 날로부터 10년(무신고의 경우 15년)으로 하도록 하는 제척기간의 특례를 신설하는 것이 납세자의 법적 안정성 및 법체계의 정합성 등을 고려할 때 더욱 바람직하다고 생각된다.

른 비영리내국법인의 과세표준 신고의 특례만 해당한다) 및 제3절(「조세특례제한법」 제100조의10에 따른 가산세만 해당한다)

6. 제6장 제51조 및 제52조
7. 제7장 제1절 제55조
8. 제8장

6. 개정 상증세법상 부칙규정의 해석 및 소급과세 금지원칙 위배 여부

가. 쟁점의 정리

대상 판결의 결론에 따라 개정 상증세법에서 이 사건 단서조항을 신설함으로써 구 상속세법과 달리 부과제척기간이 만료된 종전 증여에 대해서도 재차증여 당시 증여재산가액에 가산할 수 있다고 볼 경우에는, 이 사건 단서조항을 그 시행 전 이미 증여세의 납세의무가 성립한 이 사건 증여의 경우에도 적용할 수 있을 것인지 여부가 문제된다. 이와 관련하여 이 사건 단서조항은 개정법의 시행 이후 증여세를 최초로 결정하는 분부터 적용된다고 규정한 이 사건 부칙규정의 해석 및 적용 또한 문제된다.

나. 소급과세금지원칙

(1) 소급과세금지원칙의 의의

조세법률주의를 규정한 헌법 제38조, 제59조의 취지에 의하면, 국민에게 새로운 납세의무나 종전보다 가중된 납세의무를 부과하는 규정은 그 시행 이후에 부과요건이 충족되는 경우만을 적용대상으로 삼을 수 있다(대법원 2011. 9. 2. 선고 2008두17363 전원합의체 판결). 이러한 취지에서 국세기본법 제18조 제2항은 "국세를 납부할 의무(괄호 생략)가 성립한 소득, 수익, 재산, 행위 또는 거래에 대해서는 그 성립 후의 새로운 세법에 따라 소급하여 과세하지 아니한다"고 규정하여, 소급과세를 원칙적으로 금지하고 있다.

한편 소급입법은 신법이 이미 종료된 사실관계에 작용하는지(과거에 완성된 사실 또는 법률관계를 규율대상으로 하는지), 아니면 과거에 시작되었으나 아직 완성되지 아니하고 현재 진행 중에 있는 사실관계에 작용하는지에 따라 전자를 '진정 소급입법', 후자를 '부진정 소급입법'으로 구분하며, 원칙적으로 이미 종료된 사실관계에 작용하는 진정 소급입법은 허용되지 않는다(헌법재판소 2011. 7. 28. 선고 2009헌바311 결정).

(2) 구체적인 사례

1) 소급입법을 허용한 사례(2012. 12. 27자 2011헌바132 결정)

헌법재판소는 증여세 무신고 등의 경우 부과제척기간을 15년으로 연장한 국세기본법(1994. 12. 22. 법률 제4810호로 개정된 것) 제26조의2 제1항의 개정규정을 해당 규정의 시행일인 1995. 1. 1. 이후 '부과할 수 있는 날이 개시'되는 증여세부터 적용하도록 규정한 국세기본법 부칙 제3조가 소급과세금지의 원칙 등에 반하여 재산권을 침해하는지 여부가 문제된 사안에서, "위 개정규정은 <u>이미 성립한 납세의무의 구체적인 내용을 변경하는 것이 아니라 국세 부과권의 제척기간만을 연장한 것이다. 이 사건 부칙조항은 연장된 제척기간을 개정법 시행(1995. 1. 1.) 이후 부과할 수 있는 국세부터 적용한다는 것이고, 이미 제척기간이 진행 중에 있거나 제척기간이 경과한 것에는 적용되지 않는다.</u> 결국 이 사건 부칙조항은 국세 부과권이 발생하기 이전의 증여세에 대해서만 연장된 부과제척기간을 적용하는 것이므로 재산권을 박탈하는 소급입법이라고 할 수 없다"고 판시하였다(헌법재판소 2012. 12. 27자 2011헌바132 결정).

2) 소급입법을 허용하지 않은 사례(2012. 12. 27자 2011헌바132 결정)

헌법재판소는 '부당환급받은 세액을 징수하는 근거규정인 개정규정10)을 개정된 법 시행 후 <u>최초로 환급세액을 징수하는 분부터 적용</u>'하도록 규정한 법인세법 부칙(2008. 12. 26. 법률 제9267호로 개정된 것) 제9조11)가 진정소급입법으로서 재산권을 침해하는지 여부가 문제된 사안에서, "심판대상조항은 개정 후 법인세법이 시행된 다음 최초로 환급세액을 징수하는 분부터 개정조항을 적용하도록 규정하고 있다. 개정조항에서 규정한 '결손금 소급공제 대상 중소기업이 아닌 법인이 결손금 소급공제로 환급받은 사실'은 추가된 과세요건에 해당한다"고 하면서, "심판대상조항은 <u>개정 후 법인세법의 시행 이전에 결손금 소급공제 대상 중소기업이 아닌 법인이 결손금 소급공제로 법인세를 환급받은 경우</u>에도 개정조항을 적용할 수 있도록 규정하고 있으므로, 이는 이미 종결한 과세요건사실에 소급하여 적용할 수 있도록 하는 것이다. 따라서 심판대상조항은 개정조항이 시행되기 전 환급세액을 수령한 부분까지 사후적으로 소급하여 개정된 징수조항을 적용하는 것으로서 진정소급입법에 해당한다"고 판시하였다.

---

10) 구 법인세법(2008. 12. 26. 법률 제9267호로 개정되고 2010. 12. 30. 법률 제10423호로 개정되기 전의 것) 제72조(결손금 소급공제에 의한 환급) ⑤ 납세지 관할세무서장은 다음 각 호의 어느 하나에 해당되는 경우에는 환급세액(제1호의 경우에는 감소된 결손금에 상당하는 환급세액)에 대통령령으로 정하는 바에 따라 계산한 이자상당액을 가산한 금액을 해당 결손금이 발생한 사업연도의 법인세로서 징수한다.
   2. 제25조 제1항 제1호의 중소기업에 해당하지 아니하는 법인이 법인세를 환급받은 경우
11) 법인세법 부칙(2008. 12. 26. 법률 제9267호) 제9조(결손금 소급공제에 의한 환급에 관한 적용례) 제72조 제5항의 개정규정은 이 법 시행 후 최초로 환급세액을 징수하는 분부터 적용한다.

(3) 소결

앞서 본 헌법재판소 결정 등에 비추어 보면, 해당 사실관계가 종료되고 이미 납세의무가 성립한 경우에 대하여 이미 성립한 납세의무의 구체적인 내용을 변경하는 형태의 소급과세는 허용되지 않는다. 따라서 국세 부과권의 제척기간만을 연장하는 것에 불과한 경우에는 개정규정을 적용할 수 있으나, 이미 부과제척기간이 진행되고 있거나, 부과제척기간이 경과한 사안에 대하여 개정된 법령을 적용하여 과세하는 것은 소급과세에 해당하여 허용되지 않는다.

다. 개정 상증세법 부칙의 해석 관련

(1) 조세법령에서의 일반적 부칙규정의 해석

1) 조세법령의 부칙 중 일반적인 부칙규정에 해당하는 '시행일'에 관한 규정("…은 …날부터 시행한다")의 경우, 납세의무가 성립될 당시의 세법이 적용되어야 한다는 일반원칙에 서서 그 적용시기를 규정하고 있는 것으로 보아야 한다. 세법의 개정이 있을 경우에는 개정 전후의 법 중에서 납세의무가 성립될 당시의 세법을 적용하여야 함은 법률불소급의 원칙상 당연하다고 할 것이기 때문이다(대법원 1999. 7. 9. 선고 97누11843 판결).

2) 그런데 이와 같이 시행일을 적용하는 것만으로는 신·구법령의 적용관계가 불명확할 수 있고, 이 경우에는 신·구법령 적용 구분에 관한 규정을 둘 필요가 있는데[12] 부칙 규정 중 일반적 적

---

12) 최진수, "조세법상 부칙 해석에 관한 몇 가지 검토", 「특별법연구」, 제7권 (박영사, 2005), 514면.

용례에 해당하는 규정("이 법 시행 후 최초로 하는 것부터 적
용한다")이 그 예이다.

3) 그 밖에 '이 법 시행 후 최초로 소득금액(세액)을 결정'하는 것
부터 적용한다는 규정은 납세자의 신고가 없는 경우 과세관청
이 최초로 과세표준 등과 세액 등을 결정하는 때부터 위 규정
을 적용한다는 의미이다. 다만 위 부칙에 따라 소급적용되는
규정의 실제적용결과가 납세자에 대하여 불이익하다면 국세기
본법 제18조 제2항에 의하여 소급하여 과세할 수 없으므로 위
부칙의 적용은 배제되고 납세의무 성립 당시의 법령에 의하여
과세하는 것이 타당하다고 할 것이다.[13]

4) 한편 조세법령의 부칙에서 경과규정("이 법 시행 당시 종전의
규정에 의하여 부과하였거나 부과하여야 할 OO세에 대하여는
종전의 규정에 의한다")을 두는 경우, 그 경과규정의 성격에
관하여 대법원은, "이와 같은 경과규정은 법률불소급의 원칙
에 대한 예외로서 납세의무자에게 불이익하게 세법이 개정된
경우에는 납세의무자의 기득권 내지는 신뢰보호를 위하여 예
외적으로 납세의무자에게 유리한 종전의 법률을 적용한다는
특별 규정으로 보아야 할 것"이라고 여러 차례 판시한 바 있다
(대법원 1994. 5. 24. 선고 93누5666 전원합의체 판결, 대법원
1995. 8. 22. 선고 95누825 판결).

(2) 개정 상증세법 부칙의 경우

개정 상증세법 부칙은 제1조에서 해당 시행일이 1997. 1. 1.임을

---

13) 최진수, 위의 글, 520면.

명시하고 있으며, 제6조에서 개정 상증세법 제58조 규정의 경우에는 '이 법 시행 후 증여세를 최초로 결정하는 것부터 적용'한다(이 사건 부칙규정)고 규정하고 있다. 이와 같은 이 사건 부칙 규정을 기계적으로 적용하면, 납세의무자의 증여세 신고가 없었던 경우에는 과세관청이 최초로 과세표준 등과 세액 등을 결정하는 때부터 개정 상증세법 제58조를 적용할 수 있다는 것이 된다.

다만 이 사건 부칙규정의 적용은 국세기본법 제18조 제2항 소정의 소급과세금지원칙 및 일반적 경과규정인 부칙 제13조[14]의 제한을 받게 된다. 즉 개정 상증세법 제58조와 관련하여서는 개별규정인 이 사건 부칙규정이 일반규정에 앞서 적용된다고 보아야 하나, 소급하여 적용되는 이 사건 부칙규정의 적용결과가 납세자에 대하여 불이익하다면 국세기본법 제18조 제2항에 따라 이 사건 부칙규정의 적용이 배제되고, 일반적 경과규정인 부칙 제13조가 적용될 수 있다고 할 것이다.

라. 검토

원심은 종전 증여의 부과제척기간이 재차 증여가 있었던 때로부터 기산된다는 전제 하에, 이 사건의 경우 개정된 시행법 이후에야 부과제척기간이 만료되었고, 부칙 제6조는 '제58조의 개정규정은 이 법 시행 후 상속세 또는 증여세를 최초로 결정하는 것부터 적용한다'고 규정하고 있으므로, 이 사건 부과처분 당시 부과제척기간이 경과한 1995년 증여분을 개정된 증여세법 제58조 제1항 단서, 부칙 제6조에 따라 1996년 증여분에 가산하여 증여세를 부과하는 것은

---

14) 제13조(일반적 경과조치) 이 법 시행 전에 상속이 개시되었거나 증여한 것에 대하여 부과하였거나 부과하여야 할 상속세 또는 증여세는 종전의 규정에 의한다.

허용된다고 판시하였다.

한편 대상 판결은 개정 상증세법 제58조 제1항과 부칙 제6조의 취지가 개정법 시행 전에 이미 종전 증여 및 재차 증여의 증여세 납세의무가 성립하였고, 과세관청이 증여세 부과를 결정할 당시 종전 증여의 부과제척기간이 만료한 이 사건의 경우에도 과세관청이 개정법 시행 후에 증여세 부과결정을 할 때 종전 증여를 재차 증여의 과세가액에 가산하고 그에 대한 세액도 공제하지 않는 것이라면, 이는 증여세를 부과할 수 없었던 종전 증여에 대하여 증여세를 사실상 소급 과세하겠다는 것으로 위법하고, 이러한 경우에는 부칙 제6조가 아닌 경과조치에 관한 부칙 제13조가 적용되어야 한다고 판시하였다.

앞서 본 바와 같이 이 사건 부칙규정은 납세자에게 불이익하게 개정된 규정을 소급하여 적용하는 결과가 될 때에는 개별규정임에도 불구하고 적용될 수 없다. 그런데 이 사건의 경우 개정 전 구 상속세법 규정에 의하면 종전 증여는 이미 부과제척기간이 만료하였고, 재차증여에 관하여도 부과제척기간이 진행중이었는바 이와 같은 사안에서 이 사건 단서조항을 적용하여 종전 증여에 증여세를 과세하는 것은 소급과세금지원칙에 반하는 측면이 있으므로, 이 사건 부칙규정을 기계적으로 적용하여 이 사건 단서조항이 적용된다고 해석하는 것은 올바른 해석이라고 볼 수 없다.

따라서 이 사건과 같은 경우에는 일반적인 경과조치를 규정한 부칙 제13조를 적용하여 구 증여세법 제31조의3에 따라 종전 증여의 합산 여부를 판단하여야 하는바 이와 같은 취지의 대상판결의 결론은 타당하다고 할 것이다.

7. 대상판결의 의의

대상판결은 원칙적으로 각 증여행위마다 부과제척기간이 별도로 진행되는 것인 점 및 조세법률관계의 신속한 확정을 위하여 부과제척기간을 둔 취지 등을 고려하여 종전 증여의 부과제척기간의 만료된 경우에는 명문의 구체적인 규정 없이 재차 증여의 시점에서 위 종전 증여의 증여재산가액을 가산할 수 없다고 판시한 점 및 헌법 및 국세기본법의 요청인 소급과세금지의 원칙을 존중하여 이 사건 부칙규정을 기계적으로 적용하지 않고 다른 일반적인 부칙규정을 적용하여 납세자에게 불리한 개정 상증세법이 적용되지 않는다고 판시함으로써 납세자의 신뢰를 중시하였다는 점에서 큰 의의가 있다.

다만 조세법률관계를 신속히 확정함으로써 납세자의 불안한 지위를 안정시키려는 부과제척기간 제도의 취지를 고려하여 볼 때, 이 사건 단서조항의 해석론으로 사실상 종전 증여의 부과제척기간에 대한 특례를 인정하는 것과 같은 효과를 부여하기보다는, 국세기본법에 명문으로 종전 증여에 관한 부과제척기간의 특례를 규정하는 것이 납세자의 법적 안정성 및 예측 가능성을 높여준다는 점에서 더욱 바람직할 것이라고 생각된다.

저 자 소 개

□ **유철형 변호사**

사법시험 33회(1991), 사법연수원 23기(1994)

서울대학교 법과대학 졸업(1989), 서울대학교 법과대학원 졸업(석사, 세법전공)(1992), 연세대학교 보건대학원 의료와 법 고위과정 졸업(1998)

미국 California Western School of Law M.C.L.,(2003)

국세청, 기획재정부 세제실, 행정자치부 고문변호사

□ **정순찬 변호사**

사법시험 45회(2003), 사법연수원 35기(2006)

고려대학교 법과대학 졸업(1998), 경희대학교 경영대학원 세무관리학과원 졸업(2010), 서울시립대학교 세무전문대학원 박사과정 수료(조세법 전공)(2016)

한영회계법인 세무본부 이사(2006~2016)

□ **박재영 변호사**

사법시험 47회(2005), 사법연수원 37기(2008)

서울대학교 법과대학 졸업(2006)

공군 법무관(2008~2011)

□ **남미영 변호사**

사법시험 49회(2007), 사법연수원 39기(2010)

고려대학교 법과대학 졸업(2010)

□ **이진우 변호사**

사법시험 49회(2007), 사법연수원 40기(2011)

서울대학교 법과대학 졸업(2007), 서울대학교 대학원 법학석사(2014)

서울대학교 법학과 박사과정 수료(2016)

공익법무관(2011~2014)

딜로이트 안진회계법인(2014~2015)

□ 서승원 변호사

제39회 공인회계사 시험 합격(2004)
사법시험 52회(2010), 사법연수원 42기(2013)
서울대학교 경영대학 졸업(2005)
삼일회계법인 회계사(2005~2006)

□ 방진영 변호사

제42회 공인회계사 시험 합격(2007)
변호사시험 1회(2012), 서울대학교 법학전문대학원 1기 졸업(2012)
고려대학교 경영학과 졸업(2009)
서울대학교 법학대학원 조세법 박사과정(2013~현재)
삼일회계법인 회계사(2007~2008)
인천지방법원 재판연구원(2012~2013)
서울고등법원 재판연구원(2013~2014)

□ 김태균 회계사

제29회 공인회계사 시험 합격(1994)
서울대학교 경영학과 졸업(1990)
안진회계법인 근무(1994~1999)
University of California, San Diego 연수(2005~2006)
중부지방국세청 과세전적부심사위원회 및 이의신청심의위원회 위원(2007~2009)
한국금융조세 정기세미나 위원(2007~현재)
국세청 국제조세법규정비개선위원회 위원(2008~2010)
서울지방국세청 국세심사위원회 위원(2009~2011)

□ 양성현 회계사

제33회 공인회계사 시험 합격(1998)
서울대학교 경영학과 졸업(1999)
국방부 조달본부 해군 경리장교(1999~2002)
공인회계사 및 세무사 등록(2003)
삼일회계법인 근무(2003~2009)
University of California, San Diego 연수(2014~2015)

□ 윤주상 회계사

제39회 공인회계사 시험 합격(2004)
서울대학교 경제학부 졸업(2005)
안진회계법인 조세본부(2004~2006)
육군경리장교 대위(2006~2009)
삼일회계법인 조세본부 및 조세불복팀(2009~2012)

□ 김용수 세무사

제38회 세무사 시험 합격(2001)
국립세무대학 내국세학과 졸업(1999), 한국방송대학교 법학과 졸업(2001),
서울시립대학교 세무대학원 졸업(2003)
University of California, San Diego(Business & Accounting) 연수(2013~2014)
국세청(서울지방국세청 국제거래조사국 등) 근무(1999~2008)
서울지방국세청 이전가격검토위원(2003~2004)
국세청 국제조사전문요원, 전산조사전문요원
대검찰청 중앙수사부 파견 근무(2006)
국제회의협상전문가 과정 수료(2007)
H.C. Park & Associates, PLC, U.S.A 연수(2008)

조세법의 쟁점 II

초판 인쇄 ┃ 2017년 3월 17일
초판 발행 ┃ 2017년 3월 23일

지 은 이   법무법인(유한) 태평양 조세팀

발 행 인   한정희
발 행 처   경인문화사
총 괄 이 사   김환기
편   집   김지선 나지은 박수진 문성연 유지혜
마 케 팅   김선규 하재일 유인순
출 판 번 호   406-1973-000003호
주   소   파주시 회동길 445-1 경인빌딩 B동 4층
전   화   031-955-9300 팩   스   031-955-9310
홈 페 이 지   www.kyunginp.co.kr
이 메 일   kyungin@kyunginp.co.kr

ISBN 978-89-499-4268-1 93360
값 30,000원